Découvrez l'histoire par les archives de presse

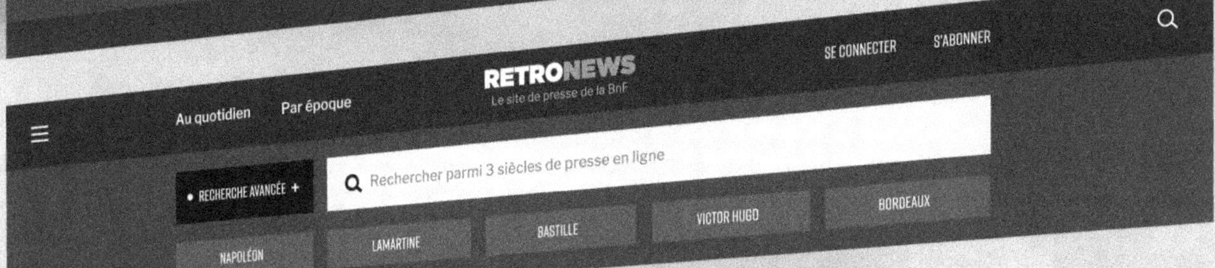

RETRONEWS

Le site de presse de la BnF

www.retronews.fr

JOURNAL

DE

L'INSTITUT HISTORIQUE

IMPRIMERIE DE D'URTUBIE, WORMS ET Cⁱᵉ.

RUE SAINT-PIERRE MONTMARTRE, N. 17.

JOURNAL

DE

L'INSTITUT HISTORIQUE

L'INSTITUT HISTORIQUE A ÉTÉ FONDÉ LE 24 DÉCEMBRE 1833,

ET CONSTITUÉ LE 6 AVRIL 1834.

TOME CINQUIÈME.

TROISIÈME ANNÉE.

Revue des études Année 3
1836/1937 Tome 5

11524

PARIS.

A L'ADMINISTRATION DE L'INSTITUT HISTORIQUE,
RUE DU VIEUX-COLOMBIER, 5, PRÈS DE LA PLACE SAINT-SULPICE.

1836.—1837.

JOURNAL

DE

L'INSTITUT HISTORIQUE.

CONGRÈS HISTORIQUE

CONVOQUÉ

A L'HOTEL-DE-VILLE DE PARIS POUR LE 15 SEPTEMBRE 1836.

A messieurs les membres résidans et correspondans de l'Institut historique; aux savans, littérateurs et artistes qui s'occupent de travaux historiques ; aux académies et sociétés savantes, françaises et étrangères, etc., etc.

Au nom de l'Institut historique, nous avons l'honneur de vous inviter à assister au congrès historique qui sera ouvert le 15 septembre 1836.

Nous vous en adressons le programme.

Nous espérons que vous voudrez bien nous aider de vos travaux et concourir à augmenter le nombre des questions que nous avons posées.

Agréez l'assurance de notre parfaite considération.

Les membres du conseil de l'Institut historique :

Michaud, de l'Académie française, président de l'Institut historique; *Buchez*, vice-président; *Eugène de Monglave*, secrétaire perpétuel.

Népomucène-Louis Lemercier, de l'Académie française, président de la 1re classe (Histoire générale et Histoire de France);

Dufey (de l'Yonne), vice - président ; *P. - C. Roux*, vice - président adjoint; *B. St-Edme*, secrétaire; *G. Sarrut*, secrétaire adjoint.

Mary-Lafon, président de la 2e classe (Histoire des langues et des littératures); le comte *Le Peletier d'Aulnay*, vice-président; *Le Gonidec*, vice-président adjoint; *H° Dufey*, secrétaire ; *Théodore de la Villemarqué*, secrétaire adjoint.

Le duc de *Doudeauville*, président de la 3e classe (Histoire des sciences physiques, mathématiques, sociales et philosophiques); le comte de *Lasteyrie*, vice-président ; l'abbé *Labouderie*, vice-président adjoint; le docteur *S. Sandras*, agrégé à la faculté de médecine de Paris, secrétaire; *J.-S. Jean*, secrétaire adjoint.

Le chevalier *Alexandre Lenoir*, fondateur du musée des monumens français, président de la 4e classe (Histoire des beaux-arts), *J.-B. Debret*, peintre d'histoire, membre correspondant de l'Académie des beaux-arts, vice-président ; *Bottée de Toulmon*, bibliothécaire du Conservatoire de musique, vice-président adjoint ; *Ferdinand-Thomas*, architecte, secrétaire ; *Eugène Bion*, statuaire, secrétaire adjoint.

PROGRAMME DU CONGRÈS.

L'Institut historique, fondé dans le but de propager et de perfectionner les études historiques,

Considérant qu'à défaut d'une méthode commune, on ne peut établir dans la science un centre de travail et de communications intellectuelles que de deux manières, savoir : par la direction des efforts de tous sur les mêmes sujets, et par la délibération en commun et la discussion des travaux à faire ;

Que le meilleur moyen d'atteindre ce double résultat, indépendamment de ses travaux intérieurs, est de convoquer des congrès et de provoquer l'émission de questions sur l'histoire ;

Invite les historiens nationaux et étrangers à se réunir au second congrès qui aura lieu à Paris, le 15 septembre prochain, en la salle St-Jean à l'Hôtel-de-Ville,

Et il propose à la discussion la liste des questions suivantes :

PREMIÈRE CLASSE (*Histoire générale et Histoire de France*).

1. Déterminer par l'histoire quelles sont les conditions d'origine et d'existence des nationalités.

2. Déterminer par l'histoire si les diversités physiologiques des peuples sont entre elles comme les diversités des systèmes sociaux auxquels ces peuples appartiennent.

3. L'ancienne civilisation égyptienne est-elle autochtone, ou importée ?

4. Déterminer l'origine et les voies principales de la propagation du buddhisme dans l'Asie.

5. Quelles sont les périodes principales de l'histoire de la Grèce antique ? Déterminer en totalité ou par parties l'origine et les révolutions des diverses nationalités qui se sont succédé sur le sol de la Grèce depuis les temps héroïques inclusivement jusqu'à la fin de la ligue achéenne.

6. Quelle est la véritable nature de la nationalité romaine et quelles en ont été les révolutions depuis son origine jusqu'à la loi des douze tables ?

7. Quel a été le principe du pouvoir impérial chez les Romains ? quel en a été le caractère et l'influence ?

8. Faire l'examen critique des principales histoires générales de la France.

9. Déterminer par l'histoire l'influence des institutions françaises sur celles des nations modernes.

10. Quels ont été le caractère et les causes de l'émancipation des communes en France ?

11. Quelle a été l'influence de l'admission des représentans des communes aux états-généraux de France sous le ministère d'Enguerrand de Marigny ?

12. Rechercher et comparer l'origine et l'organisation des différens États provinciaux de France.

13. Déterminer l'origine et la composition des conciles d'Espagne, comparativement aux assemblées des villes et à celles du clergé dans les Gaules au cinquième siècle.

14. Faire l'histoire comparée des cortès d'Espagne, des assemblées des villes dans les Gaules, des états-généraux de France,

des parlemens d'Angleterre et des diètes d'Allemagne.

15. Préciser à quelle époque et de quelle manière le culte isiaque s'est introduit dans les Gaules.

DEUXIÈME CLASSE (*Histoire des langues et des littératures*).

1. Quel rapport existe-t-il entre la langue des peuples et leur état social?

2. Quels ont été les différens modes d'écriture? Dans quel ordre se succèdent-ils?

3. Faire l'histoire comparée des syntaxes depuis les temps les plus reculés jusqu'à nos jours.

4. Quelle a été l'influence des langues de l'Asie sur la formation des langues occidentales?

5. Comment s'est opérée la transition des langues anciennes aux langues moderne?

6. Rechercher dans l'étude et l'examen des poèmes français des 12e et 15e siècles le caractère moral et les tendances de l'époque où ils ont été produits.

7. Faire l'histoire comparée des formes dramatiques depuis les Grecs jusqu'à nos jours.

8. Quels sont les peuples qui ont inventé des formes littéraires (1)? Quels sont ceux qui ont imité? Signaler les causes de ces différences.

9. Déterminer la valeur sociale et historique des poèmes homériques et des livres d'Hésiode.

TROISIÈME CLASSE (*Histoire des sciences physiques, mathématiques, sociales et philosophiques.*)

1. Quel rapport existe-t-il entre l'histoire

(1) Drame, lyrique, épique, didactique.

des sciences physiques et mathématiques et l'histoire générale?

2. Déterminer par l'histoire le rapport des sciences physiques, mathématiques et naturelles entre elles.

3. Déterminer l'origine du calcul infinitésimal ; faire l'histoire des discussions principales auxquelles ce calcul a donné lieu.

4. Faire l'histoire des différens systèmes d'alchimie depuis le IIe siècle jusqu'à Van-Helmont.

5. Quelles sont les révolutions principales de la dialectique depuis Saint-Augustin jusqu'à Port-Royal?

6. Faire l'histoire des grandes épidémies et rechercher si elles ont quelque rapport avec l'état social des peuples.

7. Quels sont les motifs sur lesquels on a fondé et modifié les établissemens de prévoyance sanitaire, les lazarets, quarantaines, etc. ?

8. Quelle est l'origine du gouvernement représentatif?

9. Sous quelle influence sociale et philosophique sont nées les théories du droit naturel dans les temps modernes? quelles en sont les formules principales ?

10. Quelle a été la différence entre l'esclavage chez les Romains et l'esclavage chez les Germains?

11. Discuter et établir la valeur des documens relatifs à l'histoire de l'Amérique avant la conquête des Européens; rechercher dans ces documens quels étaient les principes sociaux des différens peuples de cette partie du monde.

12. Rechercher quelle a été la condition des femmes dans la famille et dans la société chez les différens peuples depuis les temps historiques jusqu'à nos jours; déterminer les causes qui ont modifié cette condition.

QUATRIÈME CLASSE (*histoire des beaux-arts*).

1. Déterminer par l'histoire l'influence des doctrines morales et religieuses sur les beaux-arts.

2. L'architecture religieuse vient-elle après l'architecture civile, ou bien toute architecture civile vient-elle de l'architecture religieuse?

3. Faire l'histoire philosophique des écoles d'architecture depuis l'ère chrétienne jusqu'à nos jours; signaler dans cette histoire l'école qui a inventé des formes nouvelles, et celles qui tantôt ont copié les formes antérieures, et tantôt, mêlant les formes anciennes aux formes nouvelles, ont fait de l'éclectisme.

4. Faire l'histoire philosophique de la gamme depuis l'antiquité jusqu'à nos jours, ou, du moins (attendu l'importance, la difficulté et l'étendue de cette question), préparer quelques uns des travaux historiques élémentaires et des détails propres à en faciliter la solution ultérieure.

5. Quelles ont été les conséquences de l'invention du drame musical sur les formes mélodiques? quels ont été les développemens successifs de la musique depuis le 16e siècle jusqu'à nos jours?

6. Tracer l'histoire de la musique de chambre dans ses rapports avec les mœurs et les idées.

7. Déterminer par l'examen des monumens d'Herculanum, de Pompéi, etc , quel degré avait atteint la peinture chez les Grecs, comparativement à l'art moderne.

8. Faire l'histoire comparative de la statuaire depuis les Grecs jusqu'à nos jours.

RÉGLEMENT DU CONGRÈS DE 1836.

I.

1. Le second congrès historique sera ouvert le 15 septembre.

Le nombre des séances est fixé à quinze.

2. Des invitations seront adressées aux corps savans et aux personnes qui s'occupent de travaux historiques en France et à l'étranger.

A ces invitations seront joints le tableau des questions proposées à la discussion et le réglement du congrès.

3. La formule des cartes d'admission au congrès de 1835 sera maintenue.

Ces cartes seront délivrées au secrétariat de l'Institut historique.

L'exhibition de ces cartes sera de rigueur pour les membres de l'Institut historique comme pour les personnes invitées.

Celles de l'enceinte du bureau seront de couleur différente.

4. Il n'y aura qu'une séance par jour elle s'ouvrira à midi précis.

II.

5. Le tableau des questions de la séance du jour et de la séance suivante sera affiché dans la salle du congrès.

6. L'ordre du jour n'indiquera que les questions sur lesquelles des mémoires auront été remis la veille au matin au secrétaire perpétuel de l'Institut historique.

L'admission ou le rejet des mémoires sera réglé par le criterium suivant : tous les discours devront traiter une question historique; et l'élucidation des questions devra être obtenue seulement par des moyens historiques.

Tout mémoire annoncé par l'ordre du jour sera lu, soit par l'auteur, soit, en son absence, par un membre du bureau.

7. Toutes les personnes qui désireraient traiter une des questions désignées pour le congrès, devront le faire connaître au secrétaire de l'Institut historique avant le 1er septembre.

Les personnes qui ne pourraient pas se rendre au congrès sont invitées à adresser au secrétaire perpétuel, également avant le 1er septembre, les mémoires qu'elles auraient rédigés sur les questions insérées au tableau dressé par l'Institut historique.

8. Les douze premières séances du congrès seront employées à l'examen des questions arrêtées à l'avance par l'Institut historique.

Les trois dernières séances seront réservées pour les questions ultérieurement présentées.

L'organisation des séances sera faite, autant que possible, de telle sorte qu'une séance soit consacrée à la lecture des mémoires et la séance suivante à la discussion des questions traitées dans ces mémoires.

A cet effet, les mémoires seront déposés, immédiatement après la lecture, au secrétariat de l'Institut historique, pour être communiqués, sans déplacement, aux personnes qui voudraient prendre part à la discussion.

9. Les personnes qui désireraient, après le 1er septembre et pendant la tenue du congrès, présenter des questions nouvelles, devront les faire parvenir au secrétaire perpétuel avant la 12e séance.

Ces questions nouvelles seront soumises à l'appréciation de la commission du congrès, nommée par l'Institut historique ; cette commission en arrêtera l'adoption ou le rejet, conformément aux dispositions de l'article 7.

10. Le congrès étant exclusivement consacré à la science historique, il n'y sera point traité de question étrangère à la nature de ses travaux.

11. Aucune des discussions soulevées dans le congrès ne devra se terminer par un vote.

12. Les mémoires lus au congrès appar-

tiennent de droit à la publication du compte-rendu des séances. Ils seront déposés immédiatement entre les mains du secrétaire perpétuel et livrés à l'impression. Les auteurs pourront corriger leurs épreuves à la condition de donner le *bon à tirer* quatre jours après qu'elles leur auront été communiquées. Ce terme écoulé, la commission est autorisée à donner le bon à tirer.

L'auteur pourra en obtenir, à ses frais, des exemplaires tirés à part.

III.

13. Pendant les séances du congrès, le bureau sera composé comme il suit :

I. Du président, du vice-président et du secrétaire perpétuel de l'Institut historique, entouré des présidens et des vice-présidens des classes.

II. Des secrétaires des classes.

Toute personne étrangère au bureau ne pourra y être admise, sous quelque prétexte que ce soit.

14. Des places seront réservées pour MM. les sténographes de l'Institut et les journalistes.

15. Le congrès sera présidé par le président ou le vice-président de l'Institut.

Ils pourront être remplacés par l'un des présidens ou vice-présidens des classes dont les questions seront à l'ordre du jour.

16. Le secrétaire perpétuel de l'Institut historique sera le secrétaire du congrès, les secrétaires des classes l'assisteront, et l'un d'eux le remplacera en cas d'empêchement.

17. Le président dirigera seul la tenue des séances et l'ordre des lectures et des discussions.

Il accordera ou refusera la parole, et la retirera à ceux des orateurs qui s'écarteraient du sujet en discussion.

Dans les cas graves le président consultera le bureau.

18. Le président ne pourra intervertir les matières à l'ordre du jour, ni l'ordre d'inscription pour les discussions, sauf les cas de force majeure.

19. Lorsque le président voudra prendre une part directe aux discussions, il cédera le fauteuil à celui des membres du bureau qui aura droit de présidence après lui.

20. A l'ouverture de chaque séance, un des secrétaires donnera lecture du procès-verbal sommaire de la dernière séance. Ce procès-verbal sera signé par tous les membres présens au bureau.

21. Chaque lecture ne pourra excéder la durée de trois quarts d'heure; et dans la discussion chaque orateur ne pourra garder la parole pendant plus d'une demi-heure.

22. Les orateurs qui voudraient prendre part aux discussions, se feront inscrire sur la liste tenue à cet effet par l'un des secrétaires.

23. Il y aura deux feuilles de présence, l'une au bureau, l'autre à l'entrée de la salle.

24. Toute réclamation, quelle que soit la personne qui juge à propos de la faire et quel qu'en soit le sujet, sera transmise par écrit au président, s'il s'agit d'un fait d'actualité des séances; dans le cas contraire, elle devra être adressée à la commission du congrès.

25. Les séances de classes de l'Institut historique sont suspendues pendant la durée du congrès.

26. Le présent réglement sera imprimé et distribué sans retard.

Il sera affiché dans le lieu des séances du congrès.

Délibéré en assemblée de la commission du congrès, et adopté en séance générale de l'Institut historique, le 22 juillet 1836.

REVUE D'OUVRAGES FRANÇAIS ET ÉTRANGERS.

FONDATION D'UNE SOCIÉTÉ HISTORIQUE AMÉRICAINE

A WASHINGTON.

Le 12 octobre 1835, anniversaire de la découverte de l'Amérique, une société a été fondée dans la métropole de l'Union, sous le titre de *Société historique américaine*. Son but est de découvrir et de conserver tout ce qui a trait à l'histoire civile, littéraire et ecclésiastique de l'Amérique en général, et des États-Unis en particulier. Elle se compose de membres résidans, correspondans et honoraires. Le bureau est élu chaque année au scrutin, parmi les membres résidans, le quatrième mardi d'octobre. Il se compose d'un président, un premier et un second vice-présidens, deux secrétaires, un trésorier, un bibliothécaire et d'un comité permanent de neuf membres. Tous les membres résidans paient à leur admission la somme de cinq dolars (27 fr. 20 c.) et une somme additionnelle de 3 dollars (16 fr. 35 c.) par an. Le premier volume des transactions est maintenant sous presse.

Le bureau actuel se compose de MM. Lewis-Cass, ministre de la guerre, président; Virgil Maxcy, premier vice-président; William W. Seaton, second vice-président; Henri M. Morfit et Peter Force, secrétaires; William Gunton, trésorier, et Louis H. Machen, bibliothécaire.

Le comité permanent est composé de MM. William Cranch, James Kearney, Francis Markoe Junior, Philip R. Fendall, Richard S. Coxe, Joseph H. Bradley, Georges Watterston, Aaron O. Dayton et Pishey Thompson.

Le 30 janvier 1836, un discours d'ouverture fort remarquable a été prononcé, au Capitole des États-Unis, dans la chambre des représentans, par l'honorable président M. Lewis Cass. « Messsieurs les membres de la société historique américaine, a dit l'éloquent orateur, en examinant l'histoire de l'homme, une idée se présente : c'est que les différens âges du globe ont été marqués par des caractères bien distincts. La marche des événemens se signale d'époque en époque par quelque trait prédominant, qui frappe de son empreinte les circonstances morales qui l'environnent; et l'aspect de la vie humaine brille ou s'obscurcit selon que ce principe dominateur est digne ou indigne de la raison sublime que le ciel nous a départie. Cette raison, dont nous ne pouvons saisir toute la portée, après une existence de soixante siècles, détermine par son usage ou son abus l'allure progressive ou retardataire des individus et des sociétés. Ce sont autant de rayons prismatiques qui teignent de leurs couleurs les objets qu'ils frappent de leur lumière. Les passions de l'humanité exercent dans le cours des siè-

cles une puissance tyrannique sur le vaste domaine de l'intelligence; les guerres civiles, politiques, religieuses répandent la désolation sur la terre et signalent leur passage par des calamités non moins morales que physiques. Alors la puissance intellectuelle réclame sa suprématie, tantôt par des voies purement spéculatives, tantôt par la force et l'action. La première de ces phases est illustrée par ce système extraordinaire mais puéril de logomachie, qui a si long-temps emprunté le masque de la philosophie et qui nous est advenu comme un magnifique monument de sagesse et de folie humaine : la seconde, par ces efforts persévérans vers un mieux raisonnable qui sont l'apanage de notre époque. Ces paroxismes sociaux, bien qu'inégaux dans leur intensité et leur durée, se perçoivent aisément dans leur action, toutes les fois que nous reportons nos regards vers cet océan du passé sur les bords duquel nous sommes encore assis, et au milieu duquel nous disparaîtrons bientôt à notre tour.

» Qui peut étudier le chapitre intéressant de l'histoire de l'homme où se trouvent racontées les guerres des croisades, sans être frappé d'étonnement à l'aspect de cet ébranlement universel de l'intelligence humaine, à l'aspect de l'influence prodigieuse qu'exercent ces ardentes expéditions sur toutes les nations de la chrétienté, lorsque l'Europe fond sur l'Asie, lorsque, dans la frénésie de son zèle, elle épuise son énergie, ses ressources, ses masses humaines à conquérir une région stérile, à s'emparer de quelques lieux, consacrés sans doute par des scènes sublimes, mais condamnés à une éternelle désolation?

» Qui peut fixer ses regards sur le temps de la chevalerie sans frémir de ce pouvoir absolu qu'elle s'arroge au moyen de ses cé-

iémonies fantastiques ; de son code artifi-
ciel, non de mœurs, mais de coutumes ; de
son cœur de fer et de son poignet d'airain ?
Les institutions féodales (et notez bien que
je n'envisage pas ici toute leur portée politique ou sociale, mais simplement leur action comme série d'événemens occupant
l'attention et guidant les opinions de la
société), les institutions féodales occupent une place éminente dans cette revue rétrospective parmi les causes qui ont
exercé l'influence la plus décisive sur les
progrès des nations dans les temps modernes. A mesure que cette influence décline,
on voit poindre cet esprit de résistance qui
doit amener le démembrement de l'église
catholique, et, en dernier lieu, l'établissement des différentes sectes qui divisent aujourd'hui le monde chrétien. Jamais, sans
doute, la nature humaine ne déploya plus
de sentimens bas ou sublimes que dans
cette lutte d'argumentation quelquefois,
mais trop souvent de carnage ! Les travaux
ordinaires de la vie semblaient suspendus ;
chacun apportait librement son tribut ou de
raison, ou de force, ou de richesse, ou de
vie sur l'autel que le zèle et l'enthousiasme
avaient élevé. Quelle austérité de principes,
quelle énergie d'affections, quelle abnéga-
tion de soi-même, quelle force de conscience, quel mépris de la vie éclatent à la
fois dans cet admirable combat !

» L'esprit des découvertes maritimes se
dessine comme une autre cause agissante
dans l'histoire de ce mouvement moral qui
s'est opéré et qui s'opère encore au sein de
l'humanité dans un but constant d'amélioration. Ce puissant véhicule commence à se
faire sentir à une époque florissante, il conserve toute sa force jusqu'à ce que sa grande
œuvre soit achevée ; jusqu'à ce qu'il ait
cherché et découvert, vers le lever et le cou-

cher du soleil, ces régions ignorées du philosophe, mais révélées à l'inspiration du
poète qui prédit le temps où des régions
nouvelles apparaîtront au-delà de toutes
les limites du monde connu des anciens.

» L'amour de l'or dominait à cette époque ; et la chevalerie et l'avarice s'associè-
rent. Cortez, Pizarre et Almagro visitèrent
ces rivages du nouveau monde, si heureux
des bienfaits de la nature, mais si à plain-
dre de receler dans leur sein de précieux
métaux, patrimoine du plus faible, et objet de la cupidité du plus fort ; on voit alors
un courage digne des plus beaux âges du
monde et une cruauté trop exécrable pour
être décrite, s'exercer ensemble contre une
population ignorante et étonnée, et envelopper dans une commune destruction les empereurs, les Incas et les peuples.

» Notre siècle a été nommé le siècle du
mouvement, le siècle du progrès des facultés intellectuelles, le siècle du perfectionnement des principes et des découvertes les
plus utiles au bonheur de l'homme, et les
plus dignes du but pour lequel il a été créé.
En avant ! tel est le cri général de l'époque.
Dans le conte si plein de charmes de l'historien de l'empire romain, les sept jeunes
gens d'Éphèse se réveillent, après un sommeil de deux siècles, au milieu d'un monde
où tout, excepté eux, est changé. Celui qui
s'endormirait ainsi, dans notre époque de
course morale, pourrait en s'éveillant,
après un sommeil beaucoup plus court, se
trouver au milieu d'un monde bien autrement changé que celui qui frappa les yeux
des jeunes Éphésiens, quand leur léthargie
cessa, et que, de leur cimetière vivant, ils
contemplèrent la ace rajeunie de la nature.

» Ce serait une tâche trop étendue pour
le temps et l'espace qui nous sont accordés,
que de rechercher et d'analyser les causes

qui ont produit cet élan moral, causes qui, bouillonnant encore dans la fournaise, travaillent concurremment à fortifier nos facultés, à accroître nos connaissances, à multiplier nos chances de joie et à nous élever sur cette mystérieuse échelle du bien-être, où nous sommes destinés à monter sans fin et toujours jusqu'à ce que nous approchions, quoique à une distance surhumaine, du grand Auteur du monde, du grand Arbitre de la vie.

» Il est évident toutefois, pour l'observateur le plus superficiel, que le cercle des investigations humaines s'est agrandi et que leur marche a été rendue de plus en plus facile par la dispersion d'un grand nombre de ces préjugés qui jettent opiniâtrément leurs racines dans toutes nos institutions sociales. *Ote ta chaussure, car le lieu où tu te trouves est sacré*, telle fut l'injonction miraculeuse qui sortit du buisson ardent, qnand le libérateur d'Israël fut en présence du Très-Haut. Les hommes ont été assez profanes pour revêtir du même caractère surnaturel des institutions que le temps avait consacrées, mais dont il avait aussi montré plus d'une fois ou l'inutilité ou la barbarie. A Dieu ne plaise que mon intention soit de prétendre qu'on doive dédaigner les leçons de l'expérience, ou introduire des changemens sans être certain d'avance qu'il en résultera des améliorations; je dis seulement que la consécration du temps ne saurait envelopper, comme d'un manteau sacré, des systèmes qui ne sont plus en rapport avec l'état de la société, et dont les seuls droits à notre considération reposent sur ce qu'ils ont été jadis et non pas sur ce qu'ils sont aujourd'hui.

» Dans le travail de l'esprit humain, la division n'est pas moins utile que dans le travail purement mécanique. La concentration des efforts humains, comme la concentration des causes physiques, produit un surcroit d'énergie. C'est la loi de notre système; elle s'étend à toutes les fonctions de notre vie, actives ou spéculatives; elle s'applique à la littérature, aux sciences et aux arts. La confusion est funeste à une investigation exacte; et celui qui veut acquérir une grande précision d'idée doit l'attendre non seulement d'une longue étude, mais encore d'une application exclusive à un certain nombre de ces objets dont le livre des connaissances humaines lui offre une variété infinie. Les grandes divisions, il est vrai, des connaissances humaines ont un rapport plus ou moins intime entre elles, et une idée générale de toutes est nécessaire à l'observateur. Mais quand ces premières notions sont acquises, si l'on ambitionne un autre mérite, et qu'on veuille associer son nom à celui des hommes qui ont accéléré la marche des sciences, il faut concentrer ses efforts et se résigner à une étude favorite...

» Un autre puissant véhicule du progrès, c'est le système des associations, système déjà appliqué avec bonheur à la culture de quelques branches particulières du grand arbre de la science. Ces sociétés sont une invention des temps modernes; elles se sont formées au sortir de cette longue nuit d'ignorance qui avait enveloppé l'intelligence humaine à la décadence de l'empire romain et qui s'était prolongée jusqu'à ces derniers siècles. Il y eut, il est vrai, de célèbres écoles où l'on enseignait les principes des sciences anciennes; deux entre autres, l'Académie et le Lycée d'Athènes, sont bien connues des savans par la physionomie de leurs doctrines, la haute réputation des maîtres, et la multitude et la célébrité des disciples qui les fréquentaient. Mais les professeurs, dans leurs leçons, se persuadaient avoir tout fait lorsqu'ils avaient exposé leurs vues personnelles à leurs disciples, ou plutôt à leurs admirateurs; et ces leçons n'étaient la plupart du temps que des essais didactiques, destinés plutôt à étaler la richesse d'élocution du rhéteur, qu'à éclairer les replis de la science, et à faciliter la marche des adeptes vers la vérité.

» Mais nos institutions de travail mutuel, dans nos recherches modernes, s'appuient sur de meilleurs fondemens Dans ces associations volontaires, les membres sont animés d'un esprit de famille; ils se consacrent aux mêmes études; leur organisation intérieure est merveilleusement adaptée au but qu'ils se proposent. Il en résulte un esprit de corps qui assure une unité de vue et d'action, et excite, dans l'intérêt de tous, l'émulation et les efforts de chacun. De cette manière se forment de précieux dépôts où se conservent des collections importantes. L'attention publique est éveillée, sa faveur récompense les peines, elle aide aux recherches des membres. C'est dans les sciences pratiques, dans l'histoire et dans les beaux-arts, que ces assemblées ont été nombreuses et qu'elles ont rendu de véritables services. Notre pays a largement payé sa quote-part à la perception générale de cette contribution volontaire, et pourtant nous nous sommes réunis ce soir pour augmenter encore la foule de ces associations.

» Le but que nous nous sommes proposé est assez important, assez étendu, pour justifier tout le zèle, tous les efforts que nous y apporterons. Nous voulons recueillir et conserver les matériaux historiques qui peuvent jeter quelque jour sur l'histoire du continent américain en général, et plus particulièrement de cette partie favorisée du ciel où nous avons eu le bonheur de naître.

» Je ne suis point venu ici pour discuter la valeur de la science historique. Un pareil travail serait peu utile à notre siècle, à notre pays; il serait déplacé surtout dans cette salle imposante, que la bienveillance des représentans de la nation nous a ouverte, et qui a été bien souvent sanctifiée par des noms et des souvenirs destinés à vivre dans notre histoire nationale quand ces colonnes de marbre auront été réduites en poussière. Peut-être alors quelque nouveau Marius assis sur nos ruines, comme le proscrit romain sur celles de Carthage, viendra-t-il proposer l'exemple de sa vie aux nouvelles générations. Les peuples l'écouteront-ils? Nos descendans eux-mêmes profiteront-ils des vicissitudes qui ont sillonné l'existence de leurs pères? Etudieront-ils notre époque et nos actions comme nous étudions la physionomie des siècles qui nous ont précédés?...

» L'histoire, si l'on apprécie sa juste valeur, ne doit pas être un simple récit de faits. Ces derniers, sans doute, sont indispensables à la manifestation de la vérité, première et principale vertu d'un historien. Mais l'histoire doit se proposer un but plus élevé et plus noble; elle doit chercher à intéresser à la fois et à instruire le genre humain. Il lui faut découvrir les motifs et les causes des événemens, et les suivre ensuite jusque dans leurs derniers résultats. Il lui faut dessiner les caractères particuliers des grandes personnifications, dont elle retrace les traits, et les dérouler aux regards de tous, comme autant d'objets d'admiration ou d'infamie. Il lui faut blâmer hardiment là où le blâme est mérité, et applaudir hautement à la vertu partout où elle se présente. Mais la tâche qui m'est imposée ne s'étend pas jusqu'à vous décrire les qualités et les devoirs d'un historien. Je laisse ce travail à des voix, à des plumes plus exercées que la mienne. Je me borne à vous exposer d'une manière très succincte les travaux que se propose notre nouvelle société.

Notre but étant universel, nous ne saurions désirer une position plus favorable que la nôtre. C'est ici que les représentans de la nation s'assemblent; c'est dans cette capitale qu'affluent de toutes les parties de la république des citoyens attirés par des affaires, par des distractions, par une simple curiosité; c'est ici que sont déposées les archives nationales, cette mine précieuse de tous les matériaux authentiques nécessaires à l'illustration de notre histoire. Il est à présumer que des sentimens bien entendus de patriotisme, l'amour de la science, l'orgueil de nos droits acquis en littérature, nous enverront beaucoup de membres, ayant le désir et les moyens de sauver de l'oubli et de la destruction des documens et des faits importans. Abandonnés à nous mêmes, nous ne saurions aller loin ; nos efforts ne pourraient être proportionnés à la grandeur du plan auquel, dans l'ardeur d'une première espérance, nous avons donné notre sanction tout entière.

» Notre position nous met aussi à même de correspondre avec les pays étrangers, qui ont établi jadis des colonies sur ce continent et qui y envoyèrent le superflu de leur population, tantôt pour acquérir une extension de territoire qui leur manquait, tantôt pour rechercher ce métal, objet de tant de vœux, et source de tant de crimes , tantôt pour trouver où abriter leur liberté de conscience, tantôt pour fonder dans ce nouveau monde des empires, dont les progrès rapides fixent en ce moment l'attention du genre humain. Des recherches dans les archives de ces divers gouvernemens jetteraient un grand jour sur des points obscurs et dissiperaient les doutes qui se rencontrent dans les premières pages de notre histoire. Aucun américain ne parcourt les mémoires de Sébastien Cabot, que nous devons à l'érudition et au travail d'un de nos compatriotes, sans être frappé des immenses avantages qu'on peut retirer d'un patient examen des documens conservés dans les diverses administrations de Londres, où toutes les sources sont ouvertes libéralement à l'étranger laborieux. Dans cette histoire intéressante du navigateur qui découvrit l'Amérique du Nord, un grand nombre d'erreurs populaires sont rectifiées; c'est le premier récit judicieux des voyages de cet intrépide marin.

» Et un autre Américain, connu des deux hémisphères par la pureté de son style et la beauté pittoresque de ses descriptions, n'est-il pas allé chercher, dans les collections de Madrid, les matériaux les plus authentiques, pour écrire sa belle biographie du grand navigateur qui déchira le premier le voile qui séparait l'humanité en deux parties, inconnues l'une à l'autre...

» Notre situation particulière offre encore un précieux avantage à nos investigations. Il a été établi, aux frais de la nation, une vaste bibliothèque, qui contient un grand nombre d'ouvrages rares, jetant une vive clarté sur notre histoire générale et locale. Chaque année cette collection s'augmente, mais elle est loin d'être en rapport avec le rang élevé de notre gouvernement, et telle enfin que nos désirs et nos besoins la réclament. Les États-Unis devraient posséder un monument où serait déposé tout ouvrage qui aurait quelque rapport, même éloigné, avec la découverte, la colonisation et l'histoire de l'Amérique ; et ce monument devrait se trouver ici. Car cette ville est le siège du gouvernement de la grande république, l'aînée de la famille des états cis-atlantiques, digne émule, et bientôt, nous l'espérons, rivale généreuse de la mère-patrie dans la carrière du progrès intellectuel. Et pourquoi n'ajouterions-nous pas à cette collection toutes les autres branches des connaissances humaines, pour la rendre vraiment digne du siècle et du pays, et l'élever au rang de ces riches dépôts qui sont l'orgueil de l'Europe moderne? C'est là le véritable luxe des gouvernemens républicains, luxe que le plus zélé disciple de Lycurgue ne chercherait point à modérer par des lois somptuaires. Nous abandonnons aux splendides monarchies de l'autre hémisphère l'éclat dont elles environnent leurs institutions, heureux que nous sommes de voir notre édifice politique pur de leurs ornemens corrupteurs. Mais l'encouragement des lettres appartient à tous les siècles, à toutes les nations, à tous les gouvernemens. « Je suis persuadé, a dit le plus grand patriote de notre pays, que vous penserez comme moi que rien ne mérite mieux votre appui que les sciences et les lettres. Partout l'instruction est la base la plus sûre de la félicité publique. Et dans un gouvernement tel que le nôtre, qui ne doit tendre qu'à l'égalité et au bonheur de tous, ce point est des plus essentiels. » — Il avait raison notre grand citoyen. Le temps est le grand niveleur des prétentions humaines. Le jugement qu'il prononce sur les hommes et sur leurs actions est juste et sans appel. Que sont devenus ces hommes puissans, qui, pendant le court espace de leur grandeur, méprisaient leurs semblables et qui en étaient admirés? Quels sont ceux qui vivent encore dans le souvenir de l'humanité ? A

mesure que nous nous éloignons du temps où ces orgueilleux dominaient, l'éclat de leur renommée pâlit et s'éteint.

» Le monde, devenu plus sage, apprécie le mérite réel. La réputation des héros vulgaires tombe de plus en plus. Mais nous, nous avons un nom qui ne mourra pas; nous avons une étoile qu'aucune nuit de ténèbres morales ne saurait éteindre ; elle brillera de plus en plus, jusqu'à ce qu'elle se perde dans la splendeur de ce jour que les prophètes ont prédit et que les poètes ont chanté. Quoi qu'il arrive à notre pays, ce trésor ne lui sera jamais arraché; ses cités peuvent devenir comme Tadmor, ses champs comme la Campanie, ses ports comme celui de Tyr, ses collines comme celle de Gilboa; dans toute la ruine de ses espérances, il pourra encore s'enorgueillir d'avoir donné au monde un homme qui consacra sa vie à ses compatriotes sans autre récompense que leur amour et la voix de sa conscience; qui suspendit le glaive quand la paix fut conquise; qui déposa l'autorité suprême, quand l'influence de son caractère cessa d'être utile à l'affermissement de la jeune république; et qui mourut couvert de gloire, regretté comme bien peu l'avaient été avant lui, et vénéré comme peu le seront. Ici, dans cette salle, dont les fondations ont été posées de sa main; sous ce dôme, d'où l'on aperçoit son tombeau; ici, dans cette ville, fière de son nom et que son choix désigna pour l'atelier de nos travaux, espérons que ses préceptes seront entendus, que son exemple traversera les siècles. Et quand ces murs auront été rasés et sanctifiés par le temps, puisse la jeunesse américaine qui viendra visiter ces ruines du temple de liberté, y méditer sur le passé, y contempler l'avenir, y puiser des leçons de sagesse et de patriotisme! Et quand un citoyen qui aura fait un vœu à la liberté, accomplira son pélerinage à la tombe du mont Vernon , qu'il se rappelle les vertus et bénisse la mémoire de Washington ! »

Nous regrettons vivement que les bornes de notre journal ne nous permettent pas de pousser plus loin la traduction de ce brillant discours, qui a produit sur l'auditoire un effet magique, et dont l'impression a été votée par acclamation. Je crois être en finis-

sant l'interprète des sentiment et des vœux de l'Institut historique, en offrant nos félicitations à la nouvelle société américaine, et en lui exprimant combien nous serions heureux d'entretenir de fréquens rapports avec elle.

HIPPOLYTE DUFEY,
Membre de la 2ᵉ classe de l'Institut historique.

DOCUMENS CURIEUX ET INÉDITS.

TABLEAU DE LA COUR DE BERLIN ,

ENVOYÉ A VERSAILLES PAR M. T., LE 27 DÉCEMBRE 1751.

Le manuscrit de ce mémoire s'est trouvé dans les papiers du chevalier de La Touche, qui fut le successeur de lord Tyrconnell comme envoyé de France à Berlin. Lord Tyrconnell, mort au mois de mars 1752, (*Lettre de Voltaire à d'Argental*, du 11 mars) est évidemment l'auteur de ce document ; il est suffisamment désigné par les initiales M. T. et par la date même du Mémoire qu'on va lire. La *Correspondance générale* de Voltaire fait foi qu'au 27 décembre 1751, le *second gourmand de ce monde* (on sait que La Métrie était le premier) était florissant de santé et dans le plein exercice de ses fonctions diplomatiques. Le chevalier de La Touche ne prit possession de son poste qu'en septembre 1752. Il est probable que le cabinet de Versailles remit à ce dernier une copie du Mémoire de son prédécesseur. C'est cette copie, annotée par le chevalier, dont j'ai l'honneur de faire hommage à l'Institut historique. Tout ce qui est guillemeté est propre à M. de La Touche, tandis que la rédaction du corps du Mémoire appartient à lord Tyrconnell. Les jugemens portés sur Frédéric II, sur le prince Henri et sur la cour de Prusse en général par les deux diplomates en question, pourront étonner plus d'une fois. On n'entend point les justifier ici, mais on rappellera seulement qu'à l'époque où ils écrivaient, la France était en fort bonne intelligence avec la Prusse et que rien ne faisait pressentir la guerre de Sept-Ans, commencée en 1756.

TH. FOISSET, avocat à Beaune,
Membre de la troisième classe de l'Institut historique.

Le roi de Prusse est un composé de tous les contraires. Il aime la grandeur, la gloire , surtout dans les choses qui peuvent augmenter sa réputation dans les pays étrangers ; malgré cela il est le prince du monde le plus timide, le plus indécis, et qui a le moins de courage, d'esprit, de nerf, de fermeté. Il voit les événemens d'avance toujours en noir, et les craint prodigieusement. Il est naturellement paresseux et déteste tout ce qui s'appelle art militaire, dans lequel cependant il excelle ; néanmoins il surmonte son caractère, et, sans une indisposition bien sérieuse, il ne se dispense jamais de commander la parade, qu'il fait faire tous les jours à ses troupes. Il entre dans tous les détails qui concernent son armée, parce qu'il est persuadé que c'est là ce qui en impose à l'Europe et ce qui maintient cette grande discipline de ses soldats et cette exactitude des officiers de toute espèce, de tous grades, auxquels sont assujétis les princes même et ses frères; principe que ce roi regarde avec raison comme nécessaire à sa considération en Europe et comme la base de la puissance. Sans des raisons si fortes, il se livrerait peut-être à son penchant naturel pour la solitude, qui augmente journellement, et se donnerait tout entier à la poésie, aux belles-lettres et à la musique. Ce prince est né méfiant et a mauvaise opinion généralement de tous les hommes, ce qui l'empêche de donner sa confiance à aucun, et fait que très souvent il trompe ses propres ministres en leur faisant de fausses confidences dans le peu d'affaires qu'il leur confie. Il fait toutes ses affaires lui-même et permet rarement à ses ministres les représentations, surtout dans les affaires étrangères, et ne les tolère aux ministres de son directoire que lorsqu'il s'agit de diminuer quelque bienfait qu'il aura accordé.

« Quant aux princes ses frères, il ne » leur communique rien et ne leur marque » aucune confiance, ce qui fait naître des » chipoteries fréquentes dans la famille » royale, chipoteries que la princesse Amélie, la plus inégale de toutes les femmes, » ne manque pas d'attiser. »

Il n'a pas le cœur droit, et son premier mouvement est toujours de tromper ou du moins de se ménager une porte pour échapper à ses engagemens; cependant, comme il a un génie supérieur, il sent que, par sa volubilité de langue, on peut quelquefois le pénétrer, et la crainte de confirmer une réputation de duplicité qu'il sait qu'on lui connaît, le retient et le fait cheminer droit avec les puissances qu'il croit avoir intérêt de ménager. La France est, dans le moment présent, dans ce cas vis-à-vis de lui, et ce prince sent qu'il n'a de ressource qu'en elle, et que, dans le moment que cette puissance l'abandonnerait, il le serait de tous ceux qui ont des liaisons avec elle et se trouverait sur le champ accablé par la Russie, l'Autriche, l'Angleterre et même la cour de Dresde.

Le roi de Prusse regarde cette vérité comme si démontrée, qu'on croit qu'elle doit faire sur lui l'effet de l'attachement le plus fort. On doit cependant la justice à ce prince de dire que s'il est capable d'inclination ou d'attachement c'est pour la France seule qu'il en a. Le combat perpétuel de toutes les contrariétés qui forment le caractère de ce prince, le rend léger et inconsidéré, et lui fait quelquefois entreprendre tout à la fois plusieurs choses incompatibles et dont il n'aperçoit l'incompatibilité qu'après la réflexion et lorsqu'il est trop engagé pour pouvoir reculer; alors il travaille d'esprit à trouver un expédient pour allier le tout et ne déplaire à personne. Son esprit lui en suggère qu'il croit bons dans le moment, et il les met en usage sans trop les peser, et trouve par là le secret d'entasser les embarras les uns sur les autres et de faire croire à chacun en particulier qu'il a voulu le tromper, quoique, dans le commencement, il n'ait eu que le dessein d'allier des choses qui, quoique incompatibles, ne lui paraissaient pas telles, faute de les avoir bien examinées.

Ce prince est né indiscret et commet à cet égard des fautes impardonnables à un homme qui a autant d'esprit. Il n'est point impossible, lorsqu'on est à portée de le voir souvent dans le particulier et long-temps de suite, de le pénétrer et même de lui tirer une partie de son secret en le faisant parler beaucoup, chose qu'il aime assez; mais la grande difficulté est de distinguer ses vrais sentimens dans la quantité de choses contradictoires que sa volubilité lui fait dire, surtout lorsqu'il s'aperçoit qu'il a lâché quelque chose qu'il ne devait pas dire. Il faut avoir grande attention, lorsqu'on a l'honneur de lui parler, de ne jamais hésiter, ni d'avoir l'air de penser à ce qu'on va lui répondre, car sa méfiance naturelle lui fait imaginer sur le champ qu'on veut le tromper. Il a d'ailleurs pour principe qu'il faut presser les gens qui hésitent, et que cela les embarrasse si fort que souvent leur secret leur échappe en parlant sans réfléchir. Le prince croit ce moyen infaillible, et dit qu'il ne lui a jamais manqué.

Le prince royal de Prusse, timide d'esprit et beau de sa personne, n'aura ni la sagacité ni les talens du roi son frère, pour tout ce qui concerne les affaires. Son esprit étant faible et lent, l'art militaire est le seul objet sur lequel il soit pénétrant et dont il décidera avec justice et avec connaissance; son coup d'œil, dans cette partie, est presque toujours juste, et l'on peut dire qu'il est né bon officier et qu'il se perfectionne chaque jour par l'étude qu'il fait de cet art; c'est aussi le seul objet sur lequel il ne se laissera pas conduire, et quoiqu'il soit dur, insensible et faux, il y a apparence qu'il ne se décidera, sur tout le reste de ce qu'il aura à faire, que par les avis de celui qui, sans avoir l'air d'aucune prétention auprès de lui, aura su gagner sa confiance. L'on pourra lui reprocher trop d'indiscrétion; mais ce défaut ainsi que sa dureté sont occasionés par l'éducation peu soignée qu'a eue ce prince, et peut-être l'une et l'autre diminueront-elles lorsque la fougue de ses passions sera un peu calmée. L'on doit cependant lui rendre la justice de dire qu'il est bon français et paraît être attaché de bonne foi au système présent, si ses sentimens ne changent point à cet égard, ce qui est à présumer, par la vérité avec laquelle il en parle et paraît croire qu'il ne peut y en avoir de plus avantageux pour sa maison.

Le prince Henri, second frère du roi, a les mœurs plus douces que les princes ses frères; son caractère est plus tranquille, il est compatissant et généreux, et la magnificence est la seule passion qui paraît dominer en lui. Il ne manque de hauteur et de crédit que contre le roi son frère, qui le retient dans une gêne continuelle. Ce prince n'a aucun goût pour l'état militaire, et, s'il était livré à lui-même, le luxe de sa cour ferait une de ses principales occupations. L'on peut penser que ses intentions, dans les affaires, seraient toujours bonnes, mais, pour agir avec plus de certitude, il prendrait conseil de tant de personnes, que si leurs avis étaient différens il ne pourrait se décider lui-même, et il résulterait une lenteur et souvent, par conséquent, un mauvais effet de ce trop de bonne volonté. Il paraît aussi, par goût, attaché à la France, et je crois qu'il faudrait un intérêt bien fort pour le faire changer de façon de penser. Le prince royal de Prusse paraît avoir grande confiance dans les avis du prince Henri son frère, et, s'il venait à régner un jour, je crois que les avis de ce dernier influeraient prodigieusement sur la décision du premier.

« Il semble au chevalier de L. que le

» portrait du prince de Prusse est trop
» chargé, ou bien son caractère est bien
» changé depuis qu'il a été fait. Le cheva-
» lier de L. le croit honnête homme et point
» du tout indiscret; il est passionné pour
» les femmes, mais, soit avarice, soit man-
» que d'argent, il en trouve de cruelles,
» surtout depuis que celles dont il a eu les
» faveurs se sont plaintes de sa trop grande
» parcimonie et du peu d'égards qu'il a eu
» pour elles après les avoir quittées. Le
» chevalier de L. ne le croit français que
» par politique et parce qu'il n'ose jamais
» désapprouver le système de son frère, qui
» aujourd'hui, en février 1756, paraît vou-
» loir prendre une autre face. On doit lui
» reprocher sa dureté et son mépris pour
» la princesse son épouse; quant au prince
» Henri, il est hautain avec tout le monde,
» mais il paraît que c'est plutôt pour cher-
» cher d'acquérir de la considération, que
» pour humilier les personnes avec lesquel-
» les il vit. Il affecte plus de ménagement
» que le prince son aîné pour la princesse
» sa femme qui à une hauteur mal placée
» et mal dirigée réunit en sa personne
» toutes les qualités brillantes et aima-
» bles; elle a avec cela une figure char-
» mante, dont le prince, son époux, ne
» fait cependant aucun cas, parce qu'il a
» un goût tout opposé. Il serait ici superflu
» de parler des égards du roi de Prusse
» pour la reine, parce que l'univers est
» instruit de son mépris pour cette prin-
» cesse, à qui on laisse presque manquer
» le nécessaire, et à laquelle on ne donne
» que 36,000 risdales par an pour l'entre-
» tien de sa maison et de sa table, les
» équipages à la vérité défrayés, et non
» compris le vin Pontac, le bois et quel-
» ques légères fournitures de poisson et de
» gibier. Elle jouit, en outre, de 12,000

» écus pour son jeu, sa garde-robe et
» pour payer sa grande gouvernante et ses
» huit dames d'honneur, et aussi pour le
» paiement des petites fêtes qu'elle est
» obligée, dans de certaines circonstances,
» de donner, ainsi que pour les frais que
» lui occasionne le mariage de ses dames
» d'honneur. Cette princesse était autrefois
» encore plus mal, parce que sur lesdits
» 12,000 écus elle était obligée de payer
» les intérêts de 50,000 écus qu'elle avait
» empruntés, en son nom, pour obliger le
» prince, son époux, quand il parvint
» au trône, et ce n'est que depuis peu d'an-
» nées, à force de se trouver persécutée par
» la comtesse de Lamas, sans avoir voulu
» entrer dans un décompte des intérêts
» d'arrérages, que la reine s'était trouvée
» obligée de payer pendant de longues an-
» nées. »

Le prince Ferdinand, troisième frère du
roi, ne paraît jusqu'à présent se décider sur
aucun goût, ni marquer aucun caractère;
son esprit n'annonce rien qui puisse faire
juger s'il deviendra quelque chose de plus
que ce qu'il promet présentement.

« Ce prince n'a affectivement aucun ca-
» ractère, et sa bonté ne peut être attribuée
» qu'à un génie très borné. Il est avare au-
» tant que le prince Henri est généreux et
» prodigue; il ne se plaît à rien et ne s'oc-
» cupe que de frivolités et du mécanisme
» de l'exercice militaire. Il a épousé sa
» nièce, princesse qui aurait des qualités
» aimables, si elle tombait entre bonnes
» mains, mais il paraît qu'elle donne sa con-
» fiance à deux jeunes personnes, qui, sans
» esprit, ne marquent du goût que pour la
» coquetterie. Elle a d'ailleurs le cœur bon,
» mais malheureusement sa gouvernante
« n'est pas en état de faire fructifier ce bon
« germe.

» N. B. Les ministres étrangers, contre
» l'étiquette établie dans cette cour, ont été
» admis, à l'occasion du mariage de cette
» princesse, à la table des trois princes,
» frères du roi, pendant les fêtes dudit ma-
» riage. »

La princesse Amélie, sœur du roi de
Prusse, pourrait encore influer sur la conduite du prince royal, s'il venait un jour à
régner. Elle est hardie, entreprenante et
emploierait tous les moyens possibles pour
acquérir quelque autorité. Comme elle a de
l'esprit et encore plus de fausseté dans le
caractère, cette princesse serait à craindre
si elle trouvait le secret de se faire consulter,
et son humeur inquiète la porterait fortement
à faire beaucoup de tracasseries.

Cette princesse est de fait d'une humeur
altière, et n'a que des politesses exigeantes.
Elle est haute et cherche toujours les occasions de sonder la conduite du roi son frère,
témoin ce que, dans la circonstance de la
convention qu'il vient de signer avec l'Angleterre, elle a dit d'abondance de cœur à
la comtesse de Lamas : Eh bien ! ma chère
maman, voici encore une nouvelle coqui-
nerie du roi, notre cher frère, qui doit lui
éloigner pour toujours l'amitié et la confiance des autres princes.

« Cette princesse a été long-temps très-peu
» portée pour le chevalier de La Touche,
» mais ses égards, ses politesses et même
» es marques d'amitié soutenues sans inter..
» ruption depuis près de trois années, ont
» de quoi dédommager ce ministre de la
» froideur avec laquelle elle l'a traité pen-
» dant les six premiers mois de son arrivée
» à cette cour. »

Les deux reines sont d'une bonté inex-
primable, elles accablent de politesses tous
ceux qui portent le titre de Français et les
distinguent toujours tant qu'il est dans leur
pouvoir de le faire.

« Il paraît au chevalier de L*** que
» M. s'est trompé quant aux sentimens fran-
» çais qu'il attribue à la reine-mère; cette
» princesse, à la vérité, hait mortellement
» le roi d'Angleterre, son frère; mais, ja-
» louse de la gloire de la France, elle saisit
» volontiers les occasions de l'abaisser, et,
» si elle paraît aimer cette nation, c'est parce
» qu'elle croit que le roi son fils, qui est son
» idole, a besoin du secours de la cour de
» Versailles. Il a paru étonnant au cheva-
» lier de L*** que cette princesse, curieuse
» et questionneuse, et qui rabâche volon-
» tiers, n'ait point marqué à ce ministre la
» moindre curiosité à l'occasion de la con-
» vention en question. Quoique cette reine
» soit sensible aux attentions qu'on lui
» marque, elle ne paraît pas les sentir avec
» autant d'onction que la reine régnante.
» Cela provient sans doute de ce que celle-ci,
» qui se voit méprisée du roi, est plus atten-
» tive aux égards qu'on a pour elle, et qu'elle
» les reçoit avec une vive reconnaissance. »

Pour la princesse de Prusse, son crédit
est encore moindre, s'il est possible, que
celui de la reine sa sœur, et elle suit autant
qu'elle peut son exemple; la reine-mère,
quoique sans crédit, jouit seule de la considération qui est due à son rang.

« Le roi a pour cette princesse, sa mère,
» tous les égards possibles, il ne s'asseoit ja-
» mais en sa présence; il lui doit cette atten-
» tion par reconnaissance des soins qu'elle a
» eus de temps en temps pour le réconcilier
» avec le feu roi son père, soins qui ont
» coûté souvent à cette princesse bien des
» chagrins et des larmes; mais cette atten-
» tion du roi son fils pour elle ne lui
» laisse pas la satisfaction de proposer qui
» que ce soit pour le moindre emploi. »

M. le comte de Podesvils, premier ministre d'état et de cabinet, quoique possédant la confiance du roi de Prusse, est souvent trompé par ce prince sur la connaissance de beaucoup d'affaires. C'est un homme simple dans ses manières, franc, juste et zélé pour les intérêts du roi son maître, attaché à son service, et bien persuadé que le système présent de l'union du roi de Prusse avec la France est le seul bon, le seul qui convienne à la gloire et aux avantages de ce prince, il marque, autant qu'il est possible combien il est sincère à cet égard, mais il est d'une timidité au-delà de l'expression, lorsqu'il vient remontrer au roi son maître des choses qu'il a faites et qui lui sont désavantageuses. La vivacité de ce prince le fait toujours trembler; et il est sur cela d'une faiblesse extraordinaire, d'ailleurs reconnu avec justice pour être d'une probité à toute épreuve; et il traite toutes les affaires uniment et avec simplicité, joignant à l'estime du public le suffrage du roi de Prusse qui connaît son attachement et son zèle, mais qui, malgré cela, ne lui donne que peu de crédit dans la place qu'il occupe. Il porte la timidité jusqu'à la poltronnerie; et il est malheureux que, réunissant toutes bonnes qualités, il s'effraie et tremble au seul mot de faire la guerre, et qu'il soit aussi timide sur les moindres projets.

« M. T. aurait pu ajouter que le roi de » Prusse, malgré son amitié apparente pour « ce ministre, ne fait point de ses talens une » grande estime; il le traite quelquefois » comme un nègre et lui reproche son peu » d'intelligence à s'expliquer par écrit et à » rédiger un mémoire. Ce prince lui refuse » même les plus petites grâces et n'a même » pas voulu recevoir pour militaire aucun » de ses trois fils, dont l'aîné a vingt ans; » et cela sous prétexte qu'ils n'étaient pas » d'une taille assez avantageuse. Ils sont » actuellement à l'université de Francfort » sans que le père sache ce qu'il en doit » faire. Il est bien vrai que ce ministre est » d'une timidité extrême; mais le cheva- » lier de L. ne le croit français que parce » que son maître l'a été et l'est peut-être » encore relativement à ses intérêts; et, » dans le vrai, le ministre prussien basse » jaloux de la grandeur de la France, con- » serve encore toujours un cœur germa- » nique. »

M. le comte de Finckenstein a moins de crédit encore que M. de Podesvils, et il ignore bien des affaires que ce dernier ministre fait, et ce dernier ne connaît pas celles que le roi de Prusse traite lui seul. Ce prince charge cependant assez volontiers M. de Finckenstein de toutes les affaires qui regardent la Suède et le Nord en général. C'est un homme qui a des connaissances et de l'esprit, assez vrai dans les affaires qu'il traite, et très persuadé de la nécessité et de la bonté du système actuel, qu'il croit le seul bon et solide; mais il veut toujours mettre de la finesse à ce qu'il dit, et quoiqu'il dise la vérité, il ne l'annonce point avec la même ouverture et aussi uniment que M. de Podesvils. Ces deux ministres conférant de toutes les affaires qu'ils ont à terminer avec M. de Fonckenrath secrétaire d'état, c'est la seule personne qui soit instruite de ce qu'ils ont à traiter, puisqu'il n'est permis qu'à M. de Podesvils d'avoir un seul secrétaire. L'on ne peut point fréquenter M. de Fonckenrath; peut-être lui est il défendu de voir personne, mais on le voit très rarement, et il n'a jamais été dîner chez aucun ministre étranger; il est cependant moins invisible que M. Eichel, dont on n'a point encore parlé, et qui n'a jamais été aperçu d'aucun mortel. Ce M. Eichel est celui qui travaille tous les jours avec le roi de Prusse, et qui expédie toutes les affaires. Il a sous lui plusieurs secrétaires, aussi invisibles que lui, mais en quelque endroit que se trouve le roi de Prusse, M. Eichel le suit toujours, et travaille tous les matins avec ce prince : c'est la seule personne qui connaisse toutes les affaires que traite S. M. prussienne; il sait tout ce que les ministres ignorent, et c'est de son bureau, qui est censé celui du roi de Prusse, qu'émanent tous les ordres tant pour l'intérieur que pour l'extérieur du royaume. Peu de personnes ont jamais parlé à M. Eichel. L'on fait en vain les plus grands efforts pour le voir, mais il est impossible d'y réussir; il vit tout seul et connaît tout ce qui se passe, sans être connu que de très peu de gens avec lesquels il ne vit pas.

« Messieurs les ministres de Podesvils et » de Finckenstein paraissent être toujours » d'accord parce que celui-ci est nécessaire- » ment subordonné au premier, mais, pour » cela, ils ne se paient point d'une confiance » réciproque, et la jalousie entre bien quel- » quefois dans leurs opérations. Tout le » monde n'accorde point de l'esprit au » comte de Finckenstein; cela vient peut- » être de ce qu'il est un peu caustique et » qu'il aime à trouver du ridicule dans son » prochain, qui, à cet égard, ne le paye point » d'ingratitude; il est doucereux et narre » volontiers, parce que la reine mère l'y a » accoutumé; mais, à force de se répéter, » il devient insipide; c'est cependant par ce » manége qu'il cache qu'il n'est point in- » struit à fond des affaires de son maître » lorsqu'on lui en parle. Le chevalier de L. » le croit cependant plus français que M. » de Podesvils; et cela parce qu'il est moins » timide que celui-ci, et qu'il sent que son » maître ne peut s'agrandir et même con- » server ses conquêtes qu'avec l'alliance de » la France. M. le duc de Nivernois a eu une » défense expresse de S. M. prussienne » de communiquer sur l'objet de sa com- » mission avec M. le comte de Finckenstein, » auquel, moyennant cette défense, il n'a » parlé que par compliment et par politesse. » M. le duc de M... a avoué au chevalier de » L. cette particularité, en lui disant que le » roi de Prusse lui avait prescrit la même » chose vis à vis de lui, quoique M. de Po- » desvils l'ait assuré, de la part du roi son » maître, qu'il ne devait avoir rien de caché » pour le chevalier de C. que le ministre » prussien avait prévenu amicalement de la » même chose. Ces contradictions n'ont pas » laissé que d'embarrasser M. de M., à ce » qu'il a avoué au chevalier de L., à qui » il a confié beaucoup de choses, mais sû- » rement pas tout. Il lui a cependant avoué » qu'il remarquait beaucoup de difficultés » à traiter les affaires avec cette cour, » parce que le roi dit une chose pendant » que ses ministres assurent le contraire, de » sorte qu'on se trouve toujours embar- » rassé, qu'on craint toujours les piéges, » et qu'on ne sait sur quoi tabler; c'est » aussi ce que le chevalier de L. a éprouvé » souvent et ce dont il a prévenu le duc. » Par exemple le roi de Prusse ayant dé- » fendu en 1753 au chevalier de L. de » communiquer le traité de Brunswick au » comte de Finckenstein, il est arrivé que » pendant l'absence de M. Podesvils, qui était » en Poméranie, ce prince a écrit au comte » de Finckenstein de sa propre main, pour » le presser de demander au chevalier de L. » un paiement du subside de Brunswick » échu. Le ministre français voulut éluder, » mais le ministre prussien lui montra la

» propre lettre du roi son maître. On juge
» aisément qu'un pareil manége ne doit pas
» faire naître une confiance réciproque en-
» tre les ministres. M. de Fonckenrath se
» communique réellement très peu. Le
» chevalier de L. a cependant dîné plu-
» sieurs fois avec lui dans des maisons tier-
» ces; il l'a trouvé d'une bonne société,
» mais d'une irréligion à faire trembler. Ce
» sentiment est inné en lui, et n'est point
» de complaisance pour le roi son maître,
» car il ne cherche ni la dignité, ni à amé-
» liorer sa fortune. Il est souverain admi-
» rateur de la Russie, dont il porte la
» puissance et le gouvernement aux nues,
» et il ne cache point le goût qu'il a pour
» un renouvellement d'alliance du roi son
» maître avec cette puissance. M. Eichel est
» réellement invisible pour tout ce qui est
» étranger; mais il vit en société à Potsdam,
» aussi bien qu'à Berlin, pendant le séjour
» qu'y fait le roi son maître. Il a le travail
» aussi facile que sa mémoire est heureuse,
» et le roi de Prusse serait bien embarrassé
» s'il venait à le perdre, parce qu'il n'a pas
» la permission de faire un élève. On le dit
» de moitié dans tous les monopoles de
» M. Friderics d'Orffe, valet de chambre du
» roi et son trésorier général, qu'on sait
» avoir beaucoup de part dans la confiance
» du roi son maître, qui l'a tiré de l'état de
» fifre de son régiment, du temps qu'il
» était prince royal. On sait encore que,
» quand ce prince était mécontent du ser-
» vice qu'il lui rendait en qualité de valet
» de chambre, il le remettait dans son pre-
» mier état. Il a cependant si bien su ma-
» nier l'esprit de ce prince, dont il connaît
» le goût pour les louanges, qu'il est par-
» venu à un degré de faveur qu'il soutient
» encore. Bien des personnes prétendent
» que le goût du plaisir a accéléré sa for-

» tune, mais *absit*. Ce favori ne passe point
» pour avoir été incorruptible; mais, à pré-
» sent il ne serait plus temps de chercher à
» le gagner, parce que sa fortune est immense
» et qu'il est entré dans tous les marchés,
» tous les établissemens et dans tous les
» priviléges exclusifs que le roi accorde et
» qui enchérissent en peu de temps.

» Toutes les personnes employées par sa
» majesté prussienne sont extrêmement oc-
» cupées, parce qu'elles n'ont pas la per-
» mission de se faire aider; cela est au point
» que les ministres que le roi de Prusse en-
» voie dans les cours étrangères, n'ont pas
» même celle de prendre des secrétaires à
» leurs frais, quand on ne leur en donne
» point avec eux; et, comme ils sont obligés
» d'écrire, toutes les postes, au roi et à son
» premier ministre des lettres qui traitent
» souvent de choses différentes, ils sont
» nécessairement obligés de passer leur
» temps à chiffrer et à déchiffrer, et par con-
» séquent n'ont pas le loisir de se mettre au
» fait de la cour où ils résident. »

MM. de Veiruk, de Boden et de Katt,
sont les seuls autres ministres d'état qui
jouissent de quelque considération; mais,
pour le crédit, ils n'en ont pas plus que les
autres. Ils font le rapport exactement de ce
qui se passe dans leur département, et exécutent les volontés du roi, sans avoir même
la voie de représentation.

« Le chevalier de L. ne sait point pour-
» quoi S. M. n'accorde point aux autres mi-
» nistres la même considération qu'à ceux
» ci-dessus; ils en jouissent cependant aux
» mêmes conditions, c'est-à-dire sans au-
» cun crédit, depuis la mort de M. le comte
» de Reiss, qui n'étant alors que président, a
» été fait ministre d'état pour avoir re-
» cueilli la succession des trois frères de sa
» femme, qui monte à environ 80,000

» risdales de revenu. C'est un homme plein
» de candeur et de probité, ne cherchant
» qu'à rendre des services même essentiels,
» où l'on prétend cependant que la vanité
» entre pour quelque chose. A cela près, il
» est très borné, et, comme il a le cœur facile,
» il reçoit toutes sortes d'impressions, et,
» malgré son opulence actuelle, s'il ne com-
» mence à mettre de l'ordre dans sa dé-
» pense, il se trouvera bientôt être un riche
» mal aisé, quoiqu'il n'ait point de passion,
» mais, suivant les conseils du premier venu,
» il n'est jamais à l'abri des mauvais mar-
» chés ; d'ailleurs il paraît aimer le faste et
» la dépense, parce qu'il se flatte par là
» de se rendre agréable à S. M. prussienne,
» qui ne l'a fait ministre d'état avec le cor-
» don jaune que parce qu'il craignait qu'il
» ne se retirât en Hollande, où les biens de
» sa succession étaient situés, et dont il
» a vendu une partie pour acquérir des
» terres dans les états du roi de Prusse. »

Le comte de Gother, qui a été employé
par le feu roi de Prusse à la cour de Vienne,
et qui, du règne présent, a été grand maître
du roi de Prusse, et qui avait quitté cette
charge pendant plusieurs années, est rentré
au service de cette cour en 1755, avec la
conservation de son rang et ancienneté de
ministre d'état, qu'il avait déjà eu sous le
feu roi avec $\frac{5}{m}$ 500 écus d'appointemens, et
a eu à la mort du ministre d'Arnim le département des postes. C'est un bavard du
premier ordre, qui, pendant un temps, avait
le secret d'amuser le roi, son maître, par des
bouffonnerie, qui paraissent aujourd'hui
commencer à l'ennuyer. Il a le cœur droit et
bon, et quand il désoblige ce n'est point par
méchanceté, mais par intempérance de langue à la table du roi. « Comme il a été em-
» ployé pendant le règne passé à chercher
» des grands hommes pour Potsdam, et qu'il

» a réussi à cette besogne, les bienfaits du
» feu roi, ainsi que les appointemens que dif-
» férens princes d'Allemagne lui donnaient
» pour solliciter leurs intérêts à la cour de
» Vienne, l'avaient mis en état de faire et
» de soutenir une très grande dépense, et
» l'ont accoutumé à un faste dont l'habi-
» tude va le ruiner, puisqu'il se trouve au-
» jourd'hui très endetté, et que le crédit va
» lui manquer, parce qu'il n'a plus qu'une
» rente viagère et annuelle de $\frac{5}{m}$ écus prove-
» nant de la vente d'une terre aux environs
» de Gotha. Il est étonnant que ce ministre,
» avec des qualités très minces, ait été le
» *Richelieu* d'Allemagne. Il est né d'une
» famille bourgeoise du duché de Gotha, et le
» feu roi de Prusse l'a fait ministre d'état, l'a
» décoré de l'ordre de l'Aigle-Noir ; et ce
» prince, tout avare qu'il était, le comblait
» de graces pécuniaires parce que les grands
» hommes que M. de Gother lui fournissait
» avec facilité, par le moyen des princes
» dont il ménageait les intérêts à Vienne,
» l'emportaient sur son avarice. C'est le même
» ministre que le roi de Prusse régnant en-
» voya en 1741 à l'impératrice reine pour
» lui faire des propositions touchant la Si-
» lésie.

» M. de Borck, qui avait aussi été minis-
» tre d'état du feu roi, dont il abandonna
» le service par mécontentement, est rentré
» en 1754 au service de cette cour avec la
» même qualité et avec la conservation de
» son ancienneté. C'est un galant homme,
» plein de mérite, qui a des connaissances
» dans la finance et dans la politique, un
» travail facile ; mais y préférant les plaisirs
» il se serait déjà dégoûté de ce service, si le
» besoin de placer sept enfans ne l'obligeait
» de le continuer. Il a été rappelé ici de la
» cour de Hesse-Cassel, où il était ministre,
» et on lui donne $\frac{5}{m}$ écus d'appointemens ;

» mais on lui fait attendre trop long-temps,
» ainsi qu'au comte de Finkenstein, le cor-
» don jaune. » Il est d'une ancienne famille,
qui, depuis long-temps, possède les premières charges de cette cour, et a ses terres dans
le pays de Clèves.

M. le comte de Becss, silésien, a eu la
place de grand-maître lorsque le comte de
Gother l'a abandonnée. Comme il a du bien
du chef de sa femme, le roi l'a attiré à son
service lors de la conquête de la Silésie, lui
a conféré son ordre et l'a nommé en même
temps son ministre à la cour de Dresde.
C'est un homme extrêmement borné. MM. de
Brismarck et Dauckelmann, MM. de Hapt et
de Blumenthal, toujours occupés de leur
besogne, sont des ministres d'état que l'on
ne commerce pas beaucoup. Le comte de
Schaffertsch, grand écuyer et ministre d'état,
est l'imbécillité même, et possède le triste
secret d'ennuyer tout le monde par ses ba-
vardises. Quoiqu'il ait près de $\frac{20}{m}$ risdales de
revenu en commanderies, il se trouve
ruiné depuis trois ans par de folles dépenses en chevaux, en équipages et en femmes
(toutes dépenses dont il ne s'est jamais
fait honneur). « Son frère cadet, évêque de
» Breslau, a une sorte d'esprit qui amuse
» le roi par ses impiétés et par la perversité
» de ses mœurs, qu'il porte à un excès qui
» fait horreur; il n'observe même aucune
» décence dans sa conduite, non plus que
» dans ses discours. En général tout ce qui
» compose la cour de Prusse sont gens
» bornés, et les ministres, pour la plupart,
» n'ont d'autre mérite que celui d'être
» grands travailleurs; ainsi il est inutile
» d'en parler ; il est seulement à observer
» que le roi de Prusse a attiré beaucoup
» de Silésiens à son service, de crainte qu'ils
» ne passassent à celui de Vienne; pour cet
» effet il a prodigué en 1742, le cordon

» jaune; mais la plupart de ceux qui étaient
» riches sont cependant passés à Vienne.
» S. M. prussienne a une politique admi-
» rable, eu égard à la constitution de ses
» états, pour y attirer les étrangers de tou-
» tes espèces; mais, une fois établis ici, l'é-
» migration en est très difficile, et tous
» ceux à qui il donne des pensions ou qui
» sont possessionnés dans ses états, sont
» obligés d'y consommer leurs revenus. En
» général, on n'accorde que très difficilement
» la permission de sortir du pays, pas même
» aux jeunes gens celle de voyager. Le
» prince de Looss, établi dans le Brabant,
» a eu l'agrément du roi de Prusse d'épou-
» ser la comtesse de Kampken qui pas-
» sait pour riche, à condition de rester
» six mois d'hiver à Berlin avec $\frac{4}{m}$ écus d'ap-
» pointemens et la charge de grand cham-
» bellan et le cordon jaune. On le croyait
» riche et on se flattait qu'il fixerait pour
» toujours son domicile à Berlin, et qu'il y
» ferait une grande dépense. » Le prince,
qui n'est qu'un bonhomme, ne jouit ici
d'aucune considération, et sa femme, qui
rassemble des ridicules de toutes espèces,
ne va point à la cour parce que la veuve du
maréchal de Schmettau a le pas sur elle.
A l'occasion de la plainte que cette princesse
en a portée au roi de Prusse, on lui fit par
écrit la réponse si connue de Charles-Quint :
*que la plus folle devait passer la pre-
mière.*

Le margrave de Schwust, beau-frère du
roi de Prusse et son oncle à la mode de
Bretagne, a de l'esprit, mais c'est un che-
napan, qui ne vit en société qu'avec de la
crapule en hommes et en femmes; il fréquente de temps à autre la cour où il est
peu estimé et souverainement méprisé par
la reine-mère.

Le margrave Henri, son frère, n'a point

d'esprit, vit à peu près comme son aîné et essuie le même sort à la cour, où il ne vient que quand il y a quelque fête. « Le roi de
» Prusse méprise ces deux princes au su-
» prême degré, et ne manque aucune oc-
» casion de leur marquer ce sentiment;
» et ces deux princes n'ont pas même le
» détail de leurs régimens, où ils sont dis-
» pensés, contre l'usage établi, de se
» trouver jamais.

» Le margrave Charles, prince du
» sang, maître de l'ordre de Saint-Jean, est
» un digne prince qui a le cœur droit, des
» sentimens d'honneur et une assez bonne
» judiciaire. Il a eu pendant la guerre,
» où il s'est très bien comporté, la con-
» fiance du roi son maître, à côté duquel
» deux de ses frères ont été tués. Il est
» valeureux, et en a donné en diffé-
» rentes occasions des preuves convain-
» cantes. Le roi de Prusse le sait, mais,
» pour cela, ne lui en marque pas plus d'a-
» mitié, ce qui fait que le margrave, occupé
» du soin de son régiment, qui est en gar-
» nison à Berlin, vit en simple particulier
» avec les officiers de son corps, auxquels
» il donne journellement à dîner, ainsi
» qu'aux étrangers et citoyens de la ville
» qui viennent chez lui; et il passe la
» soirée chez la femme du maréchal de
» sa cour, et alternativement avec une an-
» cienne concubine, dont il a eu une fille
» qui a été légitimée et présentée aux rei-
» nes. Elle vient de mourir après avoir
» épousé le comte de Schonbourg, de la Si-
» lésie, capitaine et aide-de-camp du mar-
» grave. Ce prince est riche pour ce pays,
» et mal aisé pour la bonté de son cœur,
» qui lui fait pensionner et nourrir tous
» les anciens domestiques qui ont été au
» service de ses ancêtres.

» A voir l'établissement des conseillers
» de légation, on devrait juger que c'est
» une excellente pépinière pour former la
» jeunesse et des ministres pour envoyer
» dans les cours étrangères. Rien moins
» que cela : on ne les occupe qu'à copier
» et traduire d'anciens traités, sans leur
» donner connaissance de la politique du
» temps. Ainsi on ne les style que pour
» leur donner le mécanisme de dresser
» un mémoire, ce que la simple lecture
» d'un traité leur donnerait également. La
» plupart de ceux qui forment aujourd'hui
» cette honorable société ne sont que de
» petits polissons, propres à rien. Le roi
» de Prusse donne aussi l'exclusion pour
» être employés à ceux en qui il reconnait
» des passions, et M. de Bredow, d'une
» famille très ancienne, et qui n'est pas
» sans mérite, en fait depuis long-temps
» une triste expérience pour se livrer trop
» au jeu qu'il conduit sagement et dont il
» tire un grand profit.

» On sait que toutes les personnes qui
» possèdent les grandes charges de la cou-
» ronne n'en ont que le titre, et n'ont
« aucun avis près de la personne du roi.

» Elles ne vont à Potsdam que lorsqu'el-
» les y sont appelées, ce qui n'arrive pres-
» que jamais. Les ministres d'état et de
» cabinet sont traités également.

» L'administration des finances est ad-
» mirable ici, et la perception des reve-
» nus du domaine se fait sans aucune dé-
» pense à charge au roi; ni à ceux qui
» paient les impositions.

» Toutes les terres, tant nobles que rotu-
» rières, sont divisées en trois classes qui
» paient annuellement, à proportion de
» leur valeur, et ce paiement se fait par
» mois. C'est un député de la noblesse
» par province qui préside à la percep-
» tion de ces deniers, et comme il n'y a

» rien d'arbitraire, chaque propriétaire
» qui connaît la taxe mise sur ses posses-
» sions, sait à quoi il est tenu. Comme il
» n'y a ni friponnerie, ni vexation dans
» cette manière de lever les deniers du
» roi, personne ne se plaint, quoique l'on
» paie beaucoup; et l'égalité du paiement
» fait la consolation de ceux qui paient. L'é-
» tablissement de cette administration est
» ancien et était déjà connu avant le règne
» de Frédéric 1er; il a seulement été per-
» fectionné insensiblement et par grada-
» tion.

» Il est depuis long-temps défendu aux
» roturiers d'acquérir des terres et des biens
» nobles, ce qui n'obtient pas une approba-
» tion générale, parce qu'un gentilhomme,
» une fois endetté, ne peut plus se libérer de
» ses dettes, puisque la liberté d'aliéner
» sa terre lui est ôtée; cela occasionne une
» accumulation de dettes, et, restant pos-
» sesseur de ses biens, il devient de jour
» à autre plus pauvre, parce que les in-
» térêts en absorbent les revenus. »

M. de Coucye, le grand-chancelier, est
au nombre des autres ministres, à l'exception de quelques affaires courantes sur
lesquelles il a peut-être le libre arbitre.
C'est un homme qui paraît plein de probité,
versé dans son travail et fort au fait de la
justice dont il est le chef.

« Ce ministre, qui est mort en 1755,
» n'a pas eu généralement la réputation
» mentionnée ci-dessus. Quant à la pro-
» bité. On cite même, et on le faisait avant
» même la maladie dont il est mort, des
» exemples dans lesquels on paraît pou-
» voir prouver que souvent il employait,
» et même avec peu de délicatesse, des
» moyens de duplicité pour parvenir à
» son but. *Ceci est traité plus amplement*
» *dans un mémoire séparé et fait en 1754.*

» On sait que ce chancelier était ennemi
» juré de tous les chrétiens, il n'en ad-
» mettait aucun dans le civil, il en aurait
» même été le persécuteur, si l'esprit to-
» lérant du prince ne l'avait arrêté. »

M. de Winderfeld, le premier aide-de-
camp de S. M. prussienne, et M. de
Boudenbrock exercent la place de ministre
de la guerre. Le premier a le détail de
toute la cavalerie, et le second a le détail
de l'infanterie et est fort bon officier; mais
ils sont bornés sur tout le reste l'un et l'autre.
Quant aux autres officiers, ils sont trop occupés de petites choses pour avoir d'autres
connaissances de leur métier, et l'on ne
peut distinguer que le maréchal de Keith
et le maréchal de Schwerin, qui sa-
vent ce que c'est que faire la guerre, et
dont le mérite est connu et distingué de
S. M. prussienne. Il y a encore M. Fouquet, dont le roi de Prusse fait grand cas,
et qui, vraisemblablement remplacera dans
sa confiance le prince d'Anhalt-Dessau, qui
vient de mourir.

On ne peut pas encore savoir quels sont
ses sentimens pour la France, ayant toujours été éloigné de ce pays-ci. Peut-être,
étant originairement français, n'aura-t-il
pas hérité de la haine de celui auquel on
croit qu'il succèdera.

*N. B. Ce tableau à la réserve de ce qui est
marqué par des guillemets, qui sont du chevalier
de L., a été envoyé chiffré à la cour, par un
courrier, par feu M. T. le 27 décembre 1751,
avec la lettre ci-après qui l'accompagnait.*

Monsieur,

Vous trouverez sans doute le tableau
que j'ai l'honneur de vous envoyer ci-joint
peint avec des couleurs un peu vives; mais
mon zèle pour le service du roi m'a paru

exiger la vérité que j'ai employée à cet ouvrage. J'aurais cru manquer à mon devoir si je vous avais caché ce que je crois avoir aperçu dans les caractères différens dont je viens de vous faire le tableau. Les bontés avec lesquelles on me traite ici m'ont mis à portée de connaître l'intérieur de toute la famille royale et de la voir agir devant moi sans aucune contrainte; mais j'ose vous supplier, monsieur, avec la plus vive instance, de ne jamais montrer ces portraits à qui que ce soit, et de les réserver entièrement pour vous seul. Vous sentirez mieux que moi de quelle conséquence cela pourrait devenir, si, par la suite, on pouvait trouver cet écrit, et si un papier de cette espèce venait jamais à paraître. Je compte trop sur vos bontés pour ne pas douter que vous voudrez bien ne jamais le laisser passer dans d'autres mains que les vôtres. Je n'aurais jamais abusé de la confiance qui m'a fait connaître si particulièrement la famille royale, si mon premier devoir n'avait été celui de servir mon maître et de lui découvrir ce que ma délicatese m'aurait fait cacher en tout autre cas, mais que mon obéissance et mon zèle m'ont fait faire dans la plus grande confiance, persuadé que vous garderez seul cet écrit, et que jamais il ne verrait le jour.

J'ai, etc.

M. T. a sans doute donné la préférence à M. de Boudenbrock, sur M. de Winderfeld, parce que celui-ci qui ne parle point du tout le français lui a paru moins communicatif que l'autre, qui, à la vérité, est plus prévenant et de meilleure société; mais on accorde généralement plus de talent et plus de capacité à M. de Winderfeld qu'à son collègue. Il passe pour avoir de la droiture, et son attachement pour l'Allemagne est connu parce qu'il ne cherche point à le cacher; mais l'autre qui est faux, double et grossièrement rusé, a le talent de ne pas se montrer tel qu'il est, et n'est sûrement point porté pour la France. Tous deux ont par leurs emplois l'accès libre auprès de leur maître, dont ils n'ont pas la confiance, et dont ils ne sont estimés que parce qu'ils exécutent exactement ses intentions.

« Si le maréchal de Keith est français, ce
» n'est que parce qu'il ne peut pas être
» autre chose. C'est un homme de mérite
» qui a de l'esprit et des connaissances et est
» très versé dans l'art militaire; mais ses
» excellentes qualités sont obscurcies par
» un esprit d'adulation et de bassesse qui
» ne peut être excusable. D'ailleurs son
» attachement pour la demoiselle Eva, sa
» concubine, dont il est gouverné comme
» un petit enfant, fera toujours une brè-
» che éternelle à sa réputation, et, selon le
» chevalier de L., il n'en peut être excusa-
» ble qu'en lui attribuant une faiblesse en-
» core plus grande, qui est son mariage
» avec cette finloise. Quoiqu'on reconnaisse
» beaucoup de talens à ce maréchal, le
» chevalier de L. ne pense point qu'il
» puisse être comparé au maréchal de
» Schwerin pour les talens militaires. Ce-
» lui-ci a des actions brillantes par devers
» lui, qui n'ont peut-être servi qu'à allu-
» mer la jalousie de son maître, qui la lui
» fait sentir en toute occasion. Il est vrai
» qu'il n'est pas, comme le maréchal de
» Keith, flatteur, adulateur ; et, en cela,
» moins courtisan que l'autre, il n'a point
» su conserver les bonnes grâces du roi.
» Il y a même toute apparence que la per-
» mission qu'il a obtenue d'épouser, comme
» il l'a mandé à la cour par le chevalier de
» L., une vieille fille de condition, qui
» jadis fut chassée de la cour de la reine

» mère, ne lui a été donnée que pour
» faire connaître sa faiblesse. Il est vrai
» qu'il devrait avoir plus d'égards pour
» son maître, qu'il contredit quelque-
» fois avec trop peu de ménagement et sur-
» tout à table, quand le vin lui donne
» quelque chose de plus que de la gaîté. Le
» chevalier de L. a été témoin plus d'une
» fois de ces petites extravagances et con-
» trariétés poussées trop loin. Cependant,
» à tous égards, c'est un homme d'un vrai
» mérite, mais qui', ainsi que le maréchal
» de Keith, n'est plus en état de servir.

» M. de Fouquet passe aussi pour avoir
» d'excellentes qualités pour la guerre. Il
» en parle bien, et est toujours attaché au roi
» son maître, quand il l'appelle à Potsdam
» et pour le carnaval à Berlin; il se com-
» munique très peu, de sorte qu'il est diffi-
» cile de démêler ses véritables sentimens.
» Il est, comme la plupart des officiers
» prussiens, exact dans ses devoirs, obser-
» vateur religieux de la discipline et sévère
» dans le commandement. Il est pétri d'un
» amour-propre naturel qui se trouve en-
» core augmenté par la confiance du roi
» son maître et par la distinction avec la-
» quelle il en est traité. On prétend qu'il a
» appris avec plaisir la convention signée
» avec l'Angleterre, ce qui marque qu'il
» n'est point français, puisqu'elle évitera
» la guerre pour les troupes prussiennes,
» pendant laquelle il pouvait parvenir à un
» grade supérieur et même à commander
» des corps d'armée séparés.

» Le général Kiau, que le roi de Prusse
» a attiré à son service de celui de Dresde
» où il n'était que lieutenant-colonel, est
» un bon officier de cavalerie très estimé
» de son maître; cependant il n'a d'autre
» talent que celui de bien tenir son régi-
» ment.

» M. de Haut-Charmois est un bon ivro-
» gne, et on ne comprend pas ce qui peut
» l'avoir mis dans les bonnes graces de son
» maître. Ces trois lieutenans-généraux,
» qui ont le cordon jaune, sont ceux à qui
» le roi de Prusse fait le plus d'accueil et
» qu'il appelle le plus souvent auprès de
» lui; on donne généralement la préférence
» à M. de Fouquet.

» Le prince Ferdinand de Brunswick,
» frère de la reine, est un prince aimable,
» doux et poli, qui est bienfaisant, et
» qui cherche à plaire; quoique le roi de
» Prusse lui fasse beaucoup d'amitié, il n'a
» en lui qu'une confiance très médiocre. Il
» a de l'exactitude, mais comme c'est ici
» une qualité indispensable, elle se trouve
» chez tous les officiers.

» Le prince Maurice d'Anhalt, qui n'a
» eu aucune éducation, parce que son père
» voulait voir ce que la nature toute seule
» pourrait produire, est une espèce d'im-
» bécile; cependant le roi de Prusse ne
» marque à qui que ce soit autant de con-
» fiance qu'à lui; il le charge même de
» l'exécution des manœuvres les plus diffi-
» ciles dans les camps de paix, dont il se
» tire très bien. Son maître le charge aussi
» de la direction de l'économie de la pro-
» vince où son régiment est en quartier, et
» il est content de sa manutention. Cela
» prouve qu'il a une judiciaire qui lui fait
» bien exécuter ce qu'il entreprend dans ce
» genre. Il voudrait voir tous les Français
» noyés et paraît avoir hérité cette aver-
» sion pour cette nation du prince d'An-
» halt son père. En général la nation fran-
» çaise n'est pas aimée à Berlin, et on n'y
» sera jamais fâché de voir le roi prendre
» des alliances contre elle.

» On encourage beaucoup la plantation
» des mûriers, et S. M. prussienne a distri-

» buer annuellement des gratifications à
» ceux qui, par leurs soins, les ont le plus
» fait valoir. Ce sont les prêtres, dans les
» campagnes, qui en ont la direction. On
» voudrait aussi encourager les manufactures
» et principalement celles de soierie; mais
» la soie du pays, jusqu'à présent, est
» d'une mauvaise qualité et on en voit fa-
» cilement la différence avec celle du Pié-
» mont lorsqu'elle est employée. Toute
» étoffe étrangère peut entrer à Berlin, en
» payant les droits qu'on augmente jour-
» nellement, et il n'y a que le velours qui
» soit prohibé et brulé sur le champ quand
» on en fait entrer frauduleusement ; mais
» ceux qui ont le privilége exclusif de le
» travailler en font entrer de France tant
» qu'ils en veulent, et voici comment ils
» envoient, aux deux foires qui se tiennent
» par an à Leipzig, une certaine quantité
» de pièces de velours fabriquées à Berlin,
» les vendent ou les troquent à Leipzig ou
» bien les déposent dans une maison de
» campagne, et en revenant de la foire,
» d'une quantité égale de velours de France
» ils disent que c'est celui qu'ils ont em-
» porté et dont ils n'ont pu se défaire. Ils
» gagnent toujours à ce manége, parce que
» leur velours, quoique de mauvaise qua-
» lité, est toujours plus cher que celui de
» France qu'ils achètent à Leipzig. L'aune
» de velours uni et de couleur ordinaire
» de la plus mince qualité coûte à Berlin,
» au plus bas prix, 4 écus et 12 gros, il
» faut sept quarts de Berlin pour faire
» l'aune de France. Le velours travaillé ou
» à ramage, fait à Berlin, se vend com-
» munément 8 écus et plus l'aune de
» Berlin.

» Les fabriques de bas de soie du pays
» ne peuvent point réussir à cause de la
» mauvaise qualité de la soie; d'ailleurs le
» débit n'en peut point être grand, puis-
» que la cour, à commencer par le roi, les
» princes et généralement tous les officiers,
» sont toujours en bottes ou en guêtres. Il
» n'y a donc que les personnes attachées
» aux deux cours des reines qui en por-
» tent, ce qui ne fait pas une assez grande
» consommation pour faire aller les fabri-
» ques. On vient d'en établir une de vert-
» de-gris dont on fait sonner, dans les ga-
» zettes, la bonne qualité. On veut même
» qu'il soit aussi bon que celui qui se fait
» à Montpellier; mais les personnes exemp-
» tes de passion avouent qu'il n'est pas pro-
» pre à être employé. Toute marchandise
» étrangère, ainsi que les provisions que l'on
» tire des pays étrangers, paie de fortes
» accises en arrivant à Berlin ; mais,
» comme toute la noblesse a le privilége de
» faire venir à sa campagne toute espèce de
» marchandise et de denrée, il est aisé de
» voir que la contrebande, pour l'entrée
» de Berlin, est aussi fréquente que facile,
» et, pour ce petit commerce, on se prête
» une assistance mutuelle. On a aussi éta-
» bli à Berlin une manufacture de faïence
» et tout récemment une autre de porce-
» laine imitant celle de Saxe. La première
» réussit assez bien parce qu'elle réussit
» partout, mais celle de porcelaine est en-
» core au berceau, elle manque de dessina-
» teurs, les proportions de figures ne sont
» pas gardées, et le peu qui s'en vend ac-
» tuellement est aussi cher que celle de
» Dresde. Quant aux fabriques des étoffes
» de soie, il faut convenir qu'elles ont de
» bons ouvriers, et il ne leur manque que
» des dessinateurs qui aient du goût, et
» leurs étoffes légères en or et en argent ne
» sont point si chères qu'elles le sont à
» Lyon.

» La manufacture des tapisseries, imi-

» tant celle des Gobelins, établie depuis
» long-temps, tombe de jour en jour par le
» peu de débit qu'on en a. Celle des glaces,
» établie aussi depuis long-temps, en produit
» d'assez belles, mais un peu brunes, et on
» les tient à un prix si haut, qu'on les vend
» plus chères à la manufacture même
» qu'elles ne se vendent en Hollande. C'est
» encore le privilége exclusif qu'on a donné
» à un seul qui occasione cet abus. Il en
» est de même de la raffinerie de sucre.

» En général, tous les ouvriers sont chers
» à Berlin, parce qu'ils sont fainéans et
» paresseux ; ils ne commencent leur travail
» que fort tard et le finissent de bonne
» heure pour aller à la tabagie. On ne dis-
» continue point de bâtir, et dans toutes les
» rues on voit des écriteaux qui indiquent
» des maisons et des appartemens à louer.
» Cependant le peuple n'augmente point,
» et les habitans, y compris la garnison
» qui est de 15 bataillons, de 5 escadrons
» de gendarmes et de 5 escadrons de hus-
» sards, ne passe point le nombre de
» 146,000 âmes.

» Le vol domestique est très fréquent à
» Berlin, parce qu'il n'est puni que très
» légèrement et qu'il n'emporte que la
» peine de la restitution. Pendant les six
» mois d'hiver les hussards font de fré-
» quentes patrouilles dans la ville, ainsi que
» l'infanterie, qui les fait aussi pendant
» tout l'été.

» La Silésie n'est point contente du gou-
» vernement présent, principalement le
» clergé, auquel on fait payer 55 pour
» cent, et à la noblesse et au peuple. Il est
» bien vrai que ces deux derniers en ont
» payé autant à la maison d'Autriche de-
» puis l'an 1737, mais ce n'était que con-
» ditionnellement et par forme de faire une
» avance à leur souverain, qui avait besoin

» d'argent pour soutenir une guerre oné-
» reuse contre les Turcs, après s'être épuisé
» dans celle de 1735 dont il venait de sortir
» par le traité de Vienne. Les Silésiens sont
» donc persuadés qu'ils auraient été remis
» sur l'ancien pied qui était de ne payer
» que 17 jusqu'à 20 pour cent. On ne sait
» point au juste ce que rapporte la Silésie,
» et on croit que le roi de Prusse n'en retire
» que ce qui est nécessaire pour l'entretien
» des 40 bataillons qu'il a levés depuis
» qu'il en a fait la conquête, et pour l'en-
» tretien des hussards levés en même temps,
» et pour celui des fortifications qu'il a
» fait augmenter et perfectionner, ainsi que
» pour les places qu'il a fait construire sur
» les frontières. L'administration civile
» de Silésie, ainsi que la perception de ce
» que l'on en retire, paraît généralement
» tyrannique. M. de Münckow qui, en qua-
» lité de président, est décoré du titre de
» ministre d'état, résidant à Breslau, a
» exercé en Silésie un despotisme qui ne
» l'a point fait regretter lorsqu'il mourut
» en 1754. Ce président, dont les fonctions
» et le pouvoir peuvent être comparés à
» nos intendances, était endetté à Berlin
» lorsqu'il fut nommé pour Breslau ; dans
» peu d'années il acquitta ses dettes, aug-
» menta considérablement le revenu de son
» maître, et laissa assez de bien pour faire
» voir qu'il avait pressé la Silésie. On ne
» l'a cependant jamais accusé de concus-
» sion, et c'est en fournissant des moyens
» à son maître de tirer plus d'argent de la
» Silésie que ce dont elle était imposée,
» que ce président recevait des gratifica-
» tions de son maître. Il fut remplacé par
» M. de Massaw, qu'une santé délicate avait
» obligé de quitter, à l'âge de cinquante
» ans, le service dans lequel il était colonel
» sans régiment, et comme le caractère

» débonnaire de celui-ci, qui ne répon-
» dait point à la hauteur du défunt, ne
» fournissait plus au roi des expédiens
» pour hausser son revenu, il fut, au bout
» d'un an, remercié avec un mépris mar-
» qué et remplacé par M. de Schlabern-
» dorff, dont la dureté de cœur fait regret-
» ter aux Silésiens la perte qu'ils ont faite
» de M. de Münckow, qu'ils avaient tant de
» raison de détester. Les Silésiens se plai-
» gnent aussi de la dureté avec laquelle les
» officiers généraux et supérieurs prussiens
» qui occupent leur pays les traitent.

» Le baron de Polnitz, connu depuis
» long-temps, est aussi nécessaire à l'amu-
» sement de la table du roi de Prusse, à
» Potsdam, qu'il est mésestimé de ce prince
» qui ne cesse de lui faire des avanies. Il
» est escroc, cherche à s'insinuer dans les
» maisons pour ensuite faire de faux rap-
» ports à son maître, qui, quoiqu'il sache
» apprécier la main qui les lui présente,
» ne laisse pas que de les écouter avec com-
» plaisance. Ce chambellan rapporte vo-
» lontiers ce qu'il sait et ce qu'il ne sait
» pas de ce qui se passe à Potsdam, dans la
» vue de se rendre agréable, et aussi dans
» celle de pénétrer ce que l'on pense sur
» le compte de cette cour à laquelle il fait
» toujours de faux rapports, le tout par
» méchanceté.

» Le marquis d'Argens est un honnête
» homme qui vit en son particulier sans se
» communiquer à qui que ce soit; il est
» d'une nécessité absolue au délassement
» de son maître, avec lequel il soupe tous
» les soirs, soit à Potsdam, soit à Berlin.
» Comme il connaît le caractère soupçon-
» neux, inquiet et curieux de ce prince, il
» ne voit qui que ce soit pour ne pas être
» soupçonné de dire ce qui s'est passé à ses
» petits soupers de gaîté. Il ne rend jamais
» de mauvais offices à qui que ce soit.

» Le général de Schmettau n'a la con-
» fiance du roi de Prusse que parce que
» lui, ainsi que sa femme, rapportent à ce
» prince tout ce qu'ils apprennent, à quoi
» la maréchale de Schmettau leur sert beau-
» coup. Ce général, frère du feu feld-maré-
» chal de ce nom, n'a été attiré à Potsdam
» que pour lui ôter les moyens de faire la
» contrebande à Berlin, par la facilité qu'il
» s'était donnée de faire des entrepôts à
» Charlottembourg d'où il faisait entrer fur-
» tivement toutes sortes de marchandises
» prohibées à Berlin. Le feu maréchal, son
» frère, pratiquait encore plus vilainement
« et plus ouvertement la même manœuvre.

« Le major de Chassot, qui a joui pen-
» dant dix-huit ans de la plus haute faveur
» à Potsdam, s'est brouillé avec son maî-
» tre parce que les bontés de la vieille du-
« chesse de Strelitz l'ont mis en état de se
» passer des bienfaits du roi de Prusse;
» mais il semble que le maître et l'ancien
» favori cherchent à se rapprocher. Celui-
» ci sent la nécessité où il se trouvera de
« recourir à la protection de ce prince pour
» conserver tout ce qu'il a reçu de sa vieille
» duchesse, et le monarque craint que cet
» officier, dont il connaît la valeur et le ta-
» lent pour la guerre, ne passe à quelque
» service étranger, et craint surtout que ce
» soit à celui de l'impératrice de Russie,
» qui lui a fait offrir, l'année passée, le
» grade de général-major avec un régiment
» de dragons, par le prince de Galitzin,
» ministre de Russie à Hambourg.

» L'abbé de Prades, aussi méprisable
» par la dépravation de ses mœurs que par
» son caractère, rapporte continuellement
» ce qu'il apprend et même ce qu'il ima-
» gine au roi de Prusse dont il approche
» familièrement en sa qualité de lecteur,
» et cherche à nuire à tout le monde. Le roi,
» qui le connaît, le mésestime et ne laisse

» cependant pas d'ajouter foi à tous ses
» rapports qu'il ne peut faire que sur des
» ouï dire, puisqu'il est exclu de toute
» bonne compagnie à Potsdam et à Berlin.
» L'abbé Bastiani, vénitien d'une basse
» extraction, prévôt de Glogau et chanoine
» de Breslau, est adroit pour s'insinuer
» dans les maisons des ministres étrangers
» et pour faire des rapports, à Potsdam,
» qui sont assez bien reçus. Il est actuelle-
» ment brouillé avec l'évêque de Breslau et
» ne vaut pas mieux que lui. M. de Caniony
» est lié avec les princes et se trouve pres-
» que à tous les dîners et soupers qu'ils
» donnent; il est faux et rapporteur. -

» Toutes ces personnes, et quantité d'au-
» tres qui leur ressemblent, ne peuvent que
» desservir sans jamais rendre aucun service.

» Les étoffes riches d'or et d'argent, fa-
» briquées dans les pays étrangers, pou-
» vaient entrer ci-devant à Berlin en payant
» des droits jusqu'à 25 pour cent; mais
» depuis le commencement de cette année,
» toutes lesdites étoffes étrangères ont été
» prohibées ainsi que les velours le sont
» déjà.

» L'*eimer* de vin du Rhin, contenant
» 64 quartz, faisant environ 94 bouteilles
» de Bourgogne, paie trois écus d'entrée.
» L'*eimer* de vin de France n'en paie que
» deux et demi.

» Le roi de Prusse a mis, en 1755, trente
» écus d'entrée, dans la Silésie, sur les
» vins de Hongrie, ce qui fait qu'on y
» fraude les droits et qu'on les fait passer
» par la Pologne. »

CORRESPONDANCE.

LETTRE

DE M. ALBERT LENOIR, CORRESPONDANT DU MINISTÈRE ET DE L'INSTITUT DE FRANCE,
MEMBRE DE LA 4° CLASSE DE L'INSTITUT HISTORIQUE.

Smyrne, 20 mai 1836.

Je suis en Asie depuis quatre jours. Un navire marchand partant demain pour la France, je m'empresse de profiter de cette occasion pour vous faire connaître mon heureuse arrivée. J'avais reçu à Toulon, le 6 mai au soir, la lettre de notre secrétaire perpétuel et je me disposais à y répondre courrier par courrier, losque après m'avoir fait chercher dans la ville (j'étais au bain), l'amiral m'embarqua sur *le Sphinx*, bateau à vapeur expédié pour Athènes. Après une bourrasque qui nous retint jusqu'au lendemain dans la rade d'Hyères, nous avons pris rapidement notre route par les bouches de Bonifacio, le détroit de Messine, et la mer Ionienne; j'ai vu se dérouler devant mes yeux les côtes de la Grèce, Navarins, Modon, Coron, le mont Taygète et Cérigo, le golfe d'Argos, puis celui d'Athènes. L'Acropolis et ses temples se dessinaient sur l'Hymète; déjà un pilote grec, pauvre pêcheur, dans son costume nouveau pour moi, s'était hissé à bord pour nous diriger sur le Pirée, lorsqu'on aperçut le vaisseau amiral le *Triton*, mouillé à Salamine. Plus d'Athènes pour ce jour, malgré mon impatience ! L'étiquette maritime nous dirigeait vers l'amiral Massieu avant de prendre terre. Je fus donc porté pendant vingt-quatre heures par les eaux qui roulent encore peut-être quelques proues éperonnées des vaisseaux perses. Près de nous était la montagne d'où Xerxès vit sa défaite.

Fort bien reçu par l'amiral, j'ai dîné avec lui et tout son état-major. L'éclipse avait lieu pendant que nous buvions le vin de Zea et que je goûtais le miel du mont Hymète : c'était le 15.

Enfin, le 16, je pris congé de l'amiral ; son canot fit voile vers Athènes ; je vis les restes du trophée de Salamine, du tombeau de Thémistocle, les ruines du Pirée. En quittant les habitations modernes qui commencent à se multiplier près des quais, on trouve à droite une partie des longs murs bâtis par Thémistocle pour joindre le port à la ville ; puis on traverse un beau bois d'olivier, rejeton des arbres consacrés à Minerve ; c'est de là que le temple de la déesse, le Parthénon, chef-d'œuvre de l'architecture grecque, se développe dans son étendue ; il domine toute la plaine du sommet de la roche qui lui sert de base. Les propylées, le temple de la Victoire sans ailes, celui d'Érectée, ornent de ce côté la citadelle. J'avance sur mon chariot ; bientôt à ma droite est la colline du Musée, surmontée d'un tombeau en marbre ; plus bas l'Aréopage et la tribune aux harangues, la prison de Socrate à gauche, le temple de Thésée, d'une conservation admirable. Ce moment est le plus beau de ma vie !.... A côté était le revers de cette belle médaille, une ville moderne en ruines, ses églises in-cendiées et dépouillées, des maisons n'offrant plus que des monceaux informes, des arbres brûlés ou coupés par les boulets ; telle est l'Athènes du roi Othon.

On bâtit beaucoup cependant et la capitale sort de ses cendres.

J'y étais établi depuis cinq jours, au milieu des palicares, des Bavarois et des souvenirs antiques, lorsque l'amiral me fit savoir qu'il envoyait un navire à Smyrne ; le brick l'*Alacrity* m'attendait à Salamine ; il leva l'ancre aussitôt que je fus à bord, joli bâtiment de vingt canons, cent vingt hommes d'équipage, état-major composé de jeunes gens, gais et instruits ; *c'était échoir en dignes compagnons*. On vit successivement Egine et son temple de Jupiter, le cap Sunium et ses ruines, Scyros, Ispara, Chios, Lesbos, enfin le beau golfe de Smyrne. Ce voyage se fit en quatre jours. Le golfe a douze lieues de profondeur ; à l'entrée étaient Cumes et Phocée, métropole de Marseille ; à droite, vers le milieu, est la presqu'île de Clagomène ; Smyrne s'élève en amphithéâtre à peu près au fond.

Fort bien reçu ici, un contre-temps m'y attendait : Texier (1) est parti depuis six ou sept semaines. Le rappel en France du navire *le Ducouédic* l'a forcé à profiter d'une autre occasion, qui, plus tard, aurait pu lui échapper ; depuis son départ, on n'a plus de ses nouvelles. Selon son itinéraire, on présume qu'il est maintenant dans la Terre-Sainte. Comment le rejoindre ? c'est impossible ; il faut donc que je fasse ici mon affaire tout seul. Après avoir étudié Smyrne et les environs, j'irai à Constantinople.

---

(1) M. Texier, le jeune et savant archéologue envoyé par le ministère et l'Institut de France, dont l'Institut historique a eu souvent l'occasion d'enregistrer les curieuses découvertes.

LETTRE DU MÊME.

Smyrne, 1er juillet 1836.

J'arrive depuis peu de jours de Constantinople; c'est un de ces voyages que l'imagination ne peut prévoir dans ses détails et que les descriptions ne sauraient rendre. Sans parler de ces routes entre Mytilène et la côte d'Asie, entre Ténédos et la Troade, puis au milieu des nombreux châteaux des Dardanelles et des îles de la Propontide, je dirai que l'aspect de Constantinople est ce que j'ai jamais vu de plus beau. Le Panorama de cette ville passe tout ce qu'on peut créer d'original, et cependant le Bosphore est encore plus extraordinaire. Peut-être irai-je de nouveau dans la ville du sultan. Le seraskier m'a fait demander si je voulais y rester pour construire sur le Bosphore. Je partais ce jour-là, j'ai refusé. Attendre long-temps, rester long-temps éloigné de mes travaux de Paris, loin de vous, mes chers collègues, retarder la publication de mon grand ouvrage archéologique, tout me détermine à reprendre la route de France. Si cependant, par des offres avantageuses et avec la facilité de quitter à mon gré, le ministre revenait à la charge, je ne dis pas que je refuserais obstinément.

Le séjour de Constantinople est détestable. Pas de société ! toujours des montagnes à gravir et à descendre ! Je plains ceux qui, par leurs affaires, y sont retenus plus long-temps que moi.

Ici la peste est fort peu de chose, mais dans les villes et villages des environs elle est effrayante, je suis donc consigné dans le quartier franc. Je vais de chez moi au consulat et du consulat chez moi; il est impossible d'être mieux reçu que je l'ai été.

LETTRE

DE M. SPENCER SMITH, MEMBRE DE LA TROISIÈME CLASSE DE L'INSTITUT HISTORIQUE.

Caen, 18 août 1836.

Permettez-moi d'appeler votre attention sur les dernières opérations de la Société des Antiquaires de Normandie.

Elle a tenu sa séance publique à Caën, le 6 juillet dernier, sous la co-présidence de de MM. A. Passy et Ménitte-Longchamps. Le premier de ces messieurs a lu, comme directeur annuel, un discours sur le développement des études historiques en Normandie, et particulièrement sur les progrès des recherches archéologiques dans le département qu'il administre. Le secrétaire (M. de Caumont) a présenté le rapport des travaux de la société pendant la dernière année. Il annonce la distribution du 9me volume des Mémoires, qui vient de paraître. M. de Beaurepaire (de Louvagny) a exposé des considérations sur la nécessité de recueillir les traditions locales, pour conserver aux histoires particulières leur véritable physionomie. M. F. Galeron (de Falaise), a lu un mémoire sur les travaux littéraires de feu l'abbé Delarue, et principalement sur ses Manuscrits posthumes iné dits. Notre collègue, M. E. Gaillard (de Rouen), a présenté le tableau des anciens peuples qui ont occupé le territoire de la Normandie, (nom propre qui serait écrit plus correctement *Nordmannie*), au temps de l'invasion romaine. MM. A. Le Prévot et notre collègue, Pattu de St-Vincent, ont signalé quelques faits littéraires importans pour les études archéologiques. Le temps de la séance n'a pas suffi pour entendre un mémoire de M. Alfred Canel, ainsi qu'un fragment de M. de Caumont, sur deux anciens châteaux du Calvados.

Le lendemain 7, la société a tenu sa séance de clôture de la session. Elle a été toute administrative. Voici le résultat du scrutin pour le renouvellement annuel du bureau.

Directeur provincial : M. Farget.

Président annuel : Moi, votre indigne collègue.

Vice-président : M. Lecerf.

Secrétaire ; M. A. de Caumont.

Vice-Secrétaire : M. Gervais.

Trésorier : M. Pellerin, docteur-médecin.

Comité d'impression :

MM. Spencer Smith, de Caumont, Gervais. P. A. Lair, Lechaudé, Boscher, Roger, abbé Daniel, de Magneville.

La prochaine séance a été fixée au premier vendredi du mois de novembre.

LETTRE

DE M. L. DE LA SAUSSAYE, CONSERVATEUR HONORAIRE DE LA BIBLIOTHÈQUE DE BLOIS, SECRÉTAIRE-GÉNÉRAL DE LA QUATRIÈME SECTION DU CONGRÈS SCIENTIFIQUE DE FRANCE.

Blois, 20 août 1836.

J'ai déjà eu l'honneur de vous annoncer, par ma lettre du 31 décembre dernier (1), que les membres de la 3e session du congrès scientifique de France, tenu à Douai au mois de septembre dernier, avaient décidé que la session de 1836 aurait lieu à Blois, ville centrale, située dans un pays riche de beautés naturelles comme de souvenirs et de monumens historiques.

Les mots *émancipation* et *décentralisation*, proclamés par les congrès, ont semblé à quelques esprits le cri-d'armes d'une sorte de croisade provinciale contre la suzeraineté scientifique et littéraire de Paris.

(1) Livraison de décembre 1835, p. 228.

Tel n'a pas été le but des fondateurs de l'institution. La province ne peut prétendre à renverser cette suzeraineté qui fait la gloire de la France tout entière, et elle lui paie chaque jour son tribut en lui envoyant l'élite de ses hommes. Mais cette suprématie reconnue a excité son émulation ; elle l'a portée, non à tenter une lutte impuissante, mais à rechercher si elle ne pourrait pas se créer une activité qui lui fût propre et qui fournît à ses travaux des avantages de position particuliers. La province a pensé qu'en laissant à la capitale à résoudre les hautes questions des sciences spéculatives, à formuler les grandes théories sociales ou

politiques, il lui restait d'autres sujets d'é-
tudes qu'il lui appartenait de traiter avec
succès. Ainsi, qui connaîtra mieux que
nous les moyens de répandre dans nos villages les bienfaits de l'éducation morale et
de l'instruction primaire? Où seront mieux
appréciés qu'en province les besoins de notre agriculture, les intérêts commeiciaux
de nos productions territoriales? Le géologue, le botaniste trouveront-ils dans l'examen des échantillons des musées, des
sources d'observations comparables à celles
que leur fourniront nos campagnes? Où
notre histoire locale sera-t-elle mieux étudiée que sur les monumens d'art épars autour de nous, sur les manuscrits de nos bibliothèques, dans les charles de nos archives? Que les congrès s'occupent spécialement de tout ce qui se rattache aux intérêts
moraux et matériels des départemens, et
leur tâche sera encore assez belle. C'es, là,
nous le croyons, le but principal qu'ils devront se proposer; le choix des questions
pour la session de cette année fait déjà pressentir cette tendance particulière de leurs
travaux.

Le congrès s'ouvrira le dimanche 11 septembre, dans la grande salle du palais de
justice.

La durée de la session sera de dix jours
au plus.

Ses travaux seront répartis en six sections :

1re. Histoire naturelle.

2e. Agriculture, industrie, commerce.

3e. Sciences physiques et médicales.

4e. Histoire et archéologie.

5e. Beaux-arts, littérature et philologie.

6e. Sciences morales, économiques et
législative.

Pendant la tenue du congrès, il sera fait
des excursions scientifiques. Un volume
sera publié renfermant le compte rendu des
travaux.

Agréez, etc.

*Nous donnons ici les questions du
congrès de Blois qui rentrent plus particulièrement dans la spécialité de l'Institut historique.*

1re SECTION. — Y a-t-il contemporanéité
dans les dépôts de calcaire d'eau douce postérieurs au calcaire grossier tertiaire, dans
le bassin de la Loire?

Existe-t-il chez les animaux un type primitif auquel se rapportent plus ou moins
toutes les créations de cette grande classe
des êtres organisés?

2e SECTION. — Quels sont les changemens
opérés dans la Sologne, depuis vingt années, tant sous le rapport de la culture des
terres que sous ceux de la plantation des
arbres, du défrichement des landes et de
l'amélioration des races élevées dans le
pays?

4e SECTION. — La Gaule, avant la conquête des Romains, n'était-elle pas beaucoup plus peuplée, plus riche et plus civi-
lisée qu'on ne le suppose généralement?

Indiquer les modifications successives
apportées dans les divisions territoriales de
la France, depuis les Gaulois jusqu'à nos
jours. — En rechercher les causes et en
indiquer les conséquences.

Déterminer la situation du lieu désigné
par César comme étant le siège de la grande
assemblée annuelle des Druides.

Les lieux où l'on trouve le plus de monumens druidiques ne sont-ils pas aussi
ceux où la religion chrétienne a eu ses premiers établissemens?

Rechercher l'origine de la féodalité. —
Déterminer les causes et les époques de ses
progrès et de sa décadence.

Inviter le congrès à jeter les bases d'une

statistique du moyen âge en France, en arrêtant une série de questions qui embrasseraient tout l'ensemble de l'ordre religieux, féodal et communal, et qui pourraient être traitées, soit dans leur ensemble, soit par partie.

Déterminer la forme de gouvernement à laquelle l'Aquitaine fut soumise pendant la domination des Anglais, et quelle fut l'influence de ce gouvernement sur l'état social et scientifique du pays.

Les découvertes de sépultures anciennes faites sur les bords de la Loire et dans les départemens voisins, peuvent-elles jeter quelques lumières sur les divers modes d'inhumation usités en France depuis les Gaulois jusqu'à la fin du moyen-âge?

Indiquer les bases d'un classement des monnaies gauloises suivant l'ordre chronologique et les divisions géographiques. — Rechercher le système monétaire des Gaulois, ou les rapports de leurs pièces entre elles, selon les métaux et les poids.

Plusieurs faits semblent prouver que les armées romaines avaient à leur suite des ateliers monétaires ambulans; rechercher les faits nouveaux qui pourraient venir à l'appui de cette conjecture.

A quelle époque les rois de la première race ont-ils commencé à battre monnaie, soit avec leur nom, soit avec celui des monétaires?

Pourquoi trouve-t-on si peu de monnaies d'argent de la première race, et de monnaies d'or de la deuxième?

Rechercher la signification du type particulier aux monnaies baronales du Pays-Chartrain.

Quelle est la véritable signification du mot *besant* dans notre histoire monétaire? — Est-ce une monnaie spéciale ou le nom générique de certaines monnaies? — Quelle est l'origine de ce mot et la valeur qu'il représente à diverses époques?

Inviter le congrès à provoquer la confection de bibliographies locales et à donner l'histoire de l'imprimerie dans les diverses localités.

5e SECTION. — En étudiant les différens édifices de la France, et tenant compte des siéges divers qu'a eus en différens siècles la puissance soit royale, soit religieuse, soit princière ou provinciale. ne peut-on pas déterminer la marche des arts?

Quels renseignemens peut-on tirer sur l'état de l'instrumentation aux différens siècles du moyen âge, et surtout au xiie, des bas reliefs représentant des instrumens de musique dans les églises de la France centrale ? — Les chroniques de la même région donnent-elles quelques lumières sur l'état du chant à la même époque dans les abbayes?

L'influence qu'exerça la chute de Constantinople, au xve siè le, n'a-t-elle pas empêché le développement de notre littérature nationale ?

Indiquer les bases de recherches méthodiques sur les langues et les patois, recherches à faire par zones ou rayons, de manière à vérifier si l'on ne peut suivre la transformation des langues de même origine dans les substitutions de lettres amenées par la prononciation.

Déterminer exactement les limites territoriales de la *Langue-d'Oïl* et de la *Langue-d'Oc*.

6e SECTION. — Rechercher quelle fut, dès les premiers siècles, l'influence du christianisme sur la condition des esclaves et quelle part il a eu dans l'abolition de l'esclavage.

Quels inconvéniens ont dû déterminer

l'assemblée constituante à l'abolition de la vénalité des charges ? Quelles considérations ont pu déterminer, en 1816, à rétablir cette vénalité à l'égard de certaines charges ? Dans quelle progression le prix de ces charges s'est-il élevé? Quels inconvéniens en résulte-t-il déjà et quels dans l'avenir?

EXTRAIT DES PROCÈS-VERBAUX

DES ASSEMBLÉES GÉNÉRALES ET DES SÉANCES DE CLASSES DE L'INSTITUT HISTORIQUE.

La 1re classe (*Histoire générale et Histoire de France*) s'est réunie le mercredi, 5 août, sous la présidence de M. Dufey (de l'Yonne). 52 membres étaient présens à la séance.

M. Spencer-Smith, de Caen, rend compte des dernières opérations de la société des antiquaires de l'ouest; et M. Albert Lenoir, du voyage en Orient qu'il accomplit par ordre et aux frais du gouvernement.

Il est fait hommage à la classe de *la chronique de Nestor sur la Russie*, offerte par le traducteur, M. L. Paris, bibliothécaire de la ville de Reims (rapporteur M. le comte d'Allonville); des recherches de M. de La Villegille sur *les fourches patibulaires de Montfaucon*, (rapporteur M. St-Edme); d'une *Histoire de Flandre*, par M. P. Clément; d'un *nouveau programme d'études historiques et archéologiques sur le département du Nord*, par M. Le Glay, de la dernière livraison des *Archives historiques du nord de la France et du midi de la Belgique*, par MM. Aimé Leroy et Arthur Dinaux de Valenciennes; des dernières livraisons du *Paris Pittoresque, Histoire monumentale et populaire*, par M. G. Sarrut et St-Edme; de la *Biographie des hommes du jour*, par les mêmes; des *Recherches sur la position des Celtes-Folces dans le département de l'Hérault*, par M. Eug. Thomas; de *Recherches Historiques sur la foire de Pâques* et d'une brochure intitulée *Charles-Quint au couvent de St-Just*, par M. L. Paris; de la dernière livraison de la *Revue Anglo-française*, publiée à Poitiers, par M. de La Fontenelle de Vaudoré; du dernier *Bulletin de la Société de Géographie*; et d'une *Histoire d'Espagne*, d'après les auteurs originaux, par M. Paquis.

Présentation de M. Th. Lopart, traducteur de Macrobe.

M. Belfield lit un travail fort étendu et fort intéressant sur l'*Histoire Universelle*, que vient de publier notre collègue M. Auguste Boulland. (Renvoi au comité du journal.)

.*. Le mercredi 10 août, séance de la 2e classe (*Histoire des Langues et des Littératures*), sous la présidence de M. Le Gonidec. 28 membres étaient présens.

Lettre de M. le vicomte de Guyton de St-James (Morbihan), contenant une relation authentique des obsèques de Charles VI.

Lettre de M. Mary-Lafon, envoyant son rapport sur les travaux de l'académie des jeux floraux.

Hommage à la classe du *Kosak*, par M. Czynski (rapporteur M. Mary Lafon); de la *Bataille de Kirholm*, par M. le comte

Krazinski (rapporteur M. Vedeney) ; de *Préceptes d'éloquence*, à l'usage de la jeunesse du 19e siècle, par M. Andrieux, inspecteur de l'académie de Limoges (rapporteur M. Hte Dufey); des dernières livraisons de la *Minerve de la Jeunesse*, publiée à Bordeaux, par M. Malvesin; du *Propagador de la Liberdad*, Revue espagnole, publiée à Barcelonne, par M. Covent-Spring; de la dernière livraison du *Journal Grammatical*, par M. Redler; de plusieurs numéros du journal allemand *Der Geaechtete*, le Proscrit, par M. Venedey; des dernières livraisons du *Supplément au Dictionnaire de l'Académie*, par M. Raymond; et de plusieurs numéros de la *Revue des Enfans*, par M. Henriot.

Présentation de M. Slowaczynski (André), rédacteur en chef du journal polonais *Tygodnik*, auteur d'un *Dictionnaire Géographique de la Pologne* et l'un des rédacteurs de la *Pologne Pittoresque*.

M. le marquis de Custine, auteur de *Mémoires Historiques* et *Voyages en Calabre, en Angleterre et en Espagne*, demande à faire partie de la 2e classe. La Présentation de M. de Custine est, aux termes du réglement, renvoyée à la séance prochaine de la classe.

M. Eugène de Monglave lit le rapport de M. Mary Lafon sur les jeux floraux. A la suite d'une discussion à laquelle prennent part MM. Dufey (de l'Yonne), E. de Monglave, Le Gonidec, Eug. Labat et le marquis de Preigne, ce mémoire est renvoyé au comité du journal.

Rapport de M. Le Gonidec sur de nouvelles recherches relatives au Celto-Breton, par M. Charles de Latouche (même renvoi).

M. Le Gonidec lit ensuite un fragment fort curieux de la traduction d'un très ancien drame celto-breton, à laquelle il travaille en ce moment.

.*. La troisième classe (*Histoire des sciences Physiques, Mathématiques, Sociales et Philosophiques*) s'est réunie le mercredi 17 août, sous la présidence de M. l'abbé Labouderie. 52 membres sont présens à la séance.

Lettres de M. le président de la Société Royale des antiquaires de France, offrant le tome XII des mémoires de cette société, et de M. l'abbé Cadart, chanoine de Châlons-sur-Marne, qui annonce à ses collègues l'hommage qu'il fait à chacun d'eux de ses divers ouvrages de théologie. — Des remerciemens sont votés à la société des antiquaires et à M. l'abbé Cadart.

Les ouvrages suivans sont offerts à la classe : livraisons de juillet et d'août de la *Revue étrangère et française de législation et d'économie politique*, par M. Félix; *Mémorial encyclopédique et progressif des connaissances humaines*, par MM. Bailly de Merlieux et Jullien de Paris, livraison de juillet; *France départementale*, revue de la province, par M. Nestor Urbain, livraison d'août; *Histoire des maladies observées à la grande armée française pendant les campagnes de Russie en 1812, et d'Allemagne en 1815*, par M. Kirchkoff d'Anvers; de la *Nature de la richesse et de l'origine de la valeur*, par M. Auguste Walras ; *le Congrès, Association intellectuelle des provinces, revue de Toulouse*, 1re livraison, juillet; la *Flandre agricole et manufacturière de Valenciennes*, livraison de juillet; dernier numéro du *Bulletin Médical-Belge*, publié à Bruxelles, par M. Marinus; *Annales du Puy de Dôme*, livraisons de mars et d'avril; *Observations sur le duel*, par M. Filippo Rizzi de Naples (en italien); *Revue du 19e siècle*, livraison de juillet et d'août ; *Précis sur la législation militaire*, par M. Joubert, capitaine au 64° régiment de ligne ; *Journal d'agriculture, sciences, et arts de la Société Royale d'émulation de l'Ain*, livraison de juin ; de la *Physique d'Aristote*, thèse latine de philosophie soutenue pour le grade de docteur ès-lettres, à la faculté de Paris, par M. Bernard Jullien.

Présentation de M. Silva-Peixoto, attaché à l'ambassade du Bresil à Paris,

Sur l'invitation de la classe, M. Bernard Jullien développe avec beaucoup de lucidité, à propos de sa thèse, les principes sur lesquels repose la physique d'Aristote.

M. le docteur Cerise lit un travail de M. le docteur Prion, de Nantes, sur des *ibis noirs*, tués dans le département de la Loire Inférieure, et sur leur identité avec les ibis des monumens égyptiens ; et M. Eug. de Monglave, un mémoire, de M. Mondelot, sur l'influence des noms sous le rapport religieux.

** Le mercredi, 24 août, séance de la 4e classe (*Histoire des beaux-arts*) présidence de M. Romagnési, aîné. 26 membres sont présens.

Lettre de M. Charles Falkenstein, conseiller de cour et bibliothécaire en chef du roi de Saxe à Dresde, demandant à faire partie de l'Institut historique ; M. Falkenstein est membre d'un grand nombre de sociétés savantes étrangères, entre autres de la société royale de Saxe, pour la recherche et la conservation des antiquités du pays. Cette candidature est appuyée par M. Charles Forster et Ferdinand-Thomas.

Même demande de M. Henri Reber, compositeur distingué, appuyée par MM. Buchez et P. C. Roux.

Hommages de la *Description*, par M. Alexandre Lenoir, d'une *tapisserie rare et curieuse*, fabriquée à Bruges, représentant le mariage de Charles VIII et d'Anne de Bretagne ; du tome XII des *Mémoires de la Société Royale des antiquaires de France* ; et d'une *Publication de la société libre des beaux-arts*, séance générale de 1836.

L'ordre du jour appelle la lecture d'un mémoire de M. l'abbé Simil sur l'antique fontaine de Nîmes, vulgairement connue sous le nom de temple de Diane.

M. Ferdinand-Thomas est nommé rapporteur de cet ouvrage.

La lecture d'un mémoire de M. le comte Ricci, sur un projet d'histoire des beaux-arts français dans les contrées étrangères, est ajournée à la séance prochaine.

** La séance générale mensuelle de l'Institut historique qui devait avoir lieu, conformément aux réglemens, le vendredi 26 août, est renvoyée, vu l'absence de M. le secrétaire perpétuel, au samedi 3 septembre prochain.

CHRONIQUE.

—

Cette année, en creusant un canal dans un terrain destiné à un jardin botanique à Autun, on a trouvé, presqu'à la surface du sol, une mosaïque de près de cinq mètres de longueur, sur un peu moins de quatre de largeur. Le médaillon représente un vase rempli d'eau, sur les bords duquel sont posés deux oiseaux. C'est, dit-on, la copie d'un des plus beaux ouvrages de ce genre, exécutés par les anciens. L'espace qui sépare ce tableau principal des bandes formant l'encadrement de la mosaïque est occupé par des ornemens en compartimens, dont les dessins variés produisent un bon effet. La plus grande partie de cette mosaïque est parfaitement conservée; le reste a beaucoup souffert. Le corridor conduisant à la chambre que décorait ce précieux monument, est pavé, comme dans la maison antique découverte par M. Soret, en mosaïque amorphe.

— *L'Écho de Rouen* rend compte d'importantes découvertes qui viennent d'être f ites à Lillebonne. En dégageant la muraille extérieure du théâtre romain, du côté de l'Ouest, on a trouvé appuyé à l'un des contreforts qni flanquent cette muraille, un mur en fortes pierres, assemblées à sec, enlevées à des monumens antiques, appartenant presque toutes à des sépultures. Vingt-cinq de ces pierres, gros ièrement taillées, ont dû renfermer les cendres de personnes de basse condition; on avait tout simplement creusé à leur centre une urne en forme d'auge. Sur quatre de ces urnes, on lit le nom d'un

Mécacus, d'un Sénator, d'une Horatilla, d'une Apona. Une vingtaine d'autres pierres, couvertes de sculptures, ont dû faire partie de tombeaux riches et impor'ans; car presque toutes les figures qui les décoraient avaient 6 pieds de proportion et décèlent la main d'un artiste habile et exercé. Des ornemens tels que rinceaux, palmes, etc., et attributs funéraires ou allégoriques, complétaient la décoration de ces mausolées. Le style des sculptures est large et d'un bon dessein, on aperçoit encore la trace de la peinture dont elles étaient rehaussées; malheureusement, on n'a pas retrouvé toutes les assises d'un même tombeau, et il ne serait pas possible jusqu'à présent de le recomposer. C s fragmens n'en sont pas moins très-précieux; et depuis qu'on s'occupe du déblaiement du théâtre romain de Lil lebonne, rien d'aussi intéressant n'avait encore été amené au jour. Une seule pierre sculptée offre un reste d'inscription portant que le monument funéraire dont elle faisait partie avait été élevé à *Marcianus* par son père.

Des monumens d'un autre genre devaient aussi avoir été mis à contribution pour l'érection de cette muraille grossière, à en juger par un reste d'arcade d'une grande élégance, où l'on voit des génies et des amours d'une fort belle exécution, et par d'autres morceaux plus ou moins ornés; peut-être provenaient-ils du théâtre lui-même?

La construction de cette muraille doit remonter à des temps fort anciens, puisqu'on a remarqué qu'elle était assise sur le sol antique qui n'avait encore subi à cette époque aucun exhaussement. Peut-être faut-il reporter son existence aux époques des invasions des Barbares, ou au déclin de la puissance romaine dans nos contrées. Toutes les issues du théâtre ayant été fermées par de grandes pierres, assemblées également à sec, on peut présumer qu'on se sera servi de cette vaste enceinte semi-circulaire comme de forteresse contre une agression extérieure. La muraille, composée de débris de tombeaux qui s'appuyaient contre le théâtre, aura servi à lier celui-ci à la citadelle romaine qui y touche presque et dont on peut suivre encore aujourd'hui le tracé.

— Le 10 août, en creusant les fondemens des constructions qu'on se propose d'élever sur la place du Gouvernement à Alger, on a trouvé un vase plein de monnaies d'argent. Cette trouvaille a rappelé, dit-on, à quelques juifs et à des Maures qu'ils avaient connaissance d'un trésor enfoui dans la maison du campement; ils en ont été faire la déclaration à l'autorité, et comme ils se sont rendus responsables de toutes les dépenses que cette recherche pourrait occasionner, on n'a pas vu d'inconvénient à commencer des fouilles qui se continuent au moment où nous écrivons ceci.

— Des ouvriers occupés à repaver la rue de l'Évêché, à Coutances, ont découvert plusieurs tombeaux en pierre les uns à la suite des autres. Le dessus formait une espèce de voûte, les deux côtés étaient en maçonnerie : la dimension et la forme étaient celles du corps qu'elles avaient contenu. Dans chaque tombeau était un squelette dont les ossemens étaient assez bien conservés; la tête était enclavée dans une niche et soutenue par une pierre; le cadavre reposait sur la terre sans aucun vestige de cercueil. L'absence de tout indice de l'époque où ces cadavres ont été enterrés fait croire qu'ils doivent remonter à une haute antiquité.

— Le Département de la Corse a obtenu du gouvernement l'autorisation d'élever un monument à la mémoire de Napoléon dans sa ville natale. Ce monument doit se composer d'une colonne de granit surmontée d'une statue semblable à celle de la place Vendôme. Une souscription a été ouverte pour subvenir aux frais.

— Une opération a eu lieu qui aurait du fixer l'attention des antiquaires; les deux clés en bois qui fermaient la fissure qui traverse la base du monolithe de Louqsor en ont été levées pour être remplacées par deux autres clés en cuivre; elles étaient entièrement rongées par l'action de l'air et de l'humidité. Tout porte à croire qu'elles avaient été placées à l'époque où l'obélisque fut dressé à Thèbes; ainsi ce fait prouverait que les Égyptiens connaissaient, il y a plus de 4,000 ans, un des puissans moyens que nos charpentiers emploient fréquemment pour réunir avec solidité deux pièces de charpente, la clé à queue d'hirondelle.

Le gouvernement va faire frapper une médaille commémorative qui sera placée sous l'obélisque, sur son piédestal.

Notre collègue, M. l'ingénieur Lebas vient de recevoir tous les agrès qu'il avait demandés à la marine; il s'attendait aussi à recevoir, par la même occasion, dix grandsmâts de la longueur de 25 mètres chacun, qu'un entrepreneur s'était obligé à lui fournir; mais, au lieu de ces mâts, on lui en a amené qui n'ont que 20 à 21 mètres de longueur; il en résulte qu'en ce moment M. Lebas est obligé de changer tous ses plans; d'un autre côté, une machine à vapeur, à mouvemens précis et continus, lui avait été promise;

peut-être faudra-t-il qu'il s'en passe, et que, comme dans ses précédentes opérations il se serve encore de cabestans, mûs tantôt par des militaires, tantôt par des ouvriers, qui ne comprennent guère de quelle importance est, en pareil cas, une manœuvre régulière.

— Des fouilles faites dans un jardin, à Poitiers, ont montré à la profondeur d'un mètre environ :

1° Une plate-forme en mosaïque ;

2° Un corridor ou passage d'un mètre de largeur, compris entre deux murs construits en moellons et briques de très fortes dimensions ;

3° Un aquéduc ou conduit d'eau formé de deux parois en maçonnerie revêtue en ciment et d'une cuvette en pierre de taille ;

4° Des tuiles et briques romaines en très grande abondance ; enfin, sur la mosaïque et dans la cuvette de l'aquéduc, une couche de cendres calcinées dans laquelle on a trouvé quelques morceaux de plomb, des clous, divers instrumens en fer, et enfin deux médailles d'Adrien.

On n'a pas retrouvé dans ces constructions, dont la démolition s'opérait facilement, ce ciment romain plus dur, plus résistant que la pierre.

L'examen attentif de la position des lieux, la pente générale du terrain vers la rivière, la distribution des murs, l'existence d'un aquéduc dont la section est assez forte, font penser que les constructions dont on trouve les vestiges faisaient partie des thermes de l'ancienne ville romaine, et qu'ils étaient situés en dehors de l'enceinte, puisque au-delà de ces constructions on ne rencontre plus que le terrain naturel. Cette dernière indication peut être utile pour déterminer les limites de la ville.

— Des ouvriers travaillant à une route de Tulle à la Châtre ont trouvé, à trois pieds de profondeur, deux pierres rondes et sans

travail à l'extérieur ; mais elles étaient réunies l'une à l'autre, et formaient à l'intérieur une urne taillée en rond ; elle était pleine d'os humains brûlés ; une phalange assez bien conservée, qui a été reconnue pour celle du doigt auriculaire, indiquerait que le squelette dont elle faisait partie était d'une taille gigantesque.

— Les prix proposés cette année par l'Académie française, sont : pour la prose, l'éloge de Jean Gerson, auteur de l'Imitation de Jésus-Christ : pour la poésie, l'Arc de triomphe. Le premier sera décerné en 1838 et le second en 1837.

— La Société de géographie de Paris a reçu la première feuille de la traduction arabe de la Géographie de Malte-Brun, publiée au Caire par le cheyk Refa'h.

— Les recettes de la douane de Marseille se sont élevées, pendant le mois de février dernier : Pour droits de douane, à 1,785,869 fr. 97 c. ; sels, 330,051 fr. 30 c. Total, 2,115,921 fr. 27 c.

En février 1835, les recettes ont été : Pour droits de douane, de 1,698,354 fr. 61 c. ; sels, 246,250 fr. 35 c. — Total, 1,944, 604 fr. 96 c.

Augmentation en février 1836, 171,316 f. 31 c.

Primes acquittées en février dernier, 481,224 fr. 18 c. ; en février 1835, 258,825 fr, 09 c.

Mouvement de la navigation à Marseille. — En février 1836, il est entré dans notre port 471 navires de toutes provenances, jaugeant 40,843 tonneaux.

En février 1835, l'entrée a été de 453 navires, jaugeant 36,098 tonneaux.

En février 1836, il est sorti 500 navires jaugeant 50,986 tonneaux.

En février 1835, il est sorti 407 navires jaugeant 46,274 tonneaux.

MÉTÉOROLOGIE. — *Pluies dans les régions tropicales.* — M. Boussingault a adressé à l'Académie des sciences une notice sur quelques résultats relatifs à ce sujet, qui se déduisent tant de ses propres observations que de celles qui ont été faites à différentes époques dans la Nouvelle-Grenade.

On a reconnu en Europe que la pluie tombe en plus grande abondance le jour que la nuit; dans les régions équinoxales où l'auteur a demeuré, il paraît que le contraire a lieu. Il a en effet mesuré pendant trois mois, et séparément, la pluie tombée dans le voisinage des mines de Murmato, et voici ce qu'il a obtenu :

An 1827 — Pluie en centimètres.

	Le jour.	La nuit.	Total.
Octobre. . . .	3,4	15,1	18,5
Novembre . .	1,8	20,8	22,6
	0,2	15 9	16,1

Les mines de Murmato sont situées par 5° 27' de lat. N., long. occid. 5h 11'; leur hauteur au-dessus de l'Océan est de 1,426 mètres; leur température moyenne de 20°,4.

Les observations sur la quantité de pluie qui y tombe chaque mois ont été continuées depuis le départ de M. Boussingault, l'administration ayant fait sur sa demande établir un udomètre.

M. Boussingault donne les résultats mensuels pour les années 1833 et 1834, et il les rapproche de ceux qu'avait ol tenus Caldas à Santa-Fé de Bogota, latit. 4° 35', longit. occ. 5h 6'; hauteur 2641 mètres.

Pluie en centimètres.

Mois.	Santa-Fé, 1827.	1808.	Murmato,	1833.	1834.
Janvier ...	6,7	7,5	—	8,1	1,8
Février ..	1,7		—	12,2	5,4
Mars	0,6		—	22,1	5,5
Avril ...	6,0		—	10,2	17,9
Mai	15,3	14,0	—	27,9	22,
Juin	7,9	4,4	—	25,6	33,4
Juillet ..	9,5		—	" "	7,8
Août ...	12,3		—		2,5
Septembre	1,8		—	5,1	13,2
Octobre. .	12,7		—	9,4	25,7
Novembre	9,5		—	33,3	17,8
Décembre	16,5		—	2,5	17,8
Total . .	100,3			154,4	171,2

La quantité de pluie tombée dans le cours d'une année à Santa-Fé est, comme on le voit, bien moindre que celle qui tombe à Murmato dans le cours d'une année. Ce résultat paraît tenir à une double cause dont les effets ont été constatés séparément. Ainsi, on sait qu'à une même hauteur au-dessus du niveau de la mer la quantité de pluie augmente à mesure qu'on s'avance vers des climats dont la température est plus élevée; que pour un même parage la quantité de pluie recueillie est d'autant moindre que l'udomètre est placé plus haut au-dessus du niveau de la mer.

—Un tableau statistique des colonies françaises porte la population de la Martinique à 114,260 individus, dont 97,767 esclaves; la population de la Guadeloupe à 124,849 individus de tout sexe et de tout âge, dont 99,059 sont esclaves; la population de l'île de Bourbon à 70,478 esclaves et 30,651 personnes libres, parmi lesquelles on comptait, à la fin de 1830, 2,404 Indiens; la population de la Guiane française à 2,970 individus libres et 11,521 esclaves. La population du pays occupé par l'établissement français dans l'Inde se compose de 1,199 Européens et de 151,901 Indiens; enfin 905 personnes libres forment la population des îles Saint-Pierre et Miquelon. La force des troupes d'infanterie, d'artillerie et de gendarmerie qui composent les garnisons de ces colonies est de 2,053 hommes à la Martinique, de 2,080 à la Guadeloupe, de 571 à Bourbon, de 455 au Sénégal, et de 9 hommes seulement dans l'Inde.

Les dernières dépêches parvenues des Antilles font connaître que le budget de la Martinique s'est élevé à 2,192,717 fr , et celui de la Guadeloupe à 2,081,624 fr. Le budget de l'île Bourbon était de 1,850,000 f. pour 1855.

La compagnie anglaise des Indes paie à la France, pour la cession de certains droits, 1,000.000 fr. de rente. Sur ce fonds, la Guiane française reçoit 525.000 fr., le Sénégal 250,000 fr., Saint-Pierre et Miquelon 105,000 fr., et Sainte-Marie de Madagascar 90,000 fr., et enfin 50,000 fr. sont dépensés en France pour le service centralisé des colonies.

La navigation de la France avec ses colonies occupe le cinquième des hommes d'équipage qu'elle emploie dans son mouvement de navigation avec l'étranger ; le rapport entre le tonnage de ces deux navigations est comme 49 à 18, ou plus de deux cinquièmes du tonnage employé pour la navigation avec l'étranger. Les importations des colonies en France se sont élevées, en 1855, à 64,561,450 fr.. et les exportations de France aux colonies à 45,714,950 fr. ; mais on doit remarquer que cette dernière somme n'est pas l'expression de la valeur réelle des produits exportés aux colonies, d'après l'usage assez généralement adopté dans le commerce de diminuer dans les déclarations, à la sortie, la valeur des marchandises.

— On lit dans le *Globe*, de Londres.

» Des tableaux officiels qui viennent d'être publiés portent le nombre des ouvriers employés dans les diverses filatures de coton du Royaume-Uni à 100,495 ouvriers et 119,638 ouvrières, en tout 220,154 individus : sur ce chiffre, il y en a 28,771 de huit à treize ans. Dans les manufactures où l'on travaille la laine, il y a 57,477 ouvriers et 33,797 ouvrières : en tout, 71,274 individus, dont 15,522 de huit à treize ans. Dans les fabriques de soieries, 10,188 ouvriers et 20,494 ouvrières : en tout 30,682 individus, dont 9,074 de 8 à 15 ans. Dans les filatures de lin, on compte 10,395 ouvriers et 22,888 ouvrières, en tout 33,283 individus, dont 5,288 de 8 à 15 ans. Total général, dans les manufactures de coton, laine, soie et lin, il y a 555.272 ouvriers et ouvrières, et sur ce nombre 58,455 sont des enfans de 8 à 15 ans. »

— L'état suivant offre la liste des arrivages des ports étrangers dans celui de New-York, pendant l'année 1855, non compris les vaisseaux de guerre des Etats-Unis.

Total des arrivages : 2,049 bâtimens, dont 520 navires, 125 barques, 958 bricks, 446 schooners, 6 felouques, 10 galiotes, 5 frégates et 5 corvettes.

Lequel total se compose de 1,568 bâtimens américains, 288 anglais, 54 français, 15 espagnols, 21 hollandais, 14 danois, 1 belge, 4 siciliens, 4 hambourgeois, 2 de Lubec, 2 colombiens, 1 mexicain, 1 haïtien, 1 sarde, 1 toscan, 4 prussiens, 46 suédois, 11 autrichiens, 1 brésilien, un de Venezuela, 1 norwégien et 26 de Brème.

Tableau comparatif des arrivages pendant les années

1855 : 2,049 bâtimens.	45,505 passagers.	
1854 : 1,955 —	48,111 —	
1855 : 1,926 —	41,752 —	
1852 : 1,810 —	48,589 —	
7,718 —	183,755 —	

Le total des arrivages des ports étrangers, les quatre dernières années, se monte donc à 7,718 bâtimens, et le nombre des passagers à 1,815,755.

L'augmentation du nombre d'arrivages sur 1854 a été de 116 bâtimens. Le décroissement de celui des passagers sur la même année a été de 2,808.

— Il est né à Paris, en 1854, 19,419 enfans légitimes, dont 9,807 garçons et 9,512 filles : le nombre des naissances hors mariage s'est élevé à 9,987, dont 6,079 garçons et 4,906 filles. Ces nombres donnent un total de 14,886 garçons et 14,518 filles, en tout, 29,404 enfans, ce qui fait 2,644 naissances de plus que l'année précédente, sur lesquelles le nombre des enfans illégitimes s'est augmenté de 658. Il s'est fait 8,091 mariages, ou 155 de plus qu'en 1853. Le nombre des décès est de 23,014 ou 2,081 de moins que l'année précédente, qui n'était pas, comme on s'en souvient, l'année du choléra (1852.) Le total des naissances ayant été, comme nous l'avons dit, de 29,104 en 1854, et celui des décès de 23,015, le nombre des naissances l'emporte donc sur celui des morts de 6,089. Cet excédant n'avait été, en 1853, que de 2,564.

— Au commencement de 1856, la population des villes des États-Unis est de : New-York, 269,873 ; Philadelphie, 200,000 ; Baltimor, 92,000 ; Boston, 78,602 ; Nouvelle-Orléans, 60,000 ; Charleston, 54,500. L'accroissement graduel de la ville de New-York a été : 1790, 33,131 ; 1800, 60,489 ; 1810, 96,373 ; 1820, 123,706 ; 1825, 177,059 ; 1830, 203,000 ; 1835, 269,873.

— Un document officiel publié dans la *Gazette de Naples* du 12 décembre montre que la population de ce royaume est actuellement dans un progrès dont on ne trouve guère d'exemple parmi les nations du vieux continent. La population du royaume de Naples était, au 1er janvier 1835, de 5,946,528 individus ; en une période de dix ans, de 1815 à 1825, cette population a augmenté de 397,156 individus ; et continuant cette progression ascendante, dans les dix années qui ont suivi, de 1825 à 1855, elle a augmenté de 489,656 ; en tout, pendant vingt ans, de 886,792 individus, ou plus d'un sixième de ce qu'elle était en 1815. Et cet accroissement aurait été plus considérable encore sans une épidémie qui, en 1817, enleva 150,000 personnes outre la mortalité ordinaire.

Parmi les morts de l'année, on a compté 25 centenaires dont 7 hommes et 18 femmes.

— Le nombre des membres de la *Légion d'Honneur* qui, au 1er janvier 1851, était de 42,894, s'élevait au 1er octobre 1855 à 50,193.

Les nominations de chevaliers ou promotions aux grades supérieurs, sont :

		les décès.
Du 1er janvier 1851 au 1er juillet de la même année.	3,457 —	440
Du 1er juillet 1851 au 20 octobre 1852, .	2,934 —	1,185
Du 20 octobre 1852 au 1er janvier 1853.	547 —	201
Du 1er janvier 1853 au 50 septembre 1853	2,502 —	794
Du 1er octobre 1853 au 50 septembre 1854.	1,820 —	1,063
Du 1er octobre 1854 au 1er octobre 1855.	1,375 —	971

en y comprenant les nominations des cent jours qui ont été validées.

Au mois d'octobre 1855, l'ordre entier se composait de 96 grand-croix, de 219 grands-officiers, de 850 commandeurs, de 4,549 officiers, et de 44,524 chevaliers.

Le nombre des membres qui recevaient

à cette époque des traitemens était de 25,801 ; le taux des traitemens varie de 250 à 20,000, non suivant les grades, car 5 grand-croix, 25 grands-officiers et 219 commandeurs, ne touchent que des traitemens annuels de 250 francs.

Les titulaires des décorations conférées par Napoléon et par la commission du gouvernement, du 20 mars 1815 au 7 juillet suivant, nommés dans la Légion-d'Honneur par une ordonnance de novembre 1831, sont au nombre de 490.

— Le nombre des affranchissemens délivrés dans les colonies françaises depuis la fin de 1830 s'élève à 27,150, savoir :

A la Martinique.	16,341
A la Guadeloupe. . . .	7,682
A la Guyane française.	1,162
A Bourbon.	1,965
Dans les quatre colonies.	27,150

— Il résulte d'une note récemment publiée, qu'à la fin de 1833, le nombre des machines à vapeur fonctionnant en France était de 946, réparties dans 54 départemens, et ayant ensemble une force de 14,051 chevanx. La plus forte de ces machine, employée dans le département de la Loire, est de 100 chevaux, et la plus faible d'un demi-cheval. A la même époque, il y avait en France 568 simples chaudières à vapeur, réparties dans 56 départemens. La navigation des bateaux à vapeur a eu lieu, en 1833, dans 52 départemens. Ces bateaux, au nombre de 75, non compris les bâtimens de l'état, ont été employés : 58 à transporter les passagers, 55 à transporter des marchandises, et 17 à la remorque. Plusieurs ont servi à deux usages. Le nombre des passagers s'est élevé à 1,035,916. Le poids des marchandises transportées a été de 581,400 quintaux métriques. Un assez grand nombre de machines employées sur les bateaux à vapeur sont d'origine française; on est fondé à croire que ce nombre ne sera qu'augmenter, ainsi qu'on le voit déjà pour les appareils employés sur terre, qui ont, pour la plus grande partie, une origine nationale.

— D'après un état officiel transmis récemment par l'intendant civil d'Alger, le nombre des établissemens d'instruction de tout degré actuellement existant dans la régence est de 14, dont 11 à Alger, contenant 447 élèves ; 1 à Oran avec 62 élèves, et 2 à Bone avec 68; en tout 577. Sur les 11 établissemens d'Alger, 4 sont gratuits; l'école d'Oran et les deux de Bone, pour filles et garçons, sont également gratuites. La méthode d'enseignement mutuel est introduite dans ces établissemens, où sont admis tous les enfans sans distinction de religion et de race. A Alger, l'école mutuelle de garçons, qui compte 50 élèves, celle de filles qui en a 56, sont presque en totalité composées d'enfans juifs. Une nouvelle école primaire va être ouverte au village de Konba, à une lieue et demie d'Alger. Plusieurs de ces écoles ne datent que de 1833 et 1831. Un établissement plus récent encore, puisqu'il n'a été ouvert qu'au mois d'avril dernier, et qui est, sans contredit, la plus importante fondation que nous doive jusqu'ici la côte africaine, c'est le collège d'Alger, qui compte aujourd'hui 36 élèves, dont quelques-uns indigènes. On y enseigne les langues anciennes, les mathématiques, les langues française, espagnole et italienne, le dessin, etc. Tout promet un succès croissant à cet établissement, qui peut exercer une si heureuse influence sur l'avenir de la régence.

— Le nombre des prêtres ordonnés a été en 1835, en France, de 1,907; l'année précédente il était de 2,039; le nombre des diacres s'est élevé à 1,719, l'année précédente à 1,721; le nombre des sous-diacres à 1,697, l'année précédente à 1,684; le nombre des théologiens à 7,122, l'année précédente à 7,417; le nombre des philosophes à 2,399, l'année précédente à 2,172; le nombre des élèves des petits séminaires à 14,799, l'année précédente à 15,825.

— Il résulte du relevé des mercuriales de Paris, pendant l'année 1835, que la consommation de viande de boucherie a été de

	poids moyen	ensemble.
72,452 bœufs....	550 liv.	47,095,800 l.
46,458 vaches...	475	7,819,550
75,995 veaux. ...	150	9,819,550
567,349 moutons.	42	15,428,655
	Ensemble..	79,961,358

En ajoutant à cette immense quantité de viande celle dite à la main, introduite morte par les bouchers de la banlieue, et vendue à la halle de la rue des Prouvaires, et dont le poids s'élève à. 4,500,000

La consommation de Paris en 1835 a été de 84,461,358

Ce n'est pas tout encore. La classe ouvrière se porte les dimanche et lundi de chaque semaine aux nombreux cabarets de barrières approvisionnés par les bouchers de la banlieue. On doit ajouter cette consommation à celle de la capitale, et l'on verra qu'il se mange dans un an plus de cent millions de livres de viande de boucherie à Paris.

— Le *Journal général de l'Instruction et des Cours publics* donne les résultats statistiques suivans :

Les facultés de droit qui ne comptaient, en 1833, que.. .... 4,467 élèves.
en ont eu, en 1834. ... 4,899
et en 1835. 5,137
Dans les facultés de médecine, il y avait eu en 1833. .... 2,015 élèves.
Il y en a eu, en 1834. .. 2,446
et en 1835. 2,672
Les collèges, qui n'avaient en 1834 que. , . . 67,175 élèves.
en ont eu, en 1836. ... 78,298
Les progrès de l'instruction primaire sont encore plus frappans. Le nombre des enfans mâles qui fréquentaient, en 1829, les écoles primaires n'était que de 969,340
Il se trouvait porté en 1832 à 1,200,715
D'après les recensemens faits à la fin de 1834, ce même nombre s'élevait alors à. 1,627,110

Ainsi, les sacrifices imposés aux communes, aux départemens et à l'état par la loi du 28 juin 1833, ont eu pour résultat d'accroître de plus d'un tiers, en quelques années, le nombre des élèves qui reçoivent les bienfaits de l'instruction primaire.

— La statistique de la Grande-Bretagne, par Marshall, présente un tableau comparatif des différentes professions en Angleterre.

L'inspection de ce tableau prouve que la classe agricole et celle des mineurs composent les 7|17 de la population totale ; la classe manufacturière les 5|17, la classe commerçante les 2|17. Enfin les professions industrielles, y compris le service de terre et de mer et les classes improductives des indigens et des rentiers forment les 3|17 restant.

BULLETIN BIBLIOGRAPHIQUE.

Le Congrès, association intellectuelle des provinces, revue de Toulouse; 1re livraison, in-8º.

Description d'une tapisserie rare et curieuse, faite à Bruges, par M. Alexandre Lenoir, créateur du musée des monumens français ; une brochure in-8º.

Séance de 1836 de la Société libre des beaux-arts, tenue à l'hôtel-de-Ville de Paris ; une brochure in 8o.

Observations sur le duel (en italien), par M. Filippo Rizzi, de Naples, une brochure in-8º.

Le Kosak, roman historique, par M. Czynski ; 2 vol. in-8o, chez Léclaire, libraire de l'Institut historique, rue Hautefeuille, 14.

Le Proscrit, journal politique (en allemand).

Précis de la législation militaire française, par M. A. Joubert, capitaine d'infanterie ; une brochure in-8º.

Histoire des grandes maladies observées à la Grande Armée française, par M. le chevalier de Kirchkoff, d'Anvers; 1 vol. in 8º.

Notice sur les sépultures d'Héloïse et d'Abeilard, par M. Alexandre Lenoir; une brochure in 8º.

Collection de chroniques liégeoises, par M. Polain, conservateur des archives de la province de Liége; une brochure in 8º.

Histoire de la Flandre, par M. P. Clément; 1 vol. in-18, chez Wanakère, libraire à Lille.

Nouveau programme d'études historiques et archéologiques sur le département du Nord, par M. Leglay; 1 vol. in 18, chez le même libraire.

Origine française de la boussole et des cartes à jouer, par M. Rey; une brochure in 8º.

Cours de physique générale appliquée aux arts, par M. L. S. Georges, de Besançon ; un vol. in-8o.

De la foi et de son développement, par M. le baron d'Eckstein; une brochure in-8º.

Recherches sur la position des Cel es-Volces dans le département de l'Hérault, par M. Eug. Thomas ; une brochure in 4o.

L'Abbaye de Saint-Augustin-les-Thérouanne ; par M. H. Piers, bibl. de Saint-Omer ; une brochure in-8º.

De l'enseignement du dessin sous le point de vue industriel, par M. Alexandre Dupuis · une brochure in-8º.

Cours de philosophie, un volume in-8º, par J.-E. Cato, professeur de philosophie au collége royal de Rennes.

La légende latine des S. Brandaines, in-8º, publie par M. A. Jubinal.

Pensées philosophiques sur les Cimetières, in 4 ; par le Dr Pi, de Montpellier.

Appel de l'Ecosse aux Etats-Unis d'Amérique, in-8º.

La gran'e mosaïque de Pompéi, (en Italie), 1 brochure in-8º, publiée à Naples.

Dissertation sur Regulus, in 8º, par M. Rey, de la société royale des antiquaires de France.

Notice sur les archives de Montbéliard, in 8º, par M. Duvernoy.

Considérations historiques et pratiques

sur les progrès de l'ophtalmie, thèse de M. Anatole Ramaugé; une brochure in-4°.

Essai historique sur les provinces basques, 1 vol. in-8°.

Traduction du même ouvrage en espagnol, par D. Pedro Martinez Lopez; 2 vol. in 12.

Nouvelles Racines de la langue latine, par M. H. Germain; une brochure in-8°.

Mes poésies, Mémoires de Silvio Pellico, traduction du même; une brochure in-18.

Delectus ou *Recueil de sentences grecques, morales et religieuses*, par le même; 1 vol in-12.

Origine du langage, par le même; une brochure in-12,

Bulletin de la société archéologique de Beziers, une brochure in-8°.

Des anciennes fourches patibulaires de Montfaucon, par M. A. de la Villegille; 1 vol. in-8°.

La Constitution espagnole de 1812, par M. St-Edme; une brochure in-32.

Pytheas de Marseille, ou *la géographie de son temps*, une brochure in-12, par M. le comte Strascewitz.

Jardin de la langue latine, par M. Barthélemy Morand, de Lyon; 1 gros volume in-8°.

Lettre à M. Matter, sur les antiquités de Grenoble, par M. Pierquin de Gembloux, inspecteur de l'Académie de Grenoble; 1 vol. in-12.

Collection d'histoires complètes de tous les états européens, d'après les auteurs originaux, par M. Paquis; *Histoire d'Espagne*, 1er vol. in-4°.

Le secrétaire perpétuel, EUGÈNE DE MONGLAVE.

MÉMOIRES.

IBIS NOIRS

TUÉS DANS LE DÉPARTEMENT DE LA LOIRE-INFÉRIEURE.

De jour en jour le goût des sciences naturelles se répand dans nos départemens. La ville de Nantes n'est point restée en arrière du mouvement général, et depuis quelques années elle a été à même d'observer ou de recueillir des animaux rares de diverses espèces (1).

Mais ce qui a plus particulièrement piqué la curiosité des amateurs d'histoire naturelle, c'est l'apparition, dans notre pays, de quatre ibis noirs qui ont été tués d'un seul coup de fusil dans les marais de Saint-Julien de Concelles. Ces jolis oiseaux, d'une forme vraiment élégante, ont été recueillis par M. Paulin, qui s'occupe de taxidermie avec autant de zèle que de succès.

L'ibis noir est le Leheras ou Jeheras des anciens Egyptiens, l'elhareiz des Arabes de nos jours, le Scolopax falcinellus de Linné, le Tantalus falcinellus de Gmelin et de Latham, le courlis vert de Buffon, ou, enfin, l'ibis falcinellus de M. Temminck.

Les ibis noirs, tués chez nous, sont tellement conformes aux dessins d'ibis noir que M. Savigny, membre de l'expédition d'Egypte sous Bonaparte, a fait faire, dans ce pays, au commencement de ce siècle (1), et d'un autre côté, la description que ce naturaliste (2) et M. Temminck en ont données, a tellement de rapport avec ces mêmes individus, qu'il est impossible de se méprendre sur leur véritable espèce.

Voici la description de l'ibis noir par M. Temminck, dont le manuel d'ornithologie est le plus suivi (3).

« Tête d'un marron noirâtre; cou, poitrine, haut du dos, poignet de l'aile et tou-

(1) Entre autres animaux vivans, que nous avons pu examiner, nous citerons un lynx (felix lynx), un kanguroo femelle (didelphis gigantea) portant deux petits dans sa poche sous-ventrale, et un rhinocéros d'Asie (rhinoceros unicornis) appartenant à des ménageries ambulantes ; un tapir (tapirum), à M. le capitaine Salaun ; un aigle (faleo chrysaëtos) d'une grande beauté et d'une dimension peu ordinaire, à M. le général Bigarré; une gazelle (antilope dorcas), à M. Chaise, négociant du Sénégal ; un orang-outang (simia satyrus), que M. le capitaine Van Iseghem vient d'amener de Sumatra, et qui a été vendu 3,500 fr. au muséum d'histoire naturelle de Paris.

(1) V. le grand ouvrage sur l'Egypte, Histoire naturelle des Oiseaux, pl. vii, fig, 2.

(2) Hist. natur. et mytholog. de l'Ibis, pag. 26 parag. v.

(3) Deuxième édition, octobre 1820 ; part. iii, page 598. Temminck, dit M. Boitard, est, de tous les savans, celui qui connaît le mieux les oiseaux; et son traité des oiseaux d'Europe est le plus complet que nous ayons.

4

es les parties inférieures d'un roux marron vif; dos, croupion, couverture des ailes, remiges et pennes de la queue d'un vert noirâtre à reflets bronzés et pourprés ; bec d'un noir verdâtre, mais brun vers la pointe ; nudité des yeux verte, encâdrée par une bande grisâtre : iris brun ; pied d'un brun verdâtre. Longueur 1 pied, 10 ou 11 pouces.

« La femelle diffère seulement par une taille plus petite.

» Habite : les bords des fleuves et des lacs, assez abondant à son passage en Pologne, en Hongrie, en Turquie et dans l'Archipel, visite aussi les bords du Danube, se trouve quelquefois en Suisse, en Italie, et très accidentellement en Hollande et en Angleterre; se rend périodiquement en Égypte ; niche en Asie.

» Nourriture : Insectes, vers, coquillages fluviatiles et végétaux.

» Propagation : Inconnue.

» Remarque. En l'année 1812, je tuai, sur les bords d'une mare de ce département, deux mâles adultes de cette espèce; ils ne diffèrent point des individus que j'ai reçus de l'Allemagne, et sont absolument semblables à ceux qui m'ont été envoyés d'Égypte et qui ont été tués pendant les campagnes des Français dans cette partie de l'Afrique. »

Plusieurs choses ont fixé notre attention dans l'article de M. Temminck ; puis, afin d'avoir une description exacte et complète de l'ibis falcinellus que nous avons sous les yeux, nous ajouterons quelques traits aux caractères que ce savant ornithologiste a assignés à cet oiseau.

M. Temminck ne dit point que l'ibis noir se trouve en France, ce qui rend fort intéressante la présence de cet oiseau dans nos contrées. (1).

Il tombe, probablement sans y penser, dans le défaut de la plupart des auteurs, qui semblent oublier qu'ils écrivent pour tous les lieux et qui ne précisent pas assez celui de leurs observations. Je tuai, dit-il sur les bords d'une mare de ce département, deux ibis, etc. M. Temminck veut, sans doute, parler du département de Zuiderzée en Hollande, où se trouve Amsterdam, lieu de sa résidence, et qui, à l'époque où il tua cet oiseau, c'est-à-dire, en 1812, faisait partie de l'empire Français. Enfin, il n'est point question dans la description de l'ibis falcinellus, par M. Temminck, de la taille, du volume, ni de la disposition de plusieurs des parties de cet oiseau.

Les ibis que M. Paulin possède ont onze pouces de hauteur en mesurant du sol à la partie supérieure du dos; mais les pieds ont à eux seuls sept pouces.

La longueur, prise de l'extrémité du bec à celle de la queue, est de dix-huit pouces.

Le corps est ovale, du volume, à peu-

_____

(1) Les anciens croyaient, et les modernes l'ont répété, que l'ibis ne quittait jamais l'Egypte; qu'il ne pouvait pas vivre dans d'autres climats, et qu'il se laissait même mourir de faim lorsqu'on voulait le transporter ailleurs. « Extrà Ægyptum, dit Elien (200 de l'ère chrét.), nunquàm progreditur ibis, quoniam cœli status est humidus. »

Doit-on attribuer à la guerre l'arrivée dans notre département des ibis qu'on y a tués. Quelques mois après l'affaire de Navarin, on remarqua aussi à Lille un passage considérable de hérons pourprés qui habitent d'ordinaire les confins de l'Asie. Enfin, à peu près à la même époque, on vit apparaître dans la Belgique des vautours-griffons, oiseaux de proie également étrangers à nos contrées septentrionales.

près, de celui de la foulque (Fulica atra L.), et alors un peu moins gros que celui du courlis gris-blanc qu'on voit sur les côtes de Bretagne où on le nomme corbegeau. Nous lui avons trouvé une circonférence de treize pouces.

La tête est convexe sur le sommet. Les plumes qui la recouvrent ont un reflet pourpré qui s'aperçoit surtout au soleil. Celles de l'occiput sont un peu-plus longues et pourraient former une petite huppe, si l'oiseau pouvait les relever.

La langue est noire et courte, puisqu'elle n'a que le tiers de la longueur du bec.

Le bec est recourbé en bas surtout vers l'extrémité, et terminé en pointe mousse. Il a la forme du fer d'une faulx (d'où le mot falcinellus). Il est parfaitement conforme à la figure de bec d'ibis que l'on voit dans l'ouvrage de Denon (1). Il a quatre pouces deux lignes de longueur. Il était mou et flexible dans l'état frais principalement vers la base (2) ; mais il a acquis de la dureté en se desséchant. La mandibule supérieure dépasse un peu la mandibule inférieure : elle est profondément cannelée dans toute sa longueur , disposition qui n'existe pas dans le courlis, où les cannelures ne vont point jusqu'à l'extrémité du bec. On remarque, à leur naissance, les narines qui sont linéaires et longues de cinq lignes. Dans le rapprochement exact des mandibules, on ne remarque aucune ouverture vers la pointe du bec (5).

La face est nue et lisse ; elle est verdâtre dans l'état frais, mais, par la dessiccation, elle est devenue d'un noir grisâtre.

Le front est garni de plumes très courtes.

La prunelle est arrondie et l'iris est jaunâtre.

Le col a quatre pouces de longueur. Il est d'une grosseur égale dans toute son étendue et entièrement garnie de plumes courtes et effilées.

L'aile est forte et organisée de manière à faire penser que l'ibis noir peut entreprendre de longs voyages.

Les pennes alaires sont au nombre de huit de chaque côté.

Les trois espèces de couvertures se composent de plumes longues, larges et très nombreuses.

Les grandes pennes caudales sont au nombre de douze.

Les cuisses sont moitié garnies de plumes.

Les pates sont, comme chez tous les oiseaux de rivage qui ne nagent point (1), entièrement nues : elles sont couvertes dans

(1) V. la planche 99e de son Voyage dans la basse et la haute Egypte.

(2) Comment admettre avec un bec aussi faible, et si d'ailleurs on a égard à la petitesse de l'oiseau ; comment, disons-nous, admettre que l'ibis puisse dévorer des serpens ? On doit tout au plus penser qu'il peut détruire de petits reptiles.

(3) Nous faisons cette observation parce que plusieurs auteurs ont parlé d'une ouverture qui existait au bout du bec de l'ibis, et qu'ils croyaient sans doute destinée à remplir quelque usage (V. plus loin le passage de Vergilius). Dans quelques éditions des œuvres du Buffon, le dessin de l'ibis blanc offre un bec tronqué et troué ; mais cette disposition n'existe pas dans les dessins du même oiseau que MM. Savigny et Cuvier ont omis à leur ouvrage. Nous avons à notre Muséum un ibis blanc qui faisait partie de la belle collection d'oiseaux (surtout des genres passereaux et grimpeurs) cédée à la ville par M. Portier, commissaire principal de la marine, et on ne remarque aucune ouverture à l'extrémité du bec.

(1) Ibis aquam tamen nunquam ingreditur, neque natare potest. Albertus.

toute leur étendue de petites écailles polygones.

Les doigts sont au nombre de quatre, dont trois en avant et un en arrière, assez long pour poser sur le sol. Les doigts extérieurs sont réunis par leur base au doigt du milieu, qui a deux pouces six lignes de longueur, au moyen d'une membrane qui a un peu plus d'étendue que celle qui unit le doigt intérieur à l'intermédiaire. Ainsi, les pieds de l'ibis falcinellus sont ce que les ornithologistes nomment *pedes ambulatorii.*

Enfin, les ibis, que M. Paulin possède, nous ont offert vingt-six pouces de vol ou d'envergure. Leur structure intérieure ne nous a rien présenté d'extraordinaire (1). Ils exhalaient une odeur bien prononcée de poisson, dont nous avons trouvé quelques débris dans leur estomac, ainsi que des détritus de végétaux méconnaissables et plusieurs petits coquillages fluviatiles, savoir : le planorbus marginatus, le cyclas rivalis, la paliduna impura et la lymnœa ovata de Lamarck, espèces communes dans les marais de Saint-Julien.

Des chats ont refusé de manger de la chair crue de ces oiseaux (2).

Nous allons terminer cette notice par quelques réflexions sur les ibis en général.

Les anciens historiens, parmi lesquels on peut citer Hérodote, Pausanias, Pline, Strabon, Aristote, connaissaient deux sortes d'ibis qui fréquentaient l'Égypte : c'est-à-dire l'ibis blanc qui est blanc et noir, et l'ibis noir, qui ne paraît réellement tel que

de loin et sous certains aspects. Le premier dont le bec est plus fort, est l'espèce la plus célèbre; c'est l'Abou-Hannès de Bruce, le Tantalus OEthiopicus de Latham, l'ibis religiosa ou Numenius ibis (de néoménie, nouvelle lune, parce que c'est par la réunion du noir des dernières plumes des ailes avec celui des deux bouts d'ailes que se forme dans le blanc une grande échancrure semi-lunaire qui donne à ce blanc la figure d'un croissant,) de notre illustre Cuvier, et le second est celui dont nous nous sommes occupés avec quelque détail.

Ceux qui voudraient connaître tout ce qui a été dit de plus sensé sur ces oiseaux fameux, doivent lire les ouvrages de Conrad Gesner (1557) et d'Aldrovande (1599), les belles pages de Buffon, Perrault, Brisson, Blumenbach, l'histoire naturelle et mythologique de l'ibis, par M. Savigny, et surtout l'appendice au savant discours sur les révolutions de la surface du globe de Cuvier qui est intitulé : *Détermination des oiseaux nommés ibis, par les anciens Égyptiens.*

Pour nous, sans nous arrêter sur toutes les fables qu'on a imaginées au sujet de l'ibis, nous nous bornerons à dire 1° que cet oiseau, qu'il était défendu, sous peine de la vie, de tuer (1), et qu'on élevait dans l'enceinte des temples de l'Égypte, était depuis un temps immémorial en grande vénération chez les superstitieux Égyptiens, à qui il fallait, comme à presque tous les peuples dans l'enfance des sociétés, des sujets d'admiration et des signes de la divinité, qu'ils ne trouvaient que dans le merveilleux et le ridicule (2);

---

(1) Élien, cité par Cuvier, dit, d'après les embaumeurs égyptiens, que les intestins de l'ibis ont quatre-vingt-seize coudées de longueur.

(2) Les auteurs disent cependant que les ibis nichent sur le sommet des palmiers, afin de mettre leurs petits à l'abri des chats, qui en sont très friands.

(1) Le meurtrier, même involontaire, de cet oiseau était puni de mort.

(2) M. Panet-Trémolière, dans un travail sur le culte horticulaire et zoolatrique des anciens Égyptiens (V. le tome III de ce journal, page

2º Que l'ibis avait assez d'instinct, dit-on, pour connaître le cours et le décours de la lune, et pour régler en conséquence la quantité de sa nourriture journalière et le développement de ses petits.

3º Que, selon les historiens, l'ibis arrivait en Égypte à l'époque de l'inondation du Nil (1) pour dévorer les serpens ailés (2) qui auraient porté la désolation dans cette terre sacrée (3);

4º Qu'au rapport de Pline, Élien, Galien, etc., l'ibis aurait donn aux Égyptiens l'idée d'un remède aussi simple que salutaire et en horreur chez nos voisins d'outremer (4);

5ª Que les anciens Égyptiens prenaient autant de soin à embaumer (confire, comme le dit Belon) (5) les ibis que leurs propres parens, et que l'on retrouve encore un très grand nombre de momies de ces oiseaux dans les vastes catacombes de l'ancienne Memphis, à Thèbes et dans les plaines de Saccarah, où se trouve le puits des oiseaux ;

6º Que l'on voit des figures d'ibis parmi les signes hiéroglyphiques, où l'on reconnaît d'autres espèces d'oiseaux, et sur plusieurs médailles qui désignent l'Égypte (6).

7º Qu'on a trouvé des espèces d'ibis dans presque toutes les parties du monde, même dans l'Australie ou Nouvelle-Hollande; bien que cette cinquième partie du monde n'ait pas encore été explorée dans toute son étendue.

8º Que l'un de nos compatriotes, M. Cailliau, dont le nom est désormais associé à celui des plus célèbres voyageurs, a mangé, dans l'île de Méroé, de la chair d'ibis que l'on considérait depuis long-temps comme venimeuse, dans la persuasion où on était

---

201), vient de chercher à prouver que les ibis, pas plus que d'autres animaux, n'ont jamais été l'objet d'aucun culte positif et suivi chez les Égyptiens. Nous avons lu avec un vif intérêt l'aperçu historique de cet érudit sociétaire, et il nous a conduit à rédiger cette note.

(1) Presque tous les écrivains qui ont parlé de l'ibis se répètent relativement à son arrivée en Égypte, précisément à l'époque de l'inondation du Nil. Mais ne se seraient-ils pas mépris, et ne serait-ce pas plutôt au moment où les eaux de ce fleuve se retirent qu'ils se rendent dans ce pays pour détruire les espèces nuisibles qui ont pu naître dans les terres marécageuses ? D'ailleurs, lorsque les eaux couvrent la terre, comment les ibis, qui ne sont pas, à proprement parler, des oiseaux aquatiques, pourraient-ils trouver leur nourriture ?

(2) Ces serpens ailés ou volans n'étaient que de grosses sauterelles apportées par les vents du désert de Libye. (V. M. Panet-Trémolière).

(3) C'est à cette occasion que Cuvier dit que les Égyptiens avaient inventé, pour un culte absurde, une raison fausse.

(4) Simile quiddam et avis in eadem Ægypto monstravit quæ vocatur ibis, ciconiæ ferè simi-

lis, et ipsa quoque serpentum pernicies. Hæc rostri aduncitate per eam se persuit qua reddi ciborum onera consuevere. Hinc clysteris usum medici primum didicerunt. Polydor Vergilius, de inventoribus rerum. Caput xxi, 1671.

(5) De medicato cadavere; 1555.

(6) On sait, dit M. Arago, que l'épervier désignait l'ame; l'ibis, le cœur ; la colombe, l'homme violent (ce qui paraît assez étrange) ; la flûte, l'homme aliéné; une grenouille, l'homme indépendant; un nœud coulant, l'amour; la fourmi, le savoir, etc.

que cet oiseau se nourrissait de serpens (1),

9° Enfin, que d'après Cuvier, l'ibis existe encore en Égypte, comme au temps des Pharaons, et que c'est par la faute des naturalistes que l'on a pu croire pendant

(1) V. son Voyage à Mervé et au Fleuve-Blanc.

quelque temps que l'espèce en était perdue ou altérée dans ses formes (1).

PRIOU, docteur en médecine à Nantes, membre de la 3° classe de l'Institut Historique.

(1) Conclusion de l'appendice cité.

REVUE D'OUVRAGES FRANÇAIS ET ÉTRANGERS.

ESSAI D'HISTOIRE UNIVERSELLE,

ou

EXPOSÉ COMPARATIF DES TRADITIONS DE TOUS LES PEUPLES, DEPUIS LES TEMPS PRIMITIFS JUSQU'A NOS JOURS; PAR J.-F.-A. AUGUSTE BOULLAND. 2 vol. in-8, chez PAULIN, N. 33, RUE DE SEINE.

Rapport lu à la première classe de l'Institut Historique dans sa séance du 3 août 1836, par H. BELFIELD-LEFEVRE (membre de la première classe).

PREMIÈRE PARTIE. — *Métaphysique historique.*

Messieurs,

L'Institut Historique m'a chargé de lui présenter un rapport sur un essai d'histoire universelle que vient de publier l'un de ses membres, mon collègue et mon ami, M. Auguste Boulland.

En acceptant cette tâche, je ne me suis nullement dissimulé combien elle était au dessus de mes forces, et combien les faibles études historiques que j'ai faites jusqu'ici m'étaient nsuffisantes pour apprécier à sa juste valeur un travail aussi savant et aussi consciencieusement exécuté. Mais ce travail avait été conçu au point de vue d'une doctrine philosophique dans laquelle j'ai été en quelque sorte nourri; et s'il m'était difficile, je dirai même impossible, d'analyser en connaissance de cause et de soumettre à une critique approfondie la partie plus spécialement historique de cette œuvre, du moins mes études philosophiques me rendaient-elles facile l'appréciation exacte de la donnée philosophique dans laquelle cette œuvre avait été construite. Voilà pourquoi j'ai accepté la tâche que la 1re classe de l'Institut, trop bienveillante à mon égard, a bien voulu me confier.

En effet, M. Boulland dit dans sa préface :

« L'hypothèse qui a été émise dans l'*Introduction à la science de l'Histoire*, publiée par M. Buchez, constatait, sous trois termes principaux, les rapports moraux temporaires que les dogmes religieux assignaient aux êtres humains entre eux, avec le cosme et avec Dieu. C'était l'existence sur la terre, comme premier terme, d'anges et d'hommes ; comme second terme, d'anges déchus ; comme troisième terme, d'hommes rachetés. On verra plus tard les rapprochemens et les différences qui peuvent exister entre ces formules, et le caractère réel que nous avons trouvé aux différens peuples qui représentent ces époques ; mais dans tous les cas on verra qu'en cherchant la vérité de ces hypothèses, si nous avons dû quelquefois agrandir leur acception, et surtout chercher la généralité active qui les unissait, nous n'avons jamais rien trouvé qui les contredît. En effet, c'était presque des certitudes que ces caractères généraux assignés aux premiers âges de l'humanité ; c'était ce qui se voit écrit partout : c'était l'un des résultats les plus patens, les plus positifs, de chaque révélation qui avait créé la société où dominait ce fait. » (*Hist. univ.*, vol. 1, p. 5.)

Ainsi M. Boulland présente lui-même son travail comme une vérification directe des hypothèses historiques qui terminent la deuxième partie de l'*Introduction à la science de l'Histoire ;* et puisque ces hypothèses elles-mêmes ne sont en quelque sorte que les conséquences logiques et nécessaires des doctrines métaphysiques et philosophiques, et des discussions de méthode, que renferme la première partie de ce même travail, il suit nécessairement que l'œuvre que nous analysons doit être envisagée, par l'auteur lui-même, comme une conséquence directe des doctrines philoso-phiques professées par l'école de M. Buchez.

Or, c'est là une induction générale à laquelle M. Boulland ne s'est point conformé (nous le pensons du moins) dans les points fondamentaux de sa coordination historique.

Qu'il nous soit permis, messieurs, de développer devant vous les principales bases sur lesquelles repose notre opinion à cet égard.

L'*Introduction à la science de l'Histoire* est surtout un travail de méthode. Le but principal de M. Buchez a évidemment été de déterminer les conditions philosophiques dans lesquelles l'activité intellectuelle de l'homme se devrait placer, pour marcher avec toute la certitude qu'il est donné à l'homme de posséder vers le développement intégral de toutes les sciences humaines : les travaux de géogénie et d'androgénie, qui terminent cette introduction, ne peuvent être considérés que comme une tentative d'appliquer à l'histoire du globe terrestre et à celle de l'humanité les méthodes encyclopédiques développées dans la première partie. Et en effet, la généralité de ces travaux peut seule être regardée comme incontestable, puisque l'exactitude dans le détail suppose nécessairement la vérification directe de l'hypothèse ; et non seulement cette vérification directe n'avait point encore été tentée, mais encore elle était matériellement impossible avant la publication du travail encyclopédique de M. Buchez.

C'est donc dans la première partie de l'*Introduction* qu'il faut surtout rechercher les conditions essentielles que notre école pose à la solution du plus vaste de tous les problèmes historiques ; puisqu'il les embrasse tous, à savoir : *l'histoire du déve-*

loppement intégral de l'espèce humaine sur la surface du globe.

Or; le principe générateur de l'œuvre tout entière, le principe qui est en même temps et l'assise fondamentale de l'édifice, et la pierre angulaire, et la clé de la voûte, c'est; *que le cosme tout entier* (c'est-à-dire, et le sphéroïde terrestre, et toutes les sphères du firmament, et tout ce qui a vie, tout ce qui se meut et s'agite sur la surface de ces sphères) *a été créé dans un but unique que Dieu seul connaît.*

De ce principe fondamental, dogmatiquement affirmé, découlent immédiatement deux axiomes générateurs, qui, développés métaphysiquement et appliqués directement à toutes les spécialités scientifiques, doivent placer dans un point de vue complètement nouveau toutes les sciences humaines, et leur fournir un instrument et une méthode de coordination inconnues aux temps anciens, et impossibles avant la révélation chrétienne.

Et en effet; puisque *par affirmation* le cosme tout entier a été créé en vue d'un but unique, il suit nécessairement que chaque partie du cosme est fonction de ce but: d'où se déduit cet axiome immense dans ses applications :

Tout être créé est l'instrument direct d'une fonction spéciale; et. l'ensemble de tous les êtres, ou, en d'autres termes, la réunion de toutes les fonctions, accomplissent, chacun suivant sa loi, une seule et même œuvre; et convergent vers un seul et même but, la volonté de Dieu dans la création. Ainsi, *tout être créé est une fonction de l'œuvre de Dieu.*

Et d'autre part : puisque *(par affirmation)* le cosme tout entier a été créé en vue d'un but unique; et puisque (par déduction) chaque être individuel a été créé comme fonction de ce but, il est évident que le but de Dieu ne peut être atteint que par une série d'efforts librement accomplis ou fatalement commandés ; car si l'acte de Dieu qui a créé le monde eût en même temps atteint le but pour lequel le monde a été créé, il est manifeste que ce monde aurait dû être anéanti à l'instant même où il a été tiré du néant, puisque, par hypothèse, le but de Dieu aurait été atteint par le fait même de la création.

Ainsi tous les actes accomplis par un être quelconque, depuis l'heure de la création jusqu'à la consommation des siècles, soit que ces actes aient été librement consentis, soit qu'ils aient été fatalement commandés, sont nécessairement des termes au moyen desquels l'œuvre de Dieu s'accomplit : et parce que chaque acte accompli ajoute un terme à la série, et, par conséquent, rapproche l'époque de la consommation du but, il suit nécessairement qu'il existe une loi tendantielle, dont la direction est constante, et que les écoles modernes ont appelée la loi du progrès : car le progrès n'est autre chose que la série des actes par lesquels s'accomplit la consommation d'un but.

Ainsi, du développement métaphysique de ce grand principe fondamental que nous avons dogmatiquement posé, se déduisent les deux grandes lois génératrices de toutes les sciences possibles, puisque la première de ces lois donne le rapport général de tous les êtres créés, et de tous les actes accomplis par eux dans l'espace pendant un temps déterminé : tandis que la seconde de ces lois doit coordonner le rapport général de tous les êtres créés, et de tous les actes accomplis par eux depuis le principe des temps jusqu'à leur entière consommation.

Si nous appliquions ces considérations générales à la genèse du sphéroïde que

nous habitons, il nous serait facile de démontrer et l'immense fécondité du principe
lui-même, et la puissance irrésistible de
l'instrument qu'il fournit à la coordination des phénomènes, soit géogéniques soit
androgéniques : ainsi nous pourrions démontrer, dans cet ordre de phénomènes,
que le premier acte de Dieu a été la création
du globe terrestre lui-même, et que cette
création a eu pour but la constitution d'un
milieu, dans lequel pût se développer le règne organique animal et végétal : que le
deuxième acte de Dieu a été la création de
ce même règne organique dans tous ses types inférieurs ; et que ce deuxième acte a eu
pour but la transformation du milieu précédemment créé et la constitution d'un milieu
propre au développement de nouvelles existences : que le troisième acte de Dieu a été
la création de ces existences nouvelles, et
que celles-ci ont été assujetties à la même loi
que les existences précédentes ; c'est-à-dire
qu'elles ont fatalement transformé les mi-
lieux qui leur avaient été légués, et qu'elles
ont fatalement constitué un milieu nouveau et destiné à des existences nouvelles ;
et nous pourrions montrer qu'il en a été
ainsi jusqu'à la création de l'espèce humaine, le sixième acte de Dieu, et la forme
organique la plus complète et la plus parfaite qui ait été créée. Si nous voulions pénétrer plus profondément dans le mystère
de ce drame admirable qui constitue le développement géogénique du globe, nous
verrions que chaque création successive,
chaque terme de la série, a été le résultat
direct d'un acte de Dieu ; que le but définitif de chacune de ces créations, (par rapport aux formes organiques) a été la création de la forme humaine, et du milieu dans
lequel cette forme est appelée à se développer : et que, par conséquent, tous les actes

de Dieu, en tant qu'ils ont eu pour résultat
la création de formes organiques diverses,
ont eu un but unique. Ainsi, chacun de ces
actes successifs, rendu possible par l'acte
immédiatement antérieur et nécessité par
l'acte qui le suit immédiatement, se présente
comme fonction d'un seul et même but ; et
par conséquent aussi, chaque existence organique, créée pendant la durée de cet acte,
a été nécessairement, ainsi que la création
toute entière, une fonction individuelle d'un
but unique.

Ainsi nous nous trouvons conduits à la
conclusion la plus incontestable, et en même
temps la plus neuve et la plus imposante
de la science moderne : et cette conclusion,
la voici :

Au point de vue de la science humaine ;

1° Le globe terrestre a été créé pour devenir un *lieu*, un *champ*, un *substratum*,
sur lequel pût s'exercer l'activité humaine ;
et toutes les espèces animales, qui ont été
successivement créées, n'ont eu d'autre but
que celui de préparer un milieu organique
dans lequel cette espèce humaine pût vivre
et se développer.

2° L'espèce humaine a été créée, parce-
que Dieu a voulu qu'il existât une activité
relative libre, qui pût comprendre, accepter et accomplir volontairement sa parole
révélée, et s'associer ainsi à l'œuvre de
Dieu dans la création.

Or cette conclusion, disons-nous, est essentiellement neuve et chrétienne : elle est
radicalement distincte de la doctrine généralement admise dans les écoles philosophiques de la Grèce : dans celles-ci en effet,
le cosme concluait définitivement à l'homme ; ou, en d'autres termes, la création
tout entière était coordonnée au point de
vue de la conservation de l'espèce humaine,
l'homme étant l'instrument fatal de forces

déposées en lui : dans l'école de M. Buchez au contraire, le globe terrestre, et les formes organiques qui l'ont habité, ont eu pour but relatif de rendre possibles l'existence et le développement de l'espèce humaine, (l'homme étant l'instrument libre du but définitif que Dieu s'est proposé, lorsqu'au principe des temps il créa le ciel et la terre.)

C'est cette doctrine ainsi développée que M. Buchez renferme dans la formule religieuse suivante :

« Dieu a associé l'homme à la création « — il lui a préparé un domaine afin qu'il » le conduisît à des destinées plus hau- » tes. » (Int. à la sc. de l'hist. p. 591.)

Ces considérations générales ainsi posées (et elles étaient indispensables à la complète intelligence de ce qui va suivre) nous allons aborder la discussion du problème historique général ; problème que nous avons plus haut formulé — histoire du développement intégral de l'espèce humaine sur la surface du globe — où pour tout résumer en un mot, « l'androgénie : » constitution définitive de l'espèce hu- « maine tout entière en une activité spi- » rituelle seule et unique. »

Le cosme tout entier ayant été créé en vue d'un but unique, et chaque portion, chaque individu de ce cosme ayant été créé fonction intégrante et essentielle de ce but, il suit nécessairement ; que si un individu quelconque pouvait exister et persévérer dans une négation absolue de sa fonction, cet individu pourrait rendre impossible la consommation du but, et mettre à néant la volonté de Dieu dans la création. Or, une pareille proposition étant manifestement absurde, il faut de toute nécessité admettre que toute création accomplit nécessairement la fonction qui lui est assignée, ou qu'elle est immédiatement anéantie pour

être remplacée par une création nouvelle : proposition qui se peut traduire dans la formule suivante : « tout être créé n'existe « qu'à la condition expresse d'accomplir » une fonction. »

La discussion de cette proposition va nous ouvrir deux grandes catégories. En effet, un être peut atteindre un but en vertu des forces qui sont déposées en lui, et qui y tendent irrésistiblement; et en ce cas, cet être est une fonction aveugle et fatale d'une œuvre qu'il ne connaît pas: ou bien cet être peut posséder l'intelligence de ce but, et y tendre volontairement en vertu de son activité propre; et alors cet être est une fonction intelligente et libre d'une œuvre qu'il connaît et à laquelle il se dévoue. Or; toutes les formes organiques créées antérieurement à la forme humaine, étaient des instrumens aveugles de la volonté divine, puisque leur fonction était la transformation du substratum organiq ue sur lequel elles se développaient et la formation du milieu dans lequel devait se développer l'espèce humaine, et que ce but était nécessairement atteint par le développement fatal des forces organiques déposées dans ces formes. Ainsi l'accomplissement de la volonté de Dieu, en tant que celle-ci avait pour but la création de l'homme, était inévitablement commandé, puisque cet accomplissement devait être le résultat fatal des forces que, dans sa prévision infinie, Dieu, l'activité absolue, avait déposées dans la matière, l'absolue passivité. Mais il n'en fut plus ainsi à la création de l'homme, puisque, ainsi que nous l'avons affirmé, l'homme fut créé activité relative, intelligente et libre, afin qu'il pût s'associer à la volonté divine. Or, toute liberté suppose un choix ; tout choix suppose au moins deux termes distincts : il faut donc déterminer les deux termes qui sont offerts au choix de l'humanité, afin de déterminer par cela même la nature et les limites de sa liberté : et cette détermination, d'après les prémisses que nous avons posées devient facile à l'extrême. En effet, l'humanité, envisagée comme un être, étant une fonction intégrante essentielle de l'œuvre de Dieu, il serait manifestement absurde de poser comme les deux termes de sa liberté l'accomplissement et le non accomplissement de cette fonction : car, de deux choses l'une : ou l'humanité ne serait pas libre de choisir entre ces deux termes, et alors le dogme de la liberté humaine serait un non sens; ou bien l'humanité pourrait librement choisir entre eux, et par conséquent réaliser ou mettre à néant la volonté de Dieu, accomplir ou annihiler l'œuvre tout entière de la création; et alors le dogme de la liberté humaine serait une absurdité. Ainsi la consommation du but étant une condition essentielle de l'existence de l'espèce humaine et l'espèce humaine étant une activité libre, il est évident que ces deux propositions ne peuvent être conciliées qu'en posant à la liberté humaine les deux termes suivans :

L'accomplissement intelligent et libre d'une part; et d'autre part l'accomplissement aveugle et fatal de la volonté de Dieu.

Ainsi nous sommes conduits, comme par la main, au problème le plus ardu et le plus général de la science historique :

Le globe terrestre ayant été constitué dans ses conditions astronomiques et organiques actuelles — l'espèce humaine ayant été créée et déposée sur la surface de ce globe avec les aptitudes organiques qu'elle possède aujourd'hui (ces aptitudes existant seulement *en puissance d'être*, mais n'étant point encore développées en actes) — enfin, la volonté directe de Dieu ayant été révélée à l'homme par l'acte, ou le verbe, ou le fils de Dieu — déterminer : — Quels ont été les actes librement consentis et ac-

complis par l'homme, en vertu de son activité propre, et dans le but de réaliser la volonté divine; — et quels ont été les actes humains fatalement et aveuglément accomplis en vertu des forces organiques déposées dans l'instrumentalité humaine ?

Ou bien encore; pour poser le problème dans des termes plus nets et plus précis ;

Déterminer, dans le développement intégral de l'humanité, l'acte providéntiel et fatal, de l'acte tendentiel et libre ?

Comme vous le voyez, messieurs, cette formule ouvre à la classification des faits historiques (c'est-à-dire des actes accomplis par l'humanité) deux catégories immenses, et, j'ose le dire, deux catégories complétement neuves, *inouies* si l'on peut ainsi parler, dans la philosophie de la science. Or, c'est pour rendre possible une semblable classification que M. Buchez a créé une physiologie individuelle et une physiologie sociale complétement en dehors des conceptions scientifiques actuelles; et c'est à cette œuvre surtout qu'est consacré l'*Introduction à la science de l'Histoire*, livre qui, dans la conception que nous venons de formuler, forme en effet une introduction indispensable à l'étude de cette science.

Je n'ai pas besoin de démontrer devant des hommes exclusivement livrés aux études historiques, combien cette conception est féconde : je vous rappellerai seulement un fait qui est encore vivant dans tous vos souvenirs : je veux parler de la révolution française. Certes nul ne niera qu'à cette époque de grands actes humanitaires, n'aient été accomplis : personne ne niera qu'un but immense n'ait été atteint; et, si l'on pénètre dans l'intimité du phénomène, personne ne contestera que, parmi les actes qui ont amené la consommation du but, les uns ont été ordonnés en vue de ce but, volontairement consentis et librement exécutés; tandis que les autres ont été fatalement commandés par les instincts aveugles déposés dans les masses; et, si l'on pénètre plus profondément encore, on demeurera convaincu que les actes de l'ordre tendenciel et libre ont marché vers leurs conclusions purs de toute souillure et vierges de tout crime; tandis que les actes de l'ordre providentiel et fatal ont conduit à leurs conséquences inévitables par un chemin de sueur, de larmes et de sang; et que c'est aux faits de cet ordre qu'il faut attribuer tous les désastres, toutes les douleurs, tous les sinistres de ces sombres années.

Je crois avoir suffisamment établi la conception générale en vue de laquelle l'*Introduction à la science de l'histoire* a été écrite; et si je ne suis parvenu à établir cette conception générale que par voie d'induction les préfaces de l'*Histoire Parlementaire de la révolution française*, et l'esprit même dans lequel cette vaste publication est conduite, suffiraient à démontrer et au-delà que la logique ne m'a point failli. Je crois donc pouvoir affirmer que le premier but que l'école de M. Buchez pose aux études historiques est de démontrer :

Que, dans les actes accomplis par l'humanité, les uns appartiennent à l'ordre tendenciel et libre, les autres à l'ordre providentiel et fatal.

Or il m'a été impossible de découvrir, soit dans l'œuvre même de M. Boulland, soit dans l'introduction qui y conduit, soit dans les notes qui la terminent, une seule ligne qui, interprétée de quelque manière que ce fût, pût démontrer que M. Boulland se fût posé pour but la vérification et la démonstration historique de cette formule capitale. Il m'est donc démontré, et au-delà, que l'*Essai d'histoire universelle* ne peut en aucune façon être envisagé comme la vérification directe des doctrines énon-

cées dans l'*Introduction à la science de l'histoire.*

Je sais, Messieurs, combien les discussions que je soulève ici peuvent paraître étrangères au but qui m'a été proposé : je sens combien ce rapport s'éloigne des formes presque consacrées dans les annales de l'Institut historique : mais il s'agit ici d'une œuvre capitale, d'une œuvre complétement à part, d'une œuvre qui paraît émaner directement, intégralement, d'une doctrine philosophique et d'une méthode scientifique également nouvelles : or il est d'une importance extrême que cette œuvre soit examinée du point de vue de la doctrine dont elle paraît déduite; car, nous le disons avec une certitude absolue, cette doctrine et les méthodes sur lesquelles elle se fonde sont destinées à introduire dans les sciences sociales et historiques une révolution bien autrement importante que celle qu'ont amenée dans les sciences mathématiques les découvertes de Newton et de Leibnitz, la méthode des fluxions, et la théorie générale du calcul intégral et différentiel.

Ayant ainsi indiqué et constaté la différence radicale qui sépare la méthode historique proposée par M. Buchez de celle que M. Boulland a traduite en une histoire universelle, il nous reste à examiner avec vous cette dernière méthode, ainsi que le travail de vérification auquel elle a donné naissance.

Voici donc quelles sont les bases de la méthode historique de M. Boulland :

PREMIÈRE SECTION.

L'humanité est une d'origine et une de but : ou en d'autres termes : l'espèce humaine tout entière, descendant par voie continue de génération d'un seul et même *germe* (1) créé par Dieu, marche à travers le temps et à travers l'espace vers un seul et même but : la réalisation de la volonté de Dieu dans la création.

Cette grande conception historique, qui émane directement de la révélation chrétienne, et qui appartient en propre à l'école de M. Buchez, est le thème général que M. Boulland a eu pour but de développer dans son œuvre ; et c'est ce thème, qui sépare complètement son travail de toutes les tentatives d'histoire universelle qui ont été faites jusqu'à ce jour ; et qui, nous ne craignons pas de l'affirmer, lui donne une valeur philosophique que celles-ci sont loin de posséder.

Nous disons que cette conception est essentiellement chrétienne ; et en effet, ainsi que l'observe parfaitement M. Boulland, avant le christianisme, chaque peuple, en même temps qu'il conservait religieusement ses traditions d'engendrement, s'assignait pour but une fonction spéciale, qu'il regardait comme absolue, et qu'il s'efforçait par conséquent d'imposer par la guerre et par la conquête à tous les peuples qui l'environnaient : il résultait nécessairement de là que l'humanité ne pouvait être envisagée que comme un être collectif formé par l'agglomération d'une multitude d'individus distincts d'origine et distincts de but ; il en résultait encore que l'histoire de l'humanité ne pouvait être conçue autrement que comme une juste position des histoires partielles de chacune des unités dont l'humanité se compose : il en résultait, enfin, que l'histoire de chaque unité nationale ne pouvait jamais renfermer que la série des actes accomplis par elle ; et que les actes

engendrés par les unités voisines ne pouvaient jamais être conçus autrement que comme des accidens du monde extérieur, comme des actes d'un agent de destruction et de mal. « Cette conception historique » générale est facile à vérifier dans tous » les grands livres de la Chine, dans les » nombreux Pouranas de l'Inde, dans le » Zend-Avesta, dans Manéthon, dans Sanchoniaton, dans les livres juifs depuis » Abraham, dans Apollodore l'Athénien, » dans Denys d'Halicarnasse, enfin dans » toutes les traditions autochtones que nous » ont laissées les divers peuples (1). »

Deux nations seulement de toutes les nations anciennes conservèrent, sinon le dogme, du moins la tradition de l'unité d'origine de l'humanité ; ce furent la nation juive et la nation chaldéenne : en dehors de ces deux peuples nous ne voyons plus que les prétentions rivales de peuples autochtones, qui se posent chacun comme les générateurs des peuples les plus avancés en science et en politique, et qui s'efforcent de rattacher, chacun à sa généalogie historique, non seulement toutes les grandes nations, mais tous les héros de chacune d'elles. Aussi les deux grands historiens généraux qui précèdent le christianisme, Hérodote et Diodore, font consister leurs histoires universelles dans la juxta-position de toutes les traditions particulières à chaque peuple, de telle sorte que leur conception historique générale la plus élevée était nécessairement celle-ci : L'humanité est un être multiple, formé de plusieurs individus divers d'origine et divers de but.

Mais lorsque le Verbe de Dieu, Jésus-Christ, s'appuyant sur l'unité traditionnelle de l'humanité conservée par le peuple juif, affirmait, d'une part, que tous les

---

(1) Nous employons ici le mot *germe* dans son acception métaphysique générale, et nullement dans le sens limité que ce mot a reçu en histoire naturelle.

(1) *Essai d'hist. univ. Int.* 2.

hommes étaient fils d'un même père et par conséquent égaux et frères; et, d'autre part, que le but unique de tous les efforts humains devait être d'appeler le règne de Dieu sur la terre, et d'accomplir la volonté de leur père céleste; lorsqu'il en fut ainsi, disons-nous, il est manifeste que la conception générale historique devait être, nous ne dirons pas modifiée, mais bouleversée de fond en comble, mais placée sur un terrain complétement nouveau, mais basée sur une formule contradictoire dans les termes mêmes à celles qui servent de base à la conception historique ancienne. En effet, l'humanité, diverse d'origine et diverse de but dans les formules les plus élevées des historiens grecs, devenait une de but et une d'origine dans la pensée des philosophes chrétiens.

Toutefois les premiers historiens du christianisme, Georges le Syncelle, Jules Africain, Eusèbe, etc., usèrent tous leurs efforts à établir le premier terme de cette formule, à savoir l'unité d'origine de l'humanité; aussi leurs travaux se bornent-ils à démontrer d'abord, par l'unanimité de la voix traditionnelle, la descendance par voie continue de génération de tous les hommes d'un même père, et ensuite à établir en séries synchroniques les actes principaux de toutes les nations anciennes. Le deuxième terme de la formule, la démonstration de l'unité de but, parut n'avoir même pas été entrevue et encore les successions hypothétiques établies dans le but de démontrer l'engendrement unitaire des peuples sont-elles tellement incomplètes qu'il y manque souvent la moitié de l'humanité.

Or, depuis Georges le Syncelle, à travers toute la série des historiens catholiques jusqu'aux écrivains les plus modernes, la même remarque subsiste : ce sont toujours les mêmes tentatives de démontrer, en face des denégations de l'incrédulité ou de l'athéisme, l'unité d'origine de l'humanité, en synchronisant les traditions du monde païen avec la tradition juive; et c'est toujours aussi la même négligence à l'égard du deuxième terme, et certes du terme le plus important de la formule, puisque c'est celui qui engendre la loi de l'activité humaine dans l'avenir.

Ainsi presque aucune tentative n'avait été faite pour développer dans son intégrité toute la formule chrétienne : la considération générale de l'unité de but appliquée à l'humanité restait à introduire dans la science de l'histoire ; et cette unité étant démontrée, il fallait encore la mettre en harmonie avec l'unité d'origine, ou en d'autres termes il fallait développer en deux séries parallèles et conformes l'engendrement matériel des peuples et leur engendrement intellectuel. C'est parce que M. Boulland s'est efforcé le premier de construire historiquement ces deux séries, que son travail est incontestablement le travail le plus neuf et le plus complet qui ait été tenté en histoire universelle; et c'est parce que la construction de cette double série était matériellement impossible avant que la doctrine du progrès fût traduite en formules métaphysiques rigoureuses, (1) que l'idée génératrice de l'essai d'histoire universelle appartient à l'école de M. Buchez.

<hr>

(1) Consultez, sur le développement métaphysique de la loi du progrès, les travaux suivans:

Introduction à la Science de l'Histoire (pag. 376-392.)

Histoire parlementaire de la Révolution française, vol. XVII et XVIII (Préfaces).

L'Européen, journal de Morale et de Philosophie (No II. nov. 1835. 2ᵉ série).

L'unité d'origine et l'unité de but étant ainsi établies, il reste à déterminer la marche de l'humanité de son origine vers son but.

2e Section.

« Le mouvement progressif de l'humanité est un, parce qu'il n'a qu'un but — continu, parcequ'il forme des séries sans interruption — croissant, parce qu'il tend sans cesse et sans arrêt vers un but de réalisation morale désiré par l'esprit. Acte complexe de toutes les facultés humaines mises en jeu simultanément, il a sans cesse à lutter contre la fatalité matérielle qu'il ne domine qu'avec l'aide de la parole de Dieu.

« Or c'est cette lutte, et le mouvement qui en est la suite, et le produit qui en est le résultat, qui forment le sujet de l'histoire. » (Essai d'hist. univ. vol. I, p. 22.)

1re Proposit. Le mouvement progressif de l'humanité est un parce qu'il n'a qu'un but.

Discussion. — Le champ, le substratum sur lequel l'humanité est appelée à se développer, c'est la surface du globe terrestre, telle que cette surface a été constituée par le dernier cataclysme géologique, qui a anéanti toutes les existences organiques devenues inutiles à la constitution phénoménale actuelle; et telle que cette surface demeurera jusqu'au jour ou l'humanité aura accompli sa tâche. L'espèce humaine est donc une grande création organique qui se développe sur la surface du globe entre deux cataclysmes géologiques.

L'humanité (c'est-à-dire l'espèce humaine tout entière, envisagée dans sa continuité et dans son intégrité, depuis l'heure de sa création jusqu'à celle de sa destruction définitive), l'humanité doit être envisagée comme un être unique, qui se développe intégralement dans le temps et dans l'espace.

Or, l'homme a été créé par Dieu activité relative, responsable et libre : c'est-à-dire que Dieu a donné à l'homme une *ame* principe intelligent, afin qu'il pût comprendre la volonté du créateur ; principe libre, afin qu'il pût s'y associer volontairement; principe actif afin qu'il pût agir sur le monde extérieur et accomplir cette volonté. Et Dieu a voulu que cette activité fût *indirecte* et non pas *directe*; c'est-à-dire qu'il a voulu que cette activité ne pût se manifester au dehors que par l'intermédiaire d'un appareil organique, d'un instrument matériel. Dieu a donc associé l'activité humaine à un organisme animal, organisme dont les conditions générales ne diffèrent en rien de celles qui ont été assignées aux formes organiques nées dans les époques géologiques précédentes, si ce n'est dans cet appareil mystérieux au moyen duquel l'ame humaine, principe actif et spontané, entre en contact avec l'organisme animal, principe passif et mu.

Maintenant ; afin que l'on comprenne quelles sont ces deux voies qui conduisent également au but voulu et proposé par Dieu, il nous faut nécessairement appeler votre attention sur la nature même de ce but. Ainsi que vous avez dû le remarquer, tout ce que nous avons dit à cet égard concerne la seule humanité à l'exclusion formelle des êtres que gouverne une insurmontable fatalité; pour ceux-là, en effet, il n'est qu'une seule voie possible, c'est celle par laquelle la main de Dieu les envoie à leur fin. Pour l'humanité au contraire, parce qu'elle est activité libre, son but implique un choix, et c'est de l'intelligence de cette définition que dépend l'intelligence de ce que nous avons nommé la voie tendantielle et la voie providentielle : la première de ces voies est la voie du bien , la seconde est la voie du mal ; et voilà justement le grand problème de l'humanité posé sous son aspect le plus fondamental à la fois et le plus difficile, puisqu'il s'agit de faire comprendre et de démontrer comment la volonté de Dieu peut être accomplie à un dégré quelconque par le mal lui-même.

A Dieu ne plaise que nos paroles puissent scandaliser les esprits, qui, n'ayant jamais réfléchi sur la question que nous débattons ici, en pourraient conclure que le bien et le mal sont une seule et même chose : une semblable conclusion n'est aucunement renfermée dans les principes que nous avons posés ; et, disons plus, elle leur serait formellement contradictoire puisqu'elle suppose des conditions inverses. Et en effet, si pour l'homme le bien et le mal étaient chose une et identique, il suivrait nécessairement que le but posé à son activité ne serait pas un choix, car tout choix est impossible là où les termes sont identiques ; or, un choix nettement formulé étant, selon nous, la condition absolue d'un but approprié à la nature de la libre activité de l'homme, et ce choix n'étant autre chose que la définition du bien et celle du mal, il résulte de notre principe même que le bien et le mal, loin d'être des termes identiques, sont au contraire des termes formellement contradictoires.

Il reste donc à exposer comment deux termes contradictoires peuvent amener la consommation d'un but unique ; c'est ce que nous allons essayer de faire.

Si nous envisageons le bien et le mal d'une manière générale et abstraite, il nous sera facile de comprendre à priori, que le bien c'est le dévouement, et le mal, l'égoïsme ;

et, en effet, pour un être quelconque, le bien c'est la conformité de cet être avec les conditions d'existence qui lui sont données ; le mal c'est la non conformité de cet être avec ces mêmes conditions. Or l'homme étant un être relatif, sa condition d'existence est nécessairement une loi qui marque et qui détermine le rapport qui l'unit à tous ses corrélatifs extérieurs : et, par conséquent, pour l'être humain, le bien, c'est la série des actes qui tendent à affirmer sa dépendance de l'ensemble, comme être relatif, tandis que le mal, c'est la série des actes qui tendent à nier cette même dépendance, et qui, par conséquent, constituent l'homme activité absolue. Or c'est là la proposition même que nous avons formulée en d'autres termes lorsque nous avons dit quelques lignes plus haut : « pour l'homme, le bien c'est le dévouement, le mal, c'est l'égoïsme. »

Mais ces deux abstractions ne sauraient avoir de valeur qu'au point de vue du but qui détermine et qui nomme le rapport général des hommes entre eux : car c'est à ce point de vue seulement que le bien et le mal peuvent se traduire en préceptes formels, et appeler une pratique correspondante. Ainsi dans la civilisation chrétienne, comme dans les civilisations antérieures au Christ, le bien et le mal sont toujours demeurés le dévouement et l'égoïsme ; mais parce que le but posé par le Christ a changé le rapport général des hommes entre eux, les préceptes formels dans lesquels se traduit la morale humaine ont nécessairement changé.

Le but posé par Jésus-Christ est la constitution de l'unité humaine : or, cette unité, qui est le but, peut être atteinte par deux voies différentes, par le dévouement ou par l'égoïsme, par le bien ou par le mal, par la voie tendentielle et intelligente, ou par la voie providentielle et fatale, par la fraternité morale qui fonde sur le dévouement la hiérarchie des membres dont se composera le corps de l'humanité, ou par l'égalité matérielle qui nivellera toutes les individualités humaines.

En posant donc le dogme de la fraternité, Jésus-Christ a ouvert au libre arbitre de l'homme deux voies qui conduisent également au but de Dieu, l'unité humaine; avec cette différence toutefois, que la voie tendentielle, la voie du dévouement, conduira à la *fraternité* pure, et constituera l'homme à l'état positif qui la rendra apte à recevoir du Verbe de Dieu une fonction nouvelle; tandis que la voie providentielle, la voie de l'égoïsme, amènera l'*égalité* pure, c'est-à-dire la destruction de toutes les inégalités matérielles, état négatif de l'humanité, dans lequel elle périrait sans doute, mais dans lequel, sauvée encore une fois par le Verbe de Dieu, comme elle l'a été par la révélation chrétienne, elle pourra encore comprendre, accepter et accomplir une nouvelle mission en série tendentielle avec ses missions précédentes.

Ainsi; soit que les hommes aujourd'hui désirent la réalisation du but chrétien pour eux-mêmes ou pour les autres; soit qu'égoïstes, ils appellent l'égalité matérielle, ou que, dévoués, ils invoquent la fraternité morale, la parole de Dieu n'en sera pas moins accomplie, et l'humanité sera nécessairement et fatalement *une*, avec la seule différence que nous venons d'établir; et cette différence même n'existe que du point de vue humain, puisque du point de vue divin elle est nécessairement nulle. La voie providentielle, qui conduira logiquement et fatalement l'humanité, sera l'égoïsme égali-

taire; et la voie tendentielle et libre qui conduira *progressivement* l'humanité à ses futures destinées, sera le dévouement fraternel.

Si M. Boulland eût développé, comme nous venons de le faire, les principes métaphysiques qui assignent les conditions et les limites de l'activité de l'homme, nous croyons qu'il eût formulé autrement le premier terme de sa méthode; car s'il est vrai de dire que le mouvement progressif de l'humanité est un parce qu'il n'a qu'un but, il est également vrai de dire que le mouvement progressif de l'humanité est double, parce qu'il s'effectue par une double voie; et cette double considération de l'unité du but et de la dualité des voies qui y conduisent, est de la plus haute importance en philosophie historique.

Il est évident, du reste, que cette conception a été présente à l'esprit de M. Boulland dans tout le cours de son travail, et nous pourrions le démontrer par la disposition même de son œuvre; mais nous pouvons le démontrer plus directement encore par un texte formel de son introduction; car nous lisons (vol. I, p. 25) : « L'humanité, la société et l'homme ont chacun une ame libre pour choisir leur but dans la voie du Verbe divin, c'est-à-dire du bien, ou dans la voie de l'inertie, c'est-à-dire du mal. » mais il est évident aussi que cette conception n'a point été suffisamment élaborée par lui; autrement il se fût certes gardé de formuler un principe fondamental d'une manière aussi incorrecte; et il se fût certes gardé d'écrire, quelques lignes plus loin (vol I, p. 25) : « Un âge, c'est l'acte libre de l'humanité responsable, comprenant la pluralité d'actes libres des sociétés responsables, comprenant la multitude d'actes libres des hommes responsables. » Formule nette, claire, précise, qui annihile inexorablement, dans l'histoire toute entière de l'humanité, la totalité des actes fatalement accomplis suivant la voie providentielle.

DEUXIÈME PROPOSITION.

Le mouvement progressif de l'humanité est continu, parce qu'il forme des séries sans interruption.

Cette proposition me paraît également formulée avec inexactitude, et j'avoue qu'il m'est difficile de comprendre comment la discussion n'a point entraîné M. Boulland à établir nettement la différence radicale qui sépare les actes librement accomplis suivant l'esprit, des actes fatalement commandés suivant la chair. Et en effet, M. Boulland lui-même établit quelques lignes plus loin « que la vie de l'humanité jusqu'à ce jour se compose de trois grands actes, qui peuvent être appelés des âges ; et que chacun de ces âges n'a de rapport avec celui qui le suit et celui qui le précède que le Verbe de Dieu qui les sépare et qui les unit. » (Vol. I, p. 24.) Or, après avoir étudié dans l'*Essai d'histoire universelle* lui-même le mode suivant lequel le Verbe de Dieu sépare et unit entre eux les âges humanitaires, il nous a été impossible de comprendre comment on pouvait exprimer ce rapport, qui ne saurait exister que vis-à-vis de l'esprit, en établissant en formule générale « que le mouvement progressif de l'humanité était continu et formait des séries sans interruption. » Il est resté évident pour nous que ce qui a conduit à l'établissement de cette formule, c'est cette confusion capitale sur laquelle nous avons déjà tant insisté. En effet, dans son étude approfondie des traditions humaines, M. Boulland a dû nécessairement remarquer et la continuité matérielle, et la successivité spirituelle ; mais parce qu'il avait négligé d'élaborer suffisamment les

formules métaphysiques qui démontrent et qui expliquent ces deux aspects divers du développement progressif de l'humanité, il n'a pu établir d'une manière suffisamment nette les caractères qui les distinguent, et il a admis une formule mixte qui les unit en les confondant.

TROISIÈME PROPOSITION.

Le mouvement progressif de l'humanité est croissant, parce qu'il tend sans cesse et sans arrêt vers un but de réalisation morale désiré par l'esprit : acte complexe de toutes les facultés humaines mises en jeu simultanément, il a sans cesse à lutter contre la fatalité matérielle, qu'il ne domine qu'avec l'aide de la parole de Dieu.

Au point de vue où nous sommes placés, les inexactitudes de cette proposition sont tellement évidentes, elles proviennent si évidemment de la même cause, que nous croyons inutile de nous y arrêter.

QUATRIÈME PROPOSITION.

Or, c'est cette lutte, et le mouvement qui en est la suite, et le produit qui en est le résultat, qui forment le sujet de l'histoire.

Ainsi, selon M. Boulland, la loi tendentielle et la loi providentielle se développent en quelque sorte comme deux forces parallèles et contradictoires ; et le mouvement progressif de l'humanité n'a lieu que parce que la première de ces deux forces tend toujours à dominer et à subalterniser la seconde ; et l'histoire toute entière de l'humanité se compose exclusivement de la série des actes accomplis par elle suivant la loi tendentielle dans sa lutte incessante contre la force providentielle ; de telle sorte que les actes accomplis par l'humanité suivant la loi providentielle ne sont pas des actes de sa vie historique ; de telle sorte que si l'humanité se fût constamment

refusée à marcher suivant la voie ténden-
tielle, le but de Dieu dans la création n'eût
point été accompli ; de telle sorte enfin que,
suivant M. Boulland, les deux termes offerts à l'exercice de la libre activité de
l'homme ont été, d'une part, l'accomplissement, et, d'autre part, le non accomplissement de sa fonction.

C'est là, nous le croyons, la différence
radicale qui sépare l'*Introduction à la
science de l'histoire* de l'*Essai d'histoire
universelle*; et nous croyons avoir développé ce caractère différentiel de manière à
le rendre saillant aux yeux de tous, et en
quelque sorte palpable. Aussi n'insisterons-
nous pas davantage sur une dissidence que
nous pourrions suivre à travers l'œuvre
toute entière de M. Boulland. Nous nous
bornerons à indiquer, presque dans les
termes mêmes de M. Boulland, le mode
suivant lequel le mouvement progressif de
l'humanité a lieu.

Le mouvement progressif de l'humanité n'est autre chose qu'une série d'actes,
qui, envisagés dans la plus haute généralité où ils aient pu être connus jusqu'à ce
jour, peuvent être appelés des âges ; et chaque âge n'a de rapport avec celui qui le suit
et celui qui le précède, que le verbe de Dieu,
qui les sépare et les unit.

Or, dans la successivité des trois âges
que l'humanité a parcourus jusqu'ici, mais
qu'elle n'a point terminés, il n'est possible
que de saisir des termes multiples de la
tendance qu'elle suit : et comme le but que
l'humanité doit atteindre est nécessairement un, il est certain que nous ne connaissons et ne pouvons connaître, sans une
révélation du Verbe de Dieu, l'unité même
de ce but ; puisque jusqu'à cette heure aucune révélation ne l'a énoncé, et que la
dernière manifestation de la parole divine,

Jésus-Christ lui-même, a dit : « Je ne vous
dirai pas tout ce que je sais, car vous ne
pourriez me comprendre. » Ainsi le but mystérieux et divin vers lequel marche l'humanité, lui demeure inconnu, car il ne lui a été
révélé à chaque âge que sous la forme qu'elle
pourrait comprendre. (Introd. p. 23. 24.)

Quant au mode suivant lequel s'effectue
l'évolution d'un âge humanitaire, M. Bouil-
land pense que l'étude de l'histoire doit
permettre de constater dans l'acte ou l'âge
humanitaire, un triple mouvement simul-
tané : le premier terme de ce mouvement
est l'action incessante et continue du verbe
divin sur l'humanité, qui rappelle et indique
constamment le but moral ; le second terme
est le mouvement logique en vertu duquel
l'esprit humain donne à la doctrine qu'il a
reçue d'abord, une forme morale, puis une
forme politique, puis une forme économi-
que ; le troisième terme enfin est le résultat
de l'activité réalisatrice ou de la force, qui,
mettant en contact les formules dogmati-
ques avec la masse, opère par une succession de sacrifices, c'est-à-dire d'unions et
des séparations, les transformations sociales
dont la série ascendante doit amener la réalisation la plus absolue de la morale révélée.

Ainsi, dans le premier temps, tout acte a
pour but la création et l'expansion du
dogme moral : tout acte crée un nouveau
créateur moral, dont la logique et la force
sont tout entiers employés à constituer moralement la révélation. Alors ont lieu les
grandes erreurs ; alors les hérésies qui séparent ; alors le bien d'un côté, le mal de
l'autre, et tous deux en lutte morale. Puis,
dans le second temps, se crée une forme vivante : c'est une hiérarchie, ce sont des
pouvoirs, ce sont des symboles, des signes
figuratifs du dogme, qui saisissent, et qui
émeuvent, et qui transforment des popula-

tions entières, qui viennent d'elles-mêmes courber leur tête sous la nouvelle force purifiée par le sacrifice. Et alors le mal aussi a un corps : et ces deux forces luttent, et se croisent, et guerroyent, et s'entre-tuent jusqu'au triomphe du bien par le sacrifice. Puis vient le troisième temps : et alors tous les produits et tous les résultats obtenus sont répartis à ceux qui ont mérité ; et chacun a sa part du ciel et de la terre, suivant qu'il a pratiqué la loi morale révélée, et suivant son rang social. Alors le mal aussi vient demander sa part ; et il y a des douleurs qui n'ont pas de fin, et qui, se renouvellant sans cesse, usent toute force, toute raison, toute volonté dans un doute et une obscurité sans fonds où l'ame ne trouve plus ni jour ni nuit.

A ce point deux voies sont ouvertes à l'humanité : ou bien une révélation nouvelle apporte au monde un but nouveau, une loi morale nouvelle ; et alors la parole révélée saisit le corps social créé par la révélation antérieure ; elle s'y insinue, s'y glisse, transige d'abord avec les anciennes exigences, adopte les anciennes formes ; puis elle se développe peu à peu, et dominant ce corps qui l'a protégée, elle le transforme sous sa puissante main et le fait conforme à la nouvelle parole que Dieu à donnée au monde : ou bien une réformation sociale sort de l'excès même de la douleur, et formulant une nouvelle pensée morale dans la voie de l'ancienne révélation, mais dans la voie de la satisfaction individuelle, recommence une nouvelle période de trois temps, qui forme un âge parallèle à la révélation, et dans lequel la pratique la plus détaillée du dogme antérieur est appliquée jusqu'à son dernier terme matériel.

Nous indiquerons enfin une dernière considération générale qui a guidé M. Boul-

land dans l'interprétation historique qu'il offre des traditions cosmogoniques qu'il a recueillies : interprétation dont l'origine première se trouve dans un passage du vénérable J. Nanni, ce savant dominicain du 15e siècle qui a tant fait pour la science historique, et que les historiens critiques ont si faussement, si indignement accusé. On trouve en effet dans l'un des fragmens pseudonymes historiques publiés par Annius de Viterbe, que les noms primitifs des dieux ne furent autre chose qu'une sorte d'appellation de fonctions sociales hiérarchiques et successives : ainsi il est dit, que les Saturnes étaient les chefs les plus anciens des familles royales, nés des dieux Ciel et Vesta, ayant pour femmes les Rhéa, pour enfans les Jovis et les Junon, pour neveux les Hercule.

Et d'un autre côté, la donnée primitive de l'existence sur la terre de deux races d'êtres, les dieux terrestres, enfans de la lumière et du bien, et les hommes mortels, enfans des ténèbres et du mal, n'est absente d'aucun commencement de tradition historique. Ces pères et ces protecteurs des hommes, décrits avec leurs mœurs, leurs demeures, leurs ouvrages, leurs tombeaux épars dans tous les pays, ne manquent ni aux cosmogonies des Pouranas, ni à celles des King, ni aux chronologies de Manéthon, de Moïse de Chorène, d'Apollodore ; ni aux théogonies de Sanchoniaton, d'Hésiode, de la Voluspa ; ni aux traditions des Eddas, ni à celles des peuples encore existans de l'Océanie et de l'Amérique ; ni aux hiéroglyphes mexicains, ni aux histoires divines et humaines de Diodore de Sicile et d'Hérodote (1) : ce sont partout des dieux, pères directs des hommes, qui créent les sociétés, les villes, les usages réguliers,

(1) *Hist. univ.*, vol. I ;

Ainsi, la certitude traditionnelle incontestable que nous possédons de l'existence aux temps primitifs de dieux terrestres, ou tout au moins d'êtres fils des dieux du ciel, dieux eux-mêmes, ayant puissance absolue sur les êtres humains moins intelligens qu'eux ; et d'un autre côté l'assertion d'Annius, que dans les temps primitifs les noms des dieux n'étaient que des dénominations de fonctions ; enfin, la certitude historique qui nous est acquise, que la hiérarchie sociale des temps primitifs n'a été qu'une imitation de la hiérarchie que le dogme supposait exister dans le monde céleste ; toutes ces considérations, disons-nous, ont porté M. Boulland à admettre, qu'il faut voir dans les noms des dieux terrestres qui commencent toutes les traditions historiques, non seulement des êtres supérieurs, créateurs de l'organisation sociale ; mais encore toute la race gouvernante qu'ils ont constituée ; mais encore la société tout entière qu'ils ont fondée ; puisque cette société n'était et ne pouvait être que l'instrument passif de l'activité divine qui l'avait créée, et qui la dominait toute entière, et que chaque élément du corps social n'était qu'une fonction intégrante de cet instrument. Ainsi le nom d'un dieu peut désigner souvent une activité sociale toute entière, avec sa loi morale, son dogme scientifique, son culte religieux ; et ce même nom peut synthétiser en quelque sorte l'action intégrale d'un peuple pendant toute la durée de son existence.

Enfin ; si l'on remarque encore que dans un grand nombre de langues anciennes, mari est synonyme de maître, femme synonyme d'esclave, frère synonyme d'égal, on a l'explication facile de ces grands drames sociaux, qui forment les traditions primitives des peuples, et qui, se passant entre les membres d'une même famille, amènent des révolutions sanglantes qui transforment les sociétés, et occupent des espaces séculaires, ou du moins dépassent de beaucoup la vie d'un seul homme.

C'est en introduisant ces conceptions historiques nouvelles dans la mythologie si complexe des Grecs, que M. Boulland est parvenu à faire des rapsodies théogoniques d'Hésiode une histoire humaine, et qu'il a pu jeter quelque lumière sur cet inextricable dédale que forment les mystérieuses traditions de l'Inde primitive.

Nous avons exposé, assez complétement pour qu'elles puissent être comprises, mais non pas aussi longuement que nous l'aurions voulu, les bases principales du travail de M. Boulland. Nous avons vu que l'humanité était une d'origine et une de but ; une d'origine, parce qu'elle descendait par voie continue de génération d'un seul et même germe créé par Dieu ; une de but, parce qu'elle tendait toute entière vers un seul et même but, la volonté de Dieu dans la création. Nous avons vu que l'humanité marchait incessamment de son origine vers son but, et que dans cette marche elle accomplissait successivement une série d'actes qui constituaient sa tradition, son histoire, et qui, envisagés dans leur généralité, formaient des âges. Nous avons vu que chaque grand acte humanitaire, étant nécessairement réalisé au moyen de l'instrument matériel de l'homme, présentait nécessairement aussi ce caractère de fatalité qui appartient à l'organisation matérielle elle-même, et qui, en histoire, peut être dénommé, *révolution logique* d'un âge ou d'un acte humanitaire. Enfin, nous avons indiqué quelques-unes des considérations nouvelles qui ont dirigé M. Boulland dans l'interprétation des traditions de l'humanité, et qui lui ont permis d'établir son unité d'origine, c'est-à-dire son engendrement matériel, et son unité de but, c'est à-dire son engendrement moral. Il nous resterait donc maintenant, pour compléter cette analyse, à suivre avec M. Boulland le développement de l'humanité entre ces deux termes extrêmes, et à soumettre ainsi à la critique historique la vérification directe que donne M. Boulland des principes philosophiques établis dans son introduction : mais ce serait là un travail que nous ne nous sentons nullement la force d'exécuter ; et d'ailleurs, il faut le dire, l'ouvrage de M. Boulland, qui a condensé, dans un volume de 800 pages, une histoire véritablement universelle, nous paraît à peine susceptible d'une analyse de cet ordre ; il nous faudrait écrire dix volumes pour en discuter convenablement un seul. Nous ne tenterons donc pas un semblable travail, et nous nous bornerons à appeler votre attention sur l'esquisse rapide que donne M. Boulland de l'évolution de l'empire romain, parce que cette esquisse nous paraît propre à bien faire comprendre l'esprit général dans lequel le travail de M. Boulland a été conçu, et à mettre en saillie les singulières modifications qu'apporte à l'appréciation des faits historiques la considération de l'unité de but.

(La fin au prochain numéro.)

DOCUMENS HISTORIQUES CURIEUX ET INÉDITS.

LETTRE

DE LA SEIGNEURIE DE FLORENCE AU PAPE SIXTE IV.

21 juillet 1478 (3).

L'ORIGINALE ESISTE, NEL
REGISTRO DI LETTERE ESTERNE DELLA REPUBLICA FIORENTINA,
IN CARTA PECORA, DALL' ANNO 1475 AL 1490, A CARTA 52, TERGO,
CHE SI CONSERVA NELL' ANTICO ARCHIVIO DELLE RIFORMAGIONI, IN FIRENZE.

PONTIFICI MAXIMO.

Mirati primùm (2) sumus, Beatissime Pater, inveteratam ad Nos scribendi Summorum Pontificum consuetudinem repentè mutatam, his Literis tuis, quas per præconem Calabrum afferri voluisti. Quamquam Libertatis (5) et Justitiæ, in inscriptione, subtracta nomina, satis quid sibi velint, ipsa aperiunt. Si enim quæ suades facturi fuerimus, ut Nos quoque nominum talium oblivisceremur, penitùs necesse fuit. Et cur populo scribitur Novo more? Et cùm ad eum scribis populum, quem ità Te amare, et tantâ prosequi charitate asseris, perverso scribendi more, Dilectionis etiam appellationem, a quâ, in hanc diem, solitæ sunt exordiri Pontificales veræ Literæ, prætermittis? An non diligis eum Populum, quem (1) censuris castigas talibus? quem

(1) Cette pièce n'est point publiée par Fabroni, et n'a pas été connue de Roscoe. Elle est tombée, durant un de ses voyages en Italie, entre les mains du fameux Francis-Henry Egerton, que tout le monde a connu à Paris.

(2) Questa Lettera fù scritta, in replica di una che il Papa, Sisto IV, avea scritta, egli stesso, alla republica Fiorentina, subito dopo l'affare della Congiura dei Pazzi; rimproverando i Fiorentini, e ordinando loro di scacciar Lorenzo dei Medici.

(3) Nella lettera che il papa avea, come sopra, inviata alla repùblica Fiorentina, in vece della direzione solita,

    « Prioribus Libertatis,
    » Et Vexillifero Justitiæ,
    » Populo et Communi
        » Florentiæ. »

avea omesse le parole *Libertatis* et *Justitiæ*, e non avea comminciata la Lettera con l'usata frase,

« *Dilectis in Christo Filiis.* »

(1) Tutti gli Storici Contemporanei, e i Fatti seguiti contestano questa avversione del Papa Sisto IV contro i Fiorentini, il quale restò piccatissimo ancora da questa Lettera, come si vede dal seguente squarcio di una che S. S. scrisse a Federigo, Duca di Urbino, nel 25 Luglio, 1478; cioè pochi giorni dopo, e riportata da Monsignor Angelo Fabroni, Edit. in-4o, Pisis, 1784, *Laurentii Medicis Magnifici Vita*, Tom. II, « Adnotationes et Monumenta, » p. 130.

SIXTUS PAPA IV. *Manu propriá.*

.... La lettera dei Fiorentini, fatta con tanto

armis Tuis in viam Tuam redigere conaris?
Nulla profectò, si Dilectionis auferas,
causa restabit, cur ità persequare.

Nunc ad Literas venimus. Ejicere vis
nos è civitate Laurentium de Medicis : hujus autem Voluntatis Tuæ duas, in literis
tuis, potissimùm causas colligimus, et
quod Tyrannus noster sit; et quod publico
Religionis Christianæ bono adversetur.

Quo ergò pacto, ut primam causam primùm diluamus, nos Liberi erimus Lauren-
tio ejecto, si, Tuo Jussu, erit ejectus? Con-
traria tuæ literæ loquuntur, quæ, dùm
Libertatem pollicentur, Imperando aufe-
runt : et, ut isto te labore liberemus, ejicere
nos Malos Cives, Tyrannosque didicimus,
et administrare Rem Nostram Publicam,
sine monitoribus. Redi paulùm ad Te,
Beatissime Pater, oramus : Da locum af-
fectibus, qui Sacrosanctam istam Sedem,
istam Gravitatem, et Sanctitatem Pontifi-
calem adeò decorant. Laurentium de Medicis Tyrannum clamitas; at Nos, Populus-
que noster, Defensorem nostræ Libertatis,
cum cæteris, quos tu arguis, civibus, expe-

rimur, et unà omnium voce, appellamus;
parati, in quemcumque rerum eventum,
omnia ponere pro Laurentii de Medicis salute, et civium reliquorum, in quâ quidem
publicam Salutem et Libertatem contineri,
nemo nostrûm dubitat. Quod invehuntur
in Laurentium illæ literæ liberiùs, nihil
est, quod contradicamus in præsentiâ :
Veritas ipsa sātis contradicet, et tua
Conscientia : hoc tamen fatebimur, Beatissime Pater, movent risum omnibus no-
bis, tam inaniter, ne dicamus malignè,
conficta audientibus. Nam quod callidè,
Bartholomæi (1) Colleonis temporum men-
tionem facis, et insimulas Confœderatorum
nostrorum studia, non est acutiore opus
interprete. Artes sunt istæ Pontificiæ Ma-
jestatis dignæ, et Vicariatûs Christi? Nos
tamen etiam tùm Sociorum integram fi-
dem sumus experti, quorum auxiliis glo-
riosè adeò debellavimus. Nos meliùs,
dictum id sit bonâ omnium veniâ, ista
novimus; et Laurentium de Medicis, qui
ab omni familiâ suâ, qui ab avo Cosmo,
Patre patriæ nostræ, qui a Petro patre,
clarissimo Viro, et optimè de nostrâ Libertate merito, nihil degenerat, huic Civi
nostro, quem, et Religione verâ, et Dei
cultu, et Charitate, et Pietate præponamus,
non habemus, Tu de Civitate ejicere vis?
Movet te fortasse, et de eâ re Laurentium
succenses, quòd è furentibus Populi ar-

» dispregio di Christo et suo indegno Vicario,
» non terruit nos, sed fecit nos cogitare, che Dio
» li ha tolto l'intelletto e lo sentimento, per pu-
» nirli dei suoi peccati. Speramo in Dio, de cu-
» jus honore et gloriâ agitur, che, vi darà in ogni
» cosa vittoria, potissimùm quia nostra intentio
» recta est et justa. Non enim agimus quicquam
» contra alios, nisi contra illum ingratum, ex-
» communicatum, et hæreticum filium iniquitatis,
» Laurentium de Midicis : petimus a justo Deo
» justitiam de ipsius iniquitatibus, et vobis, tan-
» quam a Dei ministris, ut debentibus ulcisci
» mala, quæ fecit contra Deum, et Ecclesiam
» suam, injustè, et sine causâ, et cum magnâ in-
» gratitudine, quæ exiccat fontem infinitæ pie-
» tatis. »

» Ad Venetos, etc. »

(1) Si rileva da questo articolo relativo al
Colleone, che Sisto IV, nella sua Lettera, spaven
tava i Fiorentini, con far loro credere falsi i loro
Alleati, e specialmente i Veneziani ; citando loro
il fatto di questi ultimi, che, undici anni innanzi,
licenziarono, in apparenza, Bartolomeo Colleone,
loro Generale ; ma, segretamente poi, li lasciarono
assoldar' gente, e preparar' armi, contro i Fioren.
tini; come riferisce il « Muratori, *Annali d'Italia,* in principio dell' anno 1467.»

mis (1) Raphaëlem Cardinalem, tuum Nepotem, eripi curaverit, et salvum reddiderit! Movet, quòd, trucidato Juliano, fratre, saucius ipse, divinâ potius, quam humanâ aliquâ spe, sceleratos gladios sacrilegosque parricidarum, et mortem evitaverit! Si cædi se passus sit ab missis à Vobis efferatissimis satellitibus; si Arcem Libertatis nostræ, publicum Palatium captum dolis à proditoribus Vestris, non recuperassemus; si trucidandos Nosmet, ac Magistratus nostros, et Cives tradidissemus Vobis; nihil modo Tecum contentionis haberemus.

Sed ut ad alteram descendamus causam: quomodò Talis aliquis Civis publico est, ut scribis, bono adversatus? Aliæ causæ sunt quæ arma Christiana movent contrà Christianos, et defensionem Religionis, atque expeditionem in Turchos impediunt, ut aliàs quoque Imperatorem, Ratisbonæ, eam procurantem impedierunt, in quam tamen Nos publicè longas naves, et Tibi, et Ferdinando Regi, complures dono dedimus; et Cosmus, Laurentii Avus, supràscriptus, suis privatis sumptibus, Summo Pontifici unam perpulchrè armatam est elargitus; prætereà magnam pecuniarum vim, ut pro viribus laboranti Religioni nostræ succurreremus, dùm Laurentius de Medicis in urbe esset, subministravimus; et juvimus XXti florenorum millibus Ferdinandum Regem (2) quem modò fama fert, et Legatis, et Muneribus

conciliare sibi Religionis Christianæ publicum Hostem, et qui, cùm Te conjunctus, modò Christianis bellum infert, dùm in limine Italiæ superbissimus ille victoriosissimusque insultat. Juvimus etiam, hortatu tuo, Matthiam, Hungariæ Regem; et, qui sunt nobiscum fœdere conjunctissimi, Venetis non defuimus. Ad Quem multò hæc magis pertinent, pluraque majoraque non fecit: et tamen hanc causam asseris cur bellum inferas; et ità omnia jura humana divinaque confundas! Sed alia profectò, alia causa est, quæ armat Te contrà Christianos, et quidem istius Sacrosanctæ Sedis, in quâ Vicarium Christi sedere jam oportet, præcipuos perpetuosque cultores. Ex quo in istà sede es, quid arma Tua, quid signa Pontificalia, quid Pedum istud Beati Petri, quid Navicula egerit, heu! nimis notum est: Quæ profectò, quis sit Is qui publico adversetur bono, heu! nimium declarant. Nos quid egerimus pro quiete Italiæ, dùm Tibi, cum Sociis nostris, securitatem rerum tuarum, paulò ante, sic Te rogante, promittimus: dùm (1) Hieronimo Comiti, Nepoti tuo, dignitatem esse avitam meritissimò procuramus; sed noti nondùm erant mores perditissimi (2), ac

______

(1) Questo era il giovine Cardinale Legato, inviato a Firenze, in occasione della Congiura de' Pazzi; il quale Lorenzo, istesso, salvò a stento dalla furia del Popolo, che lo credeva complice. «Muratori.» «Fabroni.» «Roscoe.»

(6) Ferdinando I, d'Aragona, Re di Napoli, trattava in segreto con Maometto II, Imperatore dei Turchi, e lo incoraggiva contro i Venezini. I Turchi, sulla fine dell'anno antecedente, erano

______

comparsi, all'improvviso, nel Friuli fin presso ad Udine: «Muratori, *Annali d'Italia.*» «Sanuto, *Storia di Venezia.*»

(1) I Fiorentini, nel 1473, avevano coadjuvata la compra d'Imola, fatta dal Cardinale Pietro Riario, fratello del Conte, da Taddeo Manfredi, perchè divenisse uno stato patrimoniale del Conte istesso. «Muratori.» «Platina.»

(2) Questo Conte Girolamo Riaro, che poi divenne ancora Signore di Forlì, era colmo di tutti i vizj: Questi lo portarono poi ad essere assassinato, nel 1488, dai Forlivesi, stracchi delle sue tirannie. Sua consorte fù quella famosa Caterina Sforza; che, ritiratasi nella Rocca di Forlì, mi-

feralis, execrandaqué natura : dùm (1) Ur-
binatem Ducem ad stipendia fœderis nostri
traducere conamur, et eas offerimus condi-
tiones, quæ multò suprà virtutem, et mili-
tandi , et ductandi consuetudinem essent ,
ut omni ex parte stabilita Italiæ pax esset,
manifestatum est. Et tamen audent illæ
Literæ tuæ Turbatorem Italicæ Quietis ap-
pellare Laurentium !

Indue, indue, Beatissime Pater, melio-
rem mentem; memineris Pastoralis Officii
Tui, et Vicariatûs Christi; memineris cla-
vium non in istos usus datarum. Quàm
enim veremur, ne in nostra tempora illud
incidat dictum Evangelicum : « Malos malè
perdet, et vineam suam locabit aliis agri-
colis ! »

Nos certè , cum Christo Redemptore et
Salvatore nostro, qui justissimam causam
nostram proteget , et non deseret cultores
suos sperantes in Se , juvantibus Sociis , et
causam nostram suam causam reputanti-
bus, juvante etiam et protegente nos (2) Lu-

nacciava strage agli uccisori del marito ; ed aven-
do questi , per forzarla a rendersi , mostrato di
volere straziare i piccoli figli, restati in loro po-
tere , Essa, dicesi, che sulle mura della Rocca si
alzasse la veste, mostrando, che avea la forma per
farne degli altri, in caso che le fossero uccisi
quelli. «Muratori, *Annali d'Italia.*» «Croniça Bo-
lognese.» « Diario Sanese , nel Tom. 23, *Rerum
Italicarum.*

(1) Federigo I, Duca di Urbino, affezzionalis-
simo e caro al Papa Sisto IV, che, per lui, eresse
in Ducato lo Stato di Urbino, fino allora Contea.
« Sansovino *Cronologia*, a p, 67.» A questo,
come si vede , alla nota No 3 , il Papa cita questa Lettera, scrittagli dai Fiorentini.

(2) Luigi XI, Re di Francia, che si teneva
sempre bene affetti i Fiorentini, per le continue
mire che avea sull' Italia, etc., si mostrò uno dei
più interressati alla salute di Lorenzo. Roscoe
« *Life of Lorenzo de' Medici.*»

dovico Christianissimo Francorum Rege ,
perpetuo Patrono, et Patre civitatis nostræ,
pro Religione et Libertate nostrâ fortiter
repugnabimus,

Vale. Die xxi. Julii, 1478.

RAPPORT (1).

J'ai très soigneusement comparé la lettre
écrite, le 21 juillet 1478, par la seigneurie
de Florence, au souverain pontife Sixte IV,
et dont M. Egerton a copie (2), avec les
deux pièces qui sont rapportées par monsignor Fabroni , *Laurentii de Medicis
Magnifici Vita*, Pisis, 1784, in-4°, t. II.
p. 156-66 et 166-7, la première, datée du
23 juillet 1478, et la seconde sans date.

Il résulte de cet examen qu'étant relatives aux mêmes événemens, ces pièces
conservent un fonds de ressemblance, sans
offrir, néanmoins, aucun caractère d'identité.

Voyons quelles sont les différences entre
la pièce du 21 juillet 1478 et celles de
monsignor Fabroni, la première, du 23 juillet 1478, et la seconde sans date : pièces
sur lesquelles , à une première lecture , il
était assez facile de concevoir des doutes.

La première pièce, du 23 juillet 1478,
Fabroni, t. II, p. 156-166, est un acte du
Synode, ou assemblée du clergé toscan,
réuni à Florence, dans l'église cathédrale
même de Sainte-Réparate (3), où s'était
commis le meurtre de Julien de Médicis.

(1) Sir Francis-Henry Egerton , ayant conçu
des doutes, relativement à cette pièce , se fit faire
ce rapport dans l'intention , disait-il, de développer la vérité, avant de consacrer le document comme patrimoine légitime de l'Histoire.

(2) Ashridge Collection : MSS. Francis Henry
Egerton. Vol. xxxII. Letter S-x.

(3) Aujourd'hui «*Santa Maria del Fiore,*» ou
plus communément, « *Il duomo.*»

« Florentina Synodus, *dit l'Exorde*, in
« luce illâ Spiritûs Sancti congregata, quæ
« illuminat omnem hominem venientem
« in hunc mundum, et revelat abscondita
« tenebrarum, ad perpetuum Veritatis tes-
« timonium, et Sixtianæ caliginis dissipa-
« tionem. Infallibili Summi Patris, etc.
« Datum, *dit la dernière ligne*, in ecclesiâ
« nostrâ Cathedrali S. Reparatæ, 25 julii,
« 1478. »

Ce Synode, peut-être même cet acte,
étaient l'œuvre de Gentili, évêque d'Arezzo,
qui se proposait d'inciter ses collègues à la
provocation d'un Concile, de sauver ainsi
Florence des foudres du Vatican, et son
territoire de l'invasion des armées du pape
et du roi de Naples coalisés ; de rendre
odieux Sixte IV ; d'intéresser enfin au
sort de sa patrie les Etats voisins et les
puissances chrétiennes, surtout l'empereur
et le roi de France. « Hæc, atque his similia,
« *dit le même monsignor Fabroni*, t. I,
« p. 81, 82, clamabat (*Gentilis Aretino-*
« *rum Pontifex*), ut collegas ad habendum
« Concilium invitaret, cujus decretis libe-
« rarentur Etrusci omni dirarum metû,
« omnesque, si fieri potuisset, ad Sixti
« facta, mores, faciem denique, ac nomen,
« a Christianâ Republicâ detestandum in-
« citarentur. Convocatum, re verâ, hoc
« Concilium fuisse, in majori Florentino-
« rum templo, plerique affirmarunt ; sed
« ego, multis conjecturis ducor, ut credam,
« minimè convenisse Patres, et quæ cir-
« cumferuntur hujus Synodi Acta, seu De-
« creta, turbulenta illa quidem, et Romano
« Pontifici injuriosa, Gentili uni, cujus
« profectò manu scripta sunt, tribuenda. »

M. Roscoe, *Life of Lorenzo de Medici*,
London, in-8°, t. I, p. 281, paraît pencher
en faveur de la présomption, que le document, donné pour l'acte du Synode, y fut
réellement et de fait adopté : sur son texte,
qui va suivre, p. 9, lig. 25, et p. 10, lig.
1-4, il ajoute en note : « Fabroni conjec-
« tures that this convocation was not held,
« but, for this opinion, he adduces no rea-
« sons ; and other historians have related
« it as a well known circumstance. Some
« doubt may perhaps remain whether the
« document, purporting to be the Act of the
« Synod, was in fact adopted there, or
« whether it was merely proposed for the
« approbation of the assembly ; though the
« presumption is in favor of the former
« opinion. For producing a document ad-
« dressed in such contumelious terms to the
« head of the church, Fabroni thinks it ne-
« cessary to apologize : « Vererer reprehen-
« sionem prudentum quod talia, injuriosa
« sanè Sixto Pontifici, ediderim, nisi His-
« torici munus esset referre omnia quæ
« dicta et acta sunt. *Fab. in vitâ Laur.*,
« t. II, p. 136. » Happily I can lay this
« piece before my readers without a similar
« precaution. » V. App. n° XXVIII.

Cet acte, enfin, expositif des faits qui
ont précédé, accompagné et suivi la conspiration dite des *Pazzi*, n'émane point de la
seigneurie de Florence, *qui aurait pu le
désavouer*, mais d'une section du peuple
florentin, et peut-être d'un seul prélat, ami
et créature de Laurent (1) de Medicis, lequel Laurent n'était pas la république. Il
n'a aucun caractère officiel ; il ne s'adresse
ni ne répond à personne, mais à tous ; aussi,
n'est-il point consigné dans les *Archives*
(v. 1°, p. 11,) de la république, mais dans
les *Archives* (v. 2°, p. 11,) particulières
des Médicis : *in Tabulario Mediceo*, dit
Fabroni.

(1) Gentili d'Urbino avait été précepteur de
Laurent de Médicis, et lui était redevable de l'é-
vêché d'Arezzo. « Cùm vix (*Laurentius*) a latere

Florence était, de toutes les villes d'Italie, si l'on excepte Rome, celle qui avait les archives les plus étendues et les mieux soignées : la seigneurie fut toujours animée d'un esprit conservateur des chartes anciennes, et des pièces relatives tant à son administration qu'à ses rapports avec les puissances : cet esprit fut constamment celui des Médicis, qui, avant comme après être devenus grands-ducs, ont toujours donné les plus grands soins à la conservation des documens.

Chaque département politique avait ses archives. Voici celles qui se distinguaient de toutes les autres par l'importance des pièces :

1° *Archivio delle Riformagioni,* { où sont comprises }
1° *Archivio delle Riformagioni,* proprement dites, ou Archives de l'ancienne république.
2° *Archivio dei Confini.*
3° *Archivio genealogico,* ou de la Noblesse : *I Libri d'Oro.*

2° *Archivio Mediceo,* ou de la Famille des Médicis. Ces archives, depuis qu'elles ont été annexées à celles de l'ancienne secrétairerie, portent aussi le nom de *Segretaria Vecchia.* { où sont comprises }
1° *Archivio Medico,* ou Archives domestiques de la famille des Médicis.
2° Archives *della Segretaria Vecchia,* comprenant les pièces relatives à l'administration de l'état, de l'intérieur, des finances, etc., durant la dynastie des Médicis.

3° *Archivio di Firenze,* ou Archives de Florence, ou *Archivio generale,* ou tout simplement *Archivio.*

I. Dans les premières, se trouvent les pièces afférentes au gouvernement de l'ancienne république, et, en outre, diverses pièces qui avaient rapport au gouvernement, pendant la dynastie des Médicis, mais qui n'étaient pas censées appartenir à la catégorie des papiers de famille ; telles, par exemple, que les négociations de ces princes pour obtenir la Lunigiana et quelques territoires limitrophes qui étaient à leur convenance. On y trouve aussi, revêtus du seing des commissaires respectifs des parties intéressées, les contrats, actes ou documens quelconques, relatifs à la démarcation des confins, entre la Toscane et les Etats voisins en divers temps ; ainsi que les plans et dessins des territoires dont il y

» discederet præceptoris sui Gentilis Urbinatis ;
» viri, et doctrinæ, et morum laude, insignis,
» quem postea Aretinæ Ecclesiæ præficiendum cu-
» ravit, etc.» Fabroni, même édition, Tom. I,
p. 4-5.

est traité, et qui en forment partie intégrante ; comme encore les correspondances
et les négociations concernant la juridiction
territoriale. Ces dernières pièces constituaient une division à part, sous le nom
d'Archivio dei Confini. On y trouve enfin
l'Archivio Genealogico, qui renferme les
Libri d'Oro, ou grands registres généalogiques et authentiques des familles patriciennes et nobles de Florence et des autres
villes qualifiées nobles de la Toscane, etc.
Les archives delle Riformagioni déposées
d'abord au Palazzo Vecchio, ou Palais de la
Seigneurie, sur la place du Grand-Duc, furent depuis transportées dans l'édifice degli
Uffizi, que Cosme I avait fait construire.

II. La collection de tous les papiers,
chartes et autres instrumens quelconques
qui concernaient les affaires particulières
et les transactions domestiques des Médicis,
soit lorsqu'ils étaient simples citoyens de
la république, soit après qu'ils furent devenus grands-ducs de Toscane, constituait les
archives dites Archivio Mediceo. Là se conservent leur correspondance épistolaire avec
les puissances, les réponses qui y furent
faites, et les documens relatifs aux sommes
prêtées par la maison de Médicis à divers
potentats, les contrats de mariage, testamens et autres pièces de famille. Celles-ci,
originairement déposées dans l'ancien palais des Médicis, actuellement connu sous
le nom de Palazzo Riccardi, dans la Via
Larga, furent transportées au Palazzo Vecchio, sous Cosme I, grand-duc de Toscane ;
et ont été annexées par le grand duc Léopold aux archives connues sous la dénomination de Segreteria Vecchia, lesquelles
comprenaient les pièces relatives à l'administration de l'Etat, de l'intérieur et des finances, durant la dynastie des Médicis.
L'une et l'autre des archives comprises dans
cette seconde division sont maintenant
dans le bâtiment degli Uffizi, au premier
étage, du côté de la rivière de l'Arno.

III. Toutes les pièces qui servent à constater l'état civil et les propriétés des citoyens, les mariages, les testamens, les
ventes, les donations, les dotations, et enfin
tous actes par-devant notaires, forment,
sous le nom d'Archivio di Firenze, ou Archives de Florence, la troisième de ces collections. Celle-ci, fondée vers l'année 1569,
a été et se trouve encore depuis cette date,
dans les salles qui sont au dessus de l'église
d'Or-San-Michele, édifice d'une solide construction gothique, et parfaitement isolé
pour le garantir des incendies.

Excepté une partie des autres archives,
que le grand-duc Léopold regardait comme
superflue, celles qui étaient vraiment importantes furent non seulement conservées,
mais encore disposées dans un meilleur
ordre. Il est à regretter cependant que les
personnes qu'il employa au triage des pièces
de ces archives, en aient condamné plusieurs qui, de peu de valeur à leurs yeux,
pouvaient néanmoins en avoir beaucoup
pour l'histoire, la politique, la diplomatie
et l'économie publique.

Lorsqu'on ne distingue pas ces trois archives on confond tout, on donne des renseignemens inexacts, et on s'expose à des
bévues sur les pièces que chacune d'elles
renferme.

Certes, on ne peut se dissimuler que tout
historien de la vie de Laurent de Médicis
aurait dû avoir une connaissance précise,
claire et absolue de l'état où furent autrefois
et où sont aujourd'hui les diverses archives
conservées à Florence. M. Roscoe ne paraît
pas avoir eu des notions assez précises sur
la distinction qui a existé de tout temps et
qui existe encore entre ces différentes ar-

chives pour en parler avec une parfaite exactitude. Les archives de l'ancienne république et celles de la famille des Médicis, n'ont jamais été fondues en un seul et même corps; mais elles ont toujours formé chacune un corps distinct et séparé. Quant aux archives de Florence, Archivio di Firenze, elles ont toujours occupé un local différent et particulier C'est ainsi que, pour n'avoir point posé cette distinction d'une manière correcte, M. Roscoe devient inexact, et donne lieu à confondre des dépôts essentiellement distincts, ainsi que les diverses conséquences en résultantes. Il publie l'acte du Synode de Florence, du 23 juillet 1478, dans son Appendix, n° XXVIII, *Life of Lorenzo de Medici*, London, in-8°, 1800, vol. I, p. 281, et dit qu'il le donne d'après Monsignor Fabroni : Monsignor Fabroni dit, *Laurentii Medicis Magnifici Vita*, Pisis, 1784, in-4°, t. II, p. 156, note 03, l'avoir extrait des Archives de Médicis, où cet acte est réellement déposé (« in Tabulario Mediceo »). M. Roscoe dit que Monsignor Fabroni l'a extrait des Archives de Florence. « Monsignor Fabroni, dit-il, *Life of Lorenzo de Medici*, London, in-8°, 1800, v. I, p. 281, has produced from the Archives of Florence a document, etc. »

M. Roscoe tombe dans cette *seconde* inexactitude quoique les divers documens que lui-même a publiés de Bartholomeus Scala, d'Angelus Politianus, et de plusieurs autres écrivains dussent lui avoir montré, avec autant de clarté que de précision, cette distinction et la différence qui en était faite. C'est donc par toutes les raisons qui viennent d'être exprimées que la locution de M. Roscoe est inexacte; qu'il s'énonce d'une manière vague et incorrecte, et qu'il se laisse en-traîner dans cette *seconde* inexactitude, qui se trouve dans la partie de son texte de laquelle il s'agit, *Life of Lorenzo de Medici*, London, in-8°, vol. 1, p. 281.

De nos jours, toutes les archives devaient être transportées ailleurs; mais, à force de représentations, l'on est parvenu à les conserver dans la ville de Florence. Cette résolution ayant été adoptée dans le courant des années 1810, 1811, les archives, distinguées par l'importance des pièces et plusieurs autres, à l'exception dell'Archivio di Firenze, mentionné ci-des sus et dell'Archivio Diplomatico(1), ont été transfé-

(1) On n'a point parlé ci-dessus de l'*Archivio Diplomatico*. C'est un établissement dont la Toscane est redevable au grand-duc Léopold. Il y fit rassembler toutes les Chartes, qui provenaient de la suppression des Monastères et de plusieurs Couvens. Elles contiennent, pour la plupart, des Legs et des Donations que la République, le Prince ou les particuliers leur avaient faits. A l'époque de la fondation de l'*Archivio Diplomatico*, le grand-duc Léopold fit inviter tous les particuliers de l'Etat qui avaient des anciennes Chartes, ou Parchemins, à les déposer dans ces Archives : Quelques-uns s'y prêtèrent; d'autres aimèrent mieux conserver ces titres généalogiques et domestiques. Lors de la dernière suppression générale des Ordres religieux, il a encore été versé une quantité très considérable de Chartes et de Diplômes dans ces Archives, qui se trouvent placées au premier étage *degli Uffizj*, en montant le grand escalier de la galerie. De ces diverses réunions, il est résulté que l'*Archivio Diplomatico* renferme au-delà de trente mille Chartes, Parchemins, ou Diplômes. Mais, attendu que ces pièces ne sont pas du ressort de la Diplomacie, proprement dite, on n'a point considéré ce Dépôt comme relatif à l'objet du présent Rapport.

Outre l'*Archivio Diplomatico*, il y avait encore plusieurs autres Archives, telles que les Arrées au premier étage degli Uffizi, classées chacune par ordre de matières; et il en a été dressé des catalogues raisonnés.

Passons maintenant à l'examen du fonds.

La première pièce de Monsignor Fabroni, du 23 juillet 1478, t. II, p. 156—166, est longue de trente pages in-4°, et n'a de commun avec celle du 21 juillet 1478 que l'énonciation des faits qui n'ont pu varier; mais avec quelle différence de style, quoique aussi véhémente! Deux ou trois de ces pages sont employées à présenter, sous un point de vue général, tout ce qu'osait Sixte IV, pour la fortune de ses (1) neveux;

et surtout pour celle du vicieux comte Jérôme Riario, que les Florentins avaient aidé à devenir seigneur d'Imola; on y démontre que ce pape fut l'instigateur et le directeur de la conspiration des Pazzi; on y développe tout l'odieux de l'interdit de la république de Florence et de l'invasion de son territoire, sous des prétextes aussi ridicules que la résistance des citoyens aux sicaires du saint père; l'insuffisance des magistrats pour dérober à la juste fureur du peuple un prélat indigne, que les lois générales auraient non moins sévèrement puni; et la détention salutaire autant que douce du cardinal Raphaël, arrière neveu de sa sainteté, laquelle en avait tellement reconnu le mérite, qu'elle en avait fait remercier solennellement la seigneurie. Six autres pages présentent par fragmens la confession libre de Jean-Baptiste de Montesicco, principal entremetteur de tout le complot, laquelle dévoile tous les procédés qu'y avait tenus

---

chives del *Regio Diritto*, ou. de la Juridiction du Prince sur les Affaires Ecclésiastiques; les Archives *della Camera delle Communità*, ou, des Communes de l'Etat; les Archives *della Decima*, ou, de l'Impôt territorial; les Archives *della Segreteria Nuova*, ou, des pièces relatives à l'Administration de l'Etat, de l'Intérieur, des Finances, etc., postérieurement à la Dynastie des Médicis; les Archives des différentes branches de la Régie, comme Sel, Tabac, etc.; les Archives des Tribunaux Civils, et criminels; etc., etc., etc.

(1) C'est une chose très obscure que l'origine de Sixte IV, et ses relations de parenté avec les Riario:

Si l'on en croit *Platine*, bibliothécaire du Vatican, et historiographe pontifical, qui devait ces titres et son existence à Sixte IV, le père de ce Pape était issu de l'antique famille Piémontaise *Della Rovere*: le père de Jérôme Riario qui ne fut qualifié *Comte* que depuis l'exaltation de S. S., avait épousé une cousine ou sœur (*consobrina*) du S. Père; laquelle avoit donné le jour, entre autres, à Raphaël Riario, qui, dès la sixième année du pontificat de son oncle réel, ou à la mode de Bretagne, fut fait Cardinal, quoiqu'à peine adolescent.

Si l'on en croit Etienne d'*Infessura*, secrétaire (*scriba*) du Sénat, et du Peuple Romain, et historien, aussi contemporain, Sixte IV, dont le nom était *De Ruere*, et qui, même étant Général des Franciscains, n'en avait encore d'autre que celui

de *Maître François de Savone*, était né dans l'obscurité, avait été élevé par charité dans un couvent de son ordre, et s'était avancé par ses talens, plus que distingué par ses mœurs. Le premier de ses neveux paternels, qu'il fit, en 1472, préfet de Rome, n'était auparavant connu que sous le nom de *Léonard de Savone*. La filiation du Cardinal Raphaël était fort problématique, et on le soupçonnait tenir de plus près au Souverain Pontife, dont, en effet, l'excessive partialité pour cette famille, préférablement à celle de son frère, a toujours paru fort extraordinaire. Ce dernier écrivain, en parlant du Comte Jérôme Riario, oncle, convenu des deux parts, de Raphaël, le qualifie « *Figlio Nipote, o attinente di Papa Sisto...* »

Plusieurs contemporains d'une grande autorité, l'acte même du Synode Florentin du 23 juillet, 1478, Bonanni, Bayle, de Thou et autres écrivains du premier rang, appuient les assertions d'Etienne d'*Infessura*.

le saint père; et chacun de ces fragmens est accompagné de commentaires justificatifs. Viennent ensuite dix-huit pages de répliques des Florentins aux griefs à eux imposés par le pape, au nombre de onze, savoir : 1° d'avoir assisté Nicolas Vitelli; 2° d'avoir pratiqué sur Pérouse; 3° d'avoir secouru Montone ; 4° d'avoir appelé le fameux Condottiere Deiphébe de Anguillara; 5o d'avoir entrepris sur Cisterna; 6° d'avoir enlevé les voyageurs allant à Rome ; 7° d'avoir mis en mer des pirates; 8o d'avoir refusé à Francesco Salviati la mise en possession du siége de Pise; 9° d'avoir souffert que ce même archevêque, sujet toscan, fût pendu tumultuairement; 10° d'avoir détenu Raphaël Riario, son neveu, cardinal, du titre de St-Georges ad Velabrum, compromis par les conspirateurs, sauvé et rendu par la seigneurie. Le tout est terminé par une comparaison de la conduite des Florentins et de celle de Sixte IV; ainsi que par l'exposition et l'adoption des moyens les plus propres à réprimer ce pontife, qui sont, la convocation d'un concile et un appel à la puissance des Etats alliés, surtout de l'empereur et du roi de France.

La lettre du 21 juillet 1478, quoique plus courte des trois quarts, contient néanmoins l'énonciation, sommaire à la vérité, de la majeure partie de ces faits, et même plus; mais avec le plus grand avantage, puisque plus le cadre d'une pensée ou d'un récit est resserré, plus l'expression acquiert de force et de coloris.

Il faut donc convenir que, dissemblable et préférable tant pour la forme que pour le fonds, la lettre de M. Egerton, du 21 juillet 1478, l'emporte, sous tous les rapports, sur la première pièce publiée par Monsignor Fabroni, et datée du 23 juillet 1478; quand la préférence ne serait point déjà fondée sur ce que la sienne est directe et de puissance à puissance, plus authentique et émanée de sources plus incontestables.

Quant aux différences entre cette même lettre du 21 juillet 1478, et la seconde pièce, sans date, de Monsignor Fabroni, tome II, p. 16617, elles sont encore plus saillantes. Les caractères d'authenticité annexés à celle-là sont omis à celle-ci; l'accusé de réception des lettres du pape varie essentiellement dans ces deux réponses des Florentins : l'une assez longue, abondante en faits et forte d'expressions, est une réplique vigoureuse à une agression de mauvaise foi; l'autre, courte, dénuée de faits et conçue en termes circonspects, est une réponse mesurée à un bref du pape, qui pouvait être venu, dans l'intervalle du 21 juillet 1478, à la date quelconque de cette dernière lettre, et contenait peut-être des motifs qui en justifient la modération. C'est ce qu'on peut induire de la comparaison de ces deux diverses pièces, l'une du 21 juillet 1478, et l'autre, sans date, de Monsignor Fabroni, et même de l'intitulé de cette dernière, qui est : *in calce Auctographi. Pro Dominis Responsio Brevi.*

Bien plus, il suffit de lire avec attention le fragment cité en la note 3 ci-dessus, p. 4, d'une lettre écrite (de Rome), le 25 juillet 1478, par Sixte IV à Frédéric, duc d'Urbin, pour se convaincre que ni sa date ni ses expressions ne peuvent s'appliquer ni à la première pièce rapportée par Monsignor Fabroni, dont l'arrêté n'est que du 23 juillet 1478, ni à la seconde pièce, *in calce Auctographi. Pro Dominis Responsio Brevi,* publiée sans date par Monsignor Fabroni, t. II, p. 166-7; tandis qu'elles coïncident avec celles de la lettre du 21 juillet 1478.

En effet, si l'on observe les dates, la

lettre publiée par Monsignor Fabroni, t. II, p. 166-7, n'en présentant aucune, perd par cela même de son autorité ; quant à l'acte du Synode, indépendamment de ce que rien ne laisse présumer qu'il ait été adressé au pape, sa date, du 25 juillet 1478, ne permet guère de supposer qu'il ait pu motiver la lettre écrite le 25 suivant par Sa Sainteté au duc d'Urbin ; puisque la distance de Florence à Rome par les deux routes est telle que difficilement le laps de temps écoulé entre l'une et l'autre de ces dernières dates eût suffi pour la franchir ; tandis que la lettre du 21 juillet 1478 offre un intervalle double et plus que suffisant.

Si l'on considère les expressions, la lettre donnée sans date par Monsignor Fabroni, t. II, p. 166-7, ne contient que des paroles mitigées, ne présente rien qui justifie le ressentiment exprimé par le saint père dans sa lettre au duc d'Urbin ; quoique parfois ironique, le style en est réservé, tandis que celle du 21 juillet 1478 est d'un style bien capable de provoquer la colère de Sixte IV, déjà exaspéré d'avoir manqué son entreprise sur Florence et contre les Médicis.

Mais pourquoi Monsignor Fabroni a-t-il passé sous silence cette lettre du 21 juillet 1478, tirée d'un dépôt où il a puisé lui-même, tandis que, sur le même sujet, sur les mêmes faits, il en a donné tant d'autres de bien moindre valeur, de bien moindre intérêt et surtout moins directes à la chose, et moins propres à développer ce point d'histoire ? Pourquoi la date de celle qu'il a donnée, t. II, p. 166-7 sous le titre : *in calce Auctographi. Pro Dominis Responsio Brevi*, ne s'y trouve-t-elle point si toutefois elle existe à l'original ? Pourquoi, lorsqu'il reconnait que plusieurs historiens ont affirmé la tenue du Concile de Florence,

se dit - il conduit par des conjectures à croire que « minimè convenisse Patres. » Pourquoi, sur un fait aussi grave, et d'une application aussi étendue que l'existence d'un Concile, n'oppose-t-il que des conjectures encore, dont il garde le secret, aux assertions d'écrivains, la plupart contemporains ? (*Laurentii Medicis Magnifici. Vita*, pag. 82, *lig.* 5-6, et dans d'autres parties de livre.) Pourquoi a-t-il atténué, et toujours par des conjectures, l'authenticité présumée des actes ou décrets, du synode provocatif de ce Concile? Pourquoi n'a-t-il point donné mieux à connaître l'*Autographe*, à la fin duquel il dit se trouver sa lettre sans date; puisqu'elle ne peut s'appliquer, sous aucun rapport, à l'original qui la précède immédiatement, c'est-à-dire à l'Acte du Synode, dont les auteurs, la matière et le style diffèrent si essentiellement ? Pourquoi, se dissimulant l'insignifiance de cette lettre, ainsi dénuée de tous les caractères qui auraient pu en déterminer les rapports, n'a-t-il point suppléé, ne fût-ce que par des conjectures, à cette omission , soit de lui, soit des registres de la Seigneurie, ou des Médicis, puisque l'intitulé n'est dans aucune forme du protocole usité, puisque l'absence de la date, de l'adresse et des signatures, en fait non seulement suspecter l'authenticité, mais achève de détruire le peu de cohérence qu'il semble avoir eu dessein d'établir entre ces deux pièces ?

Monsignor Fabroni a certainement eu communication des documens rassemblés dans les anciennes Archives « delle Riformagioni, » à Florence; c'est ce que prouve, d'une manière sans réplique, l'insertion de quantité de pièces qui en sont extraites, dans son ouvrage ci-dessus cité, tome II, « Adnotationes et Monumenta. »

S'il paraissait extraordinaire qu'il n'ait point publié cette lettre du 21 juillet 1478, quoiqu'il dût en avoir connaissance, il serait possible de trouver la clé du silence résultant de cette suppression, dans ses propres paroles : « *Vererer reprehensio nem prudentum quod talia... ediderim..* »

Plusieurs personnes pourraient même penser que cet historien n'a point rapporté l'entière vérité, quoique ses propres expressions démontrent qu'il avait une parfaite connaissance du devoir de l'historien : « *Historici munus est*, dit-il, *referre omnia....* »

Mais l'histoire s'écrit quelquefois d'une manière artificieuse : l'esprit de parti, les préjugés, l'intérêt, les opinions sur ce qu'on appelle prudence, et quantité d'autres motifs, font altérer, mutiler ou supprimer des documens authentiques, des autorités certaines, et des faits évidens · tantôt la paresse l'emporte, tantôt la négligence ; un historien en copie un autre, et ne se donne point la peine ou ne se soucie guère de recourir aux pièces originales.

Le public est ainsi abusé par le pervertissement des caractères, des incidens et des faits ; l'erreur se pare, à la dérobée, des vêtemens purs de la vérité, affecte une importance fictive, et, remplie de fausses prétentions, s'arroge les apparences imposantes du vrai : l'usurpatrice couvre d'un voile le front noble et sévère de la Vérité ; l'histoire, dénuée de la véracité historique, devient « *a tale to be told*, » un commérage : elle est forcée de se dégrader, de dévier de son grand et propre objet, et de dégénérer en quelque chose, en je ne sais quoi.

⸺⸺⸺⸺

CORRESPONDANCE.

———

LETTRE

DE M. BOYSSE, BIBLIOTHÉCAIRE DE LA VILLE DE LIMOGES, MEMBRE DE LA PREMIÈRE CLASSE DE L'INSTITUT HISTORIQUE.

Limoges, 9 septembre 1836.

En attendant une occasion que je cherche pour vous adresser, avec un plan qui l'accompagnera, une notice historique sur un monument de la plus haute antiquité, qui est, dans le pays, le *Castrum Lucilii* des Romains, connu sous le nom de *Chalusset*, je me fais un devoir de vous adresser, comme à-compte de mes engagemens avec vous, une notice historique sur une médaille qui rappelle un fait historique qui se rattache à la ville de Limoges ; je la crois extrêmement rare. Je ne fais que vous soumettre mon opinion, à laquelle je ne tiens qu'autant qu'elle obtiendra l'assentiment de la Société.

La médaille, que je crois de laiton doré,

est de la grandeur d'un quinaire. Elle a été trouvée en labourant la terre dans le domaine d'Artras, commune de Saint-Paul, département de la Haute-Vienne, appartenant à M. Navières du Rieuxpeyroux.

Sur l'avers de cette médaille sans date, est une tête regardant à droite, ceinte d'une torsade qui ressemble à un collier de perles, et qui descend sur la nuque. On lit en caractères gothiques inégaux, VSERCA CAS....

Sur le revers est un cercle isolé d'une croix coupée en quatre parties égales. Dans les angles, on voit quatre lettres rangées dans un ordre particulier, et en dehors du cercle on lit autour, MAVRYS MONETAR.

Avant de passer à l'interprétation de cette médaille, que je regarde comme limousine, je crois devoir faire connaître, d'après mon opinion, le fait historique qui y a donné lieu.

En 755, Vaiffre, dernier rejeton des rois de la première race, comme descendant, par Boggis son aïeul, de Charibert, roi de Toulouse, ne voulut pas reconnaître Pépin pour roi de France. Duc d'Acquitaine, il ne se contenta pas d'y régner en souverain, il s'y conduisit en tyran. Pour faire la guerre à Pépin, il usa de tous les moyens que nourrissaient ses droits à la couronne. Il dépouilla indifféremment les églises et les particuliers. A la tête d'une puissante armée, il passa la Loire, mettant tout à feu et à sang jusqu'à Châlons-sur-Marne. Pépin, de son côté, prit les armes, et refoula Vaiffre dans l'Aquitaine. Obligé de fuir devant son vainqueur, celui-ci s'y établit en maître, y laissa de nombreuses troupes commandées par d'habiles généraux, et rentra dans Paris pour affermir sa royauté chancelante. Dès qu'il s'éloigna de son armée, la victoire abandonna ses drapeaux. Ses généraux ayant été battus, il vint reprendre le commandement. A la tête de nouvelles troupes, il combattit un ennemi redoutable qui ne se lassait pas de ravager les terres de France.

En 761, Pépin fit de nouveaux efforts qui furent couronnés par la victoire; il rentra en Aquitaine, brûla Bourges, Bourbon-Chantelle, Clermont, et soumit à son obéissance l'Auvergne et le Berry. Poursuivant le cours de ses succès, il marcha sur le Limousin, où, après avoir dévasté le plat pays, il mit le siége devant Limoges, qui, deux fois inutilement, avait été assiégée par ses troupes. Le courage de ses habitans ne put tenir cette fois devant les forces imposantes d'un ennemi irrité. Maître de la place, Pépin y fit camper l'élite de ses troupes, dont il confia le commandement à ses plus braves officiers. La ville, sous le joug, fut entièrement détruite; les églises et les monastères qui étaient soit dans son enceinte, soit hors de ses murs, ne furent point épargnés. Cette cité n'étant plus qu'un monceau de ruines, Pépin se rappela que deux fois il avait perdu l'élite de ses troupes devant ses remparts, et jura, dans sa colère, qu'il voulait qu'elle ne fût plus qu'une bourgade.

C'est pour réaliser ce projet d'anéantissement qu'il transféra à Poitiers le siége ducal qui était à Limoges; le siége métropolitain que disputait Limoges à Bourges, fut irrévocablement fixé dans cette dernière ville, et la justice royale avec l'évêché furent portés dans la nouvelle cité que Pépin créa, et à laquelle il donna le nom d'Uzerche. Protégée par sa position qui est très forte, elle le fut encore par dix-huit tours qu'il y fit élever, pour contenir le pays, dans le cas d'une révolte.

Ce fait est consigné dans un manuscrit d'Uzerche.

La *Gallia christiana*, tom. 2, pag. 586, dit : « Ex Chartulario, destructâ urbe Lemo- » vicâ a Pippino rege, quae, Gaifario duce » Aquitaniæ, adversus regem debellaverat, » idem rex aliam urbem edificavit, decem » et octo turribus munitam, quæ Usurcam » appellari voluit, ubi sedem regalem et » episcopatum constituit. »

Ce fait historique doit suffire, je pense, à l'interprétation de cette médaille.

Je trouve dans *Uzerca cas....*, avec les quatre points qui indiquent une abréviation, Uzerche château-fort, forteresse. La figure regardant à droite désigne Pépin, souche des rois de la deuxième race, tournant la tête à la dynastie déchue, et appelant sa postérité.

Vainqueur de l'Aquitaine, il usa du droit de souveraineté en faisant frapper à Uzerche la médaille qui nous occupe.

Le coin du roi empreint sur cette médaille, doit d'autant moins étonner, que nous savons que Pharamon et ses successeurs suivirent la police des Romains pour les monnaies; que dans ces temps reculés, on ne fabriquait de monnaie que dans le palais des rois, et que les généraux des monnaies, appelés d'abord *monetæ*, et ensuite *magistri monetæ*, étaient toujours à la suite de la cour, et jouissaient du titre et du droit des commensaux de l'hôtel du roi.

Sur le revers de la médaille, on voit, dans un cercle, une croix coupée en quatre parties égales, et à chaque angle une lettre. Ces quatre lettres sont les quatre premières du mot *Levomica*; et autour se lit en dehors de la médaille le nom du général des monnaies, avec sa qualité qui est celle de monetarius.

Quel est le motif qui a fait inscrire les quatre premières lettres du mot *Lemovica* sur le revers de cette médaille ?

Il résulte de l'interprétation de cette médaille, d'après l'histoire, que la ville de Limoges ne doit la perte de ses priviléges qu'aux efforts que firent les habitans pour conserver au dernier rejeton des rois de la première race une couronne que Pépin plaça sur sa tête, après l'avoir fait assassiner.

LETTRE

DE M. DEMOLIÈRE, SECRÉTAIRE PERPÉTUEL DE L'ACADÉMIE DES SCIENCES, AGRICULTURE, COMMERCE, BELLES-LETTRES ET ARTS DU DÉPARTEMENT DE LA SOMME.

J'ai l'honneur de vous adresser les sujets de prix proposés par l'Académie, et vous prie de vouloir bien les annoncer dans votre journal.

ANNÉE ACADEMIQUE 1836-1837.

Concours de poésie.

PROGRAMME.

L'Académie propose pour le concours les trois genres suivans :

L'épitre, l'ode et l'élégie.

Amiens, le 27 septembre 1836.

Elle laisse les concurrens entièrement libres sur le choix des sujets; des médailles seront accordées aux pièces qui auront paru dignes d'être couronnées.

Si dans un ou plusieurs des trois genres proposés, aucune pièce n'était jugée digne du prix, l'Académie se réserve la faculté de reverser, s'il y a lieu, sur le genre qui aura été couronné, tout ou partie de la valeur des médailles destinées aux autres genres.

Les pièces qui seront envoyées au concours devront parvenir, franches de port, avant le 25 juillet 1857, au secrétaire perpétuel de l'Académie.

Rappel du sujet du prix d'agriculture à décerner en 1857.

Exposer les progrès de l'agriculture dans les départemens du nord de la France, et particulièrement dans celui de la Somme.

Indiquer les moyens d'y accélérer les méthodes de perfectionnement.

Faire connaître la marche la plus facile pour parvenir à la suppression des jachères. — Traiter de l'assolement propre aux bonnes et aux mauvaises terres. — Offrir des considérations sur le défrichement et sur la question de savoir s'il est plus avantageux de planter ces dernières en bois que de les soumettre à la culture ou de les laisser à l'usage de la vaine pâture.

Exposer 1º sous un point de vue général; 2º en ce qui concerne le département de la Somme, les avantages et les inconvéniens des parcours et de la vaine pâture. — Traiter cette question sous les différens rapports de la clôture des héritages, des plantations, de l'éducation des bestiaux et notamment des bêtes à laine.

Traiter de l'établissement d'une ferme modèle, dans les départemens du nord de la France.

Une médaille d'or de six cents francs sera décernée en août 1857 à l'auteur du meilleur mémoire.

Les mémoires devront être adressés également au secrétaire perpétuel, avant le 25 juillet de cette année.

EXTRAIT DES PROCÈS-VERBAUX

DE L'ASSEMBLÉE GÉNÉRALE TENUE A L'INSTITUT HISTORIQUE LE 3 SEPTEMBRE 1836, ET DES SEPT PREMIÈRES SÉANCES DU CONGRÈS HISTORIQUE TENUES A L'HÔTEL-DE-VILLE DE PARIS LE MÊME MOIS.

Le samedi 3 septembre 1836, l'Institut historique a tenu sa 24e assemblée générale, sous la présidence de M. Dufey de l'Yonne. Membres présens, 65.

Le secrétaire perpétuel lit la correspondance.

M. F. Chatelain offre, au nom du congrès de Douai, un exemplaire de ses travaux, et annonce son départ pour le congrès de Blois.

M. Jules Michelet regrette que sa santé l'empêche d'être exact aux séances. Il promet l'hommage des nouveaux ouvrages dont il s'occupe.

M. Bannister, qui vient de parcourir l'Allemagne, annonce qu'il a vu le journal de l'Institut historique fréquemment cité avec éloge dans les meilleures feuilles de ce pays.

44 volumes ou brochures sont offerts à la société. Des remerciamens sont votés aux donateurs.

Cinq nouveaux membres sont élus ; on remarque dans le nombre M. Ch. Falkeinstein, bibliothécaire en chef de sa majesté le Roi de Saxe.

L'ordre du jour appelle la discussion sur la question de savoir si, vu le peu de temps qui nous sépare du congrès prochain, ce congrès aura lieu immédiatement, ou s'il sera ajourné.

Une longue discussion s'engage sur ce sujet.

M. Belfield demande avant tout qu'on vote sur l'époque de septembre prochain. — Appuyé.

MM. de Monglave et Colombat de l'Isère réclament le scrutin secret.

Il est décidé à une majorité de deux voix que le congrès aura lieu en septembre.

———

Le Congrès historique a tenu sa première séance à l'Hôtel-de-Ville, le jeudi 15 septembre. L'assemblée était fort nombreuse. M. Buchez, auteur de l'Histoire parlementaire de la révolution française, président du congrès, prononce le discours d'ouverture qui est couvert d'applaudissemens.

M. le chevalier Alex. Lenoir lit la première partie d'une analyse raisonnée du système hiéroglyphique des anciens Egyptiens. M. Le Gonidec fait, au nom de M. Jules Boucher, membre correspondant, une réponse à cette question, « quel a été le principe du pouvoir impérial chez les Romains, » et M. Siméon Chaumier, une dissertation sur le caractère et la cause de l'émancipation des communes en France,

*** La deuxième séance a eu lieu le mardi 20 septembre, sous la présidence de M. Buchez.

MM. Germain Sarrut et Belfield répondent quelques mots, le premier au discours de M. A. Lenoir et le second à celui de M. Jules Boucher.

M. Gaussuron-Despréaux lit un mémoire sur le discours de M. Siméon Chaumier. —Courte réplique de M. Siméon Chaumier.

M. Dufey de l'Yonne attaque le même travail; la séance est close par une dernière réponse de M. Siméon Chaumier aux nombreuses objections qui lui ont été faites.

*** Le jeudi 22 septembre a été consacré à la troisième séance. (M. Buchez, président.)

M. le chevalier Alex. Lenoir termine la lecture de son travail sur le système hiéroglyphique des anciens Egyptiens.

M. Martin, de Paris, au nom de M. Joubert, membre correspondant, capitaine au 64e régiment de ligne, lit un mémoire sur les périodes principales de l'histoire de la Grèce antique.

M. Gaussuron-Despréaux, une dissertation sur la lyre celtique.

Et M. Romagnesi aîné, un aperçu de l'histoire de la statuaire depuis les Grecs jusqu'à nos jours.

*** La quatrième séance a eu lieu le samedi 24 septembre (M. Buchez, président).

M. Danton réplique à M. Belfield, à propos de sa réponse sur le travail de M. Jules Boucher. M. Buchez prend la parole pour M. Belfield, absent.

M. Siméon Chaumier attaque le travail de M. Gaussuron-Despréaux sur la lyre celtique. M. Gaussuron-Despréaux repousse les attaques de M. Siméon Chaumier.

Longue discussion de MM. de Brière et Bonastre sur la question des hiéroglyphes.

M. Fouquier, élève de l'école normale, répond au mémoire de M. Joubert sur l'histoire de la Grèce antique.

*** Cinquième séance lundi 26 septembre. (Présidence de M. Buchez.)

Lecture de M. Martin, de Paris, sur la condition des femmes chez les peuples de l'antiquité.

Lecture de la première partie d'un mémoire de M. Victor Martin, sur le rapport qui peut exister entre les grandes épidémies et l'état social des peuples.

,*, Mercredi 28 septembre, sixième séance, (M. Buchez, président.)

Lecture de M. Venedey sur le rapport qu'il suppose exister entre la langue des peuples et leur état social.

Réponse de M. Siméon Chaumier.

Réplique de M. Venedey.

Observations de M. Ferdinand-Thomas sur le fragment d'une histoire de la statuaire, lu par M. Romagnesi aîné.

Réponse de M. Ott à M. Martin, de Paris, sur la question de la condition des femmes dans l'antiquité.

,*, Septième séance, vendredi 30 septembre. Présidence de M. Dufey. (de l'Yonne.)

Mémoire de M. Ott sur les conditions de formation et d'existence des nationalités.

M. Fouquier, élève de l'École Normale, donne lecture d'un travail de M. Andrieux (de Limoges), sur les nationalités qui se sont succédé sur le sol de la Grèce.

M. de Rienzi lit un long et curieux essai sur les rapports qui existent entre la religion et la philosophie des Hindous et des autres peuples de l'antiquité.

CHRONIQUE.

Projet d'une Bibliothèque royale à Bruxelles.

Certes on doit de la reconnaissance à M. le ministre de l'intérieur de Belgique, à son secrétaire-général, ainsi qu'à M. l'administrateur des beaux-arts, pour l'achat de la bibliothèque de feu M. Van Hulthem. Cette collection, unique dans son genre, est un trésor qu'il a été impossible de bien apprécier du vivant de son propriétaire, attendu qu'il avait négligé de la mettre en ordre et qu'il n'en montrait aux adeptes que des parties séparées ou des fragmens. M. Van Hulthem s'était trouvé dans des circonstances qu'aucun bibliophile ne rencontrera plus. Lorsqu'il commença à acheter des livres et des manuscrits, il n'y avait en Belgique qu'un petit nombre d'amateurs, et les événemens formidables qui se préparaient, faisaient penser à toute autre chose qu'aux curiosités signalées par les de Bure et les Mercier de St-Léger. Arriva la suppression des monastères : des richesses incalculables, en fait de livres recherchés et rares, entrèrent dans la circulation. M. Van Hultem les attendait au passage ; et favorisé par son savoir, ses fonctions officielles, son loisir et sa fortune, il acquit, sans grande peine, une quantité prodigieuse de volumes qu'on ne saurait plus rassembler aujourd'hui. Pendant quarante ans, il ne s'est pas vendu un manuscrit important, une brochure introuvable, un livre singulier, qu'ils ne soient tombés entre ses mains. Ce qu'il y avait de mieux dans les bibliothèques de l'évêque de Nelis, du capitaine Michiels, de MM. de Block, Gasparoli, Vandevelde, Ermans, Neuwens, Beaudewyns, Mademoiselle d'Yves, etc., a passé sur les rayons de M. Van Hulthem.

Sa collection ; surtout en ce qui concerne la Belgique, est donc sans égale, et M. de Theux est loin d'avoir poussé trop loin le prix d'achat.

Mais ce n'est pas assez d'avoir acheté la bibliothèque de M. Van Hulthem. Quelque précieuse qu'elle soit, elle ne forme pas un ensemble complet. Admirable pour un particulier, elle est incomplète pour une vaste cité. D'ailleurs si on omettait de la mettre au courant de ce qui se publie, on lui donnerait un caractère stationnaire que les bibliothèques ne doivent pas avoir, plus que les autres institutions.

On dit, et nous y applaudissons de grand cœur, que le gouvernement est pénétré de cette vérité et qu'il veut achever de mettre Bruxelles sur le même rang que les autres capitales, en dotant cette ville d'un grand musée littéraire, où les arts, l'érudition, la science, trouveront toutes les ressources qu'ils peuvent réclamer, et seront accueillis avec autant de facilité que de courtoisie. Livres imprimés, manuscrits, estampes, médailles, antiquités seraient réunis, et à la faveur d'un heureux rapprochement, s'expliqueraient les uns par les autres. A la tête de cet établissement si utile, si bien fait pour honorer le pays, il faudrait quelqu'un tel que M. le baron de Reiffenberg, qui eût un nom au dehors, et qui réunît à des connaissances étendues les manières de la bonne compagnie et cette politesse qui prévient les étrangers. En lui adjoignant un certain nombre de personnes de mérite, le gouvernement trouverait l'occasion d'accorder une récompense ou une retraite à des savans qui ont droit à sa bienveillance.

Voilà, dit-on, ce que le gouvernement veut faire; on ajoute que le projet dépend seulement de l'aveu des chambres, et

qu'ici la question financière domine encore la question morale. Mais nous sommes persuadés que les chambres qui accordent toujours des fonds pour les institutions vraiment nationales, n'en refuseront pas dans cette circonstance. Cette dépense d'ailleurs serait modérée; et donner avec discernement aux lettres et aux sciences, n'est-ce pas prêter avec usure?

— Érection de l'obélisque de Rome et de la cloche du Kremlin. — L'opération de ce genre que notre collègue M. Lebas vient de couronner avec tant de succès, donne de l'intérêt aux notices suivantes : L'érection de l'obélisque devant l'église de Saint-Pierre, intéressait très vivement le pape Sixte V, parce qu'il désirait, suivant ses propres expressions, voir les monumens de l'impiété soumis à la croix, au même endroit où les chrétiens avaient été obligés de souffrir la mort de la croix. C'était en effet une entreprise gigantesque, et que ce grand homme fit exécuter avec ce singulier mélange de violence, de grandeur et d'exaltation qui lui était propre. D'abord l'architecte, Domenico Fontana, fut menacé de sévères châtimens s'il ne réussissait pas à enlever l'obélisque sans l'endommager. Cette entreprise présentait d'énormes difficultés ; il fallait arracher le monolithe de la base sur laquelle il reposait, près de la sacristie de l'ancienne église de Saint-Pierre, le descendre, le conduire sur une autre place et l'y ériger de nouveau. On se mit à l'œuvre avec le sentiment qu'on allait exécuter un ouvrage qui serait célèbre dans tous les siècles. Des ouvriers, au nombre de 900, commencèrent par entendre la messe, par se confesser et communier; l'obélisque était revêtu de paillassons et de madriers, entouré par de solides anneaux

en fer; 55 cabestans devaient mettre en mouvement l'énorme machine destinée à le soulever avec de forts câbles de chanvre ; à chaque cabestan travaillaient 2 chevaux et 10 hommes ; Fontana , du haut d'un siége élevé, dominait et dirigeait les manœuvres. Enfin une trompette donna le signal, la première secousse réussit parfaitement , l'obélisque se souleva de sa base sur laquelle il reposait depuis 1500 ans. Au douzième coup, il était dressé et maintenu à la hauteur de 25/4 de palmes ; l'architecte vit cette masse énorme , pesant avec son revêtement plus d'un million de livres romaines, en son pouvoir. Au château Saint-Ange , le canon fut tiré en signe de joie , toutes les cloches de la ville sonnèrent , l'architecte fut porté en triomphe par les ouvriers, autour de la clôture. Sept jours après , l'obélisque fut descendu avec la même habileté et conduit ensuite sur des rouleaux à sa nouvelle place. Ce fut seulement après la fin des mois de chaleur que l'on osa procéder à son érection. Cette fois encore les ouvriers commencèrent leur travail par se recommander à Dieu. Fontana avait pris ses dispositions, non sans avoir consulté la manière dont Ammien Marcelin décrit la dernière érection d'un obélisque ; il employa une force de 140 chevaux. Tout réussit à souhait. L'obélisque fut mis en mouvement en trois grandes secousses : une heure avant le coucher du soleil , il s'abaissa sur le dos des quatre lions en bronze qui paraissent le porter. (*Univers religieux* , ext. d'une *Histoire de la papauté pendant les* xvie *et* xviie *siècles* , par L. Ranke , prof. à Berlin ; sous presse.)

—L'*Abeille du Nord* publie une lettre de Moscou du 51 août , dans laquelle on lit d'intéressans détails sur l'opération du soulèvement de la grosse cloche du Kremlin,

qui était, comme on sait, enfouie dans la terre. Cette cloche, l'une des merveilles de Moscou , avait été coulée en 1755 sur l'ordre de l'impératrice Anne, par le fondeur russe Michel Motorine ; elle a 21 pieds de haut, 23 pieds de diamètre et pèse 12,000 pounds (492,000 livres.) La beauté de ses formes et de ses bas-reliefs , la richesse du métal employé à sa fonte et qui se compose d'or , d'argent et de cuivre , en font un monument remarquable , non seulement sous le rapport religieux, mais encore sous celui de la perfection à laquelle on était déjà parvenu en Russie, à cette époque, dans l'art du fondeur. La cloche a été soulevée le 5 juillet dernier, en présence des autorités et d'une foule considérable de spectateurs , par les soins de M. de Montferrand. Pour la retirer du sol où elle était enfouie à une profondeur de 30 pieds, M. de Montferrand a fait creuser la terre tout autour et construire des échafaudages de 48 pieds de haut. A 5 heures et demie du matin, après les prières pour l'heureuse issue de cette opération , 600 soldats, sur un signe de M. de Monferrand , mirent les cabestans en mouvement, et bientôt après on vit monter la cloche qui se trouva entièrement soulevée dans l'espace de 42 minutes , sans le moindre accident. Les ouvriers commencèrent aussi à élever une plate-forme qui se trouva prête dans l'espace de 8 heures , et sur laquelle la cloche fut descendue. Le lendemain , elle fut placée sur des patins et ensuite amenée, au moyen d'un plan incliné , jusqu'au piédestal destiné à la recevoir, et sur lequel elle a été placée le 26 juillet.

— Une grande et belle association se forme en ce moment au sein du département du Nord. Ses statuts viennent de recevoir l'approbation de notre digne collègue, M. le préfet baron Méchin.

PRÉFECTURE DU NORD.

Nous, conseiller d'état, préfet du Nord, grand officier de l'ordre royal de la Légion-d'honneur, officier de l'ordre de Léopold,

Vu la demande présentée par des citoyens habitans de la ville de Lille, tendant à être autorisés à se réunir et, à former, sous le nom d'Association Lilloise, une société dont le but est l'encouragement des lettres et des arts,

Vu le projet des statuts et réglement de cette société,

La lettre de M. le ministre de l'intérieur, du 22 août dernier,

Arrêtons :

ARTICLE PREMIER.

MM. Le Glay, archiviste du département, *président*.

Gachet, principal du collége.

Brun-Lavainne, archiviste de la ville de Lille (1).

Bruneel, négociant.

Descamps, régent de rhétorique.

Fiévet-Chombart (L.), propriétaire.

Blanquart-Évrard, négociant.

Kolb-Bernard, négociant.

Lallou, peintre.

Beaussier, directeur de la Monnaie (2).

Fockedey, négociant (3).

Lemesre-Dubruisle, propriétaire.

Delattre-Guichard, négociant.

Vanhoenhaker-Luiset, conseiller de préfecture.

D'Hespel (Adalbert), propriétaire.

(1) Membre de l'Institut historique.
(2) idem.
(3) idem.

Sont autorisés à former à Lille, sous le nom d'Association Lilloise, une société destinée à encourager les lettres et les arts.

ARTICLE DEUXIÈME.

Leurs statuts et réglement visés par nous sont approuvés.

ARTICLE TROISIÈME.

Cette association sera tenue de soumettre à l'assentiment préalable de l'administration supérieure, par l'intermédiaire du maire de Lille, les modifications qu'il s'agirait d'introduire dans le réglement actuel.

ARTICLE QUATRIÈME.

Le président de l'Association Lilloise fera connaître d'avance à l'autorité municipale, pour qu'elle assure l'exécution de la loi du 10 avril 1834, le lieu où la société se réunira, le consentement du propriétaire ou du principal locataire du local destiné à cette réunion, la liste des membres de l'association, les noms de ses nouveaux membres.

ARTICLE CINQUIÈME.

Le présent arrêté sera adressé à M. le maire de Lille, chargé de son exécution.

Fait à la préfecture, à Lille, le 17 septembre 1836.

Signé, ᴮᵒⁿ Méchin.

Pour expédition conforme,
Le secrétaire général de préfecture,

Signé, Boisset.

ASSOCIATION LILLOISE POUR L'ENCOURAGEMENT DES LETTRES ET DES ARTS.

Motifs de son institution.

Le but de la société est indiqué d'une manière générale dans la dénomination qu'elle a prise : nous allons le présenter plus explicitement en développant les motifs de sa formation.

C'est un fait incontestable que jamais époque ne fut, plus que la nôtre, féconde en jeunes hommes de bonne volonté, pleins d'inspiration et de talent, désireux surtout de suivre la voie régénératrice du sentiment religieux, qui est celle du beau, et de conquérir, leurs œuvres à la main, la place d'honneur que tout littérateur, tout artiste, honnête homme, doit tenir dans l'ordre social.

Mais isolés, sans appui réel, éloignés du grand air de la publicité, qui fait vivre; privés d'émulation, quand leur essor les élève, ou de guide, lorsqu'il les égare, ils marchent quelque temps, mais d'une marche indécise, et tombent bientôt, trop faibles pour fournir leur carrière; ou bien, on les voit, dénués de toutes ressources, expatriés, pour ainsi dire, de cette commune société où les attendait un rang distingué, on les voit lutter en vain contre l'implacable nécessité; puis, se laissant aller au découragement, précurseur du suicide moral, lacérer leurs pages et briser leurs pinceaux.

Or, si comprenant cette position de l'artiste, une association se forme, offrant à ceux qui marchent ferme l'encouragement des éloges; à ceux qui trébuchent, l'appui des meilleurs conseils; à ceux qui manquent de tout, des ressources honorables; à tous enfin, un public impartial, une bienveillance désintéressée, une direction sage et religieuse, en un mot éminemment sociale; alors une telle institution ferme une de nos plaies les plus profondes, remplit les vœux de tous et mérite également bien de la patrie et des arts.

Tel est le but que se propose la réunion qui prend le titre d'Assocation Lilloise. Sous cette bannière, elle appelle surtout les artistes du sol natal: elle leur dit : Réunissez vos efforts, corroborez les élémens de votre gloire future en les rapprochant ; venez dans mon sein : je vous laisse votre noble indépendance; je ne fais que vous rendre la marche moins pénible, en vous élargissant la voie, en vous donnant la foi pour compagne, et alors je me fais solidaire devant l'art et la morale de vos productions et de vos espérances.

But de l'Association.

ARTICLE PREMIER. L'association, en appelant le concours de tous les hommes religieux, n'entend porter atteinte à aucune croyance; elle favorise le progrès immatériel et moral des lettres et des arts; mais elle laisse à chaque artiste son indépendance et sa liberté.

ART. 2. L'association a pour but :

De fournir aux personnes, et surtout aux jeunes gens du pays, qui cultivent les lettres et les arts, des moyens de réunion et d'études, de bonnes et sages inspirations, de généreux encouragemens ;

De leur créer un public et des occasions de se produire;

De leur offrir des ressources pour publier leurs écrits, placer leurs ouvrages d'art, faire exécuter leurs compositions musicales, autant que le permettront les moyens de l'association;

De les aider dans leurs travaux ;

De leur donner elle-même ou de leur procurer un patronage bienveillant et désintéressé.

ART. 3. L'association n'attache à ses travaux aucune intention politique. — Les journaux et ouvrages de littérature et d'art concernant la politique, ne sont point reçus dans son salon.

Composition.

Art. 4. L'association a pour ressources les cotisations annuelles de ses membres, fixées à 15 francs chacune, et des dons particuliers.

Art. 5. Le nombre des associés est illimité.

Art. 6. Il se divise en membres honoraires, membres titulaires et membres correspondans.

Art. 7. Sont membres honoraires, dans l'ordre administratif :

MM. le préfet du département ;
    Le maire de la ville de Lille ;

Dans l'ordre judiciaire :

MM. le président du tribunal civil ;
    Le président du tribunal de commerce,
    Le procureur du roi ;

Dans l'ordre militaire :

MM. Le commandant de la division militaire ;
    Le commandant du département ;

Dans l'ordre scientifique :

M. le président de la Société royale des Sciences et des Arts.

Enfin les personnes à qui l'association, par l'organe de son comité administratif, envoie le diplôme de ce titre soit, comme un hommage à leur génie ou à leur talent, soit comme un témoignage de reconnaissance pour des services rendus aux lettres et aux arts.

Art. 8. Sont membres titulaires, sur la présentation d'un associé, ceux qui ayant adhéré aux conditions des statuts de l'association, ont été admis par le conseil d'administration aux deux tiers des voix.

Art. 9. Les artistes qui auront reçu des récompenses de l'association pourront être admis sur leur seule demande.

Art. 10. Sont membres correspondans ceux qui, n'habitant point l'arrondissement de Lille, ne paient qu'une cotisation annuelle de 10 francs.

Art. 11. L'associé qui ne paie point sa cotisation, renonce à toute participation aux actes et aux droits de l'association.

Administration.

Art. 12. L'administration de l'association est confiée à un conseil composé de quinze membres nommés par l'assemblée générale des fondateurs, immédiatement après l'adoption des statuts. Ce conseil choisit dans son sein un Président, qui sera aussi celui de l'Association.

Art. 13. Les membres du conseil seront renouvelés, par tiers, tous les cinq ans en assemblée générale ; les membres désignés par le sort sont rééligibles.

Art. 14. Dans le cas où un membre du conseil viendrait à décéder ou à se retirer entre les époques fixées par l'article précédent, il serait pourvu à son remplacement dans l'assemblée générale la plus prochaine, sans jamais dépasser le terme d'une année. Toutefois, s'il se trouvait un tiers des membres en moins, le Conseil serait tenu de convoquer, pour les remplacer, une assemblée spéciale de l'Association, dans le plus court délai possible.

Art. 15. Les décisions du Conseil se forment à la simple majorité. La voix du Président est prépondérante.

Art. 16. Le Conseil vérifie et arrête le compte du Trésorier, et en donne communication, une fois l'an, aux membres titulaires; il est responsable des dépenses qui outrepasseraient les ressources de l'Association.

Il a droit d'exclure des salons, des concours et des expositions, tout ouvrage qui serait contraire aux mœurs ou à l'ordre public.

Il nomme les commissions d'examen, qui seront toujours composées d'hommes spéciaux choisis, la moitié plus un, parmi les membres titulaires ne faisant pas partie du conseil administratif; entend leurs rapports et les présente aux assemblées générales.

Il sollicite (ainsi que chaque Membre est engagé à le faire) et reçoit des dons consistant en cotisations supplémentaires, et en œuvres de Littérature ou d'Art utiles à l'instruction des Membres de la Société, ou servant à l'ornement de ses salons; fait les acquisitions d'ouvrages; fixe la quotité des dédommagemens ou des avances pour des œuvres exécutées, entreprises ou à entreprendre;

Il choisit de son propre mouvement, ou d'après les propositions écrites des membres de l'Association, les ouvrages à mettre en lecture;

Il fixe les jours de séances, les époques des concours et des expositions, ordonne les dépenses, établit les réglemens d'ordre et prend, en un mot, toutes les dispositions et mesures propres à atteindre le but de l'Association.

Art. 17. Les conclusions motivées des Commissions d'examen pour les concours et pour les récompenses à décerner après les expositions spéciales, sont soumises en assemblée générale au jugement et au vote de tous les Associés.

Art. 18. En cas de dissentiment entre une commission spéciale et l'assemblée des associés, celle-ci adjoint, séance tenante, à la commission, de nouveaux membres en nombre égal, plus un, aux anciens, et cette commission, ainsi augmentée, après s'être livrée à un nouvel examen des ouvrages, prononce comme jury et sans appel.

Moyens d'exécution.

Art. 19. L'Association emploie les moyens d'encouragement suivans :

1° Elle ouvre un salon où les principales revues religieuses, littéraires et artistiques sont données en lecture ;

2° Elle consacre son salon à une exposition permanente des ouvrages de ses membres ;

3° Elle tient des séances générales où se font des lectures de compositions littéraires et s'exécutent des compositions musicales ;

4° Elle fait tous les ans, à l'époque de la fête de Lille, une exposition d'ouvrages d'Art dans tous les genres, provenant soit de ses membres, soit des artistes nés dans le département du Nord, soit des artistes habitant ce département ;

5° A la même époque, elle décerne, d'après les annonces qu'elle publie, des récompenses aux auteurs des meilleurs ouvrages de Littérature ou d'Art adressés à l'Association, savoir :

Des compositions littéraires en vers ou en prose,

Des travaux historiques, et plus particulièrement ceux qui auront pour objet l'histoire locale,

Des compositions de peinture, de sculpture et d'architecture.

Des planches gravées et des dessins lithographiés ,

De grandes compositions musicales,

Des chants à l'usage des écoles ;

6° Elle accorde des dédommagemens ou fait des avances pour des œuvres littéraires ou artistiques, et acquiert de ces œuvres ;

7° L'Association s'occupe de la propagation du chant dans les écoles.

ART. 20. Le Conseil administratif doit , selon les ressources de l'Association et l'opportunité des dépenses à faire, pourvoir d'abord à l'exécution des cinq premiers moyens, puis à celle des deux derniers.

ART. 21. Les membres du conseil qui voudront participer aux récompenses et avantages donnés par l'Association, devront s'être démis de leurs fonctions au moins six mois à l'avance.

Droits des Associés.

ART. 22. Chaque Associé a droit :

1o A fréquenter le salon ;

2o A y conduire les personnes étrangères à la ville ;

3o A assister aux séances générales de lecture et d'exécution musicale et aux expositions ;

4° A déposer son vote pour le jugement des ouvrages admis au concours et aux expositions, à moins qu'il ne soit lui-même concurrent ou exposant ;

5° A se procurer un nombre déterminé de cachets, en ne payant qu'une partie de la rétribution fixée, dans le cas où des personnes étrangères à l'Association seraient , moyennant une rétribution, admises aux expositions et aux séances générales ;

6° A recevoir un exemplaire des compositions littéraires et artistiques que l'Association acquerra et jugera utile de publier.

ART. 23. L'Association conservera dans son salon deux tableaux : dans l'un seront inscrits les noms des associés qui auront fait don de quelque ouvrage d'Art ou de Littérature, ou fourni des cotisations supplémentaires ; dans l'autre, les noms des auteurs dont les ouvrages auront été l'objet des récompenses annuelles.

ART. 24. Toute demande en révision d'articles du Réglement sera admissible dans trois ans.

ART. 25. Les présens statuts seront soumis à la sanction de l'autorité, conformément à la loi.

Conformément à l'article 12 , ont été nommés Membres du Conseil administratif :

MM. Gachet, Principal du Collége.

Le Glay , D. M. , Archiviste du Département.

Brun-Lavainne, Archiviste de la Ville.

Bruneel (H.), Négociant.

Descamps, Régent de rhétorique.

Fiévet-Chombart (L.), Propriétaire.

Blanquart-Évrard , Négociant.

Kolb-Bernard , Négociant.

Lallou , Peintre.

Beaussier , Directeur de la Monnaie.

Fockedey (Hip.), Négociant.

Lemestre-Dubruisle, Propriétaire.

Delattre-Guichard , Négociant.

Vanhœnacker-Luiset , Conseiller-de-Préfecture.

D'Hesphel (Adalbert), Propriétaire.

— Le *Journal asiatique* publie un fragment d'un manuscrit du général Court sur le Taxile et sur Manekyala, dont nous extrayons les faits les plus intéressans.

« Manekyala est un petit village situé sur la route qui conduit d'Attok à Lahore. Il se trouve bâti sur l'emplacement d'une très ancienne ville dont on ignore l'origine. La position géographique des ruines que l'on y voit, et surtout les nombreuses médailles qu'on y trouve, font présumer que cette ville était la capitale de toute la contrée comprise entre l'Indus et l'Hydaspe, contrée que les anciens connaissaient sous le nom de *Taxile*, et dont il est souvent fait mention dans l'histoire d'Alexandre.

» Il existe encore à Manekyala une vaste coupole massive qui remonte à la plus haute antiquité. Ce monument, qui se fait remarquer d'assez loin, peut avoir quatre cent vingt pieds de hauteur sur trois cent dix à trois cent vingt pieds de circonférence. Sur le circuit de sa base, on voit, en bas-reliefs, une rangée de petites colonnes dont les chapiteaux paraissent être ornés de têtes de bélier. L'action du temps est cause que ces ornemens sont aujourd'hui presque imperceptibles. M. Court en a vu de semblables à une citerne près de Bember, sur la route de Cachemire et sur les colonnes des tombeaux de Persépolis. Il pense que ce monument est l'ouvrage d'un conquérant perse ou bactrien, qui l'aura fait élever en mémoire de quelque bataille qu'il aura livrée sur ce lieu.

» Les Mahométans de Manekyala se plaisent à dire que cette coupole contenait les restes de tous les Musulmans qui périrent dans la bataille qui se livra sur ce lieu entre les Afghans et l'armée de Radgia-Man ; mais outre que la religion de Mahomet s'oppose à ce que l'on élève des monumens aux morts, la vétusté de cet édifice et l'antiquité des médailles qui s'y sont trouvées prouvent qu'il est bien antérieur à l'époque dont ils parlent. Les Hindous du pays y viennent faire le sacrifice de la première coupe de cheveux de leurs enfans mâles ,

usage qui se pratiquait anciennement dans la Grèce.

» Le général, ayant fait faire des fouilles à la base d'une autre coupole, trouva dans une niche parallélogrammique, à treize pieds du niveau du sol, une urne de cuivre enveloppée d'un tissu de linge blanc qui se réduisit en lambeaux lorsqu'on ouvrit l'urne. Celle-ci en renfermait une autre en argent, laquelle en contenait une autre en or. Les espaces qui séparaient les urnes étaient remplis d'une matière légère dans laquelle on trouva des médailles en argent, aux caractères latins. L'urne en or renfermait quatre médailles de même métal en type gréco-scythe et gréco-hindou.

M. Court fait remarquer que si les Grecs, avant le règne de Philippe, écrivaient en caractères latins, il serait possible que ces médailles fussent grecques et eussent été apportées par les guerriers d'Alexandre. Si au contraire elles sont romaines, elles datent dans ce pays de l'époque où les rois de l'Inde envoyèrent des ambassadeurs à l'empereur Justinien, ou bien il est possible qu'elles aient été portées dans ce pays du temps que les Romains commerçaient avec l'Inde par la mer Rouge.

» Le pays qui entoure Manekyala était autrefois très peuplé et très florissant. Les naturels en ont conservé traditionnellement la mémoire. La dévastation qu'il a éprouvée doit être attribuée au passage de tous les conquérans qui vinrent ravager l'Inde.

» Les premiers habitans de cette contrée ont été probablement des Hindous, auxquels se sont joints des Pandavas, adorateurs du soleil, et des Pchenderbousis, adorateurs de la Lune. A ceux-ci se sont ensuite mêlés des Perses, des Scythes et même des Grecs ; car ces Gheckkers, dont il est tant parlé dans le pays, ne sont autres que les descendans de la colonie grecque qu'Alexandre laissa sur les bords de l'Indus, ou bien des Grecs du royaume de Bactriane.

» Cette contrée paraît avoir été conquise par les Perses, bien long-temps avant Alexandre ; les médailles persanes qu'on y trouve le prouvent assez. D'ailleurs, dans une tradition ancienne de la Perse, il est fait mention d'une invasion que les chronologistes font remonter à quatorze siècles avant l'ère chrétienne. Il est de plus connu que, sous Darius, fils d'Hystaspe, cette contrée, ainsi que toutes celles qui s'étendent sur les bords de l'Indus, était comptée pour une des vingt satrapies du vaste empire des Perses. Ce fut l'an 326, avant l'ère chrétienne, qu'Alexandre traversa ce pays. A la mort du conquérant, il fut annexé au royaume de Bactriane que fondèrent les Grecs qui se révoltèrent contre ses successeurs. Il tomba ensuite au pouvoir des Scythes qui détruisirent ce royaume. »

BULLETIN BIBLIOGRAPHIQUE.

Divers Opuscules en polonais. 5 Brochures in-8, par M. Slowaozynski.

Compte rendu de la troisième session du Congrès scientifique de Douai. Un vol. in-8.

Notice nécrologique sur Albert Rengger, ministre de l'intérieur de la République helvétique. Une brochure in-8, par M. César de La Harpe.

Les derniers Grignoux, ou le Réglement de 1684. Une brochure in-8, par M. L. Polain, de Liége.

Jean sans Pitié, ou la Bataille d'Othée. Une brochure in-8, par le même.

Esquisses biographiques de l'ancien pays de Liége. Une brochure par le même.

Histoire des Flamands du Haut-Pont et de Lyzel, etc. Une brochure in-8, par M. H. Piers de St-Omer.

L'Écho du Sanctuaire, poésies religieuses. Un vol. in-12, par M. Adrien Beuque.

Compte rendu de la Justice criminelle de 1836. Un vol. in-4, par M. Persil, garde des sceaux.

Extrait du registre des dons, confiscations, maintenues, et autres actes faits dans le duché de Normandie en 1418, 1419 et 1420, par Henri IV, roi d'Angleterre. Un vol. in-12 broché, par M. C. Vautier.

Invasion des armées étrangères dans le département de l'Aube. Un vol. in-8, par M. F. E. Pougiat.

Le Médecin des Salles d'Asile, etc. Un vol. in-8, par M. le docteur Cerise.

Le premier volume des *Mémoires historiques sur la ville de Seignelay.* Un vol. in-8. M. le curé V. B. Henry.

Discours sur l'importance des Études historiques. Une brochure in-8, par M. A. Savagner.

Le secrétaire perpétuel, Eugène de MONGLAVE.

MÉMOIRES.

NOTICE

SUR UNE ANTIQUITÉ DE L'ÉGLISE DE SAINT-ÉTIENNE-DU-MONT, A PARIS.

Lue à la première classe de l'Institut historique.

Messieurs,

Chaque jour voit s'écrouler une pierre de nos vieux monumens. Il n'est point d'année, point de semaine, point d'heure qui ne vienne, pour ainsi dire, signifier à chacun de nos édifices, qui ne vienne exécuter sur l'un d'eux ce fatal arrêt qui frappe toutes les choses humaines, l'arrêt de la destruction. Jour à jour, page à page, nous voyons ainsi notre histoire s'effeuiller à nos pieds, désormais incomprise. Or, non seulement la restauration de ces monumens devient de plus en plus impossible à cause de l'oubli total et de l'abandon complet dans lesquels sont tombés les anciens procédés technologiques, mais encore le sens de ces textes vivans devient de plus en plus obscur pour ceux-là même qui les ont constamment sous les yeux ; et la pensée qui les anime, les traditions qui leur ont donné naissance, s'évanouissent dans la pensée du plus grand nombre, en même temps que les symboles qui, jadis, les rendaient palpables et sensibles, s'effacent et disparaissent de la surface du globe. Messieurs, en des temps comme les nôtres, véritables automnes des arts, le devoir de l'antiquaire est d'abord de prolonger pieusement, autant qu'il est en lui,

la vénérable décrépitude de ces témoins des âges consommés ; mais, lorsque l'ame de ces vieux corps, lorsque la destination qui les animait viennent enfin à s'éteindre et à les abandonner, ce qu'il a de mieux à faire est peut-être d'en tracer le portrait et d'enregistrer leur histoire en attendant que la terre leur ouvre dans ses flancs un vaste cimetière et les ensevelisse sous une génération de nouveaux chefs-d'œuvre, ou que leurs plus précieux débris, ainsi que des reliques vénérées, soient déposés dans les musées comme en de somptueux ossuaires. J'ai pensé, messieurs, qu'il appartenait à l'honorable société dont je m'applaudis d'être membre, de sauver de l'oubli, en le mentionnant dans son journal, si elle le juge convenable, un monument historique dont je viens aujourd'hui vous entretenir. Il s'agit d'une peinture représentée sur les vitraux de l'église de Saint-Etienne-du-Mont à Paris, et dont l'explication peut avoir quelque charme pour ceux qui aiment à se rendre compte des nombreuses figures symboliques dont nos aïeux se plaisaient à décorer leurs édifices civils ou religieux. Ce morceau, d'un intérêt plutôt singulier que grave, et d'un travail médiocre qui dénote le dix-septième siècle, a failli l'an dernier être anéanti par un coup de pierre imprudemment lancée du dehors, et cet accident m'a déterminé à le décrire et à rappeler une vieille histoire assez curieuse qui s'y rattache, afin, me disais-je, de perpétuer au moins, pour un bien petit nombre de lecteurs, il est vrai, le souvenir de cette histoire. J'ai eu depuis la satisfaction de voir que mes regrets étaient anticipés; et cette peinture, assez adroitement restaurée, peut se voir encore aujourd'hui à la place qu'elle a primitivement occupée. Le dessin que j'en ai peint à l'aquarelle, d'après un croquis que j'ai pris sur les lieux, en est une copie grossière mais assez fidèle et qui pourra vous servir à suivre plus commodément, messieurs, la description et la courte dissertation que je vais avoir l'honneur de vous présenter (1).

Dans l'église de St-Etienne-du-Mont, sur les vitraux de la seconde chapelle des bas côtés à main gauche en entrant par le portail principal, on remarque un blason peint sur verre à la hauteur d'une toise environ au dessus du sol de la chapelle. Je vais décrire ce blason qui fait le sujet de cette notice, et vous me permettrez, messieurs, de suivre, pour être à la fois plus clair et plus exact, les règles et les termes de la science héraldique.

L'écu, de forme ronde, est écartelé aux premier et quatrième quartiers d'argent à la croix potencée d'or accompagnée de quatre croisillons du même, *à enquerre*, qui est de Jérusalem ; aux deuxième et troisième de sinople chargé d'un écu de gueules bordé d'or à la feuille de chêne d'argent qui est de Chalo St-Mard ou de Le Maire ; sur le tout, en abîme, parti : fascé d'or et d'azur de trois pièces, et d'azur à la corne d'argent

(1) Ce dessin a été déposé aux archives de l'Institut historique.

qui est de Hardy. Supports : une chimère au naturel à droite becquée et griffée d'or et une levrette d'argent à gauche. Cimier : une hermine portant au cou le volant flottant de gueules issant d'une couronne comtale. L'écu accompagné de deux banderolles flottantes en fasce, l'une au dessus d'argent portant pour devise : MORI (une pointe d'hermine) OFFICIO ✳ QUAM (une pointe d'hermine) FOEDARI; l'autre au dessous de gueules et sur laquelle on lit : NOMEN. AB. OFFICIO. Le tout se détache sur un cartouche dont je me suis peu attaché à reproduire les détails et se trouve, dans l'original, encadré dans une bordure festonnée, d'un jaune d'or.

Cet écu fut placé dans cette église, ainsi que le prouve suffisamment l'armoirie et comme l'attestent les auteurs, par Claude Hardy, issu de Simone Chartier, fille de Tiphane Le Maire. Ce qui rend ce monument recommandable aux curieux, ce n'est pas l'histoire de ce Claude Hardy, mais bien l'histoire et l'origine de ce blason. La satisfaction des auditeurs et la clarté de notre récit nous prescrivent donc de faire précéder l'explication de ces armoiries par leur histoire. M. Guizot, dans ses leçons professées à la Sorbonne sur l'histoire de France; M. Maxime de Montrond, histoire de la ville d'Etampes, in-8° 1835. i. 205 ; l'abbé Vilain, essai sur St-Jacques-la-Boucherie, in-12, p. 76, 1re édition; G. A° de la Roque, traité de la noblesse, ch. XLIV. Lachesnaye des Bois, dictionnaire de la noblesse, tome IV, p. 151 ; Favyn, histoire de Navarre, in-fol., p. 1145; D. Bernard de Montfaucon, Monum. de la Mon. fr. tome II, p. 216 ; Pasquier, Loisel, Chopin et plusieurs autres, ont rapporté cette histoire.

Nous choisissons le récit le plus simple,

que nous empruntons à l'auteur qui a décrit les obsèques de la reine Anne de Bretagne, imprimé par Th. Godefroy, 1619, in-4°. Cette princesse fut, comme l'on sait, transportée du château de Blois où elle mourut, à l'abbaye de St-Denis, où elle fut magnifiquement inhumée. Parlant de l'arrivée du corps à Etampes, l'auteur s'exprime en ces termes : « Il y avoit bien huit
» cents flambeaux, partie aux armes de la
» ville, qui sont de gueules à ung château
» d'or, masoné, fenestré et crenelé de sa-
» ble. Sur le tout ung escu escartelé; le
» premier de France, le second de gueules,
» à une tour d'or, portée, fenestrée et cre-
» nelée de sable. Et le parsus (en outre)
» estoient 600 habitans vestus en deuil, qui
» portoient chascun ung flambeau blanc
» armorié d'ung escu escartelé, le premier
» de Jerusalem et le second de synople à
» ung escu de gueule, soustenu d'or, sur
» une feuille de chêne d'argent. Je m'en-
» quis pourquoi ils portaient ce quartier
» des armes de Jerusalem ; l'on me répon-
» dit qu'ils estaient yssus d'un noble
» homme nommé Hue le Maire, seigneur
» de Chaillou (ou Chalo), lequel estant
» averty que le roi Philippe-le-Bel devoit
» un voïage en Jerusalem, à pied, armé,
» portant ung cierge ; ce que le bon roi ne
» peult pour quelque maladie qui lui sur-
» vint. Et entreprint le dit seigneur de Chail-
» lou le voïage, ce qu'il fist et accomplit.
» Et pour partie de sa rémunération, iceluy
» roy lui accorda un quartier des armes de
» Jerusalem. Et franchit et exempta de
» tous subsides et tailles, luy, ses suc-
» cesseurs et héritiers et ceulx qui d'eux
» viendront. Ainsi ils sont peuplés depuis
» en grand nombre. Pour ce, sont ils te-
» nus de venir au devant du corps des Roys
» et Reynes à leur entrée à Estampes. Et

» sy ils y reposent morts, sont tenus de
» garder et veiller le corps : ce qu'ils ont
» fait ce voïage à ladite Reyne, et s'appellent
» *La Franchise.* »

Messieurs, une autre tradition faisait remonter cet affranchissement à Philippe Ier, et racontait que ce prince ayant fait vœu d'aller en pélerinage au St-Sépulcre, Eudes ou Hue, seigneur de Chalo ou Chaillou St-Mardu ou St-Médard, et Maire d'Etampes, s'offrit d'y aller pour lui, armé de toutes pièces. Le Roi accepta l'offre, et donna à Chalo un privilége d'exemption pour tous péages, tributs et autres droits, pour toute sa race de l'un et l'autre sexe. Eudes partit et laissa sous la protection du roi Ansolde (son fils) et cinq filles qu'il avait; les lettres-patentes données à Etampes, sont rapportées tout au long par Chopin. D. Bern. de Montfaucon à qui nous empruntons ces détails, rejette cette seconde assertion d'une manière absolue, sans la refuter suffisamment. Pour nous, il nous semble que l'une et l'autre ont également besoin d'éclaircissemens ; mais notre intention n'est pas de nous livrer à cette controverse : nous essayons seulement aujourd'hui de donner l'explication du monument que nous venons de décrire. Quoi qu'il en soit de cette question accessoire, le privilége fut confirmé par le roi Jean, en 1560 ; par Louis XI, en 1462, et par d'autres rois encore, si bien que le fils de Chalo et ses cinq filles multiplièrent prodigieusement cette race. Les filles de cette descendance étaient extrêmement recherchées, car elles apportaient en dot la noblesse et une sorte de richesse négative, puisqu'elles étaient exemptes, elles et leurs descendans, de toute espèce d'impôts. Mais les rois de France voyant l'accroissement infini qu'avait pris cette famille, et le préjudice toujours croissant qu'une pareille exemption

portait aux revenus de la couronne, fini-
rent par rétracter le privilége qu'avait oc-
troyé trop complaisamment leur aïeul. François Ier déclara par ordonnance royale, en
1540, que les descendans d'Eudes le Maire
jouiraient de la franchise, à l'égard de ce
qui se lèverait sur leur fonds, mais qu'ils
acquitteraient tous les péages. Henri III,
en 1587, fit encore une nouvelle brèche à
ce privilége; et enfin, Henri IV, en 1601, fit
rentrer les Chalo dans la classe commune,
et déclara qu'ils solderaient la taille et tous
les droits que paieraient ses autres sujets.

Après cet exposé, messieurs, tous ceux
qui ont quelques notions de la science héraldique pourront facilement se rendre
compte du monument dont j'ai l'honneur
de vous entretenir. Ainsi l'on s'explique
fort bien la devise inférieure : « NOMEN AB
OFFICIO : mon nom vient de mon office, »
lorsqu'on se souvient qu'Eudes était *maire*
d'Etampes. Quant à la devise supérieure :
« MORI OFFICIO QVAM FOEDARI (sous entendu *potiüs*) : Mieux vaut mourir que se
souiller, » il est facile de la comprendre en
remarquant les pointes d'hermine qui séparent chacun des mots qui la composent
et surtout l'hermine au volant qui sort de
la couronne comtale.

J'ai déjà dit au commencement de cette
description que la figure d'animal portant
au col un volant, était une hermine, et
pourtant cette figure, ainsi qu'on peut en
juger par cette copie, ressemble très fort à
une levrette; mais il ne paraît point douteux que ce fait ne provienne uniquement
d'une erreur du peintre qui ayant déjà une
levrette à peindre pour support, n'a point
hésité à prendre encore pour une levrette
l'animal qu'il devait peindre au cimier. Ceci ne présente aucun embarras, lorsque l'on
considère que vraisemblablement cette peinture ne fut appliquée qu'au 17e siècle,

époque où déjà les traditions du moyen-
âge et la rigueur des lois héraldiques avaient
depuis long-temps commencé à s'effacer.
Cette seconde devise, composée de la première, est évidemment empruntée dans son
sens propre comme devise, de celle qui,
presque toujours, dans les armoiries, accompagne l'hermine au volant, et que l'on
peut lire entre mille autres exemples dans la
Science héroïque de Marc Vulson de la Co-
lombière, in-folio 1644, livre 1er, page 35.
« Cet animal, rapporte l'auteur que je
viens de citer, est si pur et si ami de la
propreté, qu'on dit qu'il aime mieux mourir que de se souiller. *Dicitur letavia malle
potiüs* MORI QUAM FOEDARI. Or cette présomption devient une complète certitude lorsqu'on se rappelle que l'hermine au volant
était le cimier de Bretagne et notamment
celui de la reine Anne de Bretagne, dont on
a vu précisément que les Chalo St-Médard,
en vertu d'un privilége de leur maison,
avaient gardé le corps lors de son passage
à Etampes. Rien, du reste, n'est plus conforme à l'esprit du moyen-âge et aux habitudes du blason, que de faire ainsi allusion
dans une armoirie de famille, par des figures dites *de concession*, quelque coutume
ou à quelque privilége attaché à la maison
qui les porte. Les livres d'armes en offrent
à chaque instant des exemples.

Tels sont, Messieurs, les renseignemens que j'ai désiré vous soumettre au sujet de cette vieille histoire, et de la figure
qui la rappelle. Le motif qui m'a engagé
à solliciter un instant votre attention, est
bien moins, je le répète, la curiosité historique que la singularité de cette tradition,
assez peu connue, je pense, aujourd'hui,
bien qu'ayant joui, comme vous le voyez,
d'une certaine notoriété au moyen-âge. Et
c'est particulièrement, en outre, le désir de

signaler par un exemple, l'utilité, pour les investigations historiques, de certaines connaissances, désormais (et c'est une gloire pour notre siècle) vaines et puériles pour le présent, mais souvent fort nécessaires pour l'étude du passé ; je veux parler des connaissances héraldiques.

Enfin je n'ajouterai qu'un mot, pour terminer ce que j'avais à dire touchant l'histoire des Chalo St-Médard. Dom Bernard de Montfaucon à l'article que j'ai précédem-

ment cité, a publié le dessin d'un tableau qui paraît être du temps de Louis XII ou de François 1er, représentant Eudes le Maire, suivi de sa femme, de son fils Ansolde et de ses cinq filles, recevant des mains du Roi la charte d'exemption dont nous avons parlé.

AUGUSTE VALLET.

Élève de l'école des Chartes, Membre de la 1re classe.

APERÇU

DE QUELQUES POINTS DE LA MINÉRALOGIE DU DÉPARTEMENT DES HAUTES-PYRÉNÉES,

Par J.-J. CORBIN, membre correspondant de l'Institut historique.

Le département des Hautes-Pyrénées, situé dans la partie centrale de la chaîne de montagnes qui le séparent de l'Espagne, offre à l'observateur des productions naturelles du plus haut intérêt. Les eaux minérales, répandues avec profusion sur une ligne de quelques lieues, font la richesse du pays. Chaque vallée a ses thermes. Tous sont prônés par la population entière de ces contrées ; mais il en est plusieurs qui ont acquis une renommée européenne. C'est cette réputation justement méritée qui appelle, chaque année, dans nos montagnes un nombre infini d'étrangers qui nous apportent des capitaux et l'urbanité des grandes villes, en échange de l'espoir de rétablir une santé délabrée, et du plaisir de contempler un magnifique amphithéâtre qui paraît à leurs yeux étonnés si riche en horribles beautés.

Les sources de Bagnères méritent la pre-

mière mention, comme étant le plus anciennement connues. Elles furent fréquentées par les descendans du vainqueur des Gaules, ainsi qu'il conste par des inscriptions depuis long-temps trouvées aux environs de cette charmante ville, et tout récemment par d'anciennes fondations sur lesquelles on s'est trop hâté d'élever les thermes nouveaux qui, malgré leur grandeur et leur magnificence, feront regretter à nos savans archéologues qu'on ait été assez peu curieux pour ne point explorer les restes d'un monument antique, dans un temps surtout qu'un élan généreux entraîne tous les amis de l'antiquité à la recherche des débris échappés à la barbarie des siècles qui ne sont plus. Ne doit-on pas être surpris que, par une coupable indifférence, on ait enfoui, sans un examen préalable, sous des masses énormes des matériaux précieux pour l'histoire, qu'un heureux hasard venait d'exposer au grand jour.

Après les eaux de Bagnères, ce sont celles de Cauterets qu'il faut citer, eu égard à l'ancienneté de leur découverte; car, au rapport de Marca, Raymond, comte de Bigorre, fit, en 945, don aux moines de Saint-Savin, dans le Lavedan, de la source de Canarie qui est maintenant la propriété d'une famille de la vallée. Dans un temps moins éloigné de nous, Marguerite de Valois, sœur de François Ier, qui fut honorée du surnom de dixième Muse, s'y rendait assez souvent de son château d'Odos, dont les restes habitables existent encore. C'est dans cette retraite, pour le dire en passant, située à quelques kilomètres de Tarbes, que cette aimable reine de Navarre se livrait au plaisir de cultiver les lettres, loin du tumulte et des entraves de la cour. C'est aussi dans ce lieu, qu'elle affectionnait d'une manière toute particulière, que la mort vint la surprendre en 1549, et la ravir pour toujours à l'amour et à la vénération de ses sujets.

Barèges, cette Sibérie des établissemens thermaux, pendant la plus grande partie de l'année, est redevable de tout ce qu'il est aujourd'hui au séjour du duc de Maine, que la veuve du facétieux Scarron y conduisit par l'ordre de Louis XIV. Ses fontaines minérales, dont le hasard s'était chargé de déceler les vertus merveilleuses, étaient visitées par les montagnards, trois siècles au moins avant l'arrivée du fils de l'altière Montespan. Depuis cette époque, les étrangers semblent y arriver de toutes parts pour en perpétuer la célébrité. Le gouvernement, juste appréciateur de la bonté de ces eaux pour la guérison des blessures faites par les armes à feu, y entretient un hospice militaire, où l'on transporte, pendant trois mois de l'année, un nombre plus ou moins considérable de

malheureuses victimes du sort de la guerre.

Le dernier établissement que nous voulons signaler, comme jouissant au dehors d'une grande renommée, est celui de Saint-Sauveur, bâti sur les flancs escarpés d'une montagne, près d'un précipice affreux que des touffes de verdure semblent vouloir dérober aux yeux. Sa dénomination lui vint, dit-on, d'une petite chapelle qu'un évêque de Tarbes, exilé à Luz, fit construire à côté des bains, sur le frontispice de laquelle on lisait ces mots : *Vos haurietis aquas de fontibus Salvatoris.* Tous les ans, au retour du mois de mai, Saint-Sauveur attire un bon nombre de personnes, moins bien partagées du côté d'une santé à toute épreuve, que de celui des faveurs de la fortune. Leur affluence est quelquefois si grande, qu'une partie des baigneurs se voient forcés de redescendre la rampe pénible qui sépare ce lieu pittoresque de la petite ville voisine, pour y chercher un asile, moins somptueux à la vérité, mais assez bien fourni pour y reposer commodément la tête.

La chaux sulfatée, que les départemens voisins nous fournissaient, a été découverte, il y a quelques années, dans la région des côteaux qui tiennent aux hautes montagnes du troisième arrondissement. Cette découverte est d'autant plus précieuse pour nous que, d'un côté, elle conserve au pays le signe représentatif de la valeur de toute la pierre à plâtre que nous importions du dehors et que, d'un autre côté, l'agriculteur, mieux instruit sur ses propres intérêts, s'empressera bientôt d'en faire usage pour amender ses terres. Cependant, en attendant l'emploi de ce moyen de bonification, non seulement on utilise notre gypse dans l'intérieur de nos maisons, mais encore on le voit figurer à l'extérieur sous la forme d'entablement d'une riche ordonnance.

Nous possédons la chaux carbonatée en montagnes gigantesques, tantôt pure, tantôt combinée avec le bitume que la percussion rend sensible à l'odorat. Depuis des siècles on en calcine, tous les ans, des masses considérables pour obtenir la chaux nécessaire à la construction des maisons de la plus grande partie du département, et cependant les monts qui la fournissent semblent n'avoir rien perdu de leur antique orgueil. Les marbres de Campan, de Sarran-Colin et de Beyrède, qui naguère avaient seuls le privilége d'être cités quelquefois, se voient aujourd'hui confondus dans la série de plus de soixante variétés qui leur disputent la prééminence, soit par la richesse de leurs couleurs, soit par la singularité des fragmens qui les composent. Leur exploitation, trop négligée jusqu'à nos jours, fournit déjà, depuis certaines années, des échantillons solides et brillans que l'art rend dignes de figurer, sous différentes formes, dans les appartemens meublés par le luxe et l'opulence. La récompense nationale accordée, dans la dernière exposition des produits de l'industrie, au propriétaire de l'atelier le plus important, fera, sans nul doute, en multipliant les demandes, entrer dans le pays des capitaux dont il est médiocrement pourvu. Quant aux marbres dont le grain est moins fin et moins compacte, et dont la couleur est terne et sans éclat, on les emploie dans la construction des ponts et dans la confection des cadres des portes et des fenêtres de nos habitations.

Les carrières d'ardoise qui occupent tant de bras, se font remarquer par leur bonté, leur nombre et la variété de leurs couleurs; il y en a de bleues, de grises et même de vertes qui doivent leur teinte à la chlorite en état de combinaison avec le schiste. Leur exploitation acquiert chez nous, de jour en jour, un plus grand développement; il ne faudrait qu'une circonstance favorable pour leur faire franchir les limites du département, et pour rendre les contrées voisines tributaires de nos montagnes, en donnant à leurs toitures beaucoup plus d'élégance et infiniment plus de légèreté. Le schiste tabulaire, dont nous sommes abondamment pourvus et dont la solidité ne laisse rien à désirer, commence à remplacer avec avantage, dans plusieurs localités, les madriers de bois dans la confection des ponts qu'on jette sur les canaux d'irrigation, et que le docte Ramon, l'un des premiers chantres des Hautes-Pyrénées, appelait si plaisamment des ponts de luxe, dans un pays où le schiste et le marbre s'élèvent en montagnes colossales.

Les mines de cette partie de la chaîne pyrénéenne sont nombreuses et variées; cependant, il faut l'avouer, elles ne contribuent pas le moins du monde au bien être de ses habitans. Une centaine de gissemens de minérai demeurent ensevelis dans divers points, sans que l'industrie y puise une source de prospérité. C'est un malheur. En attribuerons-nous la cause à l'insouciance ou à la paresse? Loin de nous cette pensée. Les cavernes, creusées en des temps bien éloignés les uns des autres, dans les flancs de plus d'une montagne, attestent l'œuvre du métallurgiste et les pénibles travaux de la population montagnarde. Où donc trouver la cause de la cessation de ces travaux si souvent abandonnés et autant de fois repris? Dans l'absence, dit-on, des capitaux nécessaires : dans le prix excessif du combustible provenant de sa pénurie dans cette région élevée; ou bien encore dans des cas imprévus qui dûrent occasioner des dépenses nullement en harmonie avec les mi-

ses pécuniaires que les produits de l'exploitation ne faisaient rentrer qu'en partie.
Nous ajouterons que la mauvaise direction
de certains travaux fit avorter le revenant-
bon qu'on s'attendait à recueillir. Cependant des hommes instruits dans la science
métallurgique avaient visité nos mines
pour prévenir les suites fâcheuses d'une
cupidité trop exaltée ou les pertes d'une exploitation mal conçue.

Jean de Malus père, maître de la Monnaie
de Bordeaux, parcourut, en 1600, les Pyrénées, dans l'objet de déterminer le gisse-
ment et la nature des mines renfermées dans
cette chaîne montagneuse. Ses recherches,
rendues publiques par la voie de l'impression, laissent beaucoup à désirer quant au
minerai de notre département; mais son
passage et ses observations durent instruire
le capitaliste concessionnaire d'une mine
du sort qui lui était réservé, s'il s'engageait
témérairement à des dépenses mal fondées.

Long-temps après lui, et à la suite d'in-
cursions plus étendues dans les montagnes
de l'ancienne Bigorre, un anonyme publia
un mémoire sur les différentes espèces de
mines qui avaient été exploitées avant lui
dans la Gascogne, en y ajoutant le tableau
de celles dont l'exploitation avait lieu de
son temps. Ce docte explorateur alla sans
doute plus loin que son devancier; mais il
resta encore bien en deçà du but qu'il s'é-
tait proposé.

Il était réservé au baron Dietrick de remplir les lacunes nombreuses laissées par les
deux savans qui l'avaient précédé dans la
même carrière. Son ouvrage, publié en
1786, est un monument, pour ainsi dire,
parlant du savoir, du zèle et de la conscience
de ce fidèle observateur. Peu de chose en
fait de mines lui a échappé dans nos montagnes. Je tiens d'un témoin oculaire qui

l'accompagna, comme guide, dans ses recherches minéralogiques, combien ce savant infatigable se donna de peines et de
soins, et combien il brava de dangers pour
remplir dignement la tâche qui lui avait
été imposée. J'ai eu maintefois occasion de
m'entretenir avec lui d'un homme si utile
à mon pays; toujours le cœur de ce bon
vieillard était d'accord avec sa mémoire. A
la suite de chaque entretien, je sentais augmenter mon estime pour le bienfaiteur des
Pyrénées, digne d'un meilleur sort. La
conformité de plusieurs de ses aperçus avec
les choses que j'ai eu occasion d'observer
sur les lieux mêmes, me le fait aussi regarder comme un peintre fidèle dans tout
ce que je n'ai pas eu le loisir de remarquer.

Quelle que soit la cause de l'abandon total de nos mines, il est cependant certain
qu'elles ne méritent pas toutes d'être entièrement négligées. C'est d'après une considération appuyée sur une infinité d'observations judicieuses, que j'ai cru pouvoir
les classer de la manière suivante :

1° Mines dont les anciens travaux sont
susceptibles d'être continués avec avantage.

2° Mines qui méritent d'être exploitées;

3° Mines sur le produit desquelles on se
gardera de compter avant de les avoir soumises à des recherches bien dirigées;

4° Mines que l'on doit négliger, comme
ne donnant que peu ou point d'espoir, et
que l'on peut mutiler tout au plus pour en
faire figurer les échantillons sur les étagères
d'un cabinet de minéralogie.

La première classe est composée de dix-
neuf mines mentionnées dans le tableau
mis à la fin de cette notice sous les numéros 10, 11, 51, 52, 56, 40, 46, 47, 48, 49,
55, 59, 65, 74, 76, 82, 85, 85 et 91.

La deuxième contient neuf mines désignées sous les numéros 5. 6, 7, 15, 18, 54, 41, 42 et 44.

La troisième est formée par quatorze mines inscrites sous les numéros 4, 29, 55, 59, 45, 45, 52, 54, 57, 66, 86, 87, 88 et 95.

La quatrième renferme cinquante-sept mines, dont il est tout-à-fait inutile d'énoncer les numéros.

Ce serait le cas de terminer cet aperçu par quelques notes historiques sur les auteurs des premiers travaux exécutés sur nos minières; mais les matériaux manquent. La tradition est muette à cet égard, et je me trouve livré au vague des conjectures; aussi n'en rapporterai-je qu'une seule, parce qu'elle me paraît ne pas s'éloigner entièrement de toute vraisemblance. Cependant, avant que de la hasarder, qu'il me soit permis de rapporter un fait propre à faire voir que nous possédons des amas de minerai d'une grande puissance. En 1825, une masse de sulfure de plomb se détacha d'une montagne de la vallée d'Azun et roula jusque sur le chemin de Labat-de-Bun qu'il couvrit dans toute sa largeur. Pour dégager la voie publique, il fallut recourir à des moyens mécaniques et faire usage de la poudre à canon.

Une mine du territoire de Gavarnie, appelée le Trou-des-Maures, semble indiquer qu'elle était exploitée par les Sarrasins dans les temps sans doute que les débris de l'armée d'Abdérame, vivement poursuivis, cherchèrent à regagner les Pyrénées, pour échapper à la fureur de leurs ennemis, en rentrant dans la Péninsule par les défilés de nos montagnes. Cette dénomination rapprochée de celle que porte une plaine située à onze kilomètres environ de Tarbes, paraît donner à cette conjecture un air, sinon de vérité, du moins de vraisemblance. Cette plaine se trouve presque à l'entrée de la vallée du Lavedan qui se termine à Gavarnie, point le plus voisin de la limite espagnole. Au reste une tradition constante rapporte qu'un corps de Sarrasins, échappé de la journée de Poitiers, fut complètement battu à la *Lanne Maurine* (Lande des Maures) par les Bigourdans commandés par le brave Mesclin, leur compatriote.

Dans le temps que le comté de Bigorre était soumis au roi de la Grande-Bretagne, des Anglais, au rapport d'un avocat de Luz en Barèges, avaient formé un établissement d'exploitation aux environs du chaos de Gavarnie; la dissolution de leurs mœurs et l'antipathie qu'ils inspiraient, révoltèrent à tel point la population de la vallée qu'elle les chassa honteusement et détruisit entièrement leurs travaux à la face d'une garnison anglaise qui tenait le château de Sainte-Marie, à l'E. de la petite ville de Luz.

A une époque bien postérieure une dame de Rothelin, se trouvant dans la vallée de Castel-Loubon, où elle avait des possessions, ordonna à quelques-uns de ses gens d'aller sonder la galerie d'une mine de Gazost, village appartenant à cette contrée; ses ordres furent ponctuellement exécutés. Les explorateurs, à leur retour, lui offrirent un bloc de sulfure de plomb argentifère du poids d'environ cinq kilogrammes, pris au fond de la galerie principale, et lui rapportèrent quls avaient trouvé sur leur passage un ruisseau souterrain traversé par un pont de bois et qu'ils avaient remarqué plusieurs routes taillées dans le roc. Ce pont construit vraisemblablement pour l'usage des mineurs, démontre presque avec évidence que l'exploitation de cette mine ne remonte point à une haute antiquité.

Vers la fin du siècle dernier, une compagnie de laquelle faisait partie le marquis de Gestas, fit des tentatives d'exploitation sur trois mines du Lavedan connues sous les noms de mines du pont de Mey-Abat, ou pont d'Enfer, du village d'Uz, et des grottes de Bats, cette dernière dans le territoire de Nestalas. Elle renonça à son entreprise parce que sans doute les produits ne se trouvèrent point en harmonie avec ses espérances.

Il est bon d'observer ici que les mines de ce département sont dans un si grand discrédit qu'on taxerait de folie l'homme qui oserait continuer les travaux abandonnés et celui qu'on verrait en entreprendre de nouveaux; mais qu'on fasse attention : ce qui était vrai il y a cinquante ans ne l'est plus aujourd'hui. Qu'on réfléchisse sur l'état des sciences et des arts à cette époque et sur le développement qu'on leur a donné depuis notre émancipation. Nos ancêtres ne se seraient-ils pas moqués de celui qui leur aurait dit, avec un ton d'assurance, que leurs descendans devraient à un ballon le gain d'une bataille? ou qu'un physicien, abandonnant la terre pour faire des observations, s'élèverait dans les airs à une hauteur d'environ 5438 mètres? Ne désespérons de rien. Nous vivons dans un siècle de progrès qui me font concevoir l'espérance que que nos sulfures de fer, de zinc et de plomb se convertiront en argent pour répandre l'aisance dans le modeste asile de nos braves montagnards.

(*Voir le tableau de la page* 107.)

N.	NATURE DU MINERAI.	GISSEMENT.		
		VALLÉE.	COMMUNE.	QUARTIER.
1	Sulfure de plomb et argent.	Louron.	Londenvielle.	Pic de Fourcanade qui a une hauteur de 3057 mètres.
2	Id. en veines.	Id.	Id.	Belzaget.
3	Id. id.	Aure.	Tramasaïgues.	Pic de Tramasaïgues. On remarque près de cette montagne un ancien château-fort.
4	Sulfure de cuivre, fer, plomb et argent.	Id.	Id.	Id.
5	Id. de plomb et fer.	Id.	Id.	Pic de Seres.
6	Fer arsenical.	Id.	Ancizan.	Pic d'Arbizon.
7	Sulf. de cuivre en masse.	Id.	Id.	Pic d'Arrouye.
8	Id. en filon.	Id.	Id.	Pène rouye.
9	Sulf. de fer en veines.	Id.	Id.	Id.
10	Fer oxidé en masse.	Id.	Aux environs de Sarrancolin.	
11	Id. id.	Id.	Hèches.	
12	Sulf. de plomb en filon.	Id.	Asque.	Aou Goulé de la Soule.
13	Fer arsenical.	Id.		Montagne de transports.
14	Sulf. de cuivre.	Campan.		Du côté du Pic d'Arbizon.
15	Fer arsenical.	Id.		Coste-ouillère.
16	Carbure de fer.	Id.		Gripp. Au sud de ce lieu il existe une source minérale hépatique.
17	Sulf. de fer.		Gerde.	
18	Sulf. de zinc.		L'Espone.	Conque à la gousset.
19	Sulf. de cuivre, fer et argent.		Bagnères.	Bédat.
20	Fer oligiste.		Id.	Id.
21	Id.		Id.	Fontaine ferrugineuse.
22	Carbonate de chaux, manganése et fer.		Bagnères.	Salut.
23	Carbure de fer.		DeTrebons à La-bassère.	Il y a dans ce dernier village une fontaine sulfureuse.
24	Sulfure de fer.		Id.	
25	Sulf. de cuivre.		Mauvaizin.	Escaledieu. On y voit les restes d'un monastére où mourut, en 1251, la princesse Pétronille, comtesse de Bigorre.
26	Bois minéralisé par le sulfure de fer.		Capvern.	Aux environs des bains qui étendent chaque jour leur renommée.
27	Sulf. de plomb.		Saint-Pé.	Montagne de Tresserous.
28	Sulf. de plomb et de zinc.	Lavedan.	Pierrefite.	Ruisseau de Nevouhe.
29	Id.	Id.	Id.	Au dessous de la précédente.
30	Id.	Id.	Id.	Ruisseau de Lunoy.
31	Sulf. de plomb, argent et zinc.	Id.	Nestalas.	Grotte de Bats.
32	Id.	Id.	Uz.	Des Coutrés.
33	Sulf. de cuivre en filon.	Id.	Viscos.	Pic de Soulom.
34	Sulf. de cuivre en masse.	Id.	Id.	Id.
35	Sulf. de plomb et zinc.	Id.	Id.	Id.
36	Id.	Id.	Chèze.	Près du pont de Mey-Abat.
37	Sulf. de Nikel et Cobalt.	Id.	Luz.	Riou-Maou, vis-à-vis le passage de l'Échelle.
38	Sulf. de plomb.	Id.	Gavarnie.	Las Haülguettes près du Chaos.
39	Cuivre et fer, mêlé de fer spathique.	Id.	Id.	Ramouille.
40	Sulf. de plomb.	Id.	Id.	Trou des Maures.
41	Sulf. de plomb et cuivre.	Id.	Id.	Ruisseau des Artigues.
42	Fer en superbe filon.	Id.	Id.	Biroulet, au sud de Gèdre.
43	Sulfure de plomb et argent.	Id.	Id.	La Providence.
44	Id. en masse.	Id.	Id.	Près d'un ruisseau non loin de la Providence.
45	Id.	Id.	Id.	Haïguisse.
46	Id.	Id.	Id.	Courrette.
47	Id.	Id.	Id.	Cazenave.
48	Id.	Id.	Id.	Id.
49	Sulf. de plomb et cuivre.	Héas.	Heas.	Touyère, sous le cirque de Tremousse.
50	Id.	Id.	Id.	Id.
51	Fer oligiste.	Id.	Id.	La Garoune, vis-à-vis la Chapelle.
52	Sulf. de plomb et fer.	Id.	Id.	Passage de l'Arberot.
53	Sulf. de plomb et argent.	Id.	Id.	Saint-Philippe.
54	Id.	Id.	Id.	Gazet.
55	Id.	Id.	Id.	La Raillère.
56	Sulf. de plomb.	Id.	Id.	Paribouçoa.
57	Id.	Id.	Id.	Campeil.
58	Fer.	Id.	Id.	Port de la Gardette.

N°.	NATURE DU MINERAI.	GISSEMENT.		
		VALLÉE.	COMMUNE.	QUARTIER.
59	Sulf. de plomb et argent.	Héas.	Gèdre-dessus.	Turon des Artigues.
60	Sulf. de cuivre.	Bastan.	Barèges.	Pic du Midi, haut d'environ 2909 mètres.
61	Sulf. de plomb.	Id.	Id.	Id.
62	Carbure de fer.	Id.	Id.	Id.
63	Sulf. de plomb, argent et fer.	Castelloubon.	Gazost.	Las Luseslie de Palouma.
64	Id.	Id.	Id.	La Chourre.
65	Sulf. de fer.	Id.	Id.	Palouma.
66	Sulf. de plomb.	Id.	Id.	Lavaseil.
67	Id.	Id.	Id.	Près des gissemens précédens.
68	Sulf. de plomb et zinc.	Id.	Id.	Vis-à-vis ce dernier gisement.
69	Sulf. de cuivre.	Davantaïgue.	Villelongue.	
70	Sulf. de plomb.	Id.	Id.	
71	Sulf. de cuivre.	Id.	Beaucens.	Aïgue Salado, qui doit son nom à une fontaine minérale.
72	Sulf. de plomb.	Id.	Id.	Sous les ruines du château.
73	Id.	Azun.	A l'O. d'Argelez.	Barderou.
74	Carbonate de plomb.	Id.	Id.	Id.
75	Sulf. de fer.	Id.	Id.	Id.
76	Sulf. de plomb et fer.	Id.	Arcisans-avant.	
77	Sulf. de plomb et zinc.	Id.	Arras.	A las touas.
78	Sulf. de fer pâle.	Id.	Id.	Scalère.
79	Cobalt arsénical.	Id.	Id.	Id.
80	Sulf. de cuivre.	Id.	Id.	Nouaoux.
81	Sulf. de plomb, zinc et argent.	Id.	D'Arras à Sireix.	Castillon.
82	Sulf. de plomb et zinc.	Id.	Id.	Id.
83	Sulf. de plomb.	Id.	Id.	A la Crampettes.
84	Sulf. de fer et fer oxidé.	Id.	Id.	Mays de hourques.
85	Sulf. de plomb et zinc.	Id.	Id.	Es-pujos.
86	Id.	Id.	Id.	Toua.
87	Sulf. de zinc et plomb.	Id.	Id.	Id.
88	Sulf. de cuivre.	Id.	Id.	Toua-rigadis.
89	Sulf. de zinc et fer.	Id.	Sireix.	Pic rouge.
90	Sulf. de fer.	Id.	Aucun.	Pic de Pan.
91	Sulf. de fer, plomb et zinc.	Id.	Id.	Larriou de l'Abat-d'Aucun.
92	Fer oligiste.	Id.	Gaillagos.	
93	Sulf. de plomb, cuivre et zinc.	Id.	Arrens.	Pic du Midi d'Arrens.
94	Sulf. de plomb.	Id.	Id.	Pène d'Aube.
95	Id.	Id.	Id.	Pic d'Arriou-Grand.
96	Id.	Extrême-de-Sales.	Ferrières.	Riscabane.
97	Id.	Id.	Id.	Coïélat.
98	Id.	Id.	Id.	Escous.
99	Sulf. de fer en masse.	Id.	Id.	Polimour, à l'extrémité du col de Navaillons.

REVUE D'OUVRAGES FRANÇAIS ET ÉTRANGERS.

ESSAI D'HISTOIRE UNIVERSELLE,

Par Auguste BOULLAND.

Rapport lu à la première classe de l'Institut Historique dans sa séance du 3 août 1836,
par M. H. Belfield-Lefevre (membre de la première classe).

DEUXIÈME PARTIE.

Après avoir développé le dogme religieux et scientifique des Étrusques, ainsi que l'organisation sociale qui y répondait, M. Boulland continue :

« Or, cette organisation religieuse, si unitaire et si conservatrice, sera loin d'être celle de la nation romaine, tout d'abord constituée militairement, comme pour étendre ses bras armés autour d'elle et ramener dans son sein toutes les populations errantes de l'Italie, tous les cultes isolés, les fondre et les mêler avec elle, de manière à former un corps multiple animé d'une seule volonté, la conquête.

« Ainsi on trouve, parmi les premiers rois qui fondent et qui organisent la nouvelle cité, un chef militaire qui avait commandé sous Tarquin, et qui, élu par les curies, rassemble les lois de Numa, fixe à sept le nombre des collines en agrandissant l'enceinte de la ville, et derrière le sillon sacré établit dans quatre quartiers différens la demeure de chacune des quatre tribus qu'il forme. Alors, dans ce camp il organise son armée, il dénombre cette nation de soldats et donne des armes à celui qui possède le plus. Il forme six classes, dont les cinq premières, composées de tous ceux qui possèdent 12 1|2 mines (625 fr.) et au dessus, sont divisées en nombreuses centuries de cavalerie et d'infanterie, et reçoivent des armes dont la puissance offensive et défensive est graduée dans la proportion croissante de la fortune. La sixième classe, composée de tous ceux qui possèdent au dessous de 12 1|2 mines, et qu'on appelle prolétaires, n'a pas le droit de porter des armes, et est dispensée de tout tribut. Il établit de même le droit de vote en rapport avec le droit d'armes et de propriété. Ainsi, tout en constituant les comices, il ordonne que les voix seront recueillies en commençant par les classes les plus riches, et qu'on ne descendra aux plus pauvres que dans les cas de doute; or cela ne devait presque jamais

arriver ; car, comme on comptait par centuries, et que chaque classe riche était divisée en nombreuses centuries, tandis que
la classe des prolétaires n'en formait qu'une
seule, la question était toujours décidée
d'emblée par les riches armés.

« Ces classes militaires, possédant tous les
droits, étaient donc maîtresses de la classe
plébéienne, dépourvue du droit de porter
les armes ; mais celle-ci, par la seule force
de l'inertie, c'est-à-dire par le refus du concours à l'activité sociale, pouvait, malgré
la prétendue immobilité des lois de Servius
Tullius, acquérir de nouveaux droits ; tandis qu'une troisième classe n'était comprise
ni dans l'organisation par classes, ni même
dans le *lustrum*, purification générale par
laquelle cette nouvelle société avait été
consacrée ; c'était les esclaves, acquis par
les citoyens par des voies très légitimes (Denys d'Halicarnasse), c'est-à-dire des prisonniers de guerre vendus à *l'encan* par la république. Ceux-là n'avaient aucun droit,
aucun signe ; et Tullius, en accordant aux
esclaves affranchis par leur maître, qui
leur donnait ou leur vendait la liberté,
d'être incorporés comme plébéiens dans les
quatre tribus de Rome, leur avait infligé,
comme signe d'un éternel mépris, le cha-
peau d'affranchi. Aussi, aux esclaves pas
de droits possibles, et le jour où ils se le-
veront pour en demander, le fer de leurs
maîtres se lèvera pour les anéantir.

« Cette constitution primitive de la nation
romaine se représente au principe de l'existence de Rome, par la création successive
de trois pouvoirs sociaux. Le premier a
pour but la création morale de la nation :
c'est celui des sept rois, dont les deux premiers réinstituent d'anciens cultes (Romu-
lus, celui de Jupiter Stator, et Numa, celui
de Vesta). Le second est celui des douze

consuls doubles, représentans de l'aristocratie militaire conservatrice de l'organisation sociale. Le troisième enfin sort de la
pluralité turbulente des plébéiens, qui,
échappée violemment du centre social, s'i-
sole et s'inertie sur le Mont-Sacré, pour ne
rentrer que représentée par cinq tribuns
chargés de conserver les droits qu'elle vient
de s'acquérir.

« Mais ce premier temps se termine par
des désordres, des calamités publiques, des
maladies pestilentielles, des défaites d'armée, et Cincinnatus quitte sa charrue pour
délivrer Rome et l'armée. Alors le dernier
pouvoir créé, celui des tribuns, après avoir
obtenu le partage des terres du Mont-Aven-
tin pour le plebs, après s'être multiplié de
cinq à dix, après avoir donné les douze tables qui prescrivaient la talion en cas d'in-
jures, et qui permettaient au créancier de
couper en morceaux le corps du débiteur
insolvable ; ces hommes de race inférieure,
puissans avant le temps, se livrent à une
dissolution brutale que les fait haïr et chas-
ser de Rome pour le viol d'une femme. Cependant l'influence plébéienne croît encore,
et les comices sont reconnus par les consuls
eux-mêmes comme la source de la loi. Enfin des patriciens descendent à être tribuns,
et par les tribuns militaires les plébéiens
s'ouvrent la route du consulat. Mais tandis
que se passait dans Rome même le mouvement de constitution politique qui tendait
à mêler deux races séparées, des ennemis
du dehors, non seulement envahissent le
territoire de Rome, comme les Eques et les
Volsques, mais entrent jusque dans la ville
sacrée elle-même. Brennus, chef d'une armée de ces Gaulois que Bellovèse avait ame-
nés en Italie, prend Rome, et ne se retire
qu'avec une riche rançon. Alors s'établit
entre les deux races romaines un compro-

mis qui élève un plébéien au consulat,
(tout en conservant aux Patriciens le pouvoir dans la prêture et l'édilité curule), et
qui réprime les envahissemens du pouvoir
aristocratique, en bornant dans la loi Licinia (loi agraire) toute possession à cinq cents
arpens de terre au plus, et à sept au moins,
et en ne permettant d'avoir que le nombre
de troupeaux et d'esclaves nécessaire pour
la culture.

« Cette espèce de trêve intérieure permet
alors à Rome d'aller attaquer, en Afrique,
son implacable ennemie, Carthage; et bientôt les légions romaines se répandent en
Grèce et en Asie.

« Cependant les nouvelles conquêtes avaient
tenté l'avarice des Patriciens : la loi Licinia
tombe en désuétude, et la misère du peuple
croît avec les triomphes de Rome. Deux
frères se lèvent pour le peuple, et veulent
remettre en vigueur les lois qui assurent sa
vie : mais ils retombent martyrs de leur dévouement; et les assassins des Gracques
livrent leurs noms, les plus purs de l'histoire romaine, et la loi Licinia, qu'ils vou-
laient raviver, à l'exécration de toutes les
aristocraties à venir.

« Mais la dissolution et l'impureté toujours
croissante des Patriciens ne tardent pas à
amener des désordres, et à susciter des ennemis puissans qui se lèvent contre Rome.
— A ses portes, la ligue des petits peuples
italiens qui réclament les droits de cité —
en Afrique, Jugurtha — en Asie, Mithri-
date — en Europe, une armée de Cimbres
et de Teutons la menacent et l'effraient.
Et alors un plébéien, un homme de basse
classe, Marius, se lève, délivre Rome et
profite de son triomphe pour abaisser cette
sale aristocratie à laquelle il reproche et
ses vices et sa bassesse; et elle lui répond
en lui jetant Sylla, et pendant la lutte de

ces deux représentans des Patriciens et des
Plébéiens, une troisième race paraît; celle-
là, c'est l'homme sans raison, c'est la chair
sans ame, c'est l'esclave possédé et mangé
par tout le monde qui a trouvé un défen-
seur, un chef, *Spartacus a battu des légions*. Mais il y a deux races d'hommes :
l'esclave ne vient pas des dieux; et l'esclave
meurt écrasé pour avoir voulu franchir une
barrière infranchissable, ne laissant pour
tout souvenir d'un admirable héroïsme que
les épithètes de féroces brigands, de bandes
effrénées, de révoltés criminels, que leur
ont prodigués à l'envi les écrivains de l'histoire des exploitans.

« Mais une vaste conspiration, mieux conçue et mieux liée, s'organise sous l'inspiration de Catilina pour rétablir une unité
puissante contre l'aristocratie sénatoriale
et les déprédations de l'insatiable avarice
des patriciens. D'un autre côté le tribun
Rullus essaie encore de faire revivre la loi
Licinia, et de l'appuyer sur un pouvoir
décemviral, chargé, avec une puissance
absolue, de la répartition des terres. Et la
dictature et le tribunat semblent vouloir se
réunir pour écraser entr'eux la pluralité
exploitante des consuls et du sénat. Mais
cette monstrueuse puissance est encore
sauvée par Cicéron, dont la faconde avocas-
sière aveugla assez les plébéiens pour leur
faire rejeter la loi de Rullus, et excita la
férocité des patriciens aux supplices des
conjurés de Catilina, qu'il eut le plaisir
de faire exécuter lui-même, au mépris de
toutes les lois romaines.

« De tout ce désordre naissait un sauveur.
César, l'un des conjurés catilinaires, et qui
les avait défendus au sénat, échappe aux
poignards de Cicéron, et élève lui-même le
pouvoir unitaire au dessus du sacrifice qui
s'accomplit de tous les anciens pouvoirs, et

dont il est lui-même victime. Là tombe Pompée, représentant de l'aristocratie, vaincu par César et assassiné par un esclave égyptien — là tombe César, le dictateur populaire, triomphant et expirant sous les poignards des aristocrates ,— là tombent ces implacables patriciens, ces assassins de César, poursuivis par la malédiction du peuple et lâchement suicides, ou atteints dans leur fuite par le glaive d'Octave — là tombe enfin Cicéron lui-même dont la ruse et la fausseté ne peuvent sauver la tête.

« Alors tout vient se concentrer dans la puissance impériale d'Auguste, premier de ces douze Césars qui , sapant tout ce qui restait de l'ancien patriciat, permettent à la nouvelle organisation plébéienne de former la base sur laquelle va s'élever le christianisme naissant.

« Et en effet, il ne reste plus alors qu'un peuple tout militaire, formé de patriciens et de plébéiens confondus : et toutes les classes, excepté les esclaves, ont le droit de porter les armes; et tous les étrangers qui ont obtenu le droit de cité, sont admis à exercer toutes les charges publiques : et au dessus de ce peuple est une seule unité, l'empereur; l'empereur, à la fois souverain pontife et chef politique, représenté dans l'action gouvernementale par les sénateurs, qui exercent les fonctions sacerdotales et de conservation politique, et par les tribuns qui remplissent les fonctions militaires. Et tout émane de l'empereur : c'est à lui seul que l'armée prête serment : tous les anciens modes de légiférer, les *lois,* les *plébiscites*, etc. sont abolis : il n'y a plus que la *loi royale* (lex regia) les *constitutions impériales*; et cette nouvelle forme législative commença à Auguste, exempt des lois (*solutus legibus*). — Si l'hérédité de l'empire n'est pas établie, c'est bien plus encore, car c'est l'empereur lui-même qui nomme son successeur : c'est enfin le pouvoir unitaire du premier âge dans toute sa puissance ; car tout se concentre dans l'empereur, qui a l'inspection generale de la religion, des mœurs, des fortunes, et qui est lui-même Dieu avec ses temples et ses autels.

»Et au dessous de cet empereur, de Dieu et du peuple viennent les esclaves, deux fois aussi nombreux que leurs maîtres, exerçant tous les métiers. et même les sciences et les arts ; d'autant plus précieux pour leurs maîtres qu'ils sont plus instruits et les plus adroits, car on les vend plus cher; mais aussi moins chers et plus utiles à acheter que tout autre instrument que seraient obligés de louer un marchand ou un agriculteur.

» Et ces avantages que les maîtres trouvaient dans les esclaves, tandis que la suppression de l'enlèvement et de l'esclavage des peuples conquis en avait diminué la source, engagèrent les maîtres à favoriser l'union sexuelle entre les esclaves. Et l'affranchissement que l'esclave pouvait acheter à prix d'or, devint aussi une occasion de richesse pour le maître; et la cupidité des maîtres fut tellement tentée par ce genre de libération , qu'on fut obligé de faire des lois pour restreindre l'affranchissement. Au reste, l'affranchissement ne donnait droit de bourgeoisie qu'après un jugement rendu par les magistrats , et jamais un affranchi ne pouvait parvenir aux emplois civils et militaires. Les esclaves étaient d'ailleurs nombrés par tête comme le bétail , et l'on trouve dans des comptes de succession : « 256,000 têtes de menu bétail; 3,600 paires de bœufs ; 4,116 esclaves. »

» Et cette organisation générale de l'empire se répéta dans toutes ses parties. Les provinces eurent des gouverneurs, représentans de l'empereur, et souvent dieux comme lui : les colonies, formées des légions établies en permanence dans les pays conquis, qui se peuplaient de familles de soldats, eurent un sénat et des curies : enfin les villes municipales devinrent les égales et les images des colonies romaines ; et leurs magistrats annuels eurent, après l'exercice de leurs fonctions, droit de citoyen romain.

« Et les grandes routes, partant de Rome, établirent un double rapport de commandement et de tributs commerciaux entre la ville sacrée et l'Europe, l'Asie, l'Afrique, couvertes de gouverneurs romains et de légions romaines : enfin des cirques immenses réunissaient dans leur enceinte les chefs de toutes les nations, tandis que les temples rassemblaient dans leurs murs sacrés les dieux de tous les pays.

« Qui donc aurait pu imposer cette colossale unité à une aussi prodigieuse diversité de nations, sinon la force matérielle qui les avait créées et constituées comme colonies du centre social du premier âge, dont elles conservaient encore le dogme inégalitaire ? — Et s'étonnera-t-on alors que les empereurs, en présence d'une aristocratie insatiable et débauchée, l'aient écrasée, noyée dans son sang, et exterminée, comme ordonnait la morale des premiers temps de le faire pour le mal ? S'étonnera-t-on que ces empereurs, réalisateurs d'une loi qui traitait la femme en esclave, aient foudroyé ces femmes hideuses qui les environnaient comme mères, comme épouses et comme sœurs; et qui, allant chercher dans les anciens cultes la justification de leurs débauches, ne tendaient à rien moins qu'à faire écrouler l'ordre social dans un marais in-

fect? — Auguste, Tibère, Caligula, Néron n'ont-ils pas en cela accompli une fonction sociale et religieuse, comme ces anciens dieux conquérans qui triomphaient des monstres à mille têtes et à mille corps, et qui exterminaient toutes les mauvaises puissances? — On a exalté les Vespasien, les Titus, les Trajan ; mais qu'auraient-ils donc été sans leurs cruels prédécesseurs? et qu'aurait donc fait la mansuétude des Antonins au milieu du désordre des guerres civiles, et de la férocité patricienne d'où sortit la puissance des Césars? — Et si l'immuable tenacité et la cupidité rapace de l'ancien sénat, qui voulait concentrer en lui tous les priviléges, n'eussent pas été broyées sous le pied des empereurs, les destinées de Rome auraient-elles pu s'accomplir? — Jamais les peuples étrangers et conquis eussent-ils pu être admis à la communauté sociale et à l'exercice des droits romains?

« Cependant nous sommes loin de vouloir exalter le génie de Rome : cette société n'avait rien à elle, et n'avait fait qu'appliquer à toutes les nations qu'elle avait pu atteindre, le dogme que chacune de ces nations avait déjà cherché à réaliser dans son sein et autour d'elle. Ce dogme était celui du premier âge, que chaque colonie avait emporté avec elle, et qui devait la faire tendre à une domination universelle dont elle serait le centre. Il n'y a pas de petit peuple, en effet, resté dans les voies morales du premier âge, qui n'ait prétendu être le centre de la terre; Rome eut par dessus tous les autres le bonheur et l'honneur de l'être réellement. Venue après l'Assyrie, l'Egypte, la Perse et la Grèce, elle profita de tant d'efforts antérieurs, et engloba dans une seule masse tous les cultes, toutes les organisations sociales, adoptant les uns et les autres, donnant droit de cité et exercice politique à tous ceux qui, dans leur nation, avaient ce même droit et ce même exercice: elle fondit ensemble toutes les noblesses et toutes les hiérarchies, pour les soumettre à une seule et même loi d'organisation, à une seule volonté gouvernementale: mais quelle que fût sa puissance, elle ne put dépasser le terme du dogme qu'elle appliquait, et qui avait dit :

« Il y a deux races d'êtres, une pure et
« une impure, une divine et une infernale. »

« Les philosophes grecs avaient consacré la même division dans leur science (1); Rome

---

(1) Voici la formule donnée à l'esclavage dans le droit public et civil romain : « Servi aut *fiunt* aut *nascuntur : fiunt* jure gentium, aut jure civili ; *nascuntur* ex ancillis nostris. » (*Instit.* I., III. IV.)

Quant à la Grèce, son dernier mot est dans Aristote:

« L'esclave est une certaine partie du maître, comme une partie animée de son corps, mais cependant séparée; car celui qui n'est pas *sien* par nature, et qui par conséquent est *d'un autre*, est esclave par nature, bien qu'il soit homme, puisqu'il est homme d'un autre, et chose possédée, comme le sont les instrumens; car il est mieux pour celui qui ne participe de la raison que de manière à pouvoir la comprendre et non *l'avoir*, et qui par conséquent est d'un autre et esclave par nature, d'obéir à un commandement; car il est meilleur pour les bêtes sauvages d'obéir aux hommes; et l'esclave est aussi inférieur aux autres hommes que la bête féroce l'est à l'homme; que le *corps* l'est à l'*ame*. » (Aristote, polit., cap. IV. V. VI.)

(*Boulland Hist. Univers.*, vol. II., p. 56-57.)

« Il est dans le vœu de la nature que celui-là commande qui peut, par son intelligence, pourvoir à tout, et que celui-là obéisse, qui ne peut concourir à l'avantage commun que par le service de son corps; ce partage est salutaire au maître et à l'esclave. » (*Polit., liv. I. cap.* 2.)

ne put l'ôter de sa pratique ; et les esclaves furent de toute nécessité possédés comme des hommes sans ame ou comme des bêtes. »

Dans cette esquisse rapide, et tracée de main de maître, que nous a donnée M. Boulland, de la constitution primitive et de l'évolution politique de l'empire romain, on ne rencontrera pas un seul fait qui n'ait été longuement établi par de nombreux documens, et qui ne soit complètement acquis comme incontestable à la coordination historique ; et cependant, cette esquisse, envisagée dans son ensemble, présente un aspect qui étonne par son étrange nouveauté. Quelle histoire a été plus savamment coordonnée dans ses généralités, plus laborieusement, plus minutieusement élaborée jusque dans ses moindres détails, que ne l'a été l'histoire de l'empire romain ? Et pourtant, quel historien avait jamais songé jusqu'ici à classer dans une seule et même série constamment croissante, et les réclamations de la plèbe sur le Mont-Janicule, et les efforts des premiers tribuns, et l'établissement de la loi Licinia, et le noble dévouement des Gracques, et les sanglantes exécutions de Marius, et la révolte armée de Spartacus, et la sourde conspiration de Catilina, et l'usurpation impériale de César, et les proscriptions inépuisables d'Octave, et l'extermination matérielle et morale de toutes les familles

---

« Il y a deux sortes d'instrumens : les uns animés, les autres inanimés. L'esclave est une propriété instrumentale animée. » (*Polit.*, *liv. I. cap.* 4.)

« Outre la servitude naturelle, il y a ce qu'on appelle la servitude établie par la loi conventionnelle des nations, suivant laquelle ce qui a été pris à la guerre appartient au vainqueur. » (*Polit., liv I. cap.* 6.)

(L'Européen, 2e série, n° 4, p. 107.)

patriciennes de Rome , par le fer, par le feu, par la dégradation volontairement con·sentie , par l'infamie violemment et brutalement imposée, sous le gouvernement impérial de Tibère , de Caligula, de Claude et de Néron ? — Quel historien, dis-je , avait jamais songé à établir une continuité spirituelle entre les termes si nombreux et si divers d'aspect que présente cette immense série ? — Quel historien surtout aurait osé justifier, aux yeux de l'histoire, cette série toute entière de faits , accomplis tantôt par le plus généreux dévouement, et tantôt commandés par la fatalité la plus aveugle , en démontrant que c'est par cette voie, et par cette voie seulement , quelque sanglante qu'elle fût , que l'humanité a pu parvenir à ses hautes destinées , et que le champ de la réalisation chrétienne a pu être créé ? — Tous ces faits providentiels, et tous ceux qui les ont accomplis, n'ont-ils pas été uniformement livrés par tous les écrivains anciens et modernes à l'exécration de tous les temps et de tous les siècles? Nous-mêmes, enfans, dans nos colléges, n'avons nous point été élevés à admirer la profondeur politique et le noble désintéressement de ce Menenius Agrippa, qui démontra à la plèbe retirée sur le Mont Sacré, que le ventre ne devait pas se révolter contre les membres; ce qui, appliqué à la constitution actuelle de l'empire romain, revenait à dire, que ceux qui produisaient tout et ne consommaient rien , ne devaient pas s'insurger contre ceux qui consommaient tout sans rien produire ? — N'avons-nous pas flétri, avec nos maîtres, l'ambition effrenée des Gracques, et la rapacité de ce Rullus, qui abusait de la crédulité du peuple, pour l'entraîner à spolier la petite propriété, à piller les boutiques ? — N'avonsnous pas maudit avec Salluste la sombre perversité de Catilina ? — N'avons-nous pas juré avec Cicéron , avec Brutus, avec Cassius, la mort de tous les aristocrates, de tous les Césars ? — Que dirai-je de Marius et d'Octave ? de Caligula et de Néron ? Marius qui exterminait les familles patriciennes de Rome par la guerre civile ; Octave qui les exterminait par la proscription ; Caligula qui les exterminait moralement dans l'esprit du peuple , en faisant élever son cheval au rang de premier consul ; Néron enfin qui les exterminait jusque dans leurs demeures , et qui incendiait Rome toute entière, afin de purifier par le feu le bauge de l'aristocratie ; et qui, pour comble de mépris, chantait sur sa lyre l'incendie de Troie, pour leur rappeler qu'échappés avec Enée à la domination de l'unité militaire des Grecs , ils devaient subir avec Néron l'unité politique de l'empire : et, en effet, l'incendie de Troie, et la conflagration de Rome, limitent entre deux termes de feu la généalogie des familles patriciennes.

Pourquoi cette singulière divergence dans l'appréciation de la valeur relative des faits sur la nature absolue desquels tout le monde est d'accord? — Et pourquoi, dans ses appréciations morales, le même écrivain sépare-t-il souvent de toute la distance qui sépare le bien du mal, deux faits qui dans leur nature absolue paraissent identiquement les mêmes? — Pourquoi, par exemple, car les exemples rendront notre pensée plus nette, pourquoi, pour quelques historiens, Brutus est-il le symbole de la liberté et de l'égalité républicaine, et César le type de la tyrannie monarchique? tandis que pour d'autres, au contraire, Brutus rappellera toujours la multiplicité fédérative des oligarchies, et César l'unité représentative des démocraties pures ? Et pourquoi Catilina, qui ameute la plèbe contre la loi romaine, fondée, interprétée et appliquée par le sénat de Rome, est-il maudit par ceux-là même qui bénissent Cicéron pour avoir fait supplicier les conjurés catilinaires, au mépris de toutes les lois romaines qu'il avait lui-même contribué à établir? — Dans la vie de Brutus et de César, il est à peine un acte sur lequel la discussion historique ne soit pas close, tant on est d'accord sur la nature même de ces actes; comment se fait-il donc que la série toute entière de ces actes, envisagée dans son ensemble, donne naissance à deux conceptions générales diamétralement opposées? — L'acte de Cicéron, qui ameutait les patriciens de Rome contre les plébeiens catilinaires, et qui les portait à violer sur ces conjurés toutes les lois existantes, n'est-il pas dans sa nature absolue identiquement le même que l'acte de Catilina, qui ameutait la plèbe contre le sénat romain et la portait à violer sur la personne des sénateurs toutes les lois de Rome? — Comment se fait-il donc que deux actes si analogues aient été envisagés comme si radicalement distincts par tous ceux qui se sont occupés d'histoire romaine? — Évidemment la solution de toutes ces questions se trouve dans la formule qui nous a conduit à cette longue discussion : c'est parce que parmi les historiens, les uns (et tous les historiens anciens sont de ce nombre) se sont exclusivement placés au point de vue de *l'origine* de la nationalité romaine, tandis que les autres se sont plus exclusivement placés au point de vue de son but.

Et en effet, pour les historiens placés au point de vue de l'origine, tous les actes qui ont eu pour but l'élaboration politique, ou l'application pratique, des conséquences logiquement déduites des principes qui servaient de base à la constitution primitive de l'empire, ont dû nécéssairemont être envisagés comme des actes accomplis suivant la loi, et classés comme tels dans la catégorie des actes méritoires; car il est évident qu'à ce point de vue, l'histoire d'une nation, c'est l'histoire des actes accomplis par elle, et logiquement déduits comme conséquences de son principe fondamental: et tous les actes qui sont contradictoires à ce principe ne peûvent jamais se présenter que comme des faits néfastes, comme des manifestations du mal. Et, au contraire; pour les historiens placés au point de vue du but, tous les actes qui ont une tendance vers ce but, soit que ces actes soient logiquement coordonnés pour l'atteindre, soit qu'ils en amènent fatalement et aveuglément la consommation, sont nécessairement envisagés comme des actes accomplis suivant la loi; tandis que les actes qui paraissent contradictoires à ces tendances seront nécessairement répoussés comme socialement criminels.

Or: tous les actes successivement accomplis dans la vue d'amener la réalisation d'un but, constituent nécessairement une série progressive et croissante, et manifestent une loi tendentielle; tous les actes, au contraire, qui se présentent comme des conséquences logiquement déduites d'un principe, tendent nécessairement à constituer l'immobilité sociale; car il est matériellement impossible que l'on puisse logiquement déduire d'une formule quelconque autre chose que ce qui y est déjà renfermé. Il suit donc de là, que les historiens et les législateurs placés au point de vue de l'origine ont dû nécessairement tendre à constituer des associations immobiles, tandis que les législateurs et les historiens placés au point de vue du but tendront nécessairement aussi à constituer des associations progressives : et il suit encore de là, que les mêmes actes historiques seront jugés d'une manière diamétralement opposée, suivant que le juge se placera à l'un ou à l'autre de ces deux points de vue.

Il devient donc essentiel, alors que l'on veut développer intégralement l'histoire d'une nationalité quelconque, de tenir un compte égal et de l'origine et du but de cette nationalité ; parce que, dans la considération du but, vous trouverez un critérium pour apprécier la valeur historique relative des transformations politiques que cette nationalité a subies, et des faits qui ont été accomplis par elle ; et dans la considération de l'origine, vous trouverez la raison de toutes les résistances que ces transformations politiques ont éprouvées : car les transformations sociales se font éternellement au nom des intérêts qui sont en puissance, et les résistances sociales au nom des intérêts qui sont en actes ; et les intérêts qui sont en actes affirment éternellement leur origine, et les intérêts qui sont en puissance appellent éternellement le but.

Or : parce qu'il est impossible d'écrire l'histoire d'une nation, à moins que l'on n'ait préalablement établi son origine et son but ; parce qu'il est impossible d'établir l'origine et le but d'une nation, si l'on ne connaît l'origine et le but de l'humanité elle-même ; parce que les conceptions religieuses antérieures au christianisme ont toutes conduit à affirmer que l'humanité était diverse d'origine et multiple de but ; parce que le Christ, en affirmant dogmatiquement que les hommes n'avaient qu'un seul père, qui était Dieu, qu'un seul but, celui d'appeler le règne de Dieu sur la terre, a seul pu rendre possible l'établissement de la formule fondamentale ; « l'humanité est une d'origine èt une de but ; » il suit ; que l'introduction de cette formule, essentiellement chrétienne, dans les sciences historiques, entraîne nécessairement une révolution complète : et parce que cette formule n'a encore été suffisamment développée que dans son premier terme, à savoir l'unité d'origine, il suit que cette révolution fondamentale est encore à faire.

Et enfin ; parce que le travail de M. Boulland est le premier qui ait été entrepris dans le but de développer, dans l'histoire de l'humanité toute entière, les deux termes de cette grande formule, il suit aussi, que le travail de M. Boulland est un travail complètement neuf dans la philosophie de l'histoire ; et que, comme tel, il devra nécessairement être consulté par tous ceux qui s'occupent sérieusement des sciences historiques.

BELFIELD LEFEVRE.

Membre de la 1re classe de l'Institut historique.

MUTISME STÉNOGRAPHIQUE

ET MUTISME NOCTURNE DE M. DUBLAR.

Rapport lu à la deuxième classe. (HISTOIRE DES LANGUES ET DES LITTÉRATURES.)

Chargé de vous rendre compte d'un nouvel interprète des sourds-muets, j'éprouve un grand embarras à m'acquitter de ma mission. Essayons de me faire comprendre.

Si la franchise est une qualité estimable, elle est aussi quelquefois un devoir pénible; mais la vérité ne veut point être déguisée, dût-elle blesser la susceptibilité des auteurs qui nous soumettent leurs ouvrages, surtout lorsqu'il s'agit de repousser de faux systèmes.

La brochure de M. Dublar est intitulée *mutisme sténographique ou manuel interprète à l'usage des sourds-muets, suivi du mutisme nocturne et d'une réfutation du système actuel du signe et de la mimographie de l'abbé de l'Épée.* Ce titre m'avait paru d'abord un jeu de mots puéril ou plutôt une superfétation malheureuse, environnée d'absence d'étude sur la matière. Il me semblait porter avec lui la condamnation de l'œuvre. Toutefois pour obéir jusqu'au bout à vos ordres, j'ai dû chercher quel sens M. Dublar prétendait attacher à chacun de ces termes, et voici où m'a conduit mon examen.

Dès la première page l'auteur annonce qu'il entend par *mutisme* « l'état du muet ou tout geste rendu par les mains, exprimant les mots qu'il veut peindre: » et par sténographique : « l'abréviation de ce geste. » Qu'ai-je besoin de démontrer, messieurs, la fausseté de cette définition du *mutisme?* Le mutisme peut-il signifier autre chose en gros bon sens, que l'état d'une personne privée de l'usage de la parole? Le geste peut-il être autre chose qu'un mouvement du visage, du bras, du corps qui contribue à réfléchir au dehors ce qui se passe dans l'ame? Le geste ne peut ni ne doit exprimer un mot isolé; il représente une idée complète tant sensible que palpable, métaphysique ou abstraite. Les lettres sont des *signes* et non des *gestes*, quand on les figure par le moyen d'une ou de deux mains et du corps entier lui-même. On appelle alphabet kiratologique celui où tout le corps agit, pour le distinguer de l'alphabet dactylologique, où les doigts seuls sont en action. Par exemple pour figurer un **T**, on allonge les bras horizontalement sur une même ligne, la tête baissée et les jambes rapprochées.

Dois-je perdre mon temps à relever une à une les qualifications vicieuses de *signaux de mains, — d'institut de signes,* etc? Cela m'entraînerait beaucoup trop loin.

L'ouvrage n'est malheureusement d'un bout à l'autre qu'un tissu d'erreurs pareilles, débitées avec un aplomb qui fait tomber la plume des mains. En voulez-vous un exemple? je copie: « il faut, dit M. Dublar, commencer par aller des *signes* aux mots et ensuite des *mots* aux *idées*. C'est le principe fondamental de cette éducation : autrement ce serait confusion toujours nouvelle. — Le *signe* doit représenter d'abord la lettre et le son ; puis le mot. — Le *mot* est le point d'appui de toutes les combinaisons de phrases, etc. »

Doit-on s'attacher à combattre sérieusement des propositions où le mot propre n'est jamais employé ? Doit-on essayer sérieusement de porter la lumière dans ce chaos ? je le veux bien, essayons.

M. Dublar confond le mot *signes* et le mot *idées*; il y a pourtant entre ces deux mots une différence, que j'explique journellement à mes élèves mais que je ne vous ferai pas l'injure, messieurs, de caractériser ici ; qu'il me suffise de jeter en passant cet axiome : les *mots* sont les signes des idées. — N'est-ce pas vouloir faire de nos pauvres sourds-muets des perroquets sans intelligence, que de prétendre qu'on doit commencer par les faire aller des mots aux idées? — En quoi consiste, au contraire, toute méthode logique, si ce n'est à aller des idées aux mots, c'est-à-dire, du connu à l'inconnu?

Par quel esprit de vertige l'auteur a-t-il osé flanquer le titre de sa brochure d'une réfutation du *signe et de la mimographie de l'abbé de l'Épée?* Cette réfutation solennellement annoncée, on a beau la chercher dans le livre, on la voit seulement écrite en grosses lettres au frontispice. Et sur quoi aurait-elle porté en effet? L'abbé de l'Épée ne s'est jamais occupé de mimographie.

En quoi consiste enfin le prétendu nouveau système que M. Dublar *offre comme le complément et le perfectionnement des travaux de l'abbé de l'Épée?* En un alphabet à deux mains, qu'il vante comme une *espèce de télégraphe et une double voix éloquente et qui doit exercer indubitablement la plus grande influence sur le développement de l'intelligence et sur l'image des idées.* Cet alphabet n'est pas nouveau ; il est emprunté à celui dont nous nous servons. L'auteur, jaloux d'y mettre du sien, lui a fait subir seulement des modifications qui ne sont rien moins qu'heureuses. Pourquoi, par exemple, attribuet-il à la lettre Z la forme que nous donnons à la main pour représenter un A ? Pourquoi, au lieu d'allonger perpendiculairement en baissant la main, l'index et les deux doigts qui suivent, pour former un M, l'index et un seul doigt pour faire un N, redresse-t-il la main et construit-il ces lettres en sens inverse? Notre dactylogie, à défaut d'autres mérites, a au moins celui de reproduire autant que possible les caractères de l'écriture et de l'impression, et c'est déjà beaucoup. Pourquoi consacrer encore la main droite à exécuter les consonnes, la gauche à exécuter les voyelles? N'y a-t-il pas quelque chose de puéril plutôt que de réellement utile dans cette petite distinction? Mais je vais plus loin. Supposons l'alphabet de M. Dublar exempt des défauts que je lui reproche, de quelle utilité pourrait-il être quand son but est la prononciation du sourd-muet ? Mais le sourd-muet ne connaît jamais de sons ; il ne comprend les mots qu'on lui trace ainsi, qu'autant qu'ils sont conformes à l'orthographe? Cet alphabet ne saurait donc être un moyen de communication entre tous les sourds-muets ; ce ne serait tout au plus qu'une télégraphie incomplète que pourraient établir entr'eux quelques-uns de mes frères d'infortune.

A la suite de l'alphabet, l'auteur présente des points physionomiques et un prétendu procédé de calcul; mais en vérité c'est à n'y pas comprendre davantage.

Dirai-je un mot du *mutisme nocturne* dont il se proclame l'inventeur? Prétendrait-il que notre infirmité est un obstacle à la conversation de nuit? Croit-il donc que la nécessité ne nous ait pas fait imaginer divers moyens ingénieux de nous comprendre dans l'obscurité? Mais j'ai voyagé pendant une nuit obscure avec notre secrétaire-perpétuel, et il peut vous dire si notre conversation a chômé dans la route.

M. Dublar termine sa brochure par une petite anecdote relative à un ambassadeur espagnol près la cour britannique, et à un directeur de *l'école des signes* d'Aberdeen (en Écosse), auquel il substitue un bouffon qui reçoit l'ambassadeur.

Tout cela peut avoir beaucoup de sel; mais j'avouerai franchement que je ne comprends pas. Peut-être est-ce la faute de mon intelligence, de mon infirmité, ou de l'une et de l'autre.

FERDINAND BERTHIER,

Professeur sourd-muet à l'École spéciale de Paris, membre de la 2e classe.

EXAMEN HISTORIQUE ET CRITIQUE

DES DIVERSES THÉORIES PÉNITENTIAIRES, RAMENÉES A UNE UNITÉ DE SYSTÈME APPLICABLE A LA FRANCE, PAR L.-A.-A. MARQUET-VASSELOT, DIRECTEUR DE LA MAISON CENTRALE DE LOOS, OUVRAGE COURONNÉ PAR L'ACADÉMIE FRANÇAISE, POUR LE PRIX MONTYON.

L'histoire des lois d'une nation serait la meilleure histoire de ses mœurs, elle expliquerait les causes par les effets.

Ceci s'applique surtout au droit pénal. Partout où il est cruel, soyez sûr que l'homme l'est aussi.

Ce n'est pas que bien souvent une nation ne devance le pouvoir qui la gouverne, et ne répudie ce que celui-ci soutient encore d'une autorité vieillie; inévitable résultat de l'influence essentiellement stationnaire des formes appliquées jusqu'à ce jour à l'ordre social, toutes créées dans des intérêts exclusifs d'actualité, chargées de maintenir pour le lendemain le travail de la veille, et d'imposer à l'avenir l'immutabilité surannée du passé.

Mais alors même que les gouvernemens, faute de se retremper aux sources de l'activité sociale, se maintiennent le plus obstinément retardataires, il y aurait injustice et folie aux peuples de les en accuser; car ils fonctionnent dans le but et d'après les conditions que ceux-ci leur ont eux-mêmes originairement assignés. Ces cruautés qui nous révoltent, ces supplices sanglans qui effraient, qui les a autorisés? Cette législation atroce, elle est la fille de notre moralité de quelques années, et c'est notre propre ouvrage qui nous advient en punition.

Mais de même que les peuples ne sauraient demeurer indéfiniment dans des voies négatives de leur perfectibilité, de même la résistance empruntée à des habitudes effacées, déchues, ne peut long-temps prévaloir contre la puissance d'une entraînante actualité. Quand la conscience nationale élève la voix, l'obstacle gouvernemental cède; et même il importe de signaler à l'attention des esprits philosophiques un progrès immense, bien qu'inaperçu, lambeau de liberté conquis par notre récente révolution: les partisans de la résistance ne la préconisent plus que comme une précaution d'ordre, un pouvoir modérateur, non comme une tendance légitime; novateurs timides, et inconséquens, s'ils sont sincères, dont les convictions se mettent à la merci d'une douce violence, et qui ne combattent que pour être vaincus.

En ce moment, un des vœux les plus prononcés de l'opinion publique est pour la réforme pénale. Déjà la suppression de la marque et de la mutilation a été obtenue; celle du supplice capital est énergiquement demandée comme une juste satisfaction à la loi mystérieuse et sacrée de la destinée humaine.

La prévoyance des publicistes est venu en aide aux exigences instinctives de la moralité populaire en leur donnant pour réponse cette formule philantropique: RÉGIME PÉNITENTIAIRE. A quoi bon en effet recourir à une répression violente, lorsque le simple emprisonnement se présente comme un gage suffisant de sécurité?

Indépendamment du mérite intrinsèque de *l'examen des théories pénitentiaires*, ce n'est pas un événement sans importance que le fait de sa publication. Fonctionnaire public et d'inclination en général peu progressive, l'auteur pour se prononcer en faveur d'un système dont son expérience ne lui a laissé ignorer aucun des inconvéniens secondaires, a dû être entraîné par de bien irrésistibles convictions. Cette détermination significative est un aveu quasi officiel de l'entraînement général des esprits.

Le système pénitentiaire n'est pas seulement un argument indirect contre une mauvaise législation, il tend aussi à modifier l'administration des détenus, dans un but de moindre mal-être et d'amendement. C'est même l'esprit sous lequel il a jusqu'à présent été considéré presque exclusivement et étudié avec le plus de fruit. *L'examen* se renferme également dans ces étroites limites; il s'occupe d'améliorer la police des prisons, sans la faire dépendre d'améliorations législatives. Tout ce qui pourrait s'opposer à une exécution immédiate, il l'écarte. Acceptons-le tel qu'il a été conçu.

Il est bien temps en effet qu'on mette la main à l'œuvre, et pour employer les paroles de l'auteur, « L'autorité des souvenirs de l'arbitraire et des sacriléges fureurs du passé impose au présent le besoin de la justice et de l'humanité. Peut-être, dans ce but, n'est-il pas hors de propos d'exposer brièvement, sur l'autorité d'Howard, l'état général des prisons en Europe, il y a environ un demi siècle. »

Dans la prison de femmes de Leewarden, en Hollande, au plus léger acte de désobéissance, on enfermait les prisonnières, pieds nus, dans des chambres privées d'air et de lumière, dont les parois et le plancher présentaient une surface anguleuse.

En Hanovre, le condamné était attaché au mur par un lien de fer, rivé aux pieds et par une chaîne attachée à une barre de fer qui tenait les deux poignets écartés d'environ deux pieds.

A Hambourg, les tortures étaient plus barbares que partout ailleurs, et le supplice de trancher la tête était le plus commun; le géôlier lui-même servait d'exécuteur.

A Dresde, on jouissait de la faveur insigne de faire changer son ferrement de jambe, lorsqu'on pouvait payer le maréchal, et que celui-ci y consentait.

A Liége... Il y avait deux prisons à Liége, l'ancienne et la nouvelle. Dans l'ancienne il y avait six cages de fer de sept pieds de long sur une hauteur et une largeur de six pieds et demi; une ouverture de six pouces pour y introduire les alimens. Chaque cachot, (basse fosse dans laquelle l'eau pénétrait) avait deux soupiraux étroits l'un pour recevoir l'air, l'autre pour le passage des alimens. Le cachot des malades était plus étendu.

« Les cachots de la nouvelle prison, ajoute Howard, sont plus effrayans encore que ceux-là. Il est peut-être aussi impossible d'en sortir, que de ne pas perdre l'usage de ses sens en y entrant... On n'entend que de lamentables cris... Une seule femme a pu soutenir cette horrible demeure pendant 47 ans, et y conserver la raison. »

A St-Pétersbourg, le knout était composé de courroies longues de deux pieds, armées de pointes. On pouvait les changer, lorsque le sang du criminel les avait rendues trop douces et trop flexibles. On reconduisait le patient en prison sur un chariot.

A Madrid les détenus étaient étendus sur des lits de pierre, et attachés avec des crochets de fer.

A Maidstone, comté de Kent, les malades mêmes conservaient leurs fers.

A Chesterfield, comté de Derby, les détenus étaient jetés dans des cachots à huit pieds au dessous du sol.

Abrégeons ces horribles tableaux de cruautés légales. Surtout abstenons-nous de citations contemporaines, lorsque chacun ne peut que trop facilement recueillir en soi-même le souvenir de quelque grande infortune, et tracer dans sa pensée le cercle immense que l'Europe moderne livre encore aux rigueurs du *carcere duro*. Empressons-nous plutôt de chercher des consolations dans les espérances que nous offre l'avenir, et donnons-les en contrepoids à tant de douleurs anciennes ou récentes.

Ces taches sanglantes dont le genre humain s'est couvert, la réforme pénitentiaire seule peut suffire à les laver. Etoile brillante de régénération, elle a choisi pour sa première apparition le ciel de la république américaine. Bientôt appelée sous la toge citoyenne de la démocratie bourgeoise de l'Helvétie, elle en a secoué quelques rares et précieuses semences sur le territoire d'Allemagne. Puis, elle a pris pied en Angleterre dont les mœurs républicaines frémissent et s'agitent, encore enveloppées sous le manteau anti-libéral de sa puissante aristocratie. A cet instant elle frappe aux portes de France. Que les derniers arrivés sachent du moins profiter de l'expérience de leurs devanciers!

En général nous trouvons un guide utile dans l'ouvrage de M. Marquet. Toutes les questions qui sont nées de cette grave matière, il les reproduit. Il rappelle l'opinion de chaque auteur avant de fournir lui-même la sienne, et met ainsi, autant que le permet cette méthode de critique morcelée, le lecteur en état de décider en pleine connaissance de cause. Dans l'impossibilité de présenter une analyse complète de toutes les mesures de détail, attachons-nous aux points principaux.

Les bases actuelles de notre système pénal sont :

1° La sécurité sociale.

2° La punition du coupable.

3° L'intimidation de celui qui serait tenté de le devenir.

Celles du régime pénitentiaire sont :

1° La sécurité sociale.

2° L'amendement du condamné.

La punition n'y est autre que celle qui résulte des mesures de sûreté.

Et l'intimidation pénale est abandonnée par tous les hommes éclairés, comme vaine dans ses effets, dangereuse dans ses abus.

Telle devait donc être la division naturelle de tout travail sur le régime pénitentiaire.

Entraîné par l'autorité du docteur Julius, l'auteur a adopté les divisions plus compliquées des *leçons sur les prisons* :

1° Sûreté.

2° Salubrité.

3° Surveillance.

4° Répartition en différentes classes.

5° Travail et occupation.

6° Instruction.

Il a ajouté quatre nouvelles sections :

7° Unité de système.

8° Administration générale.

9° Répartition de la France en subdivisions pénitentiaires.

10° Mode et moyen d'exécution.

Chacun de ces points est traité dans ses rapports avec les diverses classifications de prisonniers, savoir :

1° Prisonniers politiques.

2° Prisonniers pour dettes.

3° Militaires.

4° Membres des familles royales.

5° Ministres des cultes.

6° Hommes.

7° Femmes.

8° Vieillards.

9° Hommes faits.

10° Enfans.

11° Condamnés pour récidive.

12° idiots, imbéciles, fous.

13° Prisonniers de guerre.

Depuis long-temps tout le monde est d'accord sur la nécessité de faire cesser ce pêle-mêle corrupteur de prisonniers de tout âge, de tout sexe, de toutes conditions pénales ; et l'on peut avec fruit adopter la plupart des conseils donnés par l'auteur, d'après ces divisions.

Il en est un qui mérite de fixer plus particulièrement l'attention. Les partisans de la réforme ont attaché une grande importance au mode de construction des prisons. Ils ont travaillé à leur donner une disposition telle que le directeur pût tout voir et tout entendre d'un point central vers lequel rayonnent tous les compartimens de la maison. Si la sécurité publique était à ce prix, l'adoption des pénitenciers courrait risque d'être pour long-tems ajournée. Heureusement que M. Marquet lève tous les obstacles qui naîtraient de la dépense des constructions nouvelles et des pertes occasionées par l'abandon des bâtimens existans, en démontrant l'inefficacité et les dangers de ces théories philantropiques, ramenées à l'application, et en prouvant fort pertinemment que de simples murailles, un chemin de ronde et une garde militaire, sont des garanties suffisantes de sécurité, sans les portes de fer, les voûtes assombries, et la multiplicité des verrous.

Quant aux deux véhicules principaux de l'amendement pénitentiaire, le travail et l'instruction, l'auteur n'adopte pas toujours les opinions des écrivains qui l'ont précédé.

Le travail doit-il être rétribué ? Sera-t-il fait à la tâche, à la journée, à l'entreprise? volontaire ou forcé ? Ces questions et vingt autres de même nature sont traitées avec tout le soin , la sagacité et la mesure que leur importance réclame. Mais il en est une qui se distingue par dessus toutes les autres, comme touchant de plus près à la régénération des détenus.

Notre collègue M. de Beaumont et M. de Tocqueville, dans leur excellent ouvrage sur les pénitenciers des Etats-Unis , ont réduit à deux systèmes principaux les modes divers du travail ; travail isolé ; travail en commun dans le silence.

M. Marquet rejette le travail isolé comme improductif, inhumain , immoral , inefficace. Il rejette le travail silencieux pour cette dernière raison spécialement.

Réduit à l'emprisonnement solitaire, enterré tout vivant dans une cellule, l'homme perd bientôt le courage et la raison. Sa constitution physique et morale s'altère par le seul fait d'une inaction contre nature; et des habitudes honteuses viennent trop souvent hâter le progrès de sa dégradation.

Le travail en commun dans le silence, c'est l'isolement moral au milieu du monde matériel. Comment en maintenant l'homme à l'état de machine, prétendre à éclairer sa raison, à purifier ses sentimens? Cet être que vous vous proposez de restituer à la société, comment vous assurerez-vous qu'il en est devenu digne? Que pourrait-on attendre d'une ame perverse qui rentrerait dans le mouvement social, après une léthargie de quelques années ? Le sommeil du cœur en efface-t-il la corruption? Mettez donc le coupable à l'épreuve de la vie commune, car ce n'est que par leurs écarts sentis et appréciés qu'on parvient à user les mauvaises passions.

Il n'est pas toujours possible d'adopter complètement les opinions de l'auteur sur l'instruction des détenus.

D'abord son utilité ne lui semble pas bien incontestable. Il n'en admet l'efficacité que dans un nombre très circonscrit de cas; et ce n'est pas une chose médiocrement remarquable que son peu de foi en général dans l'amendement des coupables , et l'ardeur avec laquelle il appelle l'amélioration de leur sort; bienveillance à froid, sans espoir , toute gratuite , sacrifice d'autant plus honorable de la logique, au profit de l'humanité.

Il distingue l'instruction industrielle , morale et religieuse.

Il accorde que jusqu'à présent, la première est celle qui a eu le plus de prise, et dont il faut attendre le plus d'effet, mais cela ne l'empêche pas de donner sa principale recommandation à l'instruction religieuse, qui n'est demeurée stérile que parce qu'elle a été mal présentée. Qu'on la confie à une corporation, et elle enfantera bientôt des prodiges...

Inutile d'entrer en controverse avec l'auteur sur cette dernière proposition , qu'il ne paraît pas au reste vouloir développer complètement. Qu'il suffise de faire remarquer que cette autorité parasite s'accorderait assez mal avec l'unité de direction dont la partie nouvelle de l'ouvrage a pour objet de démontrer les avantages. Pourquoi introduire ce dissolvant dans l'économie administrative des prisons , qu'il a le premier recommandée, et qui mérite , sous plus d'un rapport , l'attention du public et des gouvernans.

En résumé, ce qu'on peut blâmer dans l'*Examen des théories pénitentiaires*, c'est une marche un peu désordonnée, l'absence d'unité dans les opinions, une sorte de chaos dans les idées et les convictions, des déclamations politiques et religieuses, quelquefois hors de propos, une exubérance de saillies qui ne sont pas toujours spirituelles, et des citations trop souvent mal amenées.

Mais sous le vernis de cette forme incohérente, hasardeuse et déshabillée, se trouvent des aperçus nouveaux et riches de résultats, des recherches consciencieuses, des tendances pleines d'indulgence et d'humanité, des enseignemens précieux, et je ne sais quoi de hardi et de provocateur, qui met sur la voie des graves méditations. Les meilleurs ouvrages ne portent pas d'autre cachet.

N. Boussr.

Membre de la 3e classe de l'Institut Historique.

DOCUMENS HISTORIQUES CURIEUX OU INÉDITS,

NOTE

Les deux planches dont j'ai donné un *fac simile* à l'Institut historique (1), sont sans pagination, et se trouvent à la suite de l'ouvrage de Haultin, ayant pour titre : *Figures des monnoyes de France*, 1619, in-4, ouvrage singulier, entièrement composé de figures gravées sur bois, très bien exécutées, sur le *recto* seulement des feuillets, sans le moindre texte.

Abstraction faite des deux planches dont il s'agit, cet exemplaire de Haultin est absolument conforme à la description consignée dans nos bons catalogues, ou dans les bibliographies le plus justement estimées, telles que celles de Debure et de Brunet ; il est par conséquent inutile de le décrire ici.

Quant aux deux planches qui terminent cet exemplaire, et qui m'ont paru dignes de fixer l'attention de l'Institut historique, l'une, la première, est une reproduction des figures des deux premières monnaies de la page iij; des quatre premières et des septième et huitième monnaies de la page v.

La seule chose à désirer sur cet objet, serait la connaissance du motif pour lequel cette reproduction a été faite, ainsi qu'elle vient d'être décrite.

J'avais pensé que cette planche pouvait

(1) Ces deux planches sont déposées dans les archives de l'Institut historique, où plusieurs amateurs sont venus les consulter.

être un *errata*, mais sous quelque rapport que je n'ai pas su encore découvrir.

La seconde planche porte six lignes de caractères bizarres, probablement gravés sur bois, avant que d'être transmis au papier par l'impression.

Plusieurs orientalistes de Paris, déjà consultés, ont déclaré qu'il n'y avait rien d'oriental dans ces caractères.

Les hellénistes y ont trouvé, çà et là, quelques imitations grossières de lettres de l'alphabet cursif grec.

M. Hase a cru reconnaître la date 726 à la quatrième colonne.

MM. De Roquefort et Depping ont signalé un assez grand nombre de lettres des alphabets goths et runiques, notamment dans la première ligne qui en est presque toute formée; mais ces monogrames isolés ne peuvent nullement s'arranger de manière à avoir un sens.

Le signe III a semblé être celui dont se sert le blason pour désigner les branches puînées des grandes maisons.

Les autres caractères, rappelant les formes de la balance, d'un arc armé d'une flèche, etc., ont paru appartenir à des signes du zodiaque ou à des caractères relatifs à l'alchimie.

Du reste, après de nombreuses recherches, le savant M. Van-Praët a déclaré que cet exemplaire était le *seul* connu jusqu'à ce jour, où se trouvaient ces singulières planches.

M. Kuhnholtz prie M. le secrétaire-perpétuel de vouloir bien lui faire connaître le résultat des recherches que l'Institut historique se propose de faire sur le *fac simile* qui lui est offert.   H. Kuhnholtz,

Bibliothécaire de la Faculté de Médecine
à Montpellier, Membre de la 1re classe de l'Institut historique.

Rapport sur le Fac-Simile communiqué par M. Kuhnholtz.

Messieurs,

Notre collègue, M. Kuhnholtz, a envoyé à la deuxième classe un fac-simile de deux planches de l'ouvrage de Haultin, intitulé: *Figures des Monnoyes de France*, in-4°, publié en 1619. La première de ces planches est la reproduction de quelques monnaies représentées dans les pages 3 et 5 de cet ouvrage: et la deuxième contient six lignes de caractères bizarres et indéchiffrables. Il s'agissait de rechercher quel a pu être le motif pour lequel la reproduction des monnaies de la première planche a été faite, et de savoir à quelle langue appartiennent les caractères dont je viens de parler.

Sur le premier objet, votre rapporteur n'a pu obtenir aucun éclaircissement satisfaisant. M. Kuhnholtz pense que cette planche peut être un errata; pour se prononcer sur ce fait, il faudrait avoir l'ouvrage sous yeux afin de confronter ces dessins entr'eux. Il serait possible aussi qu'on n'eût reproduit ces médailles que pour donner quelques détails particuliers à leur égard; quoi qu'il en soit, cette question n'a paru à votre rapporteur, ainsi qu'aux savans qu'il a consultés, que d'un intérêt tout-à-fait secondaire.

Quant aux figures de la seconde planche, M. le baron Silvestre de Sacy les a reconnues comme étant de ces caractères magiques dont les Egyptiens se servaient pour *délier les talismans*. Il me présenta, en effet, un ouvrage dans lequel nous vîmes, dès les premières pages, des figures tout-à-fait semblables à celles du fac-simile, et il n'est pas à douter que nous n'y en eussions trouvé un plus grand nombre, si nous avions voulu donner suite à nos recherches; mais c'eût été un travail inutile pour la science, car ces caractères cabalistiques, inventés par la supercherie, n'ont été imaginés que dans le but de tromper la crédulité publique : jamais ils n'ont servi d'interprète à une langue quelconque. Nous pouvons d'autant mieux ajouter foi à ce qu'avance M. de Sacy, que M. Bournouf fils et M. Champollion ont émis la même opinion à ce sujet.

Notre collègue M. Éloi Johanneau a pensé que ces figures pouvaient être les monogrammes isolés des monnaies des anciens rois de France, mis à la suite les uns des autres, sans liaisons et sans rapport; c'est la présence du lambel que l'on voit dans la cinquième ligne qui lui a suggéré cette idée, mais les recherches que votre rapporteur a faites à ce sujet dans les recueils de Boutroue, Leblanc, Ducange, Carpentier, etc., l'ont confirmé dans l'opinion que le fait avancé par notre savant collègue ne saurait être justifié.

REDLER,

Directeur du *Journal grammatical*, Membre de la 2e classe de l'Institut historique.

EXTRAIT DES PROCÈS-VERBAUX.

CONTINUATION DES PROCÈS-VERBAUX DU CONGRÈS HISTORIQUE TENU A L'HÔTEL-DE-VILLE DE PARIS EN 1836. — PROCÈS-VERBAUX DES ASSEMBLÉES GÉNÉRALES ET DES SÉANCES DE CLASSES DE L'INSTITUT HISTORIQUE.

.*. Le congrès historique a tenu sa huitième séance le lundi 3 octobre. (Présidence de M. le comte de Lasteyrie.)

M. Victor Martin lit la 2e partie de son travail sur les grandes épidémies.

M. le baron d'Eckstein répond au mémoire lu par M. Venedey dans la 6e séance. Cette réponse est vivement applaudie.

Une discussion s'engage sur cette question.

MM. Venedey, Siméon Chaumier, de Rienzi, y prennent part.

M. Dufey fils lit un mémoire en réponse au discours de M. Venedey.

M. Siméon Chaumier réplique.

.*. Le mercredi, 5 octobre, est consacré à la neuvième séance. (M. Buchez, président.)

Lecture de M. Alex. Lenoir sur la statuaire, depuis les Grecs jusqu'à nos jours.

M. Gaussuron-Despréaux prend la parole sur la question des langues, déjà traitée par MM. Venedey et le baron d'Eckstein.

Le bureau, après en avoir délibéré, retire la parole à l'orateur.

MM. de Rienzi, Gaussuron-Despréaux, Mollard, Hippolyte. Dufey et le baron d'Eckstein, terminent la séance par une discussion très-importante.

.*. Dixième séance, le vendredi 7 octobre. (Présidence de M. Buchez.)

M. Mollard lit un mémoire sur l'établissement des communes.

M. le baron Eugène de Bray traite la question de la formation et des conditions d'existence des nationalités.

M. Sulcer improvise un long discours sur la condition des femmes chez les peuples de l'antiquité.

M. de Brière fait quelques observations sur le discours lu par M. le baron d'Eckstein dans la huitième séance.

M. le baron d'Eckstein répond à MM. Venedey et à M. de Brière.

La séance est terminée par une discussion sur divers sujets, à laquelle prennent part MM. de Brière, de Rienzi et Czynski.

.*. Onzième séance, le samedi 8 octobre. (Présidence de M. Alex. Lenoir.)

M. Ferdinand Thomas lit, au nom de M. de St-Gervais, un mémoire sur la poétique de l'histoire.

M. Sulcer se livre à une improvisation remarquable sur les développemens successifs de la musique depuis le XVIe siècle.

M. Siméon Chaumier répond à M. Sulcer.

M. Sulcer réplique.

M. de Brière donne quelques nouveaux détails sur les hiéroglyphes. Une discussion s'engage à ce sujet.

M. Buchez, vice-président de l'Institut Historique, lit le discours de clôture. Ce discours est accueilli par des applaudissemens prolongés.

———

.*. La première classe (Histoire générale et Histoire de France) s'est réunie extraordinairement le lundi 24 octobre, sous la présidence de M. Dufey (de l'Yonne). Membres présens, 21.

Six nouveaux candidats sont présentés à la classe.

M. Hippolyte Dufey est chargé de rendre compte des divers opuscules offerts par M. Trouillet; et M. Dufey (de l'Yonne) de l'Histoire de Seignelay par M. l'abbé Henri; ainsi que des Annuaires du Doubs de M. A. Laurens, lorsque ces ouvrages seront parvenus en double exemplaire à l'Institut historique, conformément aux réglemens.

M. Aug. Vallet a la parole pour un rapport sur une société qui s'intitule Société bibliophile historique.

Cette lecture n'a pas de suite.

M. Aug. Vallet lit ensuite un travail relatif à une peinture sur verre de l'église de Saint-Étienne-du-Mont, à Paris.

.*. Le mardi 25 octobre, séance extraordinaire de la deuxième classe (Histoire des Langues et des Littératures). Présidence de M. Venedey. Membres présens, 17.

Des livres et des brochures sont offerts.

Un candidat nouvellement présenté est admis.

M. Camille de Friess lit un Mémoire fort intéressant sur la Littérature ancienne de la Corse.

M. Venedey annonce que ses nombreuses occupations le forcent de remettre à la prochaine séance de la classe son rapport sur la bataille de Kirholm.

.*. La troisième classe (Histoire des Sciences physiques, mathématiques, sociales et philosophiques) s'est assemblée extraordinairement le mercredi 26 octobre, sous la présidence de M. Lebot. Membres présens, 19.

Divers livres et brochures sont offerts à la Société.

Il est fait lecture par le secrétaire-perpétuel d'une volumineuse correspondance.

Trois candidats sont présentés à la classe.

Lecture de M. le docteur Cerise sur la Médecine des anciens.

,*, Séance extraordinaire de la quatrième classe (Histoire des Beaux-Arts), le jeudi 27 octobre. M. Alex. Lenoir, président. Membres présens, 25.

Divers livres et brochures sont offerts.

Il est donné lecture de la correspondance.

M. Alex. Lenoir lit un intéressant Mémoire sur les Antiquités de Paris avant l'établissement de la monarchie. Invité par sa classe à poursuivre le cours de ses curieuses recherches, le respectable président annonce une série de lectures qui se succéderont prochainement.

,*, Le samedi 29 octobre, séance générale de l'Institut historique. Présidence de M. Buchez. Membres présens, 59.

Lecture de la correspondance.

Hommage de livres et brochures : des remerciemens sont votés aux donateurs.

Huit nouveaux candidats présentés par les classes sont admis.

M. Buchez rend compte verbalement du congrès historique dont les séances viennent d'être closes à l'Hôtel de-Ville.

L'ordre du jour appelle la question de savoir à quelle époque aura lieu le prochain congrès. Après une longue discussion, à laquelle ont pris part, entr'autres membres, MM. Juste Houel, président du tribunal civil de Louviers, Buchez, Dufey (de l'Yonne), etc., etc., il est arrêté que le Conseil sera chargé de formuler une proposition sur ce sujet.

Lecture de M. Venedey sur l'enseignement primaire dans les domaines de la Prusse.

CHRONIQUE.

— L'Académie des Sciences sur le rapport de la commission nommée pour juger les mémoires présentés pour le concours annuel du prix de médecine et de chirurgie fondé par feu Montyon, a voté un encouragement de 2,000 francs à notre collègue M. le docteur Junod pour ses recherches physiologiques et thérapeutiques sur les effets de la compression et de la raréfaction de l'air, tant sur le corps que sur les membres isolés.

— Notre collègue M. Nestor Lhôte, qui a accompagné M. Champollion le jeune en Égypte et en Nubie, vient de publier sur les obélisques égyptiens une notice historique (1) qui renferme, sous une forme méthodique et résumée, tout ce que peut offrir d'intéressant l'étude de ces cuieux monolithes. Nous recommandons à nos lecteurs ce travail, qui joint au mérite de recherches consciencieuses, des notions que personne n'avait jusqu'ici songé à réunir. Cette notice, qu'accompagnent de nombreuses gravures sur bois par notre collègue Porret, et deux dessins pris sur les lieux, se complète, quant à l'obélisque de Louqsor, par une inter-

(1) Paris, chez Leleux, éditeur, rue Pierr Sarrazin, 9. — Brochure in-8, a fr.

prétation raisonnée des inscriptions qui couvrent ce monument, et par tous les détails relatifs à l'abattage, au transport et au placement de l'obélisque sur son piédestal.

— M. de Pontavice, officier à bord de *la Recherche*, vient de faire parvenir à son parent, à Caen, une de ces petites pirogues que font manœuvrer, avec tant d'adresse et d'agilité, les Esquimaux du Canada. Elle a dix-sept pieds de long sur seize pouces dans sa plus grande largeur, et se termine aux deux bouts en pointe très effilée. Sa profondeur est de huit pouces. Elle est faite de peaux de rennes cousues ensemble, et appliquées sur une charpente extrêmement légère, puisque le tout ne pèse que quarante livres. Elle est accompagnée de l'aviron et des instrumens de pêche des Esquimaux. On n'y voit point de fer, à l'exception d'un harpon et d'une lame de couteau : les clous et les chevilles sont en os; le fil et les cordes sont en boyau. Le travail de cette curieuse nacelle donne une idée du degré d'industrie auquel peuvent parvenir les hommes privés de toutes les ressources que les arts mettent à notre disposition.

— M. Denis, capitaine au long-cours, a adressé à la Société de géographie un rapport sur la découverte qu'il a faite d'une île dans la Polynésie. Voici textuellement la partie principale de son rapport :

« Le 27 décembre 1835, étant entré dans l'archipel dangereux des îles de la Société, après avoir pris connaissance de l'île de Gambier, me dirigeant sur l'île Hood, à dix heures du matin, étant encore dans le sud de cette île, et faisant route à l'ouest, la vigie cria terre, par le bossoir de babord, ce qui m'étonna, puisqu'aucune de mes cartes ne me signalait aucune terre dans cette direction, du moins à cette distance. Je gouvernai dessus, et à onze heu-res je n'en étais qu'à deux milles. Je l'ai reconnue pour une île basse et d'une étendue de douze milles environ, assez boisée au milieu, les extrémités sud et nord-ouest garnies de cocotiers. Je n'ai pu découvrir aucune trace d'habitans ni d'embarcations sur la côte. J'ai déterminé sa position, latitude S. 21o 39', la pointe nord ; la longitude 158" 32' O. »

Nous ne voyons pas qu'un nom ait été donné à l'île.

— Dans les Mémoires publiés par l'Académie de Pétersbourg, on en trouve un de M. Frahn sur l'écriture russe au dixième siècle. On ne se servait point de papier ou de membranes pour écrire, mais on taillait les lettres sur du bois, comme chez les Scandinaves. Les lettres de l'échantillon que l'on donne pour être celui de l'écriture russe au dixième siècle, n'offrent aucune analogie avec les caractères slavons ni avec les runes que l'on trouve en Danemarck et en Suède ; mais on y reconnaît une ressemblance complète avec les inscriptions, non encore expliquées, que l'on rencontre sur la route entre Suez et le mont Sinaï, inscriptions mentionnées déjà par un écrivain qui les attribue à des chrétiens qui se rendaient en pèlerinage au monastère de la Transfiguration. Tychsen avait aussi signalé l'analogie qui existe entre l'écriture sinaïtique et les caractères des inscriptions connues d. la Sibérie.

— Les Anglais n'ont pas voulu rester en arrière de l'exemple donné par M. de Montyon. Un homme riche, léguant une partie considérable de sa fortune, pour le perfectionnement des sciences et l'amélioration de l'ordre social, le duc de Bridgewater en mourant laissa 200,000 francs pour être distribués aux auteurs des meilleurs ouvrages, qui exposeraient les rapports

entre les œuvres de la création, et la puissance et la bonté du créateur. Le président
de la société royale de Londres, au jugement
duquel le testateur s'en remettait, chargea
huit savans de composer des ouvrages dans
cet esprit. Voici leurs noms :

1° M. Th. Chalmers, sur les rapports des
objets extérieurs avec la constitution *morale*
et *intellectuelle* de l'homme;

2° M. J. Kidd sur les rapports des objets
extérieurs avec la constitution *physique* de
l'homme;

3° M. W. Wewell, sur l'astronomie et la
physique générale.

4° Sir Ch. Bell, sur la main, son mécanisme, etc.

5° M. O'M. Roget, sur la physiologie ani-
male et végétale.

6° M. Buckland, sur la géologie et la minéralogie.

7° M. W. Kirby, sur l'histoire, les mœurs
et les instincts des animaux.

8° M. W. Prout, sur la chimie, la météorologie et les fonctions de la digestion.

C'est en 1829 que mourut M. le duc de
Bridgewater, et tous ces ouvrages, dont la
collection est connue sous le nom de *Bridgewater's treatises*, ont été successivement
composés. Il ne manquait que celui de M.
Buckland sur la géologie et la minéralogie.
Ce savant vient de le publier en deux volumes, accompagnés de 87 planches. Il y a
réuni tous les faits les plus curieux de pa-
léontologie, et sous ce rapport son livre est
le meilleur résumé de l'état où la science
est parvenue.

— Un journal semi-officiel dit que le ministère de l'instruction publique s'occupe de
mesures qui auront pour résultat d'assurer
non-seulement aux villes, mais à toutes les
communes de France, une petite bibliothèque composée de livres élémentaires sur

toutes les industries, sur tous les arts, et des
meilleurs ouvrages de morale et de religion.
Ce dépôt de livres sera placé provisoirement
dans les mairies de chaque commune, et
l'on a calculé que les frais d'acquisition s'é-
lèveront à un million ou douze cent mille
francs.

—Le *Journal de l'Aube* annonce qu'une
Société d'ingénieurs s'occupe de faire une
carte géologique destinée à la description de
toutes les natures de terrains et à l'indication
de leurs produits. A l'aide de cette carte,
chacun pourra connaître non-seulement le
sol qu'il est destiné à féconder, savoir les
semences qu'il est susceptible de recevoir,
mais s'assurer également s'il contient des
couches recélant des eaux jaillissantes, des
carrières de pierre, de sable, d'argile, des
minéraux et autres produits géologiques.

—Lors des fouilles faites à Pompéïa, il y
a quelques semaines, et qui eurent lieu en
présence du roi de Naples, on fit une découverte précieuse, consistant en 64 pièces de
vaisselle de table en argent, avec lesquelles
se trouvait dans le même réduit une serviette
encore en parfaite conservation.

— L'Eglise Saint-Louis, au Marais, va
être restaurée de fond en comble pour devenir une des plus belles de Paris. Dès l'année
dernière on a vu les ouvriers restaurer son
portail; cette année toute la sculpture, les
colonnes, les pilastres, les chapiteaux et les
corniches de l'intérieur ont été regrattés à
vif; maintenant les peintres sont occupés à
restaurer les peintures du dôme, lesquelles
représentent l'apothéose de Saint-Louis.

— Nous venons d'apprendre par des lettres d'Égypte que plusieurs des Anglais, les
plus distingués qui demeurent dans ce pays,
ont formé une association qui portera le
nom de Société égyptienne, et dont le but
sera de faciliter les recherches des savans qui

voudront explorer la vallée du Nil. Les premiers travaux de cette Société ont eu pour objet l'établissement d'une bibliothèque qui contiendra les meilleurs ouvrages que l'on a écrits sur l'Orient. Cette bibliothèque sera placée au Caire, où elle pourra être consultée par les savans de toutes les nations qui affluent dans cette capitale de l'Égypte.

(The London Athenæum.)

— Syngapore est une des plus intéressantes colonies qui se présentent dans toute l'histoire du commerce. C'est une île qui a trente milles de longueur sur quinze de largeur, située, en entrant dans la mer de Chine, à l'extrémité Est du détroit de cinq cents milles qui sépare l'île de Sumatra du continent de l'Asie. Syngapore n'est qu'une des soixante-dix ou quatre-vingts îles qui sont dans ces mêmes parages, pour la plupart inhabitées et couvertes de forêts vierges jusqu'au bord de la mer; il y a seize ans, elle ne contenait que quelques pirates qui campaient momentanément sur ses bords. Pendant les dix premières années de l'occupation anglaise, sa population excéda douze mille habitans, et, dans les sept années qui viennent de s'écouler, elle s'est doublée et s'élève aujourd'hui à vingt-cinq mille.

Dans cette période de sept années, ses exportations et importations n'ont jamais été au-dessous de un million et demi sterling. Ainsi, en moins de seize ans, ce point, sorti de l'Océan et des forêts, est devenu l'un des principaux ports de l'Orient et de beaucoup le plus actif dans les vastes possessions anglaises de l'Inde. Cela provient de son heureuse situation et surtout de l'entière liberté dont y jouit le commerce. Syngapore se trouve sur la grande route de communication maritime existant entre la Perse, l'Arabie et l'Indostan, d'un côté, et les îles indiennes, Siam, Tonquin, la Chine, l'Austrasie et les côtes orientales de l'Amérique, de l'autre.

Son commerce se multiplie et varie par la diversité des nations et des tribus dont se compose sa population, ou par les marchands étrangers et les marins qui fréquentent son port. On y parle trois dialectes chinois, trois des langues de l'archipel indien et trois de celles de l'Indostan, sans compter l'usage fréquent des langues anglaise, portugaise et arabe : sous ce rapport Moscou même ne surpasse pas Syngapore. On remarque, par conséquent, la même variété dans les nombreux navires que renferme son vaste port. On en voit de toutes sortes : depuis le navire solide, bien armé, fin voilier d'Angleterre, qui vient de faire deux mille lieues sur l'Océan, jusqu'à la lourde jonque chinoise, qui, ayant enfin réussi à tourner sa proue du bon côté, est descendue par les moussons sans changer sa barre, et le frêle canot du Malais, qui, tout frêle qu'il est, a apporté des oiseaux de paradis, de la poudre d'or et des nids d'oiseaux de la Nouvelle Guinée, à une distance de deux cents milles. On peut assurer que le commerce tant vanté de Tyr, Sidon et Carthage n'était rien en comparaison de celui de cette place, qu'il y a dix-huit ans aucun Européen n'avait encore foulé aux pieds.

— *(The Spectator.)*

— M. Featherstonhaugh, géologue des Etats-Unis, a fait, dans le haut Mississipi, un voyage dont le bulletin de la Société de géographie a récemment reproduit la courte relation.

Arrivé à un village de Sioux, Indiens qui confinent aux Chippewas, M. Featherstonhaugh, grâce aux présens de tabac qu'il fit aux sauvages, en fut très bien accueilli, et diverses danses furent exécutées en son honneur.

M. Featherstonhaugh donne quelques détails assez curieux sur les préparatifs de la danse des braves. La grande danse des braves ne doit être exécutée que par des hommes qui ont fait leurs preuves de bravoure. M. Featherstonhaugh fut témoin de leur toilette. La scène se passait dans une cabane de peau d'une dimension extraordinaire. Quarante *braves* y vivaient, et il n'était permis à aucune femme d'y entrer. Un Français, dont la femme était Sioux, y conduisit M. Featherstonhaugh, et il y alla sans y être invité, comme on va quelquefois à une répétition de théâtre. Quelle fut sa surprise de voir la hutte remplie d'hommes nerveux tout nus ! Quelques-uns lui tournaient le dos, d'autres le regardaient. Un d'eux, peint presque entièrement en rouge, était occupé à tracer des lignes sur la figure des autres et à peindre le tour de leurs yeux en blanc ; un autre donnait la dernière couche à trois robustes jeunes gens tout noirs, depuis leurs talons jusqu'au sommet de leur tête. Ces trois guerriers étaient ainsi distingués, parce qu'ils avaient *enlevé des chevelures* aux tribus ennemies. Tout leur corps, sans exception, était frotté de noir de fumée. La plus grande partie des sauvages était barbouillée d'argile rouge ; d'autres, d'argile blanche ; tous étaient marqués et tatoués d'une manière bizarre. Quelques-uns avaient un cercle noir autour des yeux, unis par une ligne à travers le nez, ce qui faisait l'effet d'une paire de lunettes ; d'autres étaient baissés, arrangeant des plumes d'aigle et des rubans dans leurs cheveux. Ils étaient tous extrêmement occupés et très gais, conduisant les apprêts avec beaucoup de symétrie. Je n'ai jamais vu, dit M. Feathers-

tonhaugh, un être plus vieux et plus porté au plaisir que l'Indien, mais il faut être derrière la scène pour le voir dans son caractère naturel. Lorsqu'il est grave et indifférent, c'est un acteur.

— *Recensemens de Paris.* — Jusqu'au xve siècle, il a été impossible de déterminer, même approximativement, quel a été le mouvement de la population de Paris. Sous Philippe-le-Bel, on la portait à 50,000 : sous Louis XI, après l'expulsion des Anglais, elle fut de 150,000 âmes. Vers le milieu du xvi_e siècle, elle s'éleva jusqu'à 200 ou 220,000 ; c'est alors que l'orgueilleux Charles-Quint disait que Paris tournerait dans son Gand. Au commencement du siége de 1590, les guerres de religion l'avaient fait décroître ; on dénombra cependant 200,000 bouches à nourrir. La progression ascendante reprit sous Henri IV et sous Louis XIII. Dans les dernières années du règne de Louis XIV et les premières de la régence, elle parvint à peu près à 510,000 individus ; de 1752 à 1762, elle atteignit 576,000 âmes ; en 1775, les familles imposées étaient au nombre de 71,114. Sous le règne de Louis XVI, Paris possédait 600,000 habitans ; en 1803, cette population était de 547,750 individus ; 1817 : 713,966 ; 1827 : 890,431 ; 1831 : 774,338 ; 1832 : 770,286. Aujourd'hui, en 1836, cette population est montée à près d'un million d'habitans ; c'est-à-dire que depuis 1805, dans l'espace de trente-un ans, elle a presque doublé.

— Parmi plusieurs ouvrages récemment traduits en langue turque et imprimés à Constantinople par l'ordre du Grand-Seigneur, le *Moniteur ottoman* cite la *Physiologie* de M. Chomel. La traduction en a été faite par Osman-Effendi, fils d'un des principaux ulémas; le prix en a été fixé à 8 piastres seulement.

— Encore de cruelles pertes qui viennent affliger l'Institut historique!

Notre collègue, le landgrave Charles de Hesse Cassel, beau-père de S. M. le roi de Danemarck, est mort le 17 août à Louisenlund, château de Plaisance situé près de Schleswig. Ce nestor des maisons princières de l'Europe était âgé de 92 ans. On lui doit une explication fort ingénieuse du fameux zodiaque de Denderah et une histoire abrégée des guerres de Suède. Les journaux qui ont mentionné sa mort semblent avoir ignoré une particularité très curieuse de sa vie. C'est à la cour de ce prince, dans l'antique manoir féodal de Gottorp, berceau de la maison de Holstein, que le fameux illuminé comte de St-Germain, à bout d'aventures et de jongleries, vint chercher un repos et une aisance qu'il ne pouvait plus espérer trouver dans la haute société du dernier siècle désabusée sur son compte. Là St-Germain, pour se consoler de sa disgrace, s'occupa mystérieusement dans les caves de Gottorp, durant plusieurs années, de cabale et d'alchimie; et quand la mort surprit inopinément l'illuminé qui, ce jour-là, avait sans doute oublié de boire de son élixir de longue vie, il venait justement de faire quelques parcelles d'or sous les yeux du bon landgrave qui souriait de sa folie.

— Nous avons encore à regretter le baron Fain. Attaché dès l'âge de 20 ans comme secrétaire intime à Napoléon, il suivit avec lui ce cercle immense de grandeur, de conquêtes, et bientôt cette série terrible d'adversités qui s'attachèrent au reste de la vie du grand homme. A la chute de Napoléon, le baron Fain se retira de la scène politique, et, ne pouvant plus partager les des-

tinées de son bienfaiteur, il pensa que c'était un moyen de le servir que de retracer les événemens de sa vie, dont lui-même avait été acteur et témoin. Les quatre volumes de *manuscrits* qu'il publia sont des archives de cette époque. Attaché d'abord au cabinet du roi en qualité de secrétaire, à la suite de la révolution de juillet, il venait de reprendre ce poste, après avoir été intendant générale de la liste civile, lorsque la mort le frappa subitement vers le milieu de septembre.

— Un autre de nos collègues, le baron de Roujoux (Prudence-Guillaume) homme de lettres, ancien préfet, est mort à Paris le 6 octobre. De Roujoux était né à Landernau le 6 juillet 1779. Après d'excellentes études qui l'avaient conduit à l'Ecole polytechnique, et qui l'y avaient fait remarquer, il fut attaché, en 1800, à l'expédition de la Guadeloupe, sous le contre-amiral Lacrosse. Une *statistique du département de Saône-et-Loire*, qui est le chef-d'œuvre de ce genre de livres, attira sur lui l'attention du premier consul. Il fut fait sous-préfet de Dole, puis de Saint-Pol, en Artois; enfin, en 1812, préfet du Fer, en Catalogne, il administra aussi en même temps le département de la Sègre. Méconnu par la Restauration, il fut appelé, dans les cent jours, à la préfecture des Pyrénées-Orientales. Après la révolution de 1830, il obtint la préfecture du Lot. Mis à l'écart une fois encore, il s'adonna à ses travaux littéraires dont l'excès vient de le tuer. Ses ouvrages sont très variés. On lui doit une multitude de vers charmans, malheureusement épars, un *Essai sur les révolutions des sciences et des beaux-arts*, qui annonçait, dans un écrivain fort jeune alors, toute l'expérience et toute l'érudition de la maturité; un *Dictionnaire italien* justement estimé; une *Traduction* consciencieuse de la longue *histoire d'Angleterre de Lingard*; une savante et curieuse *histoire de Bretagne*; une *Histoire pittoresque d'Angleterre*, publiée avec notre collègue M. le baron Taylor et M. Charles Nodier. M. de Roujoux était un homme de mœurs extrêmement douces et sociables. Les membres de l'Institut historique perdent en lui un excellent collègue, d'une exactitude exemplaire aux séances.

— C'était par les mêmes qualités que se distinguait un autre de nos collègues que la mort vient aussi de frapper Libert (François), docteur médecin, député de l'Orne, membre de l'Institut historique et de la plupart des sociétés savantes de Normandie, né à Alençon vers 1791, était fils d'un médecin distingué de cette ville. Il suivit la carrière de son père et fut long-temps secrétaire du fameux Chaussier, qui l'initia à l'art difficile de reconnaître les maladies au lit du malade. Vers 1813, après avoir montré, lors de la restauration, de vives sympathies pour la famille des Bourbons, il revint dans sa ville natale pratiquer la médecine, plutôt pour plaire à son père que par un goût déterminé; bientôt mettant son instruction à profit, il rendit de nombreux services à sa ville natale et au département de l'Orne, puis il succéda à son père en qualité de médecin des hôpitaux civils et militaires, fonctions qu'il exerçait gratuitement. Cette générosité à laquelle une fortune honorable lui permettait de se livrer, il la prodiguait également à tous les pauvres. Aussi ses compatriotes, pour lui prouver d'une manière non équivoque toute l'étendue de leur reconnaissance, le nommèrent-ils député aux dernières élections, bien que ses vues politiques ne fussent pas entièrement conformes à celles de tous les électeurs qui lui donnaient leurs voix. Doué d'un esprit vif, Libert se délassa dans sa jeu-

nesse des ennuis de la médecine en se livrant à la poésie et l'on connaît de lui quelques jolis vers entres autre son *Épître à un ami*. Mais depuis plusieurs années il s'était adonné d'une manière sérieuse aux études historiques, et au milieu des nombreux manuscrits de l'historien L. J. Odolant-Desnos, dont il avait épousé l'arrière-petite-fille, il mettait en ordre une histoire des comtes de Rotrou et de Mongommery. Malheureusement la mort, en tranchant une existence si courte, ne lui a pas permis d'achever un travail dont l'Institut historique avait senti toute l'importance. Libert est décédé au sein de sa famille, à l'âge de 45 ans.

— On continue de découvrir, dans les fouilles faites au jardin du Luxembourg pour construire la nouvelle chambre des pairs, une grande quantité de poterie romaine; ces jours derniers, on a découvert toute la tête d'une amphore qui permet de voir à quel point de perfection la poterie commune des Romains était élevée; tous ces monumens de l'antiquité sont soigneusement recueillis et conservés.

— M. de St-Genois, archiviste de la ville de Gand, vient de faire une découverte intéressante dans une collection de manuscrits relégués au rebut. Il s'agit de plusieurs lettres de Charles-Quint, de Marguerite de Parme et du duc d'Albe, qui ne peuvent manquer de répandre des lumières sur une époque intéressante de l'histoire.

— On écrit de Bordeaux :
« Ce fut l'an 1619 que le célèbre cardinal de Sourdis, archevêque de Bordeaux, fit construire à grands frais la belle église de Saint-Bruno, monument unique dans ce département, surtout pour ses admirables peintures à fresque, pour la richesse de ses marbres et la beauté de ses boiseries; on

y admire encore le fini des statues, dont quatre en marbre sont du goût le plus exquis. Le sanctuaire, presque tout en marbre, est un des plus riches qu'on connaisse dans ce vaste diocèse.

» Les nombreux artistes qui ne cessent de visiter ce monument voyaient avec peine sa prochaine ruine. Le temps, en effet, qui altère tout, avait déjà altéré notablement la beauté et la solidité de ce monument si précieux pour la religion et pour les arts.

» Les travaux qui avaient été jugés nécessaires sont aujourd'hui complètement terminés. Bordeaux conservera dans toute sa splendeur ce magnifique monument.»

— On lit dans le *Toulonnais* une lettre écrite par M. Mimaut, au sujet de la collection d'antiquités égyptiennes et grecques qu'il a rapportées d'Alexandrie. Cette collection est ainsi composée :

1° Les quatre grands vases funéraires en albâtre qui ornaient le tombeau du roi Psammetik II.

2° Une statue, plus grande que nature, de l'historien Hérodote, en marbre de Paros, trouvée dans les ruines du Panium, à Alexandrie.

3° Une statue en bronze d'Antinoüs, provenant des ruines de Ziftech.

4° Une colonne tronquée, en granit rose, portant l'inscription monumentale des carrières de Syène, qui a été le sujet d'une savante dissertation de M. Letronne, dans ses recherches pour servir à l'histoire de l'Égypte.

5° Un vase en bronze représentant les attributs du culte de Bacchus. La perfection et le fini de l'exécution, qui décèlent la main d'un grand maître, le font regarder comme l'ouvrage original de Lysippe, fondeur privilégié d'Alexandre-le-Grand. Cette composition a été reproduite sur le vase colossal en marbre, connu sous le nom de *vase de Warwick*. La nature du lieu où il a été découvert fait supposer qu'il y a été caché à la fin de la dynastie des Lagides. C'est au soin qu'on y a mis qu'il doit sa miraculeuse conservation.

6° La table généalogique et chronologique d'Abydos, découverte en 1818 par M. Bankes, si bien étudiée, expliquée et commentée par Champollion, et qui est universellement regardée comme le monument le plus intéressant et le plus précieux qu'on ait tiré des ruines de la vieille Égypte depuis la célèbre pierre de Rosette.

M. Mimaut donne dans sa lettre des détails intéressans sur le voyage d'exploration scientifique qu'il a fait en Égypte ; il annonce que le gouvernement de ce pays a pris des mesures pour empêcher désormais l'exportation des monumens et autres objets qui se rattachent à l'antiquité égyptienne.

— La compagnie des mines d'Anzin fait faire en ce moment une troisième gare à Denain. Aujourd'hui, comme pendant les travaux de la première gare, on trouve dans les déblais, des fers de chevaux, des ossemens, des débris d'armes, etc., qui proviennent de la bataille de Denain, gagnée par Villars, le 24 juillet 1712. Les lignes de Denain ayant été rompues par les Français, les troupes alliées furent repoussées et acculées sur l'Escaut ; l'endroit où l'on creuse les gares est un de ceux où la mêlée a dû être terrible : des traditions du pays rapportent qu'une grande fosse commune, dite *saloir*, a été faite en ce lieu même après la bataille.

— On annonce qu'une portion d'un palmier fossile, trouvé dans les mêmes mines, va partir pour le Musée de Douai, et sera transportée sur les voitures d'artillerie par l'ordre du ministre de la guerre. Le palmier dont il s'agit n'est pas un palmier, c'est la représentation d'un végétal de l'espèce des joncs, d'une taille prodigieuse, et qui avait cela de particulier dans la mine où il a été découvert, qu'il se trouvait placé verticalement. Le point le plus curieux de cette pétrification est sa longueur, et les minéralogistes le verront avec peine partagé en plusieurs morceaux ; cependant, pour satisfaire à toutes les exigences, la compagnie d'Anzin s'est décidée à partager cette curiosité naturelle entre le Cabinet des mines de Paris et les Musées de Douai et de Valenciennes.

— On écrit de Pau que des travaux considérables vont être entrepris au château de Henri IV. Un architecte a dressé sur les lieux le plan de toutes les réparations qui sont nécessaires. Entre autres des plus considérables, l'ancien bâtiment de la monnaie, séparé dans d'autres temps du château, doit être rattaché à l'édifice dont il a dû faire originairement partie. Tout ce qui est de construction moderne au château va disparaître ; et ce vieil édifice, le seul monument que nous possédions, va reprendre sa couleur antique et sa robe séculaire. Tous les appartemens seront garnis de meubles contemporains du château, et l'on a recherché dans toutes les résidences royales ceux qui peuvent avoir appartenu à Henri IV ou qui ont pu être à son usage. La tour sera restaurée et servira d'habitation aux gens de service. Les salles seront tapissées avec des tentures de la manufacture des Gobelins ou d'autres bien plus anciennes et qui sont demeurées déposées au Louvre.

ARCHÉOLOGIE : *Antiquités romaines*. — Une découverte des plus précieuses pour les sciences archéologiques vient d'avoir lieu dans les environs du Puy, au village de Margeaix, où se trouvent les eaux minérales de ce nom. Les fouilles, faites pour la recherche des antiquités, sous les auspices de la Société académique du Puy, dirigées par MM. Mariole, Duvillard et Bec - de-Lièvre, ont mis à découvert les ruines d'un temple romain orné de chefs - d'œuvre de sculpture et des marbres les plus précieux. Nombre de fragmens d'architecture ont été recueillis, chapiteaux, fûts, bases de colonnes, poteries, bronzes, etc.; une tête de naïade coiffée de plantes aquatiques, trois Cupidons ailés, dont l'un est intact, la tête couronnée de fleurs, assis sur un autel dans l'attitude d'un pêcheur à la ligne ; un autre couronné de fruits et de raisins, jetant un épervier ; le troisième couronné d'épis et de cerises. Ces trois Cupidons avaient probablement un frère couronné de glaçons. Ces statues, de trois pieds et demi de haut, sont admirables pour le style et la grâce ; elles sont du meilleur temps de la sculpture romaine. Il a encore été trouvé deux dauphins, ces amis de Vénus, la tête basse, la queue entortillée, comme on les trouve représentés dans des médailles romaines ; enfin les restes d'une grande cuve.

(*Gazette d'Auvergne*).

— Une statue de femme, à corps de chien ou de sphinx, paraissant d'une haute antiquité, a été trouvée dernièrement à Nantes, en déblayant un ancien mur d'enceinte de la ville, dans l'emplacement d'une maison que l'on bâtit rue Royale. La tête, remarquable par son caractère, est bien conservée; la forme et les détails du corps rappellent les statues d'Isis et d'Io, et peuvent faire présumer qu'elle est égyptienne. Sous la partie inférieure du corps on remarque deux rangées de mamelles ; cette particularité vient à l'appui de notre opinion. Cette statue servait probablement à l'ornement d'un tombeau. Ce n'est pas la première antiquité découverte sur cet emplacement qui, depuis l'ancien temple de Volianus, sur le terrain de l'église Saint-Pierre, jusque vers la place de la Préfecture, était un cimetière du temps de la domination romaine. C'est un fait que M. Fournier a mis dans tout son jour, lors de ses savantes recherches, au commencement de ce siècle. Les tombeaux qu'il a explorés renfermaient, outre des charbons, des cendres et les vases antiques, de nombreux objets de fabrication romaine.

(*L'Hermine.*)

Bibliothèques cantonnales. — On peut se rappeler les efforts faits par M. Bailly de Mérlieux , depuis 1830 pour organiser en France des bibliothèques cantonnales ; il était possible d'arriver à leur établissement par des souscriptions et des cotisations particulières, ou par des sommes votées sur les revenus communaux ; le bourg de Revigny (Meuse) en a fourni un exemple que nous devons citer. Grâce aux soins assidus des personnes les plus honorables de ce canton, une souscription s'y est organisée ; elle a permis d'acquérir un certain nombre d'ouvrages, et M. le docteur Dunoyer lui ayant fait don de 50 volumes, il en résulte que cette bibliothèque se compose de 368 volumes. La direction en est confiée à M. Hannion, instituteur capable et zélé propagateur des choses utiles. Le rapport qu'il a fait aux associés fondateurs de cette bibliothèque porte qu'en un an 850 volumes ont été mis en lecture. Dans le département de la Meurthe, l'administration, au moyen des fonds votés par le conseil général, a fondé des bibliothèques d'instruction primaire dans les chefs-lieux de canton ; elles sont composées de 67 volumes qui ne servent qu'aux instituteurs et à ceux de leurs élèves qu'ils désignent. Un réglement pour ces petites bibliothèques a été arrêté par M. le préfet de la Meurthe et par M. le recteur de l'Académie de Nancy. Le local semble , au premier abord, une chose difficile à trouver ; mais il faut remarquer qu'une bibliothèque cantonnale , fût-elle composée de 500 volumes, n'occupe qu'un espace de 10 pieds superficiels, et qu'il n'est point de mairie ou d'école, dans un chef-lieu de canton, où l'on ne puisse trouver un lieu convenable pour placer cette quantité de livres. La fonction de bibliothécaire appartient de droit à l'instituteur du point le plus central ou du chef-lieu de canton, par ses connaissances, par sa place, par ses rapports continuels avec toutes les personnes qui recherchent l'instruction. La lecture des ouvrages hors du chef-lieu de canton semble une difficulté ; elle sera en partie levée en désignant les instituteurs de chaque commune comme bibliothécaires-adjoints, en leur donnant le droit de recevoir les livres en lecture dans leurs villages, et la mission de les remettre au chef-lieu et d'y prendre les autres ouvrages désirés par les lecteurs. (*Le Père de famille, journ. de l'inst. popul.*, pub. par M.F.-G. d'Olincourt, à Bar-le-Duc.)

Nouveau mammifère fossile. — MM. Falconner et Smith ont trouvé un nouveau genre de ruminans fossiles, le *Sivatherium giganteum* , dans la vallée de Markanda, le long de la branche Sivalik des monts sub-Himalaya. La circonstance même où il a été découvert semble lui donner beaucoup d'intérêt ; mais en outre sa taille surpassant celle du rhinocéros, la famille des mammifères à laquelle il appartient , et sa forme , rendent le *Sivatherium* l'un des plus curieux débris des habitans du globe. Le nom de Sivatherium vient de *Siva*, le dieu des Hindous , et de *therion*, qui veut dire bête brute en grec. La chaine Sivalik du sub Himalaya est considérée dans la mythologie hindoue comme le faîte du toit de la demeure de Siva dans les Himalaya ; la plupart des nombreux fossiles découverts et nommés par Cuvier appartenaient à la famille des pachydermes , et les espèces provenant des autres familles ont toutes leurs représentans encore vivans sur terre. On n'avait jamais observé de déviation remarquable , parmi les ruminans fossiles, par rapport aux types existans. Cependant la position isolée des camélides et de la girafe rendait probable qu'il y avait eu certains genres, aujourd'hui éteints, qui formaient un passage entre ceux-ci et les autres genres de la famille, et surtout entre les ruminans et les pachydermes : c'est le Sivatherium, bien remarquable pour n'avoir pas d'analogie dans la nature vivante, qui doit remplir en partie cette dernière lacune. Le reste fossile de cet animal, que l'on a découvert, est une énorme tête parfaitement bien conservée au milieu de la masse de pierre qui l'enveloppait. La forme de cette tête est si singulière et si grotesque, qu'au premier coup d'œil elle excite la surprise. Les traits les plus saillans sont : 1° la grandeur approchant de celle de la tête de l'éléphant ; 2° le développement énorme du crâne en arrière ; 3° les deux prolongemens osseux s'élevant du front, comme des cornes entre les orbites ; 4° la forme et la direction des os du nez s'élevant beaucoup au-dessus du chanfrein, et s'avançant en arc sur les narines externes ; 5° sa grande solidité , sa largeur et le raccourcissement de la face en devant des orbites ; et 6° le grand angle que fait le plan de la surface triturante des molaires avec le plan de la base du crâne. Vue en profil, la forme et la direction des cornes, leur élévation et la courbure des os du nez, donnent à cette tête un caractère bien différent de celle de tout autre animal. Le nez ressemble un peu à celui du rhinocéros; mais cette ressemblance n'est pas réelle et provient seulement de ce que le museau est tronqué. En la voyant de face, la tête est comme en forme de coin, car c'est au vertex qu'elle est le plus large, et de là elle s'amincit graduellement jusqu'en bas ; les dents ont la forme générale des dents du bœuf ou du chameau , mais sur une plus grande échelle. (*Philosophical magazine, sept.*)

— PHILOLOGIE : *Découverte des manuscrits de Roger Bacon.* — L'Académie des sciences morales a entendu une communication verbale de M. Cousin, qui a annoncé qu'il venait de découvrir des manuscrits très-importans pour l'histoire de la philosophie scolastique : ce sont des manuscrits de Roger Bacon. M. Cousin ayant fait faire des recherches dans les villes de Douai et de Saint-Omer , où existaient des colléges d'Anglais, ces recherches ont été couronnées de succès. On ne connaissait jusqu'à présent que la première lettre adressée par Roger Bacon à Clément IV, et que Bacon a intitulée *Opus majus.* Roger Bacon fit un nouveau travail qu'il adressa au pape sous le nom d'*Opus minus*. La deuxième lettre étant restée sans réponse , comme la première, Bacon refondit une seconde fois son travail, et l'adressa au pape sous le nom d'*Opus tertium*. L'*Opus majus* a été publié à Londres en 1820. On possède, en Angleterre, un manuscrit de l'*Opus minus*, et l'on croyait jusqu'à présent qu'il n'en existait pas d'autre. M. Cousin vient de découvrir, à Douai, un manuscrit qui en renferme un fragment considérable. L'ouvrage n'a pas, selon lui, une très grande importance; il n'en est pas de même de l'*Opus tertium*, que l'on peut considérer comme le dernier mot de Roger Bacon, et dont M. Cousin vient de découvrir un manuscrit, le seul qui existe en Europe. En outre, il a découvert à Amiens un autre manuscrit de Bacon, dont personne ne soupçonnait l'existence : ce sont des questions *sur la physique et la métaphysique d'Aristote*. Ces trois manuscrits, sur lesquels M. Cousin prépare un mémoire, éclaireront l'histoire de la philosophie scolastique, et nous apprendront à juger si Roger Bacon est réellement, comme on l'a prétendu, l'inventeur du télescope, du microscope et de la poudre à canon.

— Le 4 septembre, le sultan rassembla ses principaux cadis et ses odalisques favorites, et après leur avoir fait rapidement le récit des diverses réformes qu'il avait accomplies dans sa cour et dans l'État, il les assura que depuis long-temps il sentait la nécessité d'affranchir leur sexe des chaînes dont les chargeait une barbare coutume, fondée sur des idées ridicules et sur des préjugés vieillis; qu'en conséquence il les affranchissait de l'emprisonnement perpétuel dans son palais, et que désormais elles pourraient, quand il leur plairait, fréquenter les promenades publiques du Bosphore. Il est plus facile d'imaginer que de peindre l'agréable sensation que les paroles du sultan ont produite sur son auditoire. Les odalisques se sont jetées à ses pieds qu'elles ont baignés de pleurs. Peu de minutes après elles voguaient en bateau vers Hunkiar-Skeliessy. Cette innovation dans le harem, jointe au changement qu'a éprouvé la con-

dition sociale des femmes en Orient depuis douze ans, doit être regardée comme une circonstance importante, en ce que c'est une indication de plus de la probabilité de voir tomber l'un des plus grands obstacles aux progrès de la civilisation dans le Levant : l'exclusion des femmes de la vie sociale.

(*Morning Post.*)

— Une pièce d'or, dont le diamètre approche de celui d'une pièce de 5 fr., a été trouvée dans les matériaux de la maison que l'on vient de démolir à l'encoignure de la rue Pont-Mortain, à Lisieux. Sur une des pierres provenant des débris de cette habitation, on lit, fort bien gravée, la date de 1181. La fondation de cette maison remonte-t-elle à cette époque, ou ne serait-ce point plutôt une pierre empruntée à un bâtiment plus ancien ? Nous le croirions, car en 1181 on n'avait pas encore songé à bâtir dans le quartier où se rencontre ce local. La pièce dont il s'agit a une ligne d'épaisseur, et pèse 1 gros 55 grains. On n'y peut découvrir aucun millésime. Les caractères, les léopards, les fleurs de lis, annoncent que la pièce appartient au commencement du xve siècle, époque où la France et l'Angleterre étaient soumises au même souverain, Henri V ou Henri VI.

(*Le Normand, journal de Lisieux.*)

— Une lettre de Vera-Cruz, du 8 septembre, rapporte qu'une ville d'une étendue fort considérable, ensevelie par la lave, a été découverte à cinq lieues de Jalapa, par un berger qui allait à la recherche de quelques brebis égarées.

L'histoire ne fait aucune mention d'une ville située dans cet endroit. On y a envoyé des troupes de Mexico, et le gouverneur de Vera-Cruz est sur le point de s'y rendre pour guider les fouilles qui vont avoir lieu, dans la persuasion où l'on est d'y trouver des trésors considérables.

— Notre collègue M. Sieurac, professeur de dessin au collége de Sorrèze, ayant visité, pendant ces vacances, le musée de Toulouse, nous signale dans la notice fort bien faite par M. Roucoule des tableaux qu'il renferme, le passage suivant : « (Co-
» lombe) Du Lys, élève de Chalette,
» (Ecole de Toulouse); n° 244. *Hérode*
» *ordonne de mettre l'habit blanc à Jé-*
» *sus.* — Du Lys descendait de la famille
» de Jeanne d'Arc. Les gentilshommes tou-
» lousains voulurent lui faire défendre de
» prendre aucun titre, comme ayant dé-
» rogé en cultivant la peinture. Un arrêt
» du conseil décida qu'il pouvait continuer
» d'exercer l'art de Raphaël comme com-
» patible avec la plus haute noblesse. »
— Cet artiste devait vivre vers le milieu du 17e siècle, son maître Chalette étant mort à Toulouse en 1645.

— *Société philantropique.* — Prix proposés en faveur des Mémoires qui auront le mieux établi les bases et les conditions d'association applicables aux sociétés de secours mutuels et de prévoyance. La Société propose un premier prix de 2,000 francs, et un second prix de 1,000 fr. aux auteurs des deux meilleurs Mémoires qui donneront une solution satisfaisante de ce problème moral ainsi posé : « Déterminer quelles sont les conditions qui doivent servir de bases aux réglemens des sociétés de secours mutuels et de prévoyance, dans le triple but qu'elles se proposent, d'accorder aux membres de l'association : 1° Des secours temporaires en cas de maladie; 2° Des secours permanens sous la forme d'une pension, dans le cas d'infirmité ou d'âge très avancé; 5° Des secours aux veuves et aux orphelins. »

Les auteurs devront tirer leurs conclusions de l'examen approfondi de toutes les questions qui peuvent intéresser ce genre d'association. Tels sont : les chances de vitalité, de maladie et d'infirmité, suivant l'âge et suivant l'influence qu'exercent sur les individus l'emploi de leurs forces, leur agglomération dans les ateliers, le genre de leurs travaux, soit dans certaines professions considérées sous un même point de vue, soit dans quelques professions exceptionnelles; les conditions d'admission et les droits de réception, fixes ou gradués, à exiger des aspirans; les cotisations hebdomadaires ou mensuelles; la quotité de ces contributions mises en rapport avec la journée de travail, avec le nombre des membres et leur âge; la division des cotisations en deux parties, applicables, l'une aux secours temporaires, l'autre à la formation du fonds des pensions; la quotité du secours à accorder aux malades, proportionnellement à la cotisation individuelle; le taux de la pension, et, relativement aux droits des sociétaires à ce dernier secours, l'âge, le nombre d'années de cotisations nécessaires pour l'obtenir; ce qu'on peut accorder à l'infirmité précoce, si l'infirmité peut seule faire acquérir les mêmes droits que l'âge déterminé; les droits des veuves et des orphelins à des secours une fois donnés, soit viagers à l'égard des veuves, soit limités jusqu'à un âge déterminé à l'égard des orphelins; enfin le nombre des membres nécessaires pour que, dans les hypothèses données, une société puisse se maintenir. Les Mémoires devront être adressés, avant le 1er octobre 1838, au secrétaire, rue du Grand-Chantier, n° 13.

— *Société médico-pratique de Paris* — Elle propose une médaille de 500 fr. pour la question suivante : « Faire connaître la valeur des purgatifs dans les maladies aiguës, étudier leur mode d'action , préciser l'opportunité et la mesure de leur emploi. » Adresser les Mémoires , ayant le 1ᵉʳ octobre 1858, à M. Casenave, rue Saint-Anastase , nᵒ 5. — Le prix proposé sur l'Iritis a été partagé entre notre collègue M. Carron du Villards et M. Florer de Pavie , et une médaille à M. Pamard d'Avignon.

— *Société royale des Sciences, Lettres et Arts de Nancy.* — Prix proposés pour 1857 : 500 francs pour le recueil le plus complet des chants, des airs nationaux et populaires, qui, avant la domination française, étaient répandus dans la Lorraine. On fera connaître, autant que possible, l'origine du morceau cité, le fait historique, l'anecdote qui lui a donné naissance, la coutume, la tradition qu'il rappelle, etc. — Pour 1858 : Description géognostique du département de la Meurthe ; l'Académie indique deux endroits qui méritent une attention toute particulière : Lunéville, où l'on a reconnu un si grand nombre d'ossemens antédiluviens, et Dieuze, où se trouvent des mines de sel gemme dont l'étude peut amener d'importantes découvertes. Elle rappelle aux littérateurs les sujets d'éloges des illustres Lorrains, et particulièrement de Claude Gelée, dom Calmet, madame de Graffigny , Palissot, François de Neufchâteau, Boufflers, Choiseul-Gouffier, Mory-d'Elvange. — Enfin, elle renouvelle les questions de topographies médicales des arrondissemens de Nancy, Château-Salins et Sarrebourg.

— *Société des Médecins de Saint Pétersbourg.* — Prix proposé. Cette Société demande qu'on soumette toutes les histoires de malades qui se trouvent dans la littérature homœopathique à un choix et à un examen critique propre à faire ressortir de ces observations, le plus clairement possible,

la marche de développement, tant de classes et de genres entiers d'affections pathologiques que des maladies considérées hors de leur connexion avec le système. Les Mémoires, écrits en langue latine, doivent être adressés avant le 15 (27 juillet) 1857, à M. Fuss, secrétaire permanent de l'Académie impériale de Saint-Péterbourg.

— La pluie qui nous inonde depuis quelques jours est un de ces nombreux fléaux météorologiques que nous subissons sans trop en connaître la cause. Quand la sécheresse nous menace , nous ne manquons pas de l'attribuer au défrichement inconsidéré des forêts ; mais d'après les curieuses recherches de M. Moreau de Jonnès, consignées dans les mémoires de l'académie de Bruxelles, il ne paraît pas, que dans les plaines, les forêts aient aucune influence sur la quantité d'eau qui tombe annuellement ; mais il n'en est pas de même des montagnes et même des collines. Dans ces positions les bois arrêtent les nuages et les forcent, en quelque sorte, de se résoudre en pluie ; ce n'est qu'à la proximité des forêts qu'il faut attribuer l'abondance de la pluie qui tombe à Gènes, à Trieste, à Venise et à Lucques.

Au moyen de l'udomètre, vase gradué pour reconnaître la quantité d'eau tombée dans un temps donné, on s'est assuré que plus on s'élevait moins on recueillait d'eau ; ainsi un vase placé à 40 pieds de hauteur reçoit moitié moins d'eau qu'un vase semblable placé sur le sol. La raison en est fort simple ; dans un temps de pluie l'air est chargé d'autant d'eau qu'il peut en supporter : la pluie qui vient d'en haut traversant successivement des couches de plus en plus humides, détermine la précipitation de l'eau tenue en suspension.

M. Fleuriau de Bellevue a publié sur le

sujet qui nous occupe une notice très intéressante , à l'occasion de la diminution des
sources dans le Poitou. Ce n'est que depuis
1825 que la sécheresse s'est fait sentir dans
le pays où elle devint une vraie calamité
en 1853. D'après les observations faites pendant les trente-deux ans qui ont précédé
1825 , on voit que durant les huit mois
de février à septembre, le temps où il pleut
le moins, la quantité d'eau recueillie chaque mois a été de 20 lignes 5[10. Pendant
les autres mois de l'année on en recueillit
52 5[10 lignes pendant la première période,
et seulement 25 5[10 dans la seconde ;
c'est donc une différence de 28 pour cent
entre ces deux périodes pour l'alimentation
des sources.

On a reconnu qu'il pleut plus souvent le
jour que la nuit ; le contraire a lieu entre
les tropiques , d'après les observations de
M. Boussingault. En général, les pluies sont
plus fréquentes dans les pays chauds, et on
peut affirmer que la pluie devient de plus
en plus abondante à mesure que l'on s'approche de l'équateur.

Un phénomène du même ordre, et qui n'a
pas moins exercé la sagacité des physiciens,
c'est la rosée. La société de physique expé-
rimentale de Rotterdam avait proposé un
prix pour une nouvelle théorie de ce phénomène météorologique : M. Van Roosbroeck,
de Louvain, a envoyé un mémoire qui a été
couronnné et qui vient d'être publié. En
voici l'exposition et les principales conclusions :

Do la plus haute antiquité jusqu'à nos
jours , on avait successivement admis trois
hypothèses pour expliquer la formation de
la rosée ;

Dans la première , elle était regardée
comme une pluie fine tombant du ciel.
Mais, s'il en était ainsi, tous les corps devraient être également humectés par la ro·
sée, ce qui n'est pas.

On a dit ensuite que la rosée montait de
la terre sous forme de vapeur. Dans ce cas,
le dessous des feuilles devrait être plus
mouillé que le dessus , et cela n'arrive que
très rarement.

Une troisième hypothèse entreprit de
concilier les deux premières, en disant que
la rosée provenait en même temps et de
l'air et de la terre.

Dans ces trois explications , on regardait
le refroidissement de l'air comme la condition indispensable de la formation des météores.

En 1814, M. Wells proposa une explication plus scientifique, et qui fut généralement admise par les physiciens. Dans cette
hypothèse ce n'est plus le refroidissement
de l'air qui produit la rosée , comme on le
disait auparavant, mais le refroidissement
par rayonnement des corps sur lesquels elle
vient se déposer ; refroidissement qui ne
serait plus la conséquence, mais la cause
de la précipitation du fluide. Et comme
preuve de son opinion M. Wells établit :
1o que dans certaines circonstances les
corps deviennent plus froids que l'air, sans
néanmoins se couvrir d'humidité; 2o que
le froid qui accompagne la rosée n'est pas ,
à beaucoup près, proportionné à la quantité
de fluide précipité.

M. Roosbroeck a attaqué ces propositions
par le raisonnement et par l'expérience :
nous n'entreprendrons pas d'exposer tous
ses argumens, l'espace ne nous ne le permet pas. Mais voici en somme les faits dont
il déduit sa théorie : l'eau qui est contenue
dans l'atmosphère est la source de tous les
météores aqueux, et il n'y a pas plus de
raison pour attribuer la cause de la rosée
et des brouillards au refroidissement des

corps placés à la surface de la terre, que de lui attribuer la cause de la pluie ou de la neige. Tous ces météores sont des phénomènes atmosphériques entièrement indépendans de l'action de la terre ; les instrumens nous indiquent qu'il se passe dans l'atmosphère quatre phénomènes remarquables : 1° aspiration ou raréfaction de l'air avec ou sans formation d'eau, l'une et l'autre accompagnées de *diminution* dans la température ; 2° refoulement ou affaissement de l'air, avec ou sans déposition d'eau, l'un et l'autre accompagnés *d'augmentation* dans la température. Ces quatre phénomènes, dépendans des *marées* atmosphériques, observés depuis long-temps par les physiciens, mettent sur la voie d'expliquer non-seulement la rosée et les brouillards , mais encore la pluie ou la neige; ils rendent également compte des différentes circonstances qui accompagnent la formation de ces météores.

Le calorique joue un très grand rôle dans ces phénomènes, il agit dans tous les corps d'une manière triple : il donne la forme, il maintient le volume, il règle la température. Or l'eau contenue dans l'air à l'état de vapeur se condense en partie sous forme liquide, lorsqu'elle vient à perdre son calorique, soit de forme, soit de température.

Ceci est tout-à-fait analogue à ce qui se passe dans la machine pneumatique; quand on y raréfie ou qu'on y comprime l'air, on y peut produire de la rosée et du brouillard avec les mêmes circonstances que dans la nature.

BULLETIN BIBLIOGRAPHIQUE.

Le Ménestrel, *journal musical* , grand in-4. par M. J. Lovy.

Mémoires de la société royale d'émulation d'Abbeville, années 1854 et 1855, 1 vol. in-8.

Voyage souterrain , brèves notices sur des édifices sculptés dans les rochers des Deux-Siciles, 2 vol. in-8., par M. le docteur Giuseppe Sanchez.

Recherches sur la nationalité allemande, 1 vol. in-8., par M. Lortet.

Petite histoire romaine, 2 vol. in-12, par M. B. Trouillet.

Petite histoire de la Grèce, 1 vol. in-12, par le même.

Petite histoire sainte, 1 vol. in-12, par le même.

Petite histoire ancienne, 1 vol. in-12 par le même.

Petite histoire du moyen âge, 1 vol. in-12, par le même.

Petite histoire de France, 1 vol. in-12, par le même.

Annuaires statistiques et historiques du Doubs pour les années 1855 et 1856, 2 vol. in-8., par M. Laurens.

Histoire de Niort, 2 vol. in-8., par M. Briquet.

Examen critique du système phrénologique, 1 vol. in-8., par M. le docteur Cerise.

Fastes de la France, un beau vol. in-folio, par M. Mullié.

Le secrétaire perpétuel, Eugène de MONGLAVE.

MÉMOIRES.

CONFÉRENCES ARCHÉOLOGIQUES SUR LES ANTIQUITÉS DE PARIS.

(Premier article.)

PARIS AVANT L'ÉTABLISSEMENT DE LA MONARCHIE.

Si les monumens de Thèbes, de Louqsor, de Karnak, de Denderah, d'Athènes et de Rome excitent encore aujourd'hui la curiosité des voyageurs; si ces villes qui furent célèbres ont exercé la plume des historiens et le crayon des artistes de tous les temps et de toutes les nations, la ville de Paris, ses antiquités, ses mœurs et ses monumens méritent aussi l'attention des hommes instruits et plus particulièrement encore celle de ses habitans. On sait que, généralement dominé par une puissance plus forte que lui, l'homme, soumis à son imagination, a souvent la volonté de s'éloigner du lieu qui l'a vu naître ; c'est alors qu'indifférent sur les monumens qu'il a sous les yeux ; insouciant pour les sciences et les arts qu'on cultive autour de lui ; froid au récit des faits de la gloire nationale ; fatigué de ce qu'il voit tous les jours sans chercher à le connaître, il se transporte au-delà des mers pour admirer les ruines des villes que le temps ou la guerre a fait disparaître. Pour lui, les monumens des arts qu'il recherche lui paraissent d'autant plus dignes d'intérêt qu'ils sont éloignés de lui par plus d'espace de temps et de lieux. Je ne pense pas ainsi, et j'ose espérer que ce que je vais dire des antiquités de Paris ne paraîtra indifférent ni aux étrangers, ni aux Français, ni aux Parisiens eux mêmes.

C'est en vain que l'on chercherait des renseignemens positifs sur les commencemens de la ville de Paris. César et Strabon la nomment *Leutetia*; Ptolémée *Leucatacie* et *Lutèce*. Aucun de ces noms différens, considérés avec raison comme dérivés du celtique, ne lui est resté; on la désigne aujourd'hui par le nom de Paris, tiré de la dénomination que l'on donnait à ses habitans, *Lutetia Parisiorum*.

Lutetia ne vient pas plus du latin *lutum*, qui signifie de la boue, que Paris ne vient de Pàris, fils de Priam ; on l'a cependant cru, et cette opinion ridicule, qui a fait le sujet d'un poème, s'est même propagée long-temps à Paris. Murat, confesseur de Louis XII, chargé de prononcer en 1514, dans l'église Notre-Dame, l'oraison funèbre d'Anne de Bretagne, fit descendre cette

10

princesse de la famille de Priam; puis arrivant aux Romains, qui reconnaissaient les Troyens pour leurs ancêtres, il la dit parente de Junius Brutus. Cette reine étant morte à l'âge de trente-sept ans, le prédicateur conclut qu'elle méritait trente-sept épitaphes pour un pareil nombre de trente-sept vertus qui lui avaient servi d'autant d'échelons pour monter au ciel.

Par une suite du goût que l'on a eu de tout expliquer, on a dit que la France devait son nom à *Francus*, fils d'Antenor; que les Gaulois descendaient de Galatés, fils d'Hercule; que *Tolosa* ou Toulouse avait été fondée par Tolus; Nîmes par *Nemausus*; Arles, par *Aretus*, et qu'Hercule s'était battu aux pieds des Alpes avec le géant d'*Albion*.

Comme vous le voyez, messieurs, chaque province, chaque ville et chaque bourgade a eu son antiquaire, son étymologiste; enfin, la ville de Paris n'a pas été plus exempte que les autres des conjectures de ces docteurs.

César désigne Lutèce par le mot *oppidum*, ville forte. Ce n'était toutefois en réalité qu'une simple bourgade, composée de quelques cabanes éparses et renfermées dans la plus grande des îles de la Seine. Ces cabanes, suivant l'empereur romain, étaient construites de bois et de terre, couvertes de paille, de feuilles de chêne ou de roseaux, et sans cheminées. Julien nous dit que les *Parisii* se servaient de fourneaux pour se garantir du froid pendant l'hiver et pour faire cuire leurs alimens. Il faillit lui-même être asphixié dans la chambre, qu'il occupait au palais des Thermes par un fourneau de charbon allumé qu'on y avait déposé pour le garantir du froid, pendant un hiver rigoureux. Ammien - Marcellin, secrétaire de l'empereur Julien, désigne la bourgade des *Parisii* sous le nom de *château* ou de *forteresse*.

Les Parisii, dans l'état de simplicité où ils vivaient alors, ne donnaient rien à la décoration extérieure ni à l'agrément dans l'intérieur. Du reste, les Gaulois ne pouvaient souffrir que leurs habitations fussent contigües; leurs bourgades n'étaient jamais composées que de quelques maisons isolées. A l'imitation des Troglodytes, ils étaient aussi dans l'usage de se creuser des souterrains en forme de cavernes qui leur servaient d'asile pendant l'hiver. Ces sortes d'habitations rustiques, dont on voit encore des restes dans les lieux écartés de la Bretagne, et de quelques autres provinces, sont considérées par les paysans comme des grottes où les fées exercent leur sabbat.

Les fées ont succédé aux génies femelles des anciens nommés *Fanes*. Elles sont divisées en fées bienfaisantes et en fées malfaisantes. On leur donne une reine, qui tous les ans les réunit en assemblée générale, leur fait rendre compte de leurs actions, punit celles qui ont abusé de leur pouvoir et récompense celles qui en ont usé pour faire le bien. Elles sont immortelles, mais assujéties tous les ans à prendre pour quelques jours seulement la forme d'un animal; pendant leur métamorphose, elles sont exposées à tous les hasards de leur emploi, même à la mort. Cette croyance superstitieuse et romanesque nous est venue de l'Inde; et si je vous en parle, messieurs, c'est qu'elle s'est répandue parmi le peuple de la Gaule; elle a pénétré jusqu'à Paris; elle a donné naissance à une foule de monumens plus singuliers les uns que les autres. A Clermont en Auvergne, on voyait un bas relief en pierre blanche, fort ancien, représentant, suivant le dire du pays, une fée transformée en *Lion*, et remplissant au sabbat les fonctions de prêtresse, ce qu'exprime une couronne de fleurs qu'elle a sur la tête; je possède le dessin de ce bas relief curieux.

Je reviens à Lutèce. Elle était véritablement la capitale des Parisiens et l'entrepôt général du commerce qui se faisait sur la Seine, l'Yonne, l'Oise et les rivières environnantes. Nous avons des monumens qui l'attestent. La partie du nord était couverte d'un bois et d'un marais; plus loin s'élevait une montagne sur laquelle on avait consacré un temple au Dieu Mars ou à *Hésus*. Cette montagne fut appelée *Mont de Mars*, *Mons Martyrum* depuis le martyre de Saint-Denis et de ses compagnons, et enfin par corruption *Mont-Martre*. Non loin de là était une autre montagne sans aucune construction, dont le nom primitif s'est perdu ; elle se joint à un petit monticule nommé *butte Saint Chaumont*.

On a nié l'existence d'un temple ancien sur la butte Mont-Martre ; cependant on voit encore à droite et à gauche, en entrant dans l'église, bâtie sur les ruines de l'ancien temple, des colonnes antiques en marbre noir et blanc, désigné dans la nomenclature des marbres par le nom de *grand antique* ; on les a, par ignorance, couvertes d'un badigeon imitant la pierre, et c'est par hasard que j'en ai fait la découverte. Dans un vaste local, près de l'église, où est placé le télégraphe, et dont la construction paraît dater du temps des Romains, j'ai vu plusieurs colonnes de quinze à seize pieds de haut, en marbre blanc grec et en marbre rouge amandé, imitant celui que nous nommons de *Campan* ; elles sont également antiques, et paraissent avoir appartenu à l'ancien édifice. Ce ne sont pas les seuls débris précieux que j'ai remarqués

sur le même terrain qu'il serait bon de fouiller.

Les antiques fragmens en marbre découverts dans la rue Vivienne, dont il sera parlé, ainsi qu'une tête de Cybèle en bronze, retirée des fondations d'une ancienne tour, près de la pointe St-Eustache, sont la preuve incontestable que depuis l'invasion des Romains on avait construit des maisons de plaisance sur ce terrain-là ; on a également trouvé un autel sculpté, en marbre, dans les environs du Palais de Justice.

Le côté du midi offrait un pré très vaste, ainsi qu'un bois et un marais. Au milieu du pré était un temple d'Isis sur les ruines duquel le roi Childebert Ier fit élever l'église de Saint-Germain, qui reçut l'épithète de *des Prés*, à cause de sa position ; son fondateur l'avait consacrée sous le titre de *Saint-Vincent*.

En suivant le même plan de Paris, tracé d'après les anciennes cartes du dictionnaire de la police de Lamarre, on remarque que les temples sont accompagnés de plusieurs habitations séparées. Cet usage est de la plus haute antiquité ; on en trouve des exemples fréquens en Egypte et dans l'Inde ; ces habitations étaient probablement des espèces de presbytères où logeaient les prêtres, les sacrificateurs, et où l'on déposait les choses à l'usage du culte. Une découverte faite, il y a plusieurs années, et dont il sera bientôt parlé, semblerait confirmer cette opinion. Quoique les cartes dont il vient d'être question, ne soient plus considérées comme authentiques, elles ne sont pourtant pas à dédaigner, puisqu'il s'est trouvé des antiquités sur les lieux qu'elles indiquent comme ayant été consacrés primitivement à des temples païens ou à d'autres édifices. Le taureau provenant d'un zodiaque, sculpté en bas relief, et les autres fragmens représentant des divinités gauloises, que j'ai retirés moi-même de l'église de St-Marcel, où était le temple de Cérès, confirment ce que j'avance à cet égard.

On entrait dans l'île ou la ville de Lutetia par deux ponts construits chacun sur un des bras de la rivière ; l'un était le *grand pont* et l'autre le *petit pont*. Dans le centre de l'île était un temple consacré à Jupiter, sur les ruines duquel le même Childebert fit bâtir l'église de Notre-Dame. Un autre temple consacré à Mercure existait près de celui-ci ; on le remplaça par l'église de Saint-Landry, démolie depuis quelques années, et dans les fondations de laquelle ont été trouvés trois autels sculptés, représentant un Mars, un Vulcain, une Victoire et le Dieu auquel le temple était dédié. Telle était, messieurs, la situation de Paris, avant et sous la domination des Romains, qui en firent la conquête cinquante-six ans avant notre ère. Une note zoologique sur les matières que nous fournit la butte Montmartre et les terreins environnans, ne sera pas déplacée ici.

Le sol des buttes Montmartre, Pantin et Saint-Chaumont dont j'ai parlé, offre des particularités que je vais faire connaître, parce que le produit s'emploie à la construction de nos bâtimens, ainsi qu'à la fabrication de certains objets d'art qui servent à nos ameublemens.

La partie supérieure de Montmartre présente un banc de sable et de grès quartzeux, contenant des coquilles marines, dont on a reconnu quatorze espèces, et un banc de sable argileux.

Au dessus sont des bancs de marne calcaire et de marne argileuse de diverses couleurs. Les premiers contiennent un grand nombre de petites huitres. Le sixième banc de marne calcaire renferme des coquilles d'huitres différentes de celles-ci par leur dimension qui est beaucoup plus considérable. On a trouvé dans ce banc des débris de crabes et de baleines. Les autres bancs contiennent des coquilles marines de diverses espèces.

Après divers bancs, dont le nombre est porté à trente-deux, se trouve la première masse de gypse marneux, entremêlé de couches de marne calcaire. C'est dans une de ces couches qu'on a trouvé une *dent d'éléphant* et un *tronc de palmier* d'un volume considérable, pétrifiés en silex et dans l'état de jaspe. J'en ai vu un échantillon poli, de la plus grande beauté, chez feu mon ami Fourcroy ; la pièce brute entière est déposée au jardin du roi. Dans la partie inférieure de cette masse gypseuse se trouve la pierre à plâtre que l'on exploite pour l'usage des bâtimens de Paris.

De cette masse calcaire on a extrait des os d'animaux qui nous sont inconnus. L'école des mines possède un échantillon de cette marne, sur le banc de laquelle était bâtie l'ancienne abbaye de Montmartre ; il renferme la portion d'une mâchoire de quadrupède, armée de dents molaires.

Dans la même masse calcaire, on rencontre aussi des filons de gypse cristalisé, espèce de talc transparent, vulgairement désigné par le nom de *pierre à Jésus* ; c'est une chaux sulfatée. Il se lève par lame, dont on s'est long-temps servi pour clore les fenêtres avant que l'on connût l'art de faire les carreaux de vitres. Cuit et réduit en poudre impalpable, on l'emploie à la fabrication du fard à l'usage des dames ; on le colore en rouge avec le carmin ; il est également utile au moulage des objets d'arts.

On y trouve encore des mamelons d'albâtre bien formé qui égalent en beauté les albâtres grecs et ceux d'Espagne qui sont très recherchés. Il y a environ quarante-cinq ans que, dans l'exploitation d'une carrière à plâtre, on découvrit une assez grande quantité de mamelons d'albâtre que l'on a produits dans le commerce et dont le nommé Balleux a fait des vases magnifiques. Cet artiste-industriel m'a fait de cette matière une　　　 d'une grandeur et d'une forme qui ne laissent rien à désirer : elle est rubannée et riche en couleurs.

· J'ajouterai à tout ceci qu'il existe à Montmartre des masses calcaires argileuses, susceptibles de recevoir un poli très vif, dont on fait des dessus de tables et de commodes.

Les mêmes matières composent le sol de Pantin et de Saint-Chaumont. Je vous invite, messieurs, à prendre connaissance de tous ces échantillons, au Cabinet de l'École des Mines, où les matières sont rangées par ordre de formation. La direction en est confiée à M. Lefroy, savant très communicatif; on y est admis tous les jours depuis dix heures jusqu'à quatre. Dulaure, dans son ouvrage sur Paris, d'après les descriptions savantes et remarquables de MM. Cuvier, Brongniart, Héricart de Thury et Girard, a réuni des faits fort curieux sur le sol de Paris; il est bon de consulter à ce sujet le premier volume de son *Histoire de Paris*, article *Physique, Statistique*, etc.

· Voilà, messieurs, en abrégé, la nature du sol parisien; je reviens aux monumens de la grande cité.

Lutèce fut choisie pour être la place d'armes, c'est-à-dire le rendez-vous général où s'assemblèrent les troupes commandées par Camulogène, suivant quelques historiens, généralissime des *Parisii* et roi de Rouen; il voulait s'opposer à l'approche de Labienus, et empêcher sa jonction avec l'armée de César qui campait dans les en-

virons de Sens. Labienus s'avança pour faire le siège de Lutèce, mais n'ayant pu s'ouvrir un passage à travers les marais, il retourna sur ses pas, se rendit à Melun, et reprit la route de Lutèce, en descendant le long de la Seine. Il repassa cette rivière en présence des *Parisii*, qui avaient mis le feu à leur ville, suivant la coutume des Gaulois, et qui étaient venus camper sur la rive vis-à-vis de lui. Labienus les défit presque entièrement et effectua, sans obstacle, ses jonctions avec l'armée de son chef.

Des découvertes anciennes, jointes à une plus récente et plus importante, prouvent que les Gaulois admettaient également dans leur commerce, et les monnaies fabriquées dans leur propre pays, et celles qu'ils avaient enlevées de la Grèce.

Le 12 septembre 1805, en faisant en face de l'hôtel de Bouillon des fouilles sur les bords de la Seine, pour l'établissement d'un égoût, les ouvriers découvrirent les restes d'une construction antique, parmi lesquels se trouva une certaine quantité de médailles d'or, pesant deux gros quinze grains chacune, portant d'un côté un buste couronné de laurier, et au revers un bige conduit par une renommée; au dessus, le nom de *Philippe, roi de Macédoine*, en caractères grecs. Les médailles découvertes en ma présence m'ont paru d'un beau travail, et je pense qu'elles sont du nombre de celles qui ont été apportées dans les Gaules après l'expédition de Brennus, et que, suivant un usage fort ancien, elles ont été mises dans la fondation où elles se sont trouvées, comme monnaies du pays.

Puisqu'on a découvert dans cet endroit d'anciens libages, il parait démontré qu'il y a eu un bâtiment quelconque dont on a perdu le souvenir. En 1816, en creusant dans le jardin des Petits-Augustins, pour établir les fondations du palais des Beaux-Arts, on a trouvé à douze pieds de profondeur et à deux pieds au-dessous de la terre franche, les restes de trois squelettes dont les corps avaient été moulés par la terre qui en avait conservé l'empreinte. On a également découvert les débris de quelques armures, les restes d'un instrument tranchant, et une quantité de cornes et d'ossemens de bœufs. L'un des moulages était beaucoup mieux conservé que les deux autres.

Le savant Cuvier, que nous appelâmes pour examiner les squelettes, reconnut que le peu d'ossemens qui restaient avaient appartenu à des individus humains d'une haute taille. On en évalua la hauteur à six pieds environ ; M. Debret, architecte, qui dirigeait l'opération, les mesura ; c'était là sans doute un tombeau. J'ai supposé, et toutes les circonstances se réunissent pour le confirmer, qu'il y avait eu aussi un autel, auprès duquel on aura inhumé les sacrificateurs, avec les débris des victimes qu'ils immolaient. Cette supposition est d'autant plus admissible que, sur l'ancien plan de Paris, on voit près du temple d'Isis. (St-Germain-des-Prés), et précisément où est le jardin des Petits-Augustins, deux ou trois bâtimens qui paraissent avoir été les habitations des desservans du temple, suivant l'usage des anciens, imité par les modernes sous le nom de *presbytères*. Le reste du terrain était libre jusqu'à la rivière ; c'était un pré qui n'a jamais été fouillé, et que depuis on a nommé le *Pré-aux-Clercs*.

Marguerite de Valois, première femme de Henri IV, en fit l'acquisition, pour y bâtir un monastère qu'elle donna aux Augustins réformés qui reçurent en même temps le titre d'*Augustins de la reine Marguerite*. Ce fut dans un terrain vierge et au-dessous de la terre franche, qu'on trouva les squelettes dont il s'agit ; ils étaient accompagnés de deux fortes pierres qui ont dû les couvrir : on aurait donc creusé là une espèce de puits à la manière égyptienne, pour y déposer ces corps ainsi que les issues des bœufs que l'on sacrifiait à Isis ; d'ailleurs les médailles d'or dont il a été question plus haut, ont été découvertes à l'extrémité du terrain et presque sur la même ligne que les squelettes.

Si l'on suppose que les corps trouvés dans cette fouille sont ceux des chefs de l'armée parisienne tués dans la déroute de Labiénus, qui la repoussa précisément sur ce terrain, il y aurait, à partir du jour de la découverte, *mille huit cent quatre-vingt six ans* environ qu'ils auraient été enterrés dans cet endroit... Enfin, la grandeur des ossemens confirme ce qu'Ammien-Marcellin dit de la taille des Gaulois : « ils sont grands, forts et » robustes, ils ont la voix rude, et quelque » chose de menaçant et de farouche dans le » regard, ce qui contraste singulièrement » avec la longue chevelure blonde qu'ils » portent. Leurs yeux bleus et pleins de vi- » vacité, leur haute taille, ajoute le même » auteur, leur air de santé et de vigueur, la » fraîcheur de leur visage forment un en- » semble beau et imposant. »

Leurs femmes étaient proportionnellement plus fortes qu'eux ; elles passaient pour les plus belles de toutes les femmes barbares. Au surplus, on nous peint les Gaulois orgueilleux et fanfarons, superstitieux comme tous les peuples ignorans, prompts à se décourager à la vue des obstacles, d'une inconstance et d'une légèreté inconcevables.

Je vais examiner les monumens du quartier Saint-Jacques et du Luxembourg.

Entre autres édifices publics élevés dans la ville de Lutèce, à l'instar de ceux de

Rome, on cite un amphithéâtre, qui, d'après un titre de 1284, paraît avoir existé sur l'emplacement où depuis fut bâti St. Victor, aujourd'hui là halle aux vins; on cite aussi un *Forum* et des thermes ou bains chauds, qui existent encore, et dont je parlerai plus tard ; plusieurs temples en l'honneur d'Isis et de Cérès, deux autres consacrés à *Teutatès* et à *Hesus* : ce dernier, ainsi que je vous l'ai fait remarquer, messieurs, était sur la butte Montmartre ; enfin, un élysée, nommé le champs des sépultures, dont il sera particulièrement fait mention. C'est au Forum que l'empereur Julien harangua ses troupes lorsqu'il voulut les faire partir pour l'Orient, et c'est sur l'emplacement de ce forum que le château Vauvert a été bâti sous les rois de la première race. Je vais entrer dans quelques détails sur ce château.

Le château Vauvert ou *vallon vert* était situé sur le terrain des Chartreux près du Luxembourg. Selon les historiens, il fut commencé par Dagobert et continué sous les régnes suivans. Les normands le brûlèrent, et il fut rétabli par le roi Robert, fils de Hugues Capet.

Saint Louis, édifié du récit qu'on lui faisait de la vie austère des disciples de St-Bruno, en fit venir six et leur donna en 1257 une maison avec des jardins et des vignes au village de Gentilly. Ces bons religieux voyaient de leurs fenêtres ce palais Vauvert qui était abandonné depuis long-temps, et dont on pouvait faire un monastère commode, agréable et plus à la proximité de Paris. Le hasard voulut que des esprits ou plutôt des revenans s'emparassent du vieux château. On y entendait des hurlemens affreux, on y voyait des spectres traînant de grosses chaînes, un monstre vert, avec une grande barbe blanche, moitié homme et moitié serpent, armé d'une grosse massue et qui semblait toujours prêt à s'élancer de nuit sur les passans. Les chartreux demandèrent ce château à Saint-Louis; il le leur octroya avec toutes ses *appartenances* et *dépendances* : ce sont les mots employés dans la donation royale. De ce fait il arriva que les revenans exorcisés par les cénobites ne revinrent plus; le nom d'*Enfer* n'en resta pas moins à la rue, en mémoire de tout le tapage que les diables y avaient fait; de là aussi le proverbe si usité : *envoyer au diable vert...* Voilà, messieurs, l'origine de la chartreuse de Paris; voilà comment un bien considérable qui appartenait à l'état, passa dans la main des moines.

C'est sur cet emplacement qu'était le *Forum*; c'est aussi dans le même lieu que l'on a découvert en 1805, lors de la plantation du jardin du Luxembourg par Chalgrin, une grande quantité de vases, ornés de sculptures, en terre ferrugineuse, couleur de cornaline, ainsi que des médailles : les plus remarquables de ces médailles sont celles de Marseille et de Vienne, en Dauphiné : je les ai fait dessiner séparément. Celle de Marseille représente une tête de Flore regardant à droite, couronnée de fleurs, avec des pendans d'oreilles et un collier de perles ; au revers un lion et l'inscription *Massa* : elle est en argent. La seconde, grand bronze, frappée à Vienne même, se compose des têtes nues et adossées de Jules César et d'Auguste avec une inscription; au revers est une proue de vaisseau. Ces médailles, composées et fabriquées par des monétaires grecs, doivent être distinguées des médailles gauloises que l'on a trouvées dans le même endroit. Celles-ci sont affreusement dessinées et d'une exécution barbare. Une d'entre elles représente une figure humaine accroupie,

dont on a beaucoup de peine à déterminer
le sexe; elle est vue de face, tenant de chaque main une mèche de cheveux. Au revers,
on aperçoit un sanglier marchant à droite;
dans le champ, deux étoiles et un serpent qui
est groupé sur le dos du sanglier.

Cette découverte importante, comme je
l'ai dit, fut faite dans le jardin du Luxembourg; Grivaux a publié un volume sur les
poteries antiques et les fours où se cuisaient
ces poteries, ils gissaient dans le même endroit. En 1757, une découverte semblable
fut faite, lorsqu'on jeta les fondations de
la nouvelle église de Sainte-Geneviève, destinés aux grands hommes, sous le nom de
Panthéon Français, par l'assemblée nationale. Caylus, dans son ouvrage sur les antiquités, a consacré un grand article à la description des vases qui s'y trouvèrent. Dernièrement encore, on a découvert de ces
mêmes poteries en creusant les fondations
de la nouvelle bâtisse du palais du Luxembourg.

L'élysée, ou le champ des sépultures de
l'ancien Paris, était situé près de là, entre la
place Saint-Michel et la rue d'Enfer. Il paraît que ce champ occupait un grand emplacement; car, il s'étendait jusqu'à l'église
de Saint-Marcel, où était alors le temple de
Cérès. A des époques différentes, en faisant
des travaux de terrasssement sur le même
sol, on a découvert un grand nombre de
tombeaux intéressants et un bas-relief représentant les mystères de Mithra, dieu des
Perses, dont le culte fut introduit dans les
Gaules à l'époque des Antonins. Mais ce
qu'il y a de plus remarquable ici, c'est que
le place la plus voisine de l'enclos se nomme
Place Saint-Michel; que l'église des dames
carmélites, bâtie sur une partie du même
terrain, était consacrée à cet archange le plus
belliqueux de ceux qui forment les légions

célestes; et enfin que l'on voyait à l'entrée
de l'église une statue colossale en bois, de
St-Michel domptant le démon; le même
personnage était sculpté en relief sur le
portail, pesant les ames dans une balance.

On plaçait cet archange à la porte des
enfers : c'est aussi la place que donnaient
les mythologistes anciens au dieu Mercure;
l'un et l'autre jugeaient en première instance les ames des morts qui devaient passer
au séjour des bienheureux, dans les *limbes,*
lieu circonvoisin du paradis; car le mot
limbe signifie cordon ou bord : autrement
elles allaient aux enfers, lieu de tourmens
où elles subissaient des peines éternelles. Ce
dogme et cette division de lieux nous viennent des Indiens, peuple contemplatif. On re-
marquera également que l'époque de la fête
de saint-Michel arrive en septembre, sous
le signe de la *Balance,* et que dans l'Apo-
calypse cet archange préside à la planète
de Mercure.

On ne perdra pas de vue qu'outre l'église
des Carmelites et celle Saint-Jacques-du-
Haut-Pas, il existait anciennement un temple que les Parisii, après avoir adopté le
culte des Romains, avaient dédié à Mercure.
On observera encore que tout ce quartier-là
est situé au sud de la ville, et qu'il a été
consacré aux morts et aux enfers.

Cet emplacement qui, de toute antiquité,
a été nommé le *champ des sépultures,* la
Tombe Issoire, qui se trouve sur le même
terrain, et forme aujourd'hui l'entrée des
Catacombes, l'ossuaire le plus considérable
de la France; les démons et les diables du
château Vauvert exorcisés et chassés, en
1257, par les chartreux qui s'emparèrent de
la totalité du clos; enfin la rue qui traverse
entièrement le local et qui a conservé le
nom d'Enfer, tout cela, je crois, prouve
suffisamment que ce clos était vraiment le

champ que les Gaulois parisiens consacraient
à leur sépulture.

Les enfers, suivant l'opinion des anciens,
étaient des lieux placés au centre de la terre.
Les Grecs, pour les désigner, se sont servis
dans leur langue d'un mot qui signifie *lieu
obscur et invisible*. Cicéron rapporte l'origine de l'opinion vulgaire touchant les enfers à l'ancienne coutume *d'enterrer les
corps*, qui fit dire que la terre était la dernière
demeure des hommes, d'où on conclut que
les morts allaient mener sous terre une nouvelle vie. De là, l'invention de certains génies appelés *gnomes*; les Allemands et d'autres peuples ont leurs *vampires*, etc....
D'après cette pensée, on établit sous terre
un grand empire divisé en deux royaumes
fort différens : l'un, agréable et tranquille
pour les sages, les philosophes et les hommes qui avaient rendu des services à la patrie : on le nomma *Élysée*. L'autre, plein
de trouble et d'horreur, pour les criminels et
les méchans : on lui donna le nom de *Tar-
tare*.

Les anciens plaçaient encore les enfers
au Sud. *Délivrez-nous de la présence du
démon du Midi*, disaient-ils. Suivant
quelques étymologistes, *Issoire*, l'ancien
nom donné à l'ossuaire de Paris, signifierait
en langue celtique, la *porte d'en bas* ou
des lieux inférieurs. Ainsi la tombe Issoire,
précisément à la barrière d'Enfer, désigne-
rait la porte d'en bas, c'est-à-dire l'entrée
des tombeaux. M. Héricart de Thury, ingénieur en chef des carrières de Paris, dans
sa descriptiom des Catacombes, parle d'un
certain Isouard, fameux brigand qui exerçait ses ravages dans ce canton, et qui aurait donné le nom d'*Issoire* au terrain qu'il
occupait.

Cette tradition populaire, messieurs, se
rattache encore au chef des diables du château Vauvert, qui attendait les passans pour
les effrayer. Près de la même barrière d'Enfer
coule la rivière de Bièvre, dont le nom en
celtique, suivant M. Johanneau, signifie la
rivière noire, ce qui s'accorde avec ses
eaux bourbeuses, comme l'étaient celles du
Styx.... C'était donc le fleuve de l'enfer des
Gaulois parisiens.

Comme on le voit, il y a ici identité de
faits, de noms et de lieux. Je n'ai pas, il
est vrai, la conviction intime que les étymologies celtiques dont je viens de parler
soient exactes ; maintenant elles paraissent
hasardées, les savans ne s'en servent plus ;
mais, comme elles m'ont été communiquées
par un professeur de cette langue et qu'elles
s'adaptent très bien aux antiquités de la rue
d'Enfer, j'ai cru pouvoir m'en servir, sans
prétendre pourtant faire partager entièrement à mes auditeurs ma manière de voir
à cet égard, quelque conforme qu'elle soit
aux circonstances des temps et des lieux.

Le Chev. ALEXANDRE LENOIR,

Créateur du Musée des Monumens
français, Administrateur des monumens de l'église de St-Denis,
Membre de la 4me classe de l'Institut historique.

RECHERCHES SUR L'ANCIENNE LANGUE CELTIQUE.

Si nous admettons que l'Europe ait anciennement été occupée par six grandes races ou familles de peuples, la Scandinave, la Sarmatique, la Germanique, la Celtique, l'Étrusque et la Pélasgique, nous en conclurons que les Gaulois ou Gaëls ont été la principale branche de la famille celtique, divisés en plusieurs petites nations indépendantes, n'ayant de lieu commun que la religion et la langue.

Cette religion comprenait toute la partie intellectuelle de l'existence nationale : ses prêtres exerçaient seuls toutes les professions qui supposent quelque instruction. L'antiquité rendit hommage à la profonde sagesse comme à l'étendue de leurs connaissances ; il serait trop long et fort inutile de rapporter beaucoup de passages bien connus des auteurs grecs et latins qui nous ont transmis tout ce que nous savons de nos ancêtres. Je me borne à les résumer.

Dans les arts qui viennent à la suite d'une civilisation très avancée, les druides restèrent sans doute au-dessous des deux nations les plus éclairées de l'Europe, mais il paraît qu'ils les devancèrent dans les sciences qui tiennent à l'observation et à la réflexion. La vie austère et silencieuse qu'ils menaient, dans la solitude de leurs sombres forêts, les portant naturellement à la contemplation et à la méditation, ils s'élevèrent au-dessus de la faiblesse humaine, en proclamant l'existence d'un être immatériel, éternel et souverain maître, l'immortalité de l'ame et l'espérance d'une autre vie de rémunération et de châtiment. Il n'est pas étonnant que des prêtres qui exerçaient prodigieusement leur mémoire par des études de vingt années, et dont tout le savoir n'était qu'une longue et fidèle tradition des siècles antérieurs, aient conservé des traces de la révélation primitive; mais il n'en est pas moins glorieux pour nos ancêtres que ces vérités sublimes aient été généralement connues dans la Gaule long-temps avant que Socrate osât à peine les laisser entrevoir à quelques disciples choisis parmi le peuple le plus spirituel et le plus éclairé de la Grèce.

Les druides avaient aussi quelques connaissances dans l'astronomie, la physique, la botanique, la chimie, qu'ils appliquaient aux arts. Ils possédaient incontestablement des moyens de statique et de mécanique que nous ne pouvons apprécier que par les résultats qu'ils ont obtenus et qui subsistent pour notre étonnement. D'énormes masses de rochers ont été remuées en Bretagne, transportées et dressées perpendiculairement, ce que nos ingénieurs actuels ne feraient pas sans de grandes difficultés. Ces sciences furent long-temps inconnues de Rome qui traitait les Gaulois de barbares.

Des prêtres, éprouvés par un long noviciat d'études graves et positives, devaient facilement acquérir de la considération et du respect. L'enseignement de la religion, l'exercice de la médecine et de quelques arts utiles, les firent regarder comme des bienfaiteurs. Leur équité, car aucune association ne peut être durable si elle n'est fondée sur la justice, les rendit arbitres de toutes les contestations ; ils ne tardèrent pas à devenir nécessaires, et alors leur ambition, appelant à son secours la magie, la divination, les sortiléges, se trouva appuyée de tous les prestiges qui agissent le plus fortement sur l'imagination des hommes. Leur autorité une fois établie, ils persuadèrent aisément que c'était un grand crime que de ne pas s'y soumettre. Pour les rebelles, le châtiment était aussi prompt que terrible. Malheur à celui qu'ils frappaient de leurs redoutables anathèmes ! Abandonné de ses parens, de ses amis, comme un monstre en horreur à toute la nature, fuyant en vain dans les forêts et les déserts dont la solitude n'offrait d'asile qu'à ses persécuteurs, il ne pouvait échapper à leur implacable vengeance.

Mais si les druides tenaient leurs compatriotes sous le joug d'une soumission absolue, leur propre existence était nécessairement liée à l'indépendance nationale, et ils étaient d'énergiques patriotes en ce qu'ils repoussaient, avec l'enthousiasme religieux comme avec l'orgueil que donne l'exercice du pouvoir, toute domination étrangère. Ils possédaient incontestablement l'aristocratie des lumières, et toutes les aristocraties surpassent les autres formes de gouvernemens en capacité, en persévérance et par conséquent en chances de durée. Jules César trouva en eux des ennemis redoutables, trop accoutumés à commander pour se résoudre à obéir. La lutte fut longue et la résistance assez opiniâtre pour balancer la fortune de César qui ne dut pas son triomphe à la supériorité de ses armes, mais bien à la supériorité de sa politique. Les Romains s'étaient toujours montré si tolérans pour les dieux des nations vaincues, qu'ils en avaient presque toujours adopté le culte. Il est remarquable que, par exception, la seule religion druidique fut proscrite, parce que, liée aux institutions civiles, elle ne pouvait se plier au despotisme des conquérans, ni exister sans l'indépendance nationale. César reconnut que les druides étaient d'autres hommes que les prêtres grecs de Jupiter ou d'Apollon. Exaltés par le fanatisme, voués par état à une profonde dissimulation, ils étaient de trop dangereux conspirateurs pour qu'il ne cherchât pas à les anéantir. Sous le spécieux prétexte de leur interdire les sacrifices humains, il les persécuta par politique beaucoup plus que par humanité, car ce ne fût ni de clémence, ni d'humanité qu'il fit preuve dans les Gaules, il s'y montra toujours sans pitié pour les vaincus ; mais il n'en fut pas moins habile politique que grand général. Ce fut une haute habileté que de donner aux divinités gauloises les noms de ses propres dieux, afin de substituer peu à peu à la religion druidique celle des Romains, dont la douceur, ou mieux la licence, devait charmer un peuple qui commençait à se corrompre et à se lasser de l'austère sévérité de ses prêtres.

Ainsi les druides, attaqués sans relâche par les Romains, presque abandonnés de leurs compatriotes, furent trop occupés de la défense de leur autorité chancelante, et même du soin de leur conservation personnelle, pour se livrer désormais entièrement à des études graves qui auraient exigé de la sécurité et toute leur attention. Ils en étaient distraits par la politique qui, absorbant toutes leurs facultés, étouffait la science et leur faisait perdre le véritable point d'appui de leur supériorité sociale ; et, lorsque enfin la politique n'eut plus d'objet, il ne resta presque rien aux successeurs dégénérés de ces vénérables prêtres qui avaient joué un rôle si important dans la Celtique. Comme une défiance inquiète les avait obligés à ne rien écrire de leur doctrine, de crainte qu'elle ne fut divulguée, elle s'affaiblit et finit par se perdre avec le souvenir des longs poèmes qui la renfermaient. Et, quand le relâchement de la discipline et plus tard l'extinction du corps des prêtres semblaient promettre des révélations sur cette doctrine mystérieuse tant vantée, elles étaient devenues impossibles, les prétendus druides n'étaient plus que de misérables sorciers de village, des charlatans qui vendaient des recettes pour les bestiaux.

Avec l'antique religion des Gaëls, disparut de tout le pays envahi par les Romains la littérature qui non seulement en était l'expression, mais qui en faisait essentiellement partie. Tout fut remplacé par la civilisation des conquérans. Déjà les Grecs établis sur les côtes de la Méditerranée avaient exercé leur influence civilisatrice dans un vaste rayon. Marseille, ville célèbre, digne rivale d'Athènes dont elle s'honorait de descendre, enrichie par un commerce immense, redoutée dans la guerre, admirée dans la paix pour la sagesse de ses lois et la mansuétude de ses mœurs, tirait autant de gloire de ses succès dans les beaux-arts que de sa puissance politique. Elle devint le précieux foyer d'où jaillirent, sur la Gaëlie, les lumières de la civilisation gréco-romaine. La jeunesse la plus distinguée du pays, avide de ces connaissances étrangères, venait en foule s'instruire dans les écoles de Marseille si renommées, que Cicéron les préférait à celle de Rome et d'Athènes. D'autres écoles aussi fréquentées et non moins excellentes s'élevèrent à Narbonne, à Vienne, à Arles, à Nismes, à Lyon, à Autun, à Bourges, à Bordeaux, à Chartres, à Bayeux. Dans ces écoles exclusivement gréco-latines, il se forma des orateurs, des poètes, des historiens, des

littérateurs gaëls qui acquirent de la réputation à Rome, dès le temps d'Auguste. Cornélius-Gallus, dont Virgile fait un si magnifique éloge dans la belle églogue qu'il lui a dédiée, était de Fréjus; l'historien Trogue-Pompée, le poète Terentius Varro Gallus que nous connaissons par quelques fragmens insérés dans le *Corpus poetarum*, étaient de Narbonne. Sénèque nous a aussi conservé des fragmens de discours de son ami Gallus Vibius que l'on regardait comme le plus éloquent orateur qui eût paru depuis Cicéron; il était Gaël, ainsi que le célèbre comédien Roscius. Le poète Ausone, l'historien Eutrope naquirent à Bordeaux ; Sidoine Apollinaire à Lyon, Sulpice Sévère dans l'Aquitaine, et Pétrone aux environs de Marseille. Si la littérature druidique avait dû se conserver dans le pays soumis aux Romains, on devrait en trouver quelques traces chez ces auteurs, les plus illustres Gaëls de leur temps; or, ils sont aussi Romains à peu près que s'ils étaient nés à Rome.

L'établissement du christianisme acheva de latiniser les mœurs, la littérature et la société gaélique. Beaucoup de savans et saints prélats édifièrent par leurs vertus, éclairèrent de leurs écrits l'aurore de cette église gallicane dont saint Bernard devait marquer le midi, et le génie de Bossuet illustrer le déclin. Tous ces premiers évêques écrivaient en latin : c'était la langue des conciles. Il faut croire cependant que, cent soixante ans après la naissance de Jésus-Christ, la langue gaélique n'avait pas encore disparu entièrement du pays soumis aux Romains, puisque saint Irénée se plaint que son séjour parmi les Celtes a gâté son style et qu'il lui échappe des mots barbares. Si un Grec devenu évêque de la métropole de Lyon admettait involontairement dans son style des mots gaëls, les Romains nés dans le pays et les principaux indigènes devaient nécessairement en admettre davantage : le latin qu'ils parlaient pouvait être encore fort corrompu, mais ce n'était pas le gaëlique. D'abord refoulé dans les campagnes, il y disparut aussi par l'influence des villes latinisées, et je ne sache pas que les patois actuels des diverses provinces françaises en conservent beaucoup de traces.

Bien loin que la littérature et la langue gaëliques soient entrées comme élémens dans la formation de la langue et de la littérature françaises, à leur arrivée chez les Gallo-Romains, les Francs eux-mêmes se latinisèrent pour les mœurs, le langage et la littérature. La langue seule, comme je l'ai dit, était corrompue par le mélange de quelques mots gaëls ; mais le fond et la forme étaient romains ; et cet élément prédomina même après l'addition de l'élément germanique importé par les Goths, les Bourguignons et les Francs; aussi la nouvelle langue qui se forma fut-elle appelée Romane. Sans doute beaucoup de mots français ont une racine gaëlique, mais on en trouve presque autant dans le grec et dans le latin, et certainement la langue que parlaient les druides n'a pas eu plus d'influence à Rome et à Athènes que leurs connaissances renfermées dans de longs poèmes inconnus aux Grecs et aux Romains.

On a demandé à l'avant dernier congrès historique si l'ancienne langue celtique existe encore. Cette question a dû faire frissonner notre savant compatriote Le Gonidec et *tutti quanti* Celto-Bretons ou Armoricains qui assistaient à la séance. S'ils n'ont pas protesté avec toute l'énergie d'une profonde conviction contre ce doute barbare, ils sont des patriotes beaucoup plus tièdes

que ne l'eût été l'illustre La Tour-d'Auvergne-Corret, le premier grenadier de France, qui n'avait pas moins d'enthousiasme pour la gloire de la langue celto-bretonne que pour celle des armes françaises. Loin de partager l'exagération de ce sentiment honorable, je veux bien convenir que le Phénicien, l'Hébreu, le Grec et le Latin, ne dérivent pas précisément du Bas-Breton, mais les concessions doivent être réciproques ; on me cédera donc qu'il est la plus ancienne langue de toutes celles qui sont parlées en Europe, et je prouverai, je l'espère, sa parfaite identité avec l'ancien Celtique ou Gaël.

Les Romains parvinrent, après plus ou moins de temps et d'efforts, à soumettre entièrement toutes les cités armoricaines ou maritimes, depuis Dunkerque jusqu'à Avranches, et depuis Bayonne jusqu'à Nantes ; mais la péninsule occidentale, qui est devenue la Bretagne, ne leur fut jamais complétement assujétie. Ils occupaient certains points du littoral, à peu près comme la république en 1794, et n'avaient que peu de stations ou postes militaires dans l'intérieur. On n'y trouve aucunes ruines qui attestent l'existence d'un établissement important. Le caractère des habitans toujours courageux et opiniâtre, la nature du sol, sillonné de rivières encaissées, de ravins, de vallées marécageuses et de montagnes, hérissé de buissons, de taillis et de forêts, dépourvu de routes praticables pour des armées, opposait des obstacles, pour ainsi dire, insurmontables, et que ne compensait aucun avantage, vu la stérilité et la pauvreté de cette partie du pays. La civilisation romaine ne put y acquérir aucune influence ; elle y fut absolument impuissante, et les Gaëls de l'Armorique conservèrent à peu près leur indépendance, leurs mœurs, leur religion, et tout-à-fait leur langue qui ne céda pas même à l'action *latino*-civilisatrice du christianisme, puisque les premiers missionnaires qui le prêchèrent étaient des Gaëls venus d'outre-mer, qui se servaient de cette langue commune aux deux Bretagnes.

Les aristocraties mercantiles, comme celles de Gênes et de Venise, se cantonnent dans les villes ; mais les aristocraties guerrières s'établissent dans les campagnes, et tel était l'usage des nations celtiques. Tandis que l'étude, les relations d'affaires, de gouvernement, de commerce ou de société, répandaient assez rapidement les opinions romaines dans les villes de l'Armorique, qui, comme les autres villes gaéliques, et comme toutes les villes du monde alors connu, recevaient de l'Italie leur langue, leur littérature, aussi bien que leurs lois, les chefs, méprisant également le luxe des villes et l'assujétissement de ceux qui les habitaient, préféraient la liberté de leurs forêts et de leurs champs. Entourés de leurs familles, de leurs tribus, d'amis, de serviteurs de différentes conditions, guerroyant continuellement entr'eux et même contre les Romains, ils vivaient de la chasse et du pillage plutôt que du produit de leurs domaines mal cultivés ; mais fiers de leur indépendance et de leur courage, ils repoussaient avec indignation et comme une flétrissure toute relation avec les Romains. Attachés par caractère à leurs coutumes, aux souvenirs de leurs ancêtres, ils les observaient rigoureusement. Chez eux, les druides (1) conservèrent plus long-temps la considération et le pouvoir qui se lient souvent comme cause et effet. Mais le pays

(1) Déjà en 300 Ausone qualifie les druides d'Armoricains.

chartrain était envahi par les Romains qui, occupant aussi les côtes de la mer ; interceptaient ou rendaient difficiles les communications avec l'île d'Albion. Les druides, parqués dans l'Armorique et privés des lumières de leurs grands établissemens d'instruction, devaient assez promptement se transformer en empyriques, charlatans et sorciers de village. On dirait que leur race dégénérée s'est perpétuée jusqu'à nos jours en Bretagne plus qu'ailleurs. Ils y conservent des usages évidemment druidiques, font des prédictions sur l'avenir, devinent le passé, jettent des sorts et maléfices sur les hommes et les bestiaux et guérissent les maladies par des paroles et des recettes. Il est à remarquer qu'ils se servent dans quelques remèdes du guy anciennement si célèbre ; mais le guy de chêne est presque introuvable en Bretagne, attendu l'immense destruction des forêts de chêne depuis cinquante ans ; les empyriques emploient le guy de l'aubépine, moins commun que celui de pommier. La verveine est encore en grande recommandation.

Une classe de druides qui se maintint plus long-temps dans une situation honorable, fut celle des bardes, poètes et musiciens. Chaque chef puissant en avait un à sa suite pour chanter sa gloire, celle de ses ancêtres, de sa famille et de sa tribu. D'autres excitaient le peuple à la danse en jouant de quelque instrument. Leur nom se retrouve écrit *barz* dans des livres et des manuscrits celto-bretons des quatrième et cinquième siècles, et aujourd'hui leurs successeurs, appelés *bombarder* et *biniaouer*, sont plus considérés dans les campagnes de Bretagne que les ménétriers ne le sont en France.

Notre jeune collègue, M. Hersart de la Villemarqué, élève de l'école des chartres, a retrouvé, près de Morlaix, dans les archives d'une vieille église des Montagnes noires, des poésies gaëliques d'un ancien barde du quatrième ou du cinquième siècle, que les journaux ont nommé Quin-Clan, peut-être Ken-Klan ; on suppose qu'il pourrait être le même que le Merdhyn des Chroniques chevaleresques. Quel qu'il soit, si cette découverte se vérifie, un débris de la littérature de nos ancêtres sera parvenu jusqu'à nous. La littérature gaëlique d'outre-mer est riche en vieux monumens. Il n'est plus guère possible de contester aujourd'hui l'authenticité des poésies d'Ossian, barde du quatrième siècle, sans nier que Macpherson n'a pas nui à celles qu'il a recueillies.

On a publié récemment en Angleterre les poésies originales de deux autres bardes, Merdhyn et Talieczin. Il existe dans le pays de Galles plus de deux mille anciens manuscrits gaëliques, et au moins treize mille pièces de vers presque toutes du temps d'Arthur. Telles sont les richesses littéraires de cette ancienne langue, qui s'est conservée dans l'Armorique, l'île de Mans, en Irlande, dans l'Ecosse septentrionale, dans le pays de Galles ou Cambrie et dans la Cornouaille. Tous ces dialectes diffèrent plus ou moins, mais les formes grammaticales et une foule de racines de mots sont communes et ils ne forment qu'une seule et même langue.

De La Tour d'Auvergne Corret a démontré dans ses savantes recherches sur les origines galloises, l'identité du gaël de la Cambrie et de celui de l'Armorique ; la même ressemblance avec le calédonien ressort des poésies d'Ossian et des romans de Walter Scott, où presque tous les noms de lieux et d'hommes, et une foule de mots sont connus dans l'Armorique. D'ailleurs l'i-

dentité des noms de lieux de l'île d'Albion et de l'ancienne Gaule a été constatée par Jules César, chap. 12 du liv. 5 des commentaires, et par Ptolémée, chapitre 5 du liv. 5. M. Miorcec de Kdanet a extrait des anciens historiens anglais, et publié dans le Lycée armoricain une liste de plus de deux cents noms de lieux pris dans les diverses parties de l'île (1). Or, tous ont une signification dans le gaëlique armoricain, ou sont connus dans cette province pour des noms de villes, bourgs et villages. Des deux côtés de la Manche, beaucoup de noms patronimiques sont les mêmes, ce qui suffirait pour démontrer que ce qu'on appelle le gaëlique et le gallois ne forment qu'une seule et même langue avec le celto-breton. Mais un fait historique incontestable vient à l'appui du raisonnement. Les missionnaires de l'île d'Albion, Saint Samson, Magloire, Malo, Suliau, Tugdual, qui vinrent convertir au christianisme les bretons de l'Armorique, prêchaient en gaël ou celto-breton, qui était leur langue naturelle, et plusieurs n'en connaissaient pas d'autre. L'un d'eux, St-Tugdual, né à Kairguen, au pays des Démètes, envoyé en ambassade au commencement du vi^e siècle à Childebert Ier, ne sachant que le celto-breton, fut obligé de prendre pour interprète St-Aubin, ce qui prouve qu'à la cour de France il y avait un ministre qui connaissait encore la langue conservée dans les deux Bretagnes. Un témoignage non moins authentique prouve qu'elle était parlée en Aquitaine le siècle précédent. Dans le premier dialogue de

(1) Voici les historiens que M. de Kdanet a cités : Gildos, le vénérable Bède, Ninnius, G. De Montmouth, G. de Neubridge, Henri de Huntington, G. Malmesbury, Ponticus, Verumnius et Camden.

Sulpice-Sévère, l'aquitain Posthumianus dit à Gallus qu'il peut parler celtique et qu'on l'entendra.

Dès qu'il est prouvé que la langue de l'Armorique était la même que celle dont se servaient les insulaires, on ne peut nier son identité avec la langue qui se parlait dans tout le pays qui forme la France actuelle. Tacite, en établissant les rapports qui existaient entre les insulaires et les Gaulois n'oublie pas de dire qu'ils parlaient la même langue. «*Proximi Gallis et simi-* « *les sunt : seu durante origine vi, seu* « *procurrentibus in diversa terris, posito* « *cœli corporibus habitum dedit : in uni-* « *versum tamen œstimanti, Gallos vici-* « *num solum occupasse, credibile est* « *eorum sacra deprehendas superstitio-* « *num persuasione : sermo haud multum* « *diversus*, etc. » (Tacit. Agr. n. xɪ) Il dit que les trois principaux peuples de l'île, les Belges, les Calédoniens et les Silures, sont gaulois et se servent de la même langue. La longue liste de noms gaëls de lieux que M. de Kdanet a recueillis prouve que cette même langue a été commune à toutes les parties de l'île. Cette émigration des habitans de la Gaule dans l'île d'Albion est reconnue par César et démontrée encore par l'identité des noms des peuples des deux côtés du détroit, et par la ressemblance de leur religion et de leurs mœurs.

César reconnut dans la Gaule trois principaux peuples, les Belges, les Celtes et les Aquitains. La ligue armoricaine dont il parle était bien aussi puissante qu'aucun de ces peuples ; il n'aurait pas manqué d'en compter quatre, s'il ne l'eût comprise dans la Celtique. Il est clair qu'il parle des races et il se trompe. On doit remarquer qu'une division, pour ainsi dire futile, puisqu'elle se fonde sur le costume, est plus savante,

plus conforme à l'état actuel de nos connaissances en histoire, en linguistique et en géographie, que la division de César. Les côtes de la Méditerranée, *Gallia togata*, étaient envahies par la race pélasgique, quoique la masse de la population indigène fût gaélique. *Gallia comata*, les Belges étaient de race germanique, et tout le reste de la France actuelle, désigné sous le nom de *Gallia braccata*, était gaël, y compris l'Aquitaine, dont le nom est la traduction latine du mot Armorique. Polybe (liv. 3) comprend l'Aquitaine dans l'Armorique. Que ces trois races aient différé de langage primitif, je le comprends, puisqu'elles n'ont pas eu la même origine, mais, établies sur une même terre, il y avait une langue commune, c'était le celtique avant le latin, comme c'est aujourd'hui le français ; et quoique la fameuse centralisation fût loin de régner chez nos aïeux, si divisés, on ne peut nier qu'ils n'eussent la même langue, comme ils avaient la même religion et les mêmes mœurs.

Si César prétend que les Aquitains, les Belges et les Celtes différaient de langage, ce ne pouvait être qu'une différence légère des dialectes, et Strabon a grand soin de nous l'apprendre. « *eddem non usque quâ-* » *que lingvá utuntur omnes, sed paulu-* » *lum variatâ.* » Cela n'est pas étonnant. Une nation de quarante millions d'âmes peut être répandue sur un territoire presque double de la France actuelle, dépourvue de moyens faciles de communication par terre, partagée en quatre ou cinq grandes fédérations, subdivisées en plusieurs centaines de petits peuples indépendans ; une nation dans de telles circonstances, quoique se servant d'une langue générale et commune à tous, devait nécessairement avoir plusieurs dialectes, puisque aujourd'hui la population bretonne plus rapprochée et qui compte moins d'un million d'ames, parle quatre dialectes quelquefois assez différens pour s'entendre avec difculté et pourtant ils sont contenus dans le même vocabulaire et ont une syntaxe commune ainsi que presque toute la nomenclature. Ils forment un même idiome qui diffère de celui qui est parlé en Angleterre, mais le gaélique de l'Armorique, de la Cambrie et de la Calédonie représente bien certainement la langue qui se parlait dans toute la Gaule ancienne.

La meilleure manière de le démontrer , c'est de rapprocher du celto-breton les mots que d'anciens auteurs grecs et latins nous ont conservés comme *gaulois* , et de prouver que ces mots sont encore usités en Bretagne et compris dans le celto-breton, sans avoir changé de signification, ni presque d'ortographe, autant toutefois qu'ils ont pu être correctement écrits par des Latins et par des Grecs, ce qui n'était pas plus facile alors pour eux , qu'aujourd'hui pour des Français.

Tableau des mots gaulois qui nous sont connus et qui ont encore dans le celto-breton ou gaëlique armoricain la même signification que leur assignent les auteurs grecs et latins qui nous les ont conservés.

Noms de peuples. Les peuples qui habitaient entre les Alpes , le Rhin, l'Océan, les Pyrénées, la Méditerranée , et ceux qui habitaient les îles Britanniques, se nommaient entr'eux Gaëls, ou Galls, que les Romains traduisirent par *Galli* et les Grecs par *Gallates*, plutôt que par *Keltes*, nom qu'ils appliquaient à une famille ou race plus nombreuse.

1. — Le mot *Gallus, Galli,* en le dépouillant de sa terminaison latine, reste *Gall* en gaulois. Le mot est aujourd'hui exactement le même en Bretagne : *Gall* un Gaulois , *Gallavaed, Galled* et *Galliz* au pluriel. On pourrait m'objecter que si les Bretons appellent encore *Gall* celui qui n'est pas Breton, mais qui est Gaulois, c'est une preuve vivante que les deux peuples ont toujours été séparés, ainsi que les deux langues; mais je répondrai que les Bretons appellent bien un Français *Gall*, par politesse ; mais entre eux ils ne manquent pas de le qualifier avec mépris de *Gall brein*, *Gaulois pourri*, *dégénéré*, en se réservant pour eux la gloire de n'avoir ni changé ni dégénéré. Les habitans de la Cambrie se nomment *Galls* et la langue de la Calédonie est le Gaëlique; or les Bretons de l'Armorique ayant la même langue et la même origine que ces peuples, ont le même droit au nom de *Gaëls*, *Galls* ou *Galli* Gaulois.

2. — J'ai peine à me persuader que des peuples se soient nommés eux - mêmes *Pictes*, *Pictons* , *Pictares* , ou *Britanni*, *Britones*, les trois premiers noms étant la traduction latine des autres qui signifiaient en *Gaulois* peints de diverses couleurs. C'est évidemment un sobriquet donné à ces peuples par ceux qui les voyaient *tatoués*, *barbouillés* , mais on ne se nomme pas ainsi soi-même ; les Musulmans ne s'appellent pas *Turcs*, ni leur pays Turquie; et pourtant ces noms pourraient passer dans leur langue avec notre civilisation. Toujours est-il que, dans l'ancienne langue des peuples qui habitaient la France, et que les Romains appelaient Gaulois ; le mot *brit* signifiait *peint*; or , en celto-breton , *briz* signifie peint de diverses couleurs, bigarré, tacheté, moucheté. *Breiz* ou *Breic'h* , le pays des peints ou tatoués, la Bretagne.

11

Breizad ou *Breiziad*, Breton, homme tatoué ou peint, et le nom latin de *Leti, Lètes*, qui fut décerné à ce peuple, du verbe *Lere*, pour *Linire* et *Linere*, oindre, frotter d'une liqueur, exprime la même idée que *Pictti* et ses dérivés, en latin, qui sont la traduction du mot gaëlique *Breiziz*, les Bretons.

3. — Une troupe de révoltés reçut, du temps de l'empire Romain, le nom de *Bagaudes*, qui fut connu dans les Gaules pour exprimer la même idée jusqu'au Ve siècle. Bochatt, dans sa géographie sacrée, et le père Honbigant, dans ses racines hébraïques, veulent faire dériver ce mot *Bagaudes* d'un mot hébreu qui signifie aussi révolte; mais Ducange le fait venir du celtique *Bagad*, assemblée tumultueuse, et notre collègue M. Noël, dans son excellent dictionnaire latin-français, indique aussi l'étymologie gauloise. Les mots *Bagad, Bagod, Bagaud* se trouvent dans les dictionnaires celto-bretons, avec les mêmes significations.

4. — Florus et Festus Pompeius parlent d'un peuple de la Gaule-Narbonnaise qui vivait de brigandage, et qu'ils appellent Ambrons. Festus se sert aussi de ce mot *ambron* pour désigner un vagabond, un vaurien, un extravagant. Le mot breton *ambren* veut dire *transport, délire, extravagance.*

5. — Les noms des divinités gauloises ou des attributs de la divinité nous ont été transmis plus ou moins défigurés; la divinité supérieure s'appelait Teutatès, ce qui représente assez bien le nom de *Jupiter.* Le mot breton *Doué*, Dieu, est évidemment moderne. Je suis porté à croire que l'ancien mot était *Teuz* qui signifie encore lutin, esprit follet, ou être invisible. Dans la composition, le *T* se change quelquefois

en *D*; d'où l'on aura fait *Deuz* pour *Teuz.* Mais dans *Teu-Tat-ès*, je vois *Dieu père. Tat* et *Tad* signifient *père.*

6. — Personne n'ignore que les Grecs et les Latins ont nommé le Jupiter tonnant des Gaulois *Taranis.* En celto-breton *Taran* veut dire feu nocturne, éclair qui précède le tonnerre. Ce dernier mot se rend par *Kurun*, le tonnerre *Ar-garum*, celui qui menace du tonnerre, *Kurunuz.*

7. — Ils ont appelé le dieu de la guerre ou Mars gaulois, divinité la plus terrible, *Hesus* et *Esus*; or, en breton, *Euzus* et *Heusus* signifie terrible, horrible, épouvantable, qui porte la terreur. La racine est *Eus* ou *Heus*, terreur, horreur, épouvante.

8 et 9. — L'ancien scholiaste de Juvénal, sur le vers 214 de la septième satire, dit que les Allobroges avaient été ainsi nommés parce qu'ils avaient émigré d'un pays dans un autre, le mot *allo* dans la langue gauloise signifiant *autre*, et le mot *brogæ*, pays. En celto-breton *all* veut encore dire *autre*, et *bró*, *pays, contrée.* Dans le dialecte gallois, on dit *brog.* Au lieu d'*Allobroga*, Horace dit *Allobrox* qui a plus d'analogie avec *all broc'h.* (Notez que *c'h* n'est ni voyelle ni consonne, c'est le signe d'une aspiration gutturale qui se rend en grec par la lettre *x.*)

10 et 11. — César nous apprend que toutes les cités celtiques situées sur la mer se nommaient dans la langue des indigènes *armoricæ*; ce nom est resté à la seule province de la Gaule où cette langue s'est conservée. En *celto - breton, ar* ou *war* veut dire *ad*, en latin, et *sur* ou *près* en français; *mor* signifie mer, *morik* petite mer, celle qui baigne la côte, par opposition à la haute ou pleine mer. La Bretagne, entourée de mer de trois côtés, était sillonnée au

centre, dans toute sa longueur, par une vaste forêt, en celto-breton *koat*. Les terres qui joignaient le bord de la mer, étaient appelées *armorik*, et celles qui joignaient le bord de la forêt *ar-koat*, *ar-koët*, *ar-goët*, d'où est venu le nom de Largouet donné à l'intérieur de la Bretagne. Ces deux expressions, *ar-koët* et *ar-morik* sont d'aussi bon breton l'une que l'autre. Seulement comme le *k* se change en *g* par euphonie dans le premier mot, on changerait le *m* en *v* dans le second et l'on dirait *eur guéar arvórek*, une ville maritime. Ce n'est pas que le *m* soit toujours muable dans la composition de ces deux mots. Je connais trois villages sur la côte qui sont appelés l'*armor*, et non l'*arvor*. Ils sont en l'île aux Moines, en Baden, et en Plémœur.

12 et 13. — Strabon nous apprend que les Cevennes sont appelées en Gaulois *Kein meni*, en latin *dorsum montanum*. En Breton, *kein* signifie dos, et *méné* signifie montagne, comme en gaulois.

14. — Servius cite le mot gaulois *cresi*, (ou kresi) pour fort, citadelle. En Breton *kré* veut dire forteresse.

15 et 16. — César dit que le ville de *Uxelodunum* était située sur une montagne haute, c'est ce que signifie son nom en breton, *uc'hel*, haut, élevé, *dun*, colline.

17. — Selon Plutarque, d'après Clitophon *dun* en celtique signifie un lieu élevé. En breton *tun*, colline, petite montagne qui s'élève doucement au dessus de la plaine. Remarquez que le *t* est une lettre muable qui se change en *d* dans les substantifs féminins précédés de l'article *ann*, ainsi la colline se dit *ann dun*, et non pas *ann tun*. Il en résulte que la langue actuelle de la Bretagne a été parlée dans tous les pays où il y a des villes dont les noms sont composés de *dun* ou *tun*, car on nomme soi-même

ses villes et on ne va pas chercher des noms ou des parrains inconnus. 1 Augusto*dunum* œduorum, Autun. 2 Novio*dunum* æduorum, Nevers. 3, Andoma*tunum* Lingonum, Langres. 4. Mirmi*dunum*, Marmande. 5 Eburo*dunum*, Embrun. 6 Viro*dunum*, Verdun. 7. Cæsaro*dunum* Turonum, Tours. 8 Nojo*dunum*, Nion, en Suisse. 9 Ebre*dunum*, Iverdun. 10 Neo*dunum* Aulercorum Diablintum. 11. Novio*dunum* Biturigum, Issoudun. 12 Novio*dunum* Suessonum, Noyon. 13 Ero*dunum*, ville du côté de Toulouse. 14 Melo*dunum* Senonum, Melun. 15 Vellauno*dunum* Senonum. 16 Lug*dunum*, Lyon. 17 Lugdunum Convenarum. 18 Acito*dunum*, Gueret. 19 Uxello*dunum* Cadurçorum, Cahors. 20 Sego*dunum* Rutenorum, Rodès. 21 Neo*dunum*, Dôle.

18. — En breton, *dour* et *deúr* signifient eau, aqua; ces mots entrent aussi dans la composition de plusieurs noms gaulois de villes situées sur des rivières. 1. Divo*durum* mediomatricorum, Metz. 2 *Duri*cortorum, Reims. 3 *Duro* Catalaunum, Châlons-sur-Marne. 4 Antissio*durum*, Auxerre. 5 Brivo*durum*. 6 *Durocasses*. 7 Erno*durum*, en Aquitaine. 8 Velato*durum*. 9 Epamanduo*durum*, dans la grande Séquanaise. 10 Dio*durum*, près Paris, 11 Icio*durum*, Issoire.

L'*u* se prononçait *ou* chez les Latins, en supprimant leur terminaison *um*, le nom gaulois de ces villes reste identique avec le mot celto-breton *dour*, ce que confirme la situation sur des rivières.

Si je ne m'étais plaint souvent de l'étrange abus qu'on a fait de la science si intéressante des étymologies, et si le même danger ne subsistait pas toujours, malgré les immenses progrès que fait l'étude philosophique des langues, je donnerais une explication celto-bretonne de plusieurs autres finales caractéristiques dans des noms de villes ; mais je dois être d'autant plus réservé, que ces terminaisons ont été expliquées par l'ancienne langue des Germains, il faudrait donc contester ces rapports ou prouver que presque tous les peuples germains parlaient la même langue et avaient la même origine que les Gaëls.

Je me bornerai à deux observations : 1° on nous dit que *briga*, *briva*, *bria* indique un passage, un pont sur une rivière. Pourtant *Brivates*, le port de Brest, n'a, je pense, ni pont ni passage. J'ouvre le dictionnaire celto-breton, j'y vois que le verbe *Briata* veut dire embrasser, environner, ceindre, ce qui me semble caractériser les villes murées ou fortifiées d'une enveloppe quelconque, tandis que la terminaison *durum* est incontestablement acquise aux villes placées sur des rivières ; est-il probable que ces villes n'eussent ni pont ni passage ? Strabon me confirme dans cette opinion en expliquant que, dans la langue de la Thrace, *Bria* désigne une ville, et il cite ses preuves, (VII. 319) qui sont appuyées dans les extraits de Nicolas de Damas. Ce fait ne toucherait que de loin à la question, si Hermolaüs dans son abrégé du traité des villes d'Etienne de Byzance, ne citait, outre les villes de la Thrace, une ville d'Espagne nommée Bruto*bria*.

La terminaison *magus* est tout aussi celto-bretonne que le mot *lann* ou *land*; or, ces deux mots étaient aussi gaulois. *Magus* veut dire *fertile*. On a trouvé sur d'anciens monumens gaulois le mot *magusanus*, que l'on suppose être le qualificatif du nom d'une divinité. *Maguz* en celto-breton veut dire nourrissant, abondant, fertile.

19. — Plusieurs bas-reliefs gaulois trouvés dans l'église Notre-Dame de Paris, furent précieusement recueillis par notre collègue M. Alex. Lenoir. L'un représente des personnages occupés d'une fonction ou cérémonie religieuse, avec l'inscription *Evrises*. Trois mots celto-bretons ont trop d'analogie avec l'action et l'inscription du bas-relief pour ne pas y être applicables. *Eured* ou *evred*, noce, mariage, fête ; *evrein*, interprétation des songes, du mot *evr* qui signifie le firmament, la voûte céleste où paraissent les étoiles.

20. — Un autre bas-relief représente un dieu portant deux cornes ornées d'anneaux, avec l'inscription *Cernunnos* ou *Kernunnos*, que Baudelot a ridiculement expliquée de deux manières : « maître du » lieu, ou bon et excellent père. » *Kern* ou *cern* en breton veut dire corne; la terminaison *unnos* y est inconnue.

21 — 22 — 23. — L'un de ces bas-reliefs représente un taureau surmonté de trois oiseaux perchés sur son dos, avec l'inscription : *tarvos*, *tri*, *garanus*. En celto-breton, *tarv*, taureau, *tri*, trois, *garan*, grue. C'est aussi l'interprétation qu'en donne Baudelot, dans sa dissertation sur cette découverte. Le mot *tri*, nom de nombre masculin, dont le féminin est *teir*, se trouve employé dans les trois mots gaulois composés qui nous sont parvenus.

24. — Selon Plutarque, *trifen* était un harpon à trois pointes. En breton et en gallois, on dit *tri-fenn*, trois têtes, trois pointes. On ne dit pas *tri-penn*, parce qu'après *tri* le *p* se change en *f*. (Voyez la grammaire de notre collègue M. Le Gonidec, page 26.)

25. — Sulpice-Sévère : *Tripetia* était un escabeau à trois pieds. En breton et en gallois, *tri*, trois, *bez* ou *biz*, doigts, dents d'un croc, pieds d'une table.

Le seul mot breton *marc'h*, cheval, suffirait avec ses composés et dérivés pour démontrer que cette langue est l'ancien gaulois. Je n'en citerai que trois exemples.

26. — On lit dans les lois bavaroises : « *equus* est quod *marc'h* dicimus, » ce qui prouverait que le gaël s'étendait beaucoup en Allemagne. On lit dans Pausanias que les Celtes ou Gaulois appellent le cheval *marcan*, équivalent du mot celto-breton *marc'h*.

27. — J'ai vu aussi dans je ne sais plus quel auteur latin un commandant de cavalerie gauloise qualifié *marchio*, qui vient de *marc'h*.

28. — Pausanias ajoute que chaque cavalier de l'armée de Brennus était suivi de deux valets à cheval. « Hanc equestris » pugnæ institutionem Galli voce patriâ » *trimarkisian* nominant; equem enim » *markan* appellant. » Le mot breton actuel pour exprimer cette organisation équestre serait : *trimarc'héïen*, trois cavaliers. *trimarc'héghiez* ou *trimarc'hegez*, tri-cavalerie.

29. — Solin dit : *Cadix*, quam Galli linguâ suâ *Gadir*, id est *sepem longam* nominarunt. MM. l'abbé Mahé et de Kdanet croient retrouver le mot gaulois *gadir* dans le celto-breton *kaé*, haie, clôture, levée de terre revêtue, *quai*, et dans *hir* long : cependant le *k* ne se change pas en *g* mais en *c'h* (le x des Grecs.) On dit *eur c'haé*, une haie. Mais Solin ne nous prouve pas moins qu'en gaulois *gadir* signifiait *sepem longam*. En breton, *kae dir* ou *eur c'haé dir* a la même signification.

30. — Végèce appelle un troupe de Gaulois d'élite *caterna*. *Kadern* en gallois et *kadarn* en breton, signifient *brave*, *belliqueux*.

31. — Selon Diodore, *Lancea*, lance, est un mot gaulois. Varron le croit espagnol, d'autres le font germain. Il paraît an-

cien dans la langue bretonne, où il a tous ses dérivés. *Lans*, lance ; *lansa*, lancer, jeter avec effort. *Lansadur*, action de lancer. *Lanser*, lancier, armé d'une lance. Un autre mot rend les mêmes idées. *Goaó*, *gouf* et *gwaf*, la lance et la gaffe, *gouffa*, frapper d'une lance. *Gouffer*, lancier.

32. — Varron dit que chez les Gaulois *sparus* était un dard, (telum missile.) En celto-breton *sparr* veut dire un épieu, une lance. Et le verbe *sparra*, frapper de la lance.

33. — César parle d'une arme gauloise qu'il nomme *matara*, et qui ressemble beaucoup au celto-breton *mat*, ou *mad*, bon, et *tarc'h* ou *tarz*, coup violent, coup retentissant.

34. — Chez les Sabins, le mot *Nerio* signifiait force, puissance, c'était aussi le nom de la femme de Mars. Cassiodore et Suétone citent le mot *nero* comme gaulois avec la signification de force, courage; la même idée est rendue par le mot celto-breton *nerz*, *ners*, *nerc'h*.

35. — Ovide, Tacite, Suidas appellent les hauts-de-chausses ou culottes des gaulois *braccæ*, braie, brayette, (en Gaulois on dirait *braxé*), d'où est venu le nom de *Gallia Braccata*, donné à toute la France actuelle, moins la Provence et le Languedoc. Dans tout le Finistère et partie du Morbihan, les paysans portent encore des culottes d'une forme antique, qui se nomment *bragez* (prononcez *braguez*); c'est le seul mot celto-breton pour exprimer le vêtement qui couvre de la ceinture au genou ; le mot *lavrek* signifie pantalon.

36. — César, Polybe, Diodore, Trebellius Pollion nous apprennent que le vêtement supérieur était nommé *sagum*. Il était de poils de chèvre ou de laine grossière, rayé de noir, comme le manteau

écossais. En celto-breton , *saé, sahé, sé,* signifie un habit. Le mot et la chose se trouvent encore en Bretagne, car nos paysans portent des sayes ou sayons de peaux de chèvres.

37. — Martial cite le *Bardocucullus* comme un vêtement en usage dans la Gaule.

« Gallia santonico vestit te bardocucullo. «

L'annotateur Domitien observe que ce mot vient de *bardus,* poète, musicien, et de *cucullus,* capuchon. En gallois on appelle *bard-dcuccul,* et en celto-breton *barz-cougoul,* une sorte de grosse capote ou carrik à capuchon dont nos marins s'enveloppent.

38. — Macrobe : *Mor Marusa,* vox verè cimbrica : la mer Morte. Les Kimrî, ou Cambriens conservent encore cette expression. Ils disent : *Mor Maru.* En celto-breton, c'est *Mor Maro* la mer Morte.

39. — Les Gaulois faisaient avec de l'avoine une boisson que Pline et Florus nomment *cervisia,* prononcez *kervisia,* qui viendra du mot breton *kerc'h,* avoine.

40. — Suite des mots gaulois conservés par Pline : *Penninum* nomen jugo Alpium à Gallis inditum. Le nom de Pennines a été donné par les Gaulois au sommet des Alpes. En Breton et en Gallois le mot *penn* veut dire tête, chef, pointe, et précisément cîme et sommet de montagne. Le père Pezron fait dériver de *penn* le nom de l'Apennin. St-Isidore emploie le mot *pennus* pour dire pointe, il est gaulois.

41. — *Penarar* apud Celtas aratrum. Penarar chez les Celtes est une charrue. *Penn-arar,* en breton, signifie pointe de charrue, *arar* charrue, *ara* ou *arat* charruer. Ce verbe celto-breton est peut-être la racine du verbe latin *arare.*

42. — La Bétoine ou Celtique se nommait *Vetonica;* elle se nomme en celto-breton *Vetonic,* en gallois *Bedw.*

43. — Le bouleau se nommait *betula.* Il se nomme *bedul* en gallois et *bezô* en breton.

44. — *Broduna,* id. est gallic è loca in vallibus posita. En Gaulois Broduna sont des lieux situés dans les vallées. Admettant que l'*u* se prononçait *ou,* nous aurons en celto-breton *brô,* pays , contrée, région , lieu, et *doun,* profond.

45. — Les Gaulois désignaient sous le nom de *bracé* une sorte de blé. *Brazed* a la même signification en celto-breton.

46. — Ils appelaient leurs tuiles *didoron,* parce qu'elles étaient longues de deux palmes, en Breton *diou* deux, à Vannes *div* deux, et *dourn* et *dorn* main. Cependant on dit *daou-zorn,* les deux mains, ce qui n'empêche pas que *div dorn* ne soit de très bon breton , très ressemblant au mot gaulois *didoron* défiguré par Pline.

47. — Le pastel qui teint en bleu se nommait *glastum;* en breton la couleur bleue se dit *glas.*

48. — Candida marga , gallicè *Glisco marga,* la marne blanche ; en gallois on dit *gluys marga.*

49. — Je ne puis citer où j'ai lu que *gelb* voulait dire jaune; aujourd'hui le mot breton *gell* signifie *fauve,* châtain clair.

50. — Le mot *coq* est bien connu pour être gaulois, il est aussi breton.

51. — On a cherché la racine du mot *druides* dans le grec et dans l'hébreu , avant de revenir tout simplement au bas-breton. Le plus ancien auteur qui ait parlé de l'origine des Gaulois est Timogène dont Ammien-Marcellin nous a conservé un fragment (liv. 15 ch. 9); il nomme leurs prêtres *drasides;* Ammien les nomme *druides.* L'auteur du livre de la religion des Gaulois rapporte une inscription où est écrit *druis.* Dans les anciennes éditions de

Pline on lisait *drysides*, sur un manuscrit de Vopiscus *drysudæ* et dans Origène contre Celsus, *druadas*. Mais César et Lucain, les juges les plus éclairés ont écrit *druidæ* et *druides*, (c'était aussi le nom des habitans de Dreux :) Il était d'autant moins vraisemblable que ce nom vînt du grec *dros* que ce mot signifie un arbre en général, plutôt qu'un chêne, tandis que le mot celtique ou gaulois *deru* voulait dire spécialement un chêne ; telle est aussi la signification actuelle du mot celto-breton *derf, derv, dero*; et à la rigueur le mot *druz* est breton lui-même, et qualifierait peut-être les druides puisqu'il indiquerait leur ressemblance avec d'anciens chanoines.

52. —Pline prétend que le nom celtique *bodencus* donné au Pô, signifiait *sans fond;* cette dénomination ne convenait pas trop à une fleuve qui n'est pas à beaucoup près aussi profond que le Rhin ou le Rhône : je serais porté à croire que ce nom de *bodencus* viendrait du celto-breton *boden*, bocage, bouquet ou touffe d'arbres, ce qui caractériserait la riche végétation des bords du Pô.

53. — Antonius Primus, général de Vespasien, était né à Toulouse, dit Suétone; on lui avait donné dans sa jeunesse le surnom de *beccus*, c'est-à-dire bec de coq, gallinacei rostrum ; en celto-breton *bek* ou *beg* signifie encore bec, bouche, museau, visage, pointe, promontoire. Il entre dans la composition de plusieurs noms de lieux sur la côte : *Bek-lann, bek-naod, bek-onguel*, etc.

54. — Selon Strabon une roche s'appelait *cragus*. En celto-breton *krag* est un rocher, un grès. Il y a dans le Léon *méné kragou*, la montagne aux grès. En Ecosse on dit *kraig*.

55. — Varron emploie le mot gaulois *bulga* pour désigner toute espèce de sac ou d'enveloppe de cuir ; en breton *bugenn* (dites buguenn) signifie *cuir de bœuf*, d'un vieux mot inusité *bu*, vache, et *kenn*, cuir.

56. — Le chef gaulois qui prit Rome, et celui qui pilla le temple de Delphès sont appelés tous les deux dans l'histoire *Brennus*. Quelques savans prétendent que le mot celtique *brenn* était plutôt le titre d'une dignité qu'un nom propre, et qu'il signifie encore en breton *roi*. Il n'est plus employé dans ce sens; mais il est toujours breton avec deux significations très opposées à celle-là, et très différentes entre elles : 1° *brenn*, la partie la plus grossière de la farine, le son. 2° *brenn* ou *braenn*, jonc, plante aquatique.

57. — Marcellus Empiricus parle d'une plante utile à la guérison des maux de l'aine, que les Latins appelaient *equi inguinia* et les Gaulois *colliomarchus*. En celto-breton *kalc'hiou* est le pluriel de *kalc'h* ou *kall*, *latinè sonat testiculus*. *Marchus* est évidemment le mot *marc'h*, cheval.

58. — St-Isidore et St-Jérôme nous apprennent que la mesure itinéraire des Gaulois se nommait *leuca*. Danville pense qu'on disait aussi souvent *leuva* que *leuca*. Hesychius dit en grec *leuva* ; en retranchant les deux terminaisons grecque et latine, le radical reste *leu*; c'est le Breton actuel, *léu, lév, léo*.

59. — Selon le même St-Isidore, *guvia* signifiait chevron. En celto-breton c'est *guiv*, et en gallois *gwif*.

60. — Origène : *taxea* en gaulois était une pointe de fer. En Breton *tac'h* est un clou; mais Afranius a cité le mot gaulois *taxea* dans le sens de lard.

61. — Selon Strabon, des sayes épaisses, en laine, s'appelaient *chlaines*; le *x* aspiré des Grecs rend exactement le *c'h* breton. *Cloan* veut dire laine, *ar c'hloan*, la laine. Notez bien cependant que je n'indique cette ressemblance qu'avec une extrême réserve.

62. — J'indique également avec réserve l'explication du surnom gaulois d'Hercule, *ogmius*, selon Lucain, le vieux. On dit qu'en breton *og* a la même signification. Il est au moins certain qu'il n'est pas usité aujourd'hui ; on dit *koz*, *koc'h*, *oc'h*, les trois mots sont employés pour exprimer *vieux*.

Il y a peu de différence entre *oc'h* et *og*. Peut-être même ce dernier se trouve-t-il dans l'excellent dictionnaire étymologique du savant dom Le Peltier, ou dans celui de Grégoire de Rostrenen. Je me sers de celui de notre collègue M. le Godinec, qui ne contient que les mots actuellement usités.

63. — L'auteur de la religion des Gaulois rapporte trois mots de leur langue, dont l'un est tout-à-fait breton et les deux autres en partie :

1° Vernesn*eti*, maison illustre; en breton *ti* veut dire maison.

2° *Liebrosum*, aimable rose; en breton *lies* signifie beaucoup; *roz* et *rozen* veulent dire *rose*.

4° *Isarnodoron*, porte de fer. Ce mot se retrouve dans une antienne vie de saint Eugend. *Ferreum* ostium, gallicâ linguâ Isarnodorum. *Isarn*, *fer*, maintenant inusité, se lit dans les anciens livres et les manuscrits ; le mot *dor* veut toujours dire *porte*.

64. — On appelle *runes*, caractères *runiques*, des lettres ordinairement gravées en relief sur du bois ou des rochers, qui servaient d'écriture aux peuples occidentaux avant qu'ils connussent l'alphabet grec et romain ; ou pour mieux dire les runes ne seraient que cet alphabet un peu altéré. Le mot breton *run* rend assez bien l'idée du mot grec *caractère*, c'est une petite saillie, ou bosse, et par extension une butte, éminence.

65. — Selon Festus *petorritum* est un mot gaulois qui veut dire chariot à quatre roues ; en Breton quatre se dit : *peder*, *pedir*, *pevar*, *peuar*, et à Tréguier *péonard* et *pétoard*. Roue se dit *rod*.

66. — Dans Quintilien *rheda*, mot gaulois, chariot léger, pour les voyages. En Breton, *red* signifie course, *redaden*, l'espace parcouru, *redek* et *redi*, verbes, courir avec vitesse, *reder*, coureur, *rederez*, coureuse et action de courir.

67. — On lit dans Dioscorides : les Gaulois appelaient la fougère *ratin* ; en Breton c'est *raden*.

68. — Ils appelaient le sureau *scovies* ; en breton c'est *skov*, *skav*, *skao*, *skaven*, qu'on l'écrive par un *c* ou un *k*.

69. — Id. La quintefeuille. Gallis dicta *pempedula* à quinque folliis. En breton *pemp*, cinq, *delien*, feuille. En gallois *pempt dulen*.

70. — Les deux noms de la Saône se retrouvent dans la langue celto-bretonne. Ces deux noms étaient bien incontestablement gaulois et non romains. *Arar*, comme je l'ai dit, signifie la charrue et *saônen*, la vallée, l'espace entre des montagnes.

71. — Je terminerai cette nomenclature par le fameux cri *Terr-i-ben* ! que tant de braves Bretons ont en vain cherché dans les commentaires de César. On supposait que ce conquérant, emporté par son courage au milieu d'une mêlée, s'était vu entouré d'Armoricains furieux qui criaient : *Terr-i-ben!*

casse-lui la tête ! et qu'échappé à ce danger, il avait écrit : *Terribiles sunt Britones quando dicunt Terr-i-ben* ! Cette exclamation est tellement dans la langue et les usages de l'Armorique, où elle retentit encore trop souvent, qu'elle jugeait à elle seule la question d'identité entre le gaulois et le celto-breton, si elle était vraiment rapportée par César. Mais feu M. Le Deir de Botidoux, notre compatriote, qui a composé deux gros in-8° de traductions, de savantes et minutieuses recherches par les commentaires, ne l'y a point trouvée, parce qu'elle ne s'y trouve pas ; mais comment tant de savans l'avaient-ils citée sans vérification ?

Maintenant, c'est dans le lexique de Suidas que M. Miorcec de Kdanet a prétendu l'avoir enfin découverte. Voici le passage qu'il rapporte : Suidas parlant d'Appien qui montrait aux Romains des Gaulois nus, lui fait dire : « Voilà ceux qui dans les « combats vous crient *Terr-i-ben* ! font « retentir leurs armes, brandissent leurs « longues épées, secouent leurs chevelures. « Allons, hâtez-vous d'agir ! »

Le passage étant cité en latin, doit être de la traduction de Kuster. Un de nos collègues feu M. Le Boyer, de Nantes, a cherché dans l'édition de Cambridge, à la page indiquée, et il n'a rien trouvé : ainsi l'existence et l'antiquité du *Terr-i-ben* sont encore indécises, *sub judice lis est,* après avoir été citées sans hésitation par MM. d'Argentré, de La Tour d'Auvergne, de Cambry, Miorcec de Kdanet, l'abbé Mahé, etc., et cependant il ne faut qu'un peu de patience et un Suidas pour décider en quelques heures cette contestation.

C'est le savant dom Le Peltier qui a le premier recueilli les mots gaulois qui nous sont parvenus, pour les comparer avec la langue en usage dans l'Armorique. MM. de Kdanet et Mahé ont profité de son travail ; je les ai imités, en faisant toutefois beaucoup d'additions qui me semblent ne plus laisser l'ombre d'un doute sur l'identité des deux langues, et par conséquent sur l'existence actuelle de la langue celtique. Je n'ai trouvé que huit mots réputés gaulois, qu'il m'ait été impossible d'expliquer par le breton. Les voici : dans Horace, 1° *mannus*, un cheval, une haquenée ; 2° dans Catulle, *benna*, une charrette ; 3° dans Ausone, *nausum*, une barque ; 4° dans Vopiscus et Végèce, *drungus*, troupe de soldats. 5° dans Sénèque, *esseda*, chariot ; 6° dans Pline, *sandalum*, espèce de blé, 7° dans Martial, *bascauda*, bassin, cuvette. Aurelius-Victor cite aussi le mot *Caracalla* comme le nom d'un vêtement des soldats gaulois. De ces huit mots, trois, *Mannus, Benna, Bascanda* me paraissent avoir appartenu à la langue celto-bretonne ; les cinq autres ont bien changé sur la route. Mais quand on réfléchit que sur 78 mots, seuls débris d'une langue, on en trouve 70 dans une autre langue, précisément avec la même valeur et presque la même orthographe, il est impossible de n'être pas frappé de la parfaite identité de ces deux langues. Des relations de commerce, de guerre, de voyages, peuvent bien transporter plusieurs mots d'une langue dans une autre ; ceci arrive principalement, et peut-être exclusivement, pour les mots qui désignent des usages, des rapports, des objets et des besoins nouveaux importés avec leurs noms, et jamais pour des idées déjà nécessairement connues et exprimées, pour des objets d'un usage antérieur et habituel, encore moins pour les noms de lieux. Comment comprendre que les Gaulois depuis la Suisse jusqu'aux Pyrénées, de la Méditerranée à l'Océan, eussent pris

les noms de leurs villes dans la langue de
l'Armorique ? N'est-il pas évident que cette
synonymie dans la nomenclature des lieux
indique l'identité de la langue usitée dans
la Celtique ?

Le celto-breton, relégué depuis tant de
siècles dans les campagnes, servant de communication à des paysans dont les idées
sont bornées comme leurs besoins et leurs
rapports sociaux, a dû nécessairement s'ap-
pauvrir. Toute sa littérature consiste dans
des livres de prières et quelques vies de
saints ; mais sa forme grammaticale est remarquable, principalement pour la dériva-
tion qui se fait régulièrement. Il est riche
dans l'expression des détails du labourage,
de la marine et des objets physiques ; par
exemple, il y a plus de dix mots pour rendre les accidens du sol, depuis la simple
butte jusqu'à la montagne. La grande
quantité de voyelles qui entrent dans la
composition de ses mots ou qui les terminent, quelques aspirations, et les mutations
par euphonie, le rendraient très musical,
si les naturels ne parlaient avec une excessive rapidité, qui fait pour ainsi dire toutes
les syllabes brèves. Ce défaut de prononciation contraste singulièrement avec la gravité du caractère national, et nuit à l'effet
que produirait une langue qui n'est pas
sans quelques avantages. C'en est un grand
que de n'avoir aucune lettre muette.

Son étude, beaucoup trop négligée, serait curieuse pour les philologues comme
pour les antiquaires, puisqu'on y trouverait l'explication de beaucoup de difficultés que présente l'histoire de notre patrie.

T. Chasle de La Touche,
(De Belle-Ile-en-Mer), Membre de la 2^e
classe de l'Institut Historique.

REVUE D'OUVRAGES FRANÇAIS ET ÉTRANGERS.

ALBUM

PITTORESQUE ET HISTORIQUE DES PYRÉNÉES,

Par M. A. Fourcade (1).

On dit tous les jours, et on le dit avec
raison, que la réputation de l'auteur fait
trop souvent le mérite du livre. Il est vrai
que cette réputation doit s'expliquer par la
production d'une ou de plusieurs œuvres
remarquables ; mais aussi que de *pauvretés*
se glissent dans le monde littéraire, à la faveur du prestige d'un nom connu, semblables à ces bâtards de bonne maison,
qu'on reçoit en considération de leurs pa-

(1) On peut rapprocher ce compte-rendu du travail de M. Corbin sur les Pyrénées inséré dans notre numéro
d'octobre.

rens présumés ! Que de livres, enfans indignes de leurs pères, eussent couru de la boutique du libraire dans celle de l'épicier, sans le mérite de leur naissance. Et voilà ce qui donne raison de cette pseudonimie d'auteur si fort en vogue de nos jours. On fait le sacrifice de son nom et de son amour-propre d'écrivain devant les exigences du préjugé d'un public frivole.

Ces réflexions devaient précéder l'analyse de l'ouvrage dont j'ai à vous entretenir. Ici, en effet, se trouvent réunis l'innocence du titre au mérite peu ordinaire de l'œuvre, et l'obscurité et la modestie de l'auteur à un talent véritable. M. Fourcade débute dans le monde littéraire par un livre que ne dédaigneraient pas nos illustrations académiques les mieux établies. A la vérité il eût été difficile de trouver un sujet plus riche, plus attachant, que celui qu'il a su choisir. Les Pyrénées ne sont-elles pas la contrée la plus remarquable de la France? N'y a-t-il pas là des émotions pour toutes les pensées et des tableaux pour tous les pinceaux ? Quelle succession terrible d'impressions que celle qui résulte du fracas des cascades, du mugissement des torrens, du bouillonnement des eaux, de la vue des vieux châteaux ruinés ou horriblement maltraités par les ouragans, le temps ou le vandalisme des hommes ; du bruit de la foudre, que ces pics aériens vont chercher jusque dans le flanc des nues, du grondement profond et sonore des cavernes ! Quel coup d'œil plus délicieux que celui que procure une végétation qui se développe en tapis de fleurs sur les flancs des montagnes ou dans le sein des vallées ; et ces eaux bienfaisantes qui s'échappent en bouillonnant et vont porter la santé et la vie au cœur des nombreux malades qui les visitent annuellement. Ces solitudes en-

chantées, ces cimes gigantesques d'où l'on découvre tout ce que la nature a créé de grand, de sublime, tout cela, M. Fourcade l'a dépeint avec une vivacité de conception, un feu d'imagination, un éclat de coloris, une élégance de style, une grace de narration et un tact de vérité qui laissent peu à désirer. L'ouvrage n'est pas simplement descriptif. « Les événemens historiques,
» les traditions populaires, le caractère,
» les mœurs, les usages, l'idiome des ha-
» bitans, ont tour à tour leur place. En
» passant devant les lieux et les monumens
» célèbres, l'écrivain a rappelé les princi-
» paux faits dont ils ont été les théâtres; les
» souvenirs intéressans qu'ils réveillent,
» souvenirs de gloire, de piété, de vaillance
» et d'amour ; il a entrelacé l'historique
» avec le pittoresque, pour rompre l'uni-
» formité des tableaux et captiver ainsi
» l'attention du lecteur. »

M. Fourcade nous jette à Bordeaux sur la route des Pyrénées, nous fait traverser le département des Landes et nous introduit sur le sol béarnais. Contraste entre le Béarn et les Landes: « Ici la monotonie, la sécheresse,
» la nudité, là mort ; là, la variété, la ver-
» dure, la beauté, la vie ; c'est l'oasis et le
» désert ! En mettant le pied sur la terre
» pyrénéenne, on éprouve je ne sais quelle
» émotion douce, je ne sais quel sentiment
» de sérénité et de bonheur ; on se croit
» sous un nouveau ciel. Derrière vous, la
» nature a l'air d'une pauvre veuve, triste,
» échevelée, silencieuse, en habit de deuil;
» ici c'est une jeune fille, belle, riante,
» enjouée, parée de ses habits de fête et de
» sa couronne de verdure. » L'écrivain nous mène au château de Henri IV, nous retient un moment auprès de son berceau, nous promène de tourelle en tourelle, de créneau en créneau, nous dit comment le vieux

manoir des d'Albrets, ce berceau du béarnais, fut dérobé à la gueule du Saturne ré-
volutionnaire. C'est là, dans la ville de
Pau qu'est né Bernadotte. « C'est d'une
» chétive maison de la chétive rue du Tran
» qu'est sorti, l'héritier de Charles XII.
» Après avoir gravité long-tems autour du
» soleil corse, comme les astres de l'em-
» pire, ses frères, cette étoile a fui le fir-
» mament de sa patrie pour aller prendre
» place au ciel nébuleux du Nord. Aujour-
» d'hui le guerrier du bivouac couche sur
» la pourpre ; le républicain du 18 bru-
» maire porte un manteau royal. »

Rien de plus délicieux que le tableau d'un
jour de marché à Pau : « les habitans des
» contrées voisines se rendent pêle-mêle à
» leur métropole ; le paysan béarnais avec
» son berret, sa blouse bleue ; la jeune vil-
» lageoise, ornée de son capulet noir et blanc,
» fière des provisions qu'elle vient vendre
» à la ville ; le militaire retraité de l'em-
» pire , qui descend en tilbury de Navar-
» rens ou d'Oloron, portant le ruban rouge
» à la boutonnière. Ces vieux débris de
» l'empire, aux rudes moustaches, au front
» balafré ; ces grognards, qui ont remué la
» poussière de tant d'empires, vu briller le
» soleil d'Austerlitz et l'univers s'incliner
» devant leurs travaux ; qui, le sac sur le
» dos , l'arme au bras, ont passé sur le
» monde en le sillonnant de prodiges , se
» montrent tous les ans en grand nombre
» dans les régions pyrénéennes , où ils
» vont chercher un remède à leurs souf-
» frances. »

Rien de délicieux comme d'entendre ces
vieux soldats s'entretenir des trophées de
l'empire « et de la gloire de l'empereur. Le
» nom du petit caporal erre à chaque in-
» stant sur leurs lèvres, son histoire se mêle
» à toutes leurs histoires ; et toujours en
» parlant de lui, leurs yeux s'enflamment
» ou deviennent humides. Le représentent-
» ils la veille d'une grande bataille, in-
» spectant l'armée , leur regard lancé des
» étincelles ; parlent-ils de ses revers , de
» Moscow , Waterloo , Saint-Hélène , une
» grosse larme roule de leur paupière sur
» leurs joues brunies.

» Napoléon était le dieu des soldats. Cet
» homme était si grand que les rois vou-
» lurent s'en débarrasser à tout prix ; ils
» se liguèrent à plusieurs reprises sans ja-
» mais s'en rendre maîtres ; mais un jour
» qu'il était fatigué et trahi, ils l'entraî-
» nèrent et l'envoyèrent mourir au bout du
» monde, au milieu de l'océan, et alors ,
» quand ils le virent se tenir les bras croisés
» sur son roc de St-Hélène, l'œil sur cette
» Europe trop éloignée pour qu'il pût y
» mettre la main et s'en ressaisir de nou-
» veau, ces pygmés qui s'étaient tant de
» fois agenouillés à ses pieds, se relevè-
» rent et firent les géans. »

Je suis M. Fourcade dans la ravissante
vallée d'Ossau, sur les bords du Gave. « Ce
» n'est plus, comme au sortir de Gan, un
» ruisseau doux, gracieux, au léger mur-
» mure, aux cascatelles sans nombre, qui
» tantôt s'élance par petits bonds, et tan-
» tôt glisse en nappe unie ; qui vous berce
» de sa voix monotone comme un chant
» de nourrice ; le torrent d'Ossau a pris sa
» place. Il s'avance d'un air plus solennel,
» plus majestueux, et vous reconnaissez à
» l'impétuosité de son cours, aux sourds
» mugissemens de ses flots, que ce torrent
» descend de la montagne. » C'est dans
cette même vallée d'Ossau, au fond d'une

górge triste, sombre, que l'on trouve les *eaux bonnes* et les *eaux chaudes*. Ces lieux si rudes, si désolés, si sauvages, qu'assombrissent de vastes forêts de sapins, que l'ours vient visiter souvent comme son domaine, se peuplent tons les ans d'un monde coquet, raffiné, brillant. Cette Sibérie des Pyrénées voit tous les ans affluer dans son sein des sociétés spirituelles, délicates, choisies; de jeunes citadins riches de tous les dons de l'intelligence et de la fortune; des femmes à la fleur de l'âge, belles, élégantes, gracieuses encore, mais souriant d'un sourire triste, portant au front le sceau de la mort, spectacle bien triste et qui n'est guère propre à rendre agréables ces lieux déjà si tristes par eux-mêmes. Hâtons-nous de les quitter pour entrer à Coarraze, « bourg im-
» mortalisé par le séjour qu'y fit Henri IV
» dans son enfance. On y voit sur une hau-
» teur le vieux château témoin des jeux du
» prince béarnais. C'est là que sous les
» yeux de la baronne de Miossens, le fu-
» tur amant de Gabrielle passa son enfance.
» C'est là qu'il folâtra dans la prairie, aux
» bords du Gave, avec les compagnons de
» son âge; c'est là qu'on le vit courir,
» le front nu, sans craindre qu'un coup de
» vent dérangeât sa fraise ou blessât son
» visage de prince; on le vit bravant le so-
» leil, la sueur et la fatigue, gravir comme
» un daim la cime des rochers, et dans ses
» jeux animés avec les enfans béarnais,
» préluder en riant aux grands coups d'é-
» pée du vainqueur d'Ivry. »

Avant de porter son lecteur hors du sol béarnais, l'écrivain fait un portrait rapide, mais charmant, du peuple qui l'habite. Qui n'a pas entendu parler du fameux monastère de St-Pé. M. Fourcade en fait un tableau historique où l'intérêt le dispute à l'élégance de la narration. Les vieilles chroniques, les légendes monacales, les traditions populaires sont ici tour-à-tour mises à contribution, avec une rare patience et un grand talent. Ceci s'applique encore à la description et à l'histoire du vieux et célèbre fort de Lourdes. Lourdes, bâti par les Romains, devint sous Louis XV une prison d'état, une succursale de la Bastille, où Cotillon I, II et III (pour parler le langage de Frédéric) envoyaient tout citoyen qui osait blâmer les mœurs de leur royal amant. Le prétendu coupable était saisi, baillonné et jeté au fond d'un cachot infect où il expiait, le reste de sa vie, un acte d'indépendance ou de franchise. Le gouvernement fait aujourd'hui occuper le château de Lourdes par un corps de vieux militaires sous les ordres d'un commandant.

Nous exprimerons ici le regret de ne pouvoir vous faire connaître le beau chapitre consacré à la description de la vallée d'Argelès. Dans ce chapitre, le style de l'auteur est tantôt fleuri, gracieux et riant comme la prairie, le ruisseau, ou la colline qu'il dépeint; tantôt bruyant, saccadé, mugissant, grondeur comme le torrent qui se précipite des montagnes; tantôt élevé, sublime comme le faîte des pics aëriens qu'il nous représente.

La part de l'éloge faite, vient à son tour la part de la critique. Dans l'ouvrage de M. Fourcade les images sont trop multipliées; le style figuré domine presque constamment. L'imagination du lecteur, toujours exaltée, se fatigue à la longue de ce pénible labeur, et tombant enfin de lassitude et d'épuisement, ne savoure plus qu'avec indifférence l'odeur des fleurs, répandues avec trop de profusion. Le travail, et surtout le travail pénible, se fait aussi trop souvent sentir dans des périodes presque toujours arrondies et cadencées avec une affectation mal déguisée. Du reste, ce sont là quelques taches presque effacées par mille beautés incontestables ; et l'ouvrage de M. Fourcade restera comme une œuvre de conscience et de talent.

JOSAT.

Membre de la 3e classe de l'Institut historique.

LA BATAILLE DE KIRHOLM,

PAR M. HENRY, COMTE KRASINSKY.

Rapport lu à la deuxième classe de l'Institut historique. (Histoire des langues et des littératures.)

Messieurs,

L'ouvrage sur lequel vous m'avez chargé de vous faire un rapport, s'intitule : *Roman historique.* Depuis que Walter-Scott n'est plus, les romans historiques ont le privilége de n'être ni roman ni histoire; car ce qui manque au roman est mis sur le compte de l'histoire, et ce qui manque à l'histoire revient au compte du roman. L'auteur de la Bataille de Kirholm conçoit et exécute les romans historiques à peu près comme tous les autres romanciers de notre temps.

La fable de la Bataille de Kirholm n'est pas nouvelle. Une jeune anglaise, nièce d'un noble polonais, en est l'héroïne. Elle est riche et belle. Voilà assez de qualités pour mettre en émoi les alentours du château du baron, mais elle n'est pas faite pour un homme ordinaire, il lui faut mieux que cela.

Un inconnu qui arrive de fort loin, qui a été prisonnier des Turcs et qui a vu des sérails et des odalisques, a gardé, au milieu des sensations des grands voyages, son cœur pour le porter aux pieds de la belle anglaise. Il en devient éperdument amoureux au premier abord, et nous croyons sans peine l'auteur sur parole, car il nous peint son héroïne sous les couleurs les plus séduisantes. L'amour de jeune homme est bientôt récompensé. Comment résister à un inconnu qui tue des ours, et qui a un chien magnifique, d'une race extraordinaire, lequel attaque les loups, arrête les perdrix, apporte le mouchoir de son maître ou tout autre chose, et joue le premier rôle dans sa vie et dans le roman ? Enfin il a un cheval qui devance à la course celui du baron dont j'ai malheureusement oublié le nom, et un groom, noir comme le diable, dont l'aspect fait frémir les pauvres paysans polonais. Tout va donc très bien; de légers obstacles ne s'élèvent que pour rompre la monotonie des approches de la lune de miel; et le bonheur des amans commence dans une île dont l'auteur nous raconte certaines aventures qu'on cache ordinairement derrière le rideau. Enfin arrive l'histoire, c'est-à-dire la bataille de Kirholm', qui tombe dans le roman comme un coup de foudre touberait d'un ciel sans nuages ; et ce coup de foudre est terrible, car il tue en un clin d'œil l'oncle, le pauvre jeune homme, sa femme, le fils de l'oncle et la sœur de la jeune Anglaise. Il n'épargne pas même le beau chien de race si rare, ni ce brave nègre qui est venu de si loin pour épouvanter les paysans du baron.

Notre roman historique a donc cela d'original, qu'il ne finit pas seulement par le mariage ou par la mort des amans, comme la justice régulière du roman l'exige, mais par leur mariage et leur mort à la fois ; car la mort vient si prompte après les fiançailles, qu'à peine le curé a-t-il le temps de donner sa bénédiction. C'est beaucoup trop. C'est de l'injustice flagrante en matière de roman.

Voilà le roman. L'histoire reparaît de temps en temps grace à un personnage qui a la bonté de nous lire les chansons d'Ossian, pauvre barde, dont les œuvres n'ont par malheur été découvertes qu'une cinquantaines d'années après la mort du conteur.

Malgré toutes ces critiques, le livre de M. Krasinsky a son mérite, et un mérite qui nous fait souvent oublier le titre malencontreux de *roman historique* qu'il partage avec trop d'ouvrages de nos jours. Il est écrit, en général, avec élégance, et quelquefois même avec entraînement.

Ce qui doit surtout lui assurer un grand succès, c'est la couleur locale dont il est empreint, c'est cette investigation curieuse qui s'évertue à bien saisir les mœurs d'un peuple. L'auteur nous fait les honneurs de son pays, qu'il semble connaître à fond, ce qui n'est pas très commun chez un national. Il nous peint avec beaucoup de bonheur les fêtes populaires, les chasses, les noces ; et toujours dans ces descriptions, il sait nous attacher à son ouvrage par des beautés de style et par une manière spirituelle de raconter qui lui appartient en propre.

Voilà, messieurs, ce que je pense de la bataille de Kirholm.

Je pourrais vous citer successivement plusieurs de ces scènes, quoiqu'elles méritent presque toutes d'être remarquées ; je préfère vous conseiller de les lire, si vous aimez à retrouver, dans ses mœurs et dans ses fêtes, le peuple que nous avons tant de fois admiré sur les champs de bataille.

En montrant le côté faible du *roman* de MM. Krasinsky, je n'ai eu d'autre but que de lui prouver clairement, si c'est possible avec un auteur, qu'il sera plus heureux en écrivant à l'avenir des morceaux détachés sur les mœurs privées et publiques de sa patrie, au lieu de composer des romans historiques, dont la destinée est généralement un profond oubli, après quelques mois d'une frêle existence sur les tapis verts des cabinets de lecture.

Venedey (de Cologne).
Membre de la deuxième classe
de l'Institut historique.

EXTRAIT DES PROCÈS-VERBAUX

DE LA COMMISSION ROYALE D'HISTOIRE DE BELGIQUE (1).

Sixième bulletin. — Séance du 2 juillet.

Le secrétaire lit une lettre de M. Pelet de la Lozère, ministre de l'instruction publique en France, qui remercie la commission de lui avoir offert un exemplaire de la Chronique de Van Heeln.

Afin de donner à ses travaux plus d'ensemble et de célérité, la commission arrête qu'elle se réunira habituellement une fois chaque trimestre, indépendamment des assemblées extraordinaires dont la nécessité serait reconnue.

Le secrétaire s'engage à publier dans le Bulletin, en y ajoutant quelques éclaircissemens, un relevé des divers inventaires de manuscrits existans en Belgique, qui ont été fournis par le département de l'intérieur, ou qu'il s'est procurés lui-même.

On vote l'impression d'un rapport, adressé par M. le docteur Coremans, employé aux archives pour la partie allemande. Il est décidé qu'on lui écrira officiellement, afin de le remercier de son zèle et de le féliciter du succès de ses recherches.

Voici un passage de ce rapport :

« J'ai l'honneur de vous prévenir que, conformément à la dépêche en date du 15 mai dernier, de M. De Gerlache, président de la cour de Cassation et de la commission royale d'histoire, je me suis immédiatement occupé des travaux qui m'ont été indiqués par M. Gachard, archiviste du royaume.

« Ma première besogne a été de classer et de mettre en ordre une correspondance de Charles-Quint avec son frère Ferdinand et divers agens diplomatiques, ayant pour objet principal la négociation terminée par le traité de Passau, en 1552. Ces pièces, dont la lecture offre de grandes difficultés, contiennent des détails intéressans sur les affaires de cette époque et sur les causes qui amenèrent la conclusion du traité consolidant la réforme religieuse en Allemagne.

« Après cela j'ai entrepris un travail plus important, c'est-à-dire la confection d'un inventaire provisoire, qui donnera un aperçu général de tous les documens dont se compose la partie allemande des archives, et qui indiquera les pièces qui mériteront d'être classées ultérieurement.

« Déjà mes recherches, secondées par l'obligeante sollicitude de M. l'archiviste Gachard et M. de Wouters, achiviste adjoint, ont été couronnées d'un résultat qui a sur-

(1) Voir tome IV, 21e livraison, avril, page 119.

mon attente, et qui me donne lieu de croire que je ferai des découvertes plus importantes encore.

« J'ose me flatter que, mettant au jour des pièces dont l'existence était ignorée jusqu'ici, elles serviront à ouvrir une mine féconde aux personnes qui s'intéressent aux études historiques; qu'elles honoreront la Belgique en Allemagne et seconderont les essais d'un rapprochement amical, scientifique et littéraire entre la Belgique et le pays de philosophique intelligence et de profond savoir, auquel la majorité des Belges peut se glorifier d'appartenir par son origine, sa langue et ses mœurs. »

MÊME BULLETIN. — SÉANCE DU 5 NOVEMBRE.

M. De Reiffenberg dépose sur le bureau le premier volume de *la Chronique rimée de Philippe Mouskes,* évêque de Tournai, au XIIIᵉ siècle, volume dont l'impression vient d'être achevée.

Il en sera fait hommage au Roi, aux Chambres et à M. le Ministre de l'Intérieur.

M. Willems ayant offert à S. M. le roi de Prusse, dans les États duquel se trouve actuellement le champ de bataille de Woeringen, un exemplaire de la Chronique de Van Heelu, ce prince l'a honoré d'une lettre autographe et lui a accordé la grande médaille d'or que décerne habituellement l'académie de Berlin.

M. le président De Gerlache annonce que long-temps occupé d'une histoire de la Belgique, depuis 1815, il n'a pu hâter autant qu'il l'aurait voulu le travail dont il s'est chargé comme membre de la commission. Mais il ajoute qu'il va être incessamment en mesure de le terminer.

M. De Ram informe l'assemblée qu'après Pâques il commencera l'impression de la Chronique de Dinterus. Quant aux *Acta sanctorum Belgii,* il a déjà achevé plusieurs vies très longues et très importantes.

M. Willems se propose de mettre bientôt sous presse la Chronique métrique flamande de De Klerch ou *Clericus.*

M. de Smet est au moment de terminer le premier volume du *Corpus Chronicorum Flandriæ,* commencé par M. Warnkœnig. Ce recueil aura deux volumes.

M. Gachard met sous les yeux de la commission les 65 premières feuilles du premier volume de l'Inventaire des Archives du royaume. Il annonce que ce volume, qui contiendra la description des cartulaires, des recueils historiques et de tous les registres d'administration des anciennes Chambres des comptes de la Belgique, au nombre d'environ dix-huit cents numéros, ainsi qu'une notice historique sur ces grands corps de l'État, verra le jour dans les premiers mois de l'année 1837.

M. Gachard annonce que, conformément à l'ordre des publications arrêté dans la séance du 3 avril 1835, il s'occupera très prochainement de l'édition de la *Collection des Voyages entrepris par des souverains de la Belgique.*

La Commission, après en avoir délibéré, décide d'écrire à M. le Ministre de l'intérieur, afin qu'il veuille bien réclamer de M. le professeur Van Coetsem, à Gand, héritier de M. Lammens, la communication des manuscrits réclamés pour ce travail par M. Gachard. Elle ne doute pas que le but dans lequel cette communication est demandée ne le dispose à y accéder avec plaisir.

A l'égard du Journal de Vandenesse, que

M. Gachard réclame dans le même but, M. le Ministre sera prié de vouloir le mettre le plus tôt possible à la disposition de la commission.

M. Gachard présente un second rapport de M. le docteur Coremans sur l'examen et le classement dont il a été chargé par la commission, des archives allemandes qui font partie du dépôt général des archives du royaume. La commission, ayant entendu la lecture de ce rapport, en ordonne l'insertion au procès-verbal de la séance, et décide qu'il sera écrit de nouveau à M. Coremans, pour lui témoigner sa satisfaction de la manière dont il s'acquitte de la tâche qui lui a été confiée.

« J'ai continué, dit M. Coremans, à inventorier les pièces dont se compose la partie allemande des archives, et je suis parvenu, à l'heure qu'il est, à un point qui permet déjà de se faire une idée plus complète de toute la collection. Elle présente des documens précieux pour l'histoire de la période de 1520 jusqu'à 1656 et embrasse principalement trois grandes époques, savoir :

« *A.* Le règne de Charles-Quint.

« *B.* Le règne de Philippe II, c'est-à-dire l'époque des dissensions et troubles dans les Pays-Bas.

« *C.* Le règne d'Albert et d'Isabelle et le commencement de la guerre de trente ans, 1598-1633.

« Les liasses qui concernent le règne de Charles-Quint ne forment pas un ensemble aussi complet que celui des deux autres époques; ce ne sont que des fragmens épars, dont plusieurs méritent cependant de fixer l'attention des personnes qui s'occupent d'études historiques.

« La seconde partie des archives, celle qui est relative au règne de Philippe II, pré-

sente un ensemble d'un haut intérêt. Il y a des liasses contenant des lettres d'une quantité de princes contemporains, adressées à Marguerite de Parme, au duc d'Albe, au grand-commandeur Requesens, à Don Juan d'Autriche, à Alexandre Farnèse, au comte de Mansfeld, aux archiducs Mathias, Ernest et Albert; liasses déjà citées dans mon premier rapport, et qui se sont complétées par beaucoup d'autres de la même catégorie.

« L'époque d'Albert et d'Isabelle est largement représentée.

« On y trouve des liasses renfermant la correspondance de différens princes allemands avec l'infante Isabelle, depuis 1621 jusqu'à 1633. Elles sont riches en faits historiques très intéressans. Les grandes figures des Wallenstein, des Tilly, des Gustave-Adolphe, y apparaissent, et, en face des mémorables événemens de la guerre sanglante entre le grand principe de la liberté d'examen et celui, non moins grand, d'une autorité divine supérieure à l'esprit humain, se dessine le fervent catholicisme d'Isabelle, qui, écrivant au plus grand guerrier du XVIIme siècle, le félicitait, avant tout, de ce que ses victoires lui avaient ouvert les portes de la ville où se trouvait le corps de saint Norbert, dont elle désirait ardemment l'envoi immédiat à Bruxelles.

« Quoique la secrétairerie d'état allemande semble avoir subsisté jusqu'au milieu du XVIIIme siècle, les archives ne renferment que peu de documens postérieurs à la mort d'Isabelle.

« Les papiers relatifs aux diètes de l'empire, auxquelles les Pays-Bas ont pris part depuis 1548 (1) jusqu'à la fin du XVIIe siècle, et

(1) Époque où fut conclu le traité qui mit tous les Pays d'en bas, sans exception, sous la tuition, défense et sauve-garde du Saint-Empire.

ceux qui concernent les redevances du cercle de Bourgogne à l'empire, sont nombreux et peuvent, *en plusieurs cas*, être consultés avec fruit.

« Les liasses inventoriées jusqu'ici fournissent, en outre, d'utiles renseignemens pour l'histoire de quelques pays et localités. J'ai déjà parlé d'Aix-la-Chapelle et de Cologne. L'historien de Trèves, de Juliers, de l'Ost-Frise, de la Saxe, de la Livonie, etc., trouvera aussi des choses dignes de son attention dans nos archives. L'historien de l'archiduché d'Autriche saura utiliser les documens précieux qu'elles offrent concernant les démêlés des États de ce pays avec leurs souverains au commencement du XVIIe siècle, et la renonciation de l'archiduc Albert à cet archiduché, dont il était l'héritier légitime. »

Après la lecture de ce rapport, constamment écoutée avec la plus religieuse attention, le secrétaire met sous les yeux de la commission l'inventaire de divers manuscrits existans dans quelques dépôts publics. C'est d'abord le relevé de ceux de l'université de Louvain, communiqué par M. de Reiffenberg. Ils sont au nombre de 19, la plupart fort curieux.

Puis, une notice contenant les manuscrits relatifs à l'histoire de la Belgique, qui ont été acquis pour la bibliothèque de l'université de Gand, réunie à celle de la ville depuis 1816. Cette liste est un supplément au catalogue publié en 1846 par M. J.-A. Walwein de Tervliet.

Un relevé de ceux de l'archevêché de Malines, communiqué par M. de Ram.

Enfin une note relative aux manuscrits concernant les monts de piété. La suite de cette note intéressante est renvoyée au prochain bulletin de la commission.

DOCUMENS HISTORIQUES CURIEUX OU INÉDITS.

JUGÉMENT HISTORIQUE SUR OLIVIER CROMWEL,

EXTRAIT D'UN OUVRAGE ALLEMAND PUBLIÉ MOINS DE QUATRE ANS APRÈS SA MORT,
3 SEPTEMBRE 1658, A LONDRES, OUVRAGE DE 978 PAGES,

INTITULÉ :

Nubila Jubila, Britannica Stuartiana, ou Vicissitudes de fortune, particulières et merveilleuses, du règne de Charles Iᵉʳ et Charles II, rois de la Grande-Bretagne; et du parlement, de l'armée et de la république établis sous l'autorité du général et protecteur Cromwel depuis l'an 1625 jusqu'en l'an 1662. 1 vol. in-12 orné de gravures, imprimé avec autorisation et privilège (*cum gratiâ et privilegio*) de Sa Majesté sacrée césarienne (l'empereur d'Allemagne). Jean Ammon et Guillaume Senlin, libraires. Francfort-sur-le-Mein, 1662.

Page 539 — 540.

« Telle fut la fin de ce *monarque*, qui, à l'aide de châtimens sévères et de grandes récompenses, s'était maintenu si long-temps. On doit dire de lui qu'il n'a jamais laissé un être, si petit qu'il fût, partir d'auprès de lui mécontent; qu'il n'a jamais dédaigné et encore moins condamné un chrétien, quelle que fût son opinion religieuse, pourvu que sa conviction fût intime et l'esprit sincère, et qu'au contraire il avait plaisir à s'entretenir avec de telles personnes ; qu'il a su s'attacher étroitement ses amis, faire payer exactement ses soldats, et protéger le peuple; que si, *d'autre part*, il a poursuivi vivement et sans relâche ses ennemis, en s'appliquant à diminuer plutôt qu'à augmenter leur pouvoir; le petit peuple, pendant six années (durée de son protectorat, de 1653 jusqu'à sa mort en 1658), lui est resté si fort attaché, qu'il le vantait, le chérissait, l'appelait son père, et l'élevait au dessus de tous ses rois, quoique *pressé* (a) par lui et emmené (b) hors du pays à cause de lui. — Quant à l'affaire de son roi et des personnes comprises dans la même cause, on laisse cette question de côté. »

L'impartialité du jugement ci-dessus, dont il y a lieu de regretter que l'auteur ne soit pas assez connu, est d'autant plus remarquable que cet historien, tout dévoué à la cause royale des Stuarts, écrivait moins de deux ans après la restauration de Char-

(1) Le mot *pressé* est pris dans le sens de presse des matelots ou de levées de soldats.

(2) Après le mot *emmené*, l'auteur ajoute le mot allemand *prisonniers.* Ceci ne me paraît devoir s'entendre que de la rigueur apportée dans les levées de soldats ou de matelots.

les II (au mois d'avril 1660) quand aucune plainte ne s'était encore élevée contre le gouvernement de ce souverain, et après que son retour au trône avait été salué, non seulement par l'enthousiasme du peuple britannique, qui avait applaudi, en même temps, au traitement ignominieux qu'éprouvèrent les restes *désensevelis* du protecteur (Page 851); mais aussi par l'assentiment général des nations européennes, ce qui qui ressort de toutes parts dans cette même relation publiée, comme l'annonce son titre, par l'*autorisation* et avec la faveur par conséquent de l'*empereur d'Allemagne.*

Détails curieux, extraits de la même relation, concernant les efforts que Cromwel fit pour rétablir en sa personne le pouvoir royal héréditaire, ce qui aurait probablement eu lieu, s'il ne fût mort trop tôt pour avoir pu en accomplir le projet.

Page 398 (année 1653). A la suite de l'institution du protectorat en sa personne, par acte du parlement, dans les cérémonies qui eurent lieu pour son installation, non seulement le *sceau de l'état et l'épée du commandement* lui furent remis, mais, en le conduisant à *White-Hall,* comme étant le *palais des rois,* ou porta devant lui le *sceptre et la couronne royale.*

Le simple titre d'*altesse* lui fut d'abord donné; plus tard, en 1655, dans une allocution, il déclara au parlement « que le » projet conçu, disait-il, par quelques-uns » de ses membres de rendre le protectorat » héréditaire, n'était autre chose qu'une in- » tention de diviser le peuple britannique » et surtout d'animer contre lui l'armée, » comme s'il eût été l'auteur de ce projet » et qu'il voulût maintenir cette dignité » dans sa maison » (430-431).

Cependant il y a lieu de croire que deux ans après, c'est-à-dire dans l'année 1657 qui précéda celle de sa mort, Cromwel ne fut rien moins qu'étranger à la proposition de rétablir la dignité royale dans sa propre famille, proposition qui est développée et racontée comme il suit aux pages 516, 17, 18 et 19.

« Le parlement (un nouveau parlement, » réuni pour la première fois le 17 septem- » bre 1656, page 498), assemblé à Londres, » lequel était composé, en majeure partie, » des créatures de Cromwel, fit une tenta- » tive pour l'élever au plus haut point de » grandeur. Dans le mois de mars, on y » proposa que la dignité royale fût rétablie » dans la personne du protecteur. Aussitôt » que les chefs de l'armée en eurent con- » naissance, ils s'y montrèrent entièrement » opposés, et ils députèrent vers le protec- » teur quelques-uns des leurs pour lui rap- » peler *les soins infatigables qu'il avait* » *apportés à l'anéantissement du gouver-* » *nement monarchique, et lui représenter* » *combien il serait coupable de vouloir le* » *rétablir en sa personne, en se servant* » *pour cela du pouvoir à l'aide duquel il* » *l'avait détruit.*

» Cromwel répondit *qu'il ne voulait pas* » *se faire roi, mais que, puisque le parle-* » *ment lui en avait fait faire la proposition,* » *c'était maintenant à lui qu'il apparte-* » *nait d'examiner ce qui serait utile au* » *bien public; qu'au demeurant il avait* » *à son côté l'épée qu'avait jusque là* » *tant favorisée la fortune, et qu'elle lui* » *servirait encore à conserver à l'avenir* » *le pouvoir qui lui était confié.*

» Le parlement continua néanmoins à le » presser de se revêtir de la dignité royale; » et il déclara enfin, le 8 de mai, dans » son palais, *que, pour certains motifs*

» *qu'il tiendrait secrets, il n'accepterait*
» *pas le titre de roi.* Quand l'orateur, c'est-
» à-dire le président du parlement, rap-
» porta cette réponse, on insista encore au-
» près de Cromwel, qui consentit enfin à
» être appelé du nom de *royal protec-*
» *teur.*

» Aussitôt après il fut préconisé dans la
» chambre peinte (de White-Hall) avec un
» appareil presque royal. Lui, Cromwel,
» s'assit sur un siége élevé et magnifique,
» au dessous d'un dais de couleur bleue,
» étant revêtu d'une robe d'hermine noire
» et blanche, à longue queue. Des deux cô-
» tés étaient debout les envoyés étrangers
» et le lord-maire de Londres. L'orateur du
» parlement lui lut le serment qu'il prêta,
» et il reçut, en même temps, l'épée, la Bi-
» ble et un bâton *ayant la forme d'un*
» *sceptre.* Puis un héraut cria : *Vive le*
» *libre lord protecteur!* ce qui termina la
» cérémonie.

» La prérogative attachée à cette sorte de
» puissance royale consista 1° en ce que le
» parlement dût attribuer à la *dignité royale*
» un revenu convenable; 2° en ce que le Pro-
» tecteur aurait toujours voix décisive, *vo-*
» *tum decisivum*, dans le parlement; 3° en
» ce qu'il exercerait seul le pouvoir suprême
» sur terre et sur mer, et aurait la nomina-
» tion des généraux sans aucun contrôle ;
» sinon qu'après sa mort les choix à faire
» redeviendraient libres.

» L'annonce de cette autre puissance fut
» faite solennellement et à son de trompe
» dans la ville de Londres, aux acclama-
» tions du peuple qui cria : *Vive long-*
» *temps le protecteur !*

» Précédemment, c'est-à-dire en 1655
» (p. 495); afin d'affermir partout sa puis-
» sance, il avait nommé son second fils,
» Henri Cromwel, gouverneur d'Irlande.
» Il avait aussi de 1654 (p. 155) rétabli
» une *chambre des lords*, que la chambre
» des communes avait supprimée au plus
» fort des troubles. On remarque, en effet,
» qu'après avoir ouvert dans l'abbaye de
» Westminster la séance du nouveau parle-
» ment, le 14 septembre 1654 (p. 438 à
» 444), il se rendit à la chambre des lords,
» d'où il retourna à White-Hall. »

N. B. Ce livre si curieux, si généralement inconnu, et que les historiens de
l'Angleterre semblent n'avoir jamais consulté, se trouve près d'Amiens, dans la bibliothèque du château de Prouzèle, appartenant à M. le comte d'Auberville. Les
fragmens qu'on en donne ici, sont remarquables par la qualification de *monarque*,
en parlant de Cromwel, sous le règne même
de Charles II; par ce qu'on y dit du caractère de cet homme célèbre; mais surtout
par la scène dramatique du *quasi-couron-*
nement du protecteur, scène que Hume
et autres ont si imparfaitement rendue.
Or l'empereur d'Allemagne autorisait l'impression de cet ouvrage, dont, pour les intérêts de la vérité historique, il est à regretter que nous n'ayons pas une traduction dans notre langue.

Le comte A. d'Allonville,

Membre de la première classe de
l'Institut Historique.

CORRESPONDANCE.

LETTRE

DE M. FERDINAND BERTHIER, PROFESSEUR SOURD-MUET A L'ÉCOLE ROYALE DE PARIS, MEMBRE DE LA DEUXIÈME CLASSE DE L'INSTITUT HISTORIQUE.

Paris, le 6 décembre 1836.

J'avais, l'an dernier, soumis à la commission du journal un compte rendu du deuxième anniversaire de la naissance de l'abbé de l'Épée, célébré par les sourds-muets. L'abondance des matières n'en permit pas l'insertion. Il y avait aussi de ma faute : j'arrivais trop tard. C'est un grand crime dans le siècle où nous vivons.

C'est donc avec empressement que je viens, cette année, jeter au milieu de vos savans débats une modeste et naïve conversation sur la fête annuelle des Sourds-Muets, dont vous aurez déjà, sans doute, eu connaissance par les feuilles quotidiennes ; mais les détails y sont incomplets et froids ; l'espace manque aux développemens. Rarement je prie un ami de vous fatiguer de mes pauvres élucubrat ons. D'abord, je crains d'importuner un ami ; puis, que vous apprendrait un malheureux sourd-muet ? Mais j'ai promis à mes compagnons d'infortunes une place honnête dans vos colonnes ; je la sollicite, vous ne me la refuserez pas. Notre histoire n'est pas la moins intéressante de celles qui s'élaborent autour de vous. ◄

Et d'abord savez-vous que cet aréopage annuel de sourds-muets, que nous pensions devoir rester obscur comme nos destinées, semble aujourd'hui à quelques-uns une œuvre de haute portée et d'immense avenir?

Savez-vous qu'il y en a qui s'obstinent à voir dans son sein le germe de notre émancipation future? En rabattant même beaucoup de ces espérances, ne mérite-t-il pas quelque attention de la part d'hommes qui, comme vous, se livrent journellement à de sages investigations sur les conquêtes et les merveilles de l'intelligence?

Avant de vous initier au spectacle de nos joies, permettez-moi de vous dire comment fut posée la première pierre de cette sainte institution.

C'est du sein du comité des sourds-muets qu'a jailli l'idée d'une fête annuelle. La création de ce comité, qui date de deux années seulement, et dont vous entendez parler, sans doute, pour la première fois, avait été nécessitée par les circonstances critiques dans lesquelles nous plaçaient des intrigues actives, une hostilité calculée, et le besoin de réunir leurs efforts pour repousser les attaques de certains hommes qui ne demandaient pas mieux que d'abuser de notre infirmité pour recueillir le fruit de nos sueurs.

Vous vous étonnez, messieurs, vous ne comprenez pas une pareille hostilité, quand les armes ne sont pas égales. Elle n'en a pas moins existé cependant, et force a été pour la combattre de nous constituer en fédération, de nous grouper tous en bataillon carré.

Le comité s'assemble au moins une fois par mois, plus souvent même, s'il y a urgence. On y traite des intérêts des sourds-muets en général, on s'y communique ses peines, on s'y entretient de ses espérances. C'est notre chambre des pairs, notre chambre des représentans. Là aussi il y a un président, un secrétaire, un trésorier, mais tout cela est fort inoffensif pour vous, je vous jure ; et nous avons trop à nous occuper de nos affaires pour songer aux vôtres.

Un très petit nombre de parlans avait été admis à notre première fête annuelle. Un dévouement éprouvé à la cause des sourds-muets ouvrait à ces rares amis les portes du temple. Mais à quel but pouvait atteindre une réunion presque exclusivement composée de sourds-muets ? Quel fruit pouvait-il en revenir à leurs frères épars sur le globe, dont les neuf dixièmes au moins ne connaissent pas les nobles prérogatives de l'humanité, le prix des relations sociales, les droits et les devoirs du citoyen ? Comment se flatter, dans cet isolement, de ne plus voir tôt ou tard sur la surface du royaume, sur la surface même du globe terrestre, un seul membre de cette triste famille, étranger comme un Paria à nos institutions, à nos usages, aux bienfaits de notre civilisation ?

Aussi de plus nombreuses invitations pour les fêtes suivantes ont-elles été adressées par notre comité. Il est inutile de dire avec quel touchant empressement elles ont été acceptées.

Le dimanche, 4 décembre 1836, les sourds-muets, en plus grand nombre que jamais, s'étaient trouvés de bonne heure au rendez-vous convenu, dans une salle d'attente, au grand restaurant de la Place du Châtelet. Il y avait là des sourds-muets de tous les pays : des Anglais, des Allemands,

des Italiens, que le langage des signes, cette langue universelle si vainement cherchée durant des siècles, réunit en un seul peuple, dont tous les membres se comprennent, comme s'ils avaient vu le jour sous le même toit. Il y avait là des professeurs, des hommes de lettres, des peintres, des statuaires, des graveurs, des typographes, une foule de bons et naïfs artisans de différens états, et du milieu de ces hommes de positions si diverses, l'échelle des distinctions sociales avait disparu : un lien commun les ralliait, ils étaient tous sourds-muets. Enfin les portes du temple s'ouvrirent aux parlans. Nous vîmes arriver d'abord notre secrétaire-perpétuel, à peine relevé d'une longue et douloureuse maladie et chancelant encore. Cet ami constant ne manque à aucune de nos fêtes, il est un habitué de la famille, comme il le dit lui-même. Chacun s'empressait de lui témoigner la part qu'il prenait à son rétablissement. Puis arriva M. B. Maurice, rédacteur du *Droit*, un de nos plus ardens défenseurs, accompagné de M. Ledru-Rollin et de M. le docteur Gaubert. L'entrée de M. Maurice fut accueillie par des marques réitérées de gratitude.

Mais ce qui ajouta encore à l'émotion de l'assemblée, ce fut de voir s'avancer vers elle d'un pas grave un vénérable vieillard, droit et vert, à la perruque blonde et bouclée. A travers ses rides, perce encore je ne sais quel air de jeunesse, avec un rare mélange de sensibilité : c'est M. Bouilly, c'est l'auteur du drame de *l'Abbé de l'Épée*.

Dans cette revue des étrangers, on ne pouvait s'empêcher de remarquer un visage nouveau, sur lequel se peignaient une sorte de timidité et un certain étonnement. C'est M. P. Merlieux, auteur d'un buste en bronze de l'abbé de l'Épée, à l'érection duquel nos modestes souscriptions ont contribué et dont l'inauguration doit terminer la fête. Pour la première fois, il se trouve au milieu d'êtres à part, dont la parole est dans les doigts et dans les bras.

Vers six heures, on prend place au repas. A la droite du président (titre que m'a accordé, pour la troisième fois, l'unanimité des suffrages de mes compagnons d'infortunes), s'assied M. Bouilly; à la gauche, M. Merlieux.

On se tromperait étrangement si l'on s'imaginait que la tristesse va régner dans cette enceinte; au contraire, la joie brille sur tous les visages épanouis, et de nombreux éclats de voix trahissent, au milieu du silence général, l'émotion qu'éprouve plus d'un convive. Tous les bras sont en mouvement, les conversations particulières ne chôment pas plus que la conversation générale. Je doute fort que les parlans s'amusent plus que nous.

Sur la fin du repas, le buste de l'abbé de l'Épée est découvert et salué d'unanimes applaudissemens. Ces applaudissemens redoublent quand on voit une couronne d'immortelles descendre sur le buste.

Le président se lève, et va commencer son allocution. « Montez sur votre fauteuil, lui demande-t-on de toutes parts, nous suivrons mieux vos gestes, » et il se rend à ce vœu de l'assemblée.

Voici le discours qu'il a mimé.

« Frères! la voilà, la voilà, s'offrant enfin à vos joies et à vos bénédictions, cette image chérie, qui, à notre grand regret, manquait toujours à notre fête annuelle; le voilà ce visage de notre Saint-Vincent de Paule, qu'a su reproduire avec tant de fidélité un artiste de mérite, Parfait Merlieux, que vous voyez assis ici à mes côtés. Contemplez avec moi ces traits de l'abbé de l'Épée, brillans de toute la puissance du génie, de tout l'éclat des plus rares vertus; contemplez cette auréole qui annonce un envoyé de Dieu et ce front majestueux d'où jaillit, comme une flamme céleste, cette admirable conception qui nous plaça au niveau des hommes privilégiés, qui nous éleva jusqu'à lui-même, jusqu'à la Divinité! Notre ame, alors que pas la plus légère clarté n'y pénétrait encore, n'était-elle pas emprisonnée dans le monde matériel? Aujourd'hui, rompant ses fers, secouant son engourdissement, elle prend un rapide essor vers le monde de l'intelligence. Nous étions esclaves de nos sens, de nos passions; maintenant nous sommes maîtres de notre conduite, la raison est notre flambeau, notre reine!

« D'autre part, et tout le monde le reconnaît, depuis l'institution de cette fête et de notre comité, le cercle de nos idées s'est prodigieusement agrandi. N'est-ce pas à l'heureux contact de tous ceux qui ont bien voulu s'associer à nos efforts, qu'est dû cet étonnant progrès de notre civilisation? Nous ne sommes plus en dehors du grand travail des intelligences humaines; nous gravitons avec elles vers le pôle de la perfectibilité; et pourtant je vous vois murmurer encore contre d'injustes préventions. Rassurez-vous, frères, rassurez-vous et espérez! L'évidence est notre arme à nous : le temps n'est peut-être pas éloigné où elle détruira toutes ces préventions, comme l'art créateur de l'abbé de l'Epée, après avoir soulevé à sa naissance les attaques de l'ignorance, en sortit triomphant à la fin. Elles sont présentes, frères, à votre mémoire ces paroles simples qu'un respectable ecclésiastique adressa à notre Sauveur, en venant d'assister à un de ses exercices: « Je vous plaignais avant de vous » avoir vu, je ne vous plains plus maintenant; vous rendez à la société et à la re-

» ligion des êtres qui étaient étrangers à
» l'une et à l'autre. »

» Au milieu des témoignages d'intérêt et
de bienveillance qui nous environnent, qu'il
me soit permis de signaler à votre reconnaissance la constante sollicitude du gouvernement en faveur des sourds-muets moins
heureux que nous. Il vient d'ordonner un
recensement général de cette population à
part ; et je crois savoir qu'il s'occupe de
multiplier, autant qu'il est en son pouvoir,
les écoles consacrées à l'éducation de ces infortunés.

» Si le sort des jeunes sourds-muets excite l'intérêt public, celui des pauvres ouvriers sourds-muets qui languissent dans
une complète ignorance des devoirs et des
droits du citoyen, et qui, pour mieux gagner leur pain, ont besoin de savoir appliquer la chimie à l'industrie, n'a-t-il pas
autant de droits à notre bienveillance à tous?
Pourquoi ne prendrions-nous donc pas la
liberté de supplier le gouvernement de nous
autoriser à créer des cours publics gratuits,
dont il apprécierait certainement l'importance? Ce serait nous aider à ouvrir une
école aux mœurs et au respect des lois. Plusieurs hommes de mérite ont bien voulu
nous promettre de nous seconder dans l'accomplissement de cette grande œuvre de
l'émancipation des sourds-muets.

» Tel était, frères, l'esprit de charité qui
animait l'apôtre dont nous sommes heureux de fêter en ce moment l'anniversaire.
Imitons-le, c'est le meilleur moyen de reconnaître ce qu'il a fait pour nous.

» J'ai abusé sans doute de votre attention,
et cependant j'en ai besoin encore pour
quelques secondes : je n'ai pas fini. Agréez
l'expression de ma vive et profonde reconnaissance pour l'éclatant honneur que j'ai
reçu de vous et qui m'impose de nouveaux
efforts pour justifier votre choix. C'est dans

vos encouragemens et votre approbation
que je puiserai cette constance nécessaire
pour surmonter les obstacles et pour arriver au but de nos vœux. Je termine, frères, en vous proposant un toast cher à vos
cœurs : à l'immortel abbé de l'Épée ! »

Un discours adressé au président a été
mimé ensuite par M. Forestier, sourd-muet,
l'un des commissaires du banquet, jeune
homme aussi recommandable par son habileté dans l'enseignement, que par sa
grace et sa précision dans la pantomime ;
puis M. Lenoir, professeur sourd-muet, a
su soutenir l'attention générale par un discours simple et noble sur les successeurs de
l'abbé de l'Épée.

Le président, après avoir porté la santé
de M. Bouilly, a mimé une réponse de
M. Béranger, notre poète national, à une
demande qu'il lui avait adressée dans le but
d'en obtenir quelques vers pour l'apôtre
objet de notre culte.

Voici la lettre de M. Berthier et la réponse
du poète.

Paris, le 26 novembre 1836.

« Monsieur,

« C'est un sourd-muet qui vient hardiment, au nom de ses frères, recommander
un bienfaiteur de l'humanité à vos chants
poétiques ; vous êtes riche en inspirations,
monsieur, elles ne vous manqueront pas
pour célébrer la mémoire du Napoléon des
sourds-muets, du héros pacifique qui a donné l'intelligence à tant d'infortunés.

« Chaque année, dans un banquet où
quelques *parlans* sont admis par faveur,
la grande famille des sourds-muets célèbre
l'anniversaire de la naissance de son bienfaiteur ; la réunion des sourds-muets aura
lieu le 4 décembre prochain. Ils doivent
inaugurer le buste de l'abbé de l'Epée. Ils

auraient désiré que vous leur fissiez l'honneur d'assister à cette fête, mais , à défaut du poète , laissez leur espérer que sa muse ne dédaignera point de venir s'asseoir à leur banquet. Les sourds-muets sont étrangers aux mélodies musicales, mais ils ne le sont point aux charmes de la poésie. C'est l'abbé de l'Epée qu'ils doivent de connaître et de savoir apprécier les œuvres de Béranger. Béranger ne saurait refuser d'être l'interprète de leurs sentimens. C'est dans cette conviction que les sourds-muets m'ont chargé de vous présenter leur supplique ; je me trouve heureux d'avoir été choisi pour cette honorable mission , puisqu'elle me procure l'avantage de vous exprimer les sentimens avec lesquels j'ai l'honneur d'être, etc. »

RÉPONSE DE M. BÉRANGER.

Fontainebleau , le 29 novembre 1836.

« Monsieur ,

« Votre lettre me charme et me désespère à la fois : me charme parce qu'elle m'est un témoignage d'estime et de confiance dont je sens tout le prix , et me désespère parce qu'il ne m'est pas possible de répondre, comme mon cœur le voudrait , à une demande qui m'honore à mes yeux plus que tous les suffrages que j'ai reçus jusqu'à ce jour.

« Non, monsieur, je ne puis vous aider , vous et vos frères , à payer le tribut que vous devez à l'immortel abbé de l'Epée. Je ne fais plus de vers, ou, du moins, fort rarement. Comme d'ailleurs je n'ai jamais eu le don de l'improvisation , pour faire œuvre digne du sujet que vous me donnez à traiter, il me faudrait plus de temps qu'il ne m'en reste à passer d'ici au 4 décembre.

Ajoutez à cet inconvénient de ma pauvre et timide nature les préoccupations fastidieuses où me trouve votre lettre. Je quitte Fontainebleau , monsieur , pour aller me fixer dans les environs de Tours, et je suis au milieu de tous les embarras d'un déménagement , sans compter tous ceux dont sont assaillis les *bonnes gens* qui n'ont pas eu l'esprit de s'emparer de la baguette d'or qui seule fait des miracles aujourd'hui.

« Il ne faut rien moins que tant de raisons accumulées pour me forcer de renoncer à l'honneur que vos frères et vous, monsieur, voulez me décerner. Dès ma première enfance , le nom du père des sourds-muets a été sacré pour moi. C'est chez une de mes parentes de Picardie que fut recueilli d'abord ce jeune de Solar qui a tant marqué dans la vie de l'abbé de l'Épée, et mon père avait été assez heureux pour avoir quelques relations avec cet homme, objet de tant de bénédictions. Vous voyez que son éloge n'eût pas été tout-à-fait chose nouvelle pour moi. Aussi, je ne puis vous dire avec quel empressement j'ai lu la brochure que vous avez bien voulu m'envoyer (1). Elle prouve , monsieur , autant par le mérite réel qui la distingue , que par les faits qu'elle contient, l'immense service que votre fondateur a rendu à la société.

« Il est glorieux à vous, monsieur, d'avoir ainsi centuplé le grain semé chez vous pour en nourrir tant d'infortunés qui vous béniront un jour, comme vous bénissez ceux qui vous ont mis à même de faire une si belle moisson. D'après le tableau que vous offrez dans votre notice, on peut espérer désormais que, dans les pays civilisés, au-

_____

(1) Les articles de M. Berthier sur l'histoire de l'éducation des sourds-muets, insérés dans le journal de l'Institut Historique.

cune grande faculté ne restera enfouie où Dieu en aura mis le germe, et que la grande famille ne comptera plus de déshérités , au moins sous le rapport de l'intelligence.

« En vous remerciant, monsieur, du fruit que j'ai retiré de la lecture de votre brochure, permettez-moi de vous charger d'être mon interprète auprès de ceux de vos frères qui avaient partagé l'idée de m'appeler à concourir à la fête vraiment sainte que vous allez célébrer. En vérité, il est honteux pour moi que l'abbé de l'Épée, qui a donné une expression à tant de pensées , ne puisse me rendre la parole, à moi qui suis devenu muet.

« Recevez l'assurance de tous mes regrets, faites agréer mes excuses à vos amis, et croyez-moi, monsieur, avec la considération la plus distinguée, etc. »

La lettre du chantre du *Dieu des bonnes gens* a été lue aux parlans par M. Serph Dumagnou, un de nos plus honorables collègues, ancien procureur du roi, lequel, avec une rare complaisance, nous a ensuite mimé la réponse de M. Bouilly au toast porté en son honneur. La reconnaissance , messieurs , me fait un devoir de citer ici M. le docteur Doumic , qui a mimé un petit discours analogue à la circonstance, dont nos cœurs ont été touchés. M. Doumic a un frère sourd-muet, c'est assez dire que le langage des gestes lui est familier.

Parmi les toasts portés, je citerai le suivant :

« Au respect de la loi !

« Les sourds-muets la comprennent et s'y soumettent comme leurs frères parlans. Puisse sa connaissance se répandre de plus en plus parmi nous ! Vienne le jour où un cours élémentaire de droit civil et de droit pénal sera introduit dans l'école ! Vienne le jour où les tribunaux cesseront , par une pitié malentendue en faveur de quelques misérables , de sanctionner des doctrines ennemies et injurieuses pour 62,000 Français irréprochables ! »

Cette fête laissera un souvenir durable dans l'esprit des convives. Ils se sont tous promis, en se quittant, de se retrouver au rendez-vous de 1837.

EXTRAIT DES PROCÈS-VERBAUX

DES ASSEMBLÉES GÉNÉRALES ET DES SÉANCES DE CLASSE DE L'INSTITUT HISTORIQUE.

** Le mercredi 2 novembre, la première classe (histoire générale et histoire de France) s'est réunie sous la présidence de M. Dufey (de l'Yonne), vice-président. — Membr. s présens, 22.

M. le secrétaire-perpétuel donne lecture de la correspondance.

Divers ouvrages sont offerts à la classe.

Deux candidats sont présentés : MM. Jehan St-Rieul-Dupouy, professeur d'histoire, et Eugène Paringault, homme de lettres.

Plusieurs membres demandent à M. le secrétaire perpétuel si l'impression du manuel de diplomatique se poursuit activement. M. de Monglave annonce que l'atlas qui doit l'accompagner est à moitié prêt. M. Dufey (de l'Yonne) pense qu'il conviendrait de charger M. le secrétaire perpétuel d'écrire à M. Odolant-Desnos une lettre pressante à ce sujet. Cette proposition est adoptée.

M. de Monglave lit un fragment *sur le style ogival* envoyé par M. le vicomte de

Guyton, membre correspondant. M. Flamand-Grétry est chargé de faire un rapport sur ce travail.

Le même membre correspondant envoie à la classe une liste itinéraire et chronologique des villes qu'ont parcourues les rois Louis VIII et Louis IX. La classe décide qu'on écrira à M. le vicomte de Guiton pour connaître la source où il a puisé ces documens, qui peuvent être précieux:

,*, Le mercredi 9 novembre, séance de la deuxième classe (histoire des langues et des littératures) sous la présidence de M. Legonidec, vice-président adjoint. Membres présens, 24.

Lecture de la correspondance.

Quelques brochures sont offertes.

L'ordre du jour appelle la nomination d'un secrétaire adjoint en remplacement de M. de la Villemarque. Cette nomination est renvoyée à la prochaine réunion de la classe.

M. Venedey lit un rapport sur *la bataille de Kirholm*, chronique historique par le comte Krazinski.—Renvoyé à la commission du journal.

M. Allix a la parole pour la lecture d'un manuscrit intitulé *l'Angleterre et le Japon.* — Le mémoire de M. Allix est renvoyé à la commission du journal.

M. Legonidec donne lecture d'un vieux conte dans le genre biblique, traduit du celto-breton.—La classe le renvoie aussi à la commission du journal.

,*, Le mercredi 16 novembre. La troisième classe (histoire des sciences physiques, matémathiques, sociales et philosophiques) s'est réunie sous la présidence de M. le comte de Lasteyrie, vice-président: Membres présens, 57.

M. le secrétaire perpétuel lit la correspondance.

Divers ouvrages sont offerts à la classe.

Quatre candidats, MM. Raymond-Aubry, docteur en médecine; Belon, maître de pension à Castelmaurou; Claude Dominique Félix, littérateur; et Jean André Dréolle, sont présentés.

L'ordre du jour appelle les nominations d'un vice-président-adjoint, d'un secrétaire et d'un secrétaire-adjoint. On passe au scrutin secret.

M. l'Abbé Badiche, trésorier de Notre-Dame, est nommé vice-président-adjoint, M. Fresse-Montval, secrétaire, et M. le docteur Cerise, secrétaire-adjoint.

M. Cerise annonce que le travail qu'il a entrepris sur *les systèmes de physiologie et de psycologie des anciens Hindous* est beaucoup plus considérable qu'il ne l'avait d'abord pensé : ce mémoire, dit-il, exigera plusieurs lectures. Ici M. Cerise entre dans des détails pleins d'intérêt sur les travaux qu'il a entrepris sur cette matière ; des remerciemens unanimes lui sont adressés.

M. de Monglave lit un mémoire de M. d'Esmont traitant de l'influence de la religion, des arts et des sciences sur la prospérité et la civilisation des peuples.—La classe le renvoie aux archives.

,*, Le mercredi 23 novembre, séance de la quatrième classe (histoire des beaux-arts) sous la présidence de M. Debret, vice-président. Membres présens, 25.

Le secrétaire perpétuel donne lecture de la correspondance. Parmi ces lettres on remarque celle de M. Sieurac, membre correspondant. Cet honorable collègue adresse à la quatrième classe une observation curieuse sur un peintre qui vivait au dix-septième siècle.

Plusieurs livres et brochures sont offerts.

L'ordre du jour appelle la lecture de M. Alex. Lenoir, sur *les antiquités de Paris avant l'établissement de la monarchie.*

Ce mémoire est renvoyé à la commission du journal.

M. Bion a la parole pour un rapport sur *une méthode d'enseignement de dessin* par M. Alex. Dupuis. Il fait l'éloge de cette brochure qui lui paraît d'une grande utilité. —La classe renvoie le rapport à la commission du journal.

Le travail de M. le comte Giacomo Ricci sur *un plan d'histoire des beaux-arts français dans les contrées étrangères* est ajourné à la prochaine assemblée.

⁎ Le vendredi 25 novembre, séance générale de l'institut historique, sous la présidence de M. Dufey de l'Yonne, vice-président de la première classe. Membres présens, 45.

M. Espic de Ste-Foy (Gironde) envoie un manuscrit sur *les patois des Landes*.

M. Luigi Odorici de Dinan, la traduction de quelques contes italiens.

M. J. S. Jean écrit de Marseille qu'il est définitivement nommé rédacteur de *la Gazette du Midi*. Il offre ses services à ses collègues.

M. Juste Houel, président du tribunal civil de Louviers, adresse à la société un manuscrit sur le peintre Jean Jouvenet. Renvoyé à la quatrième classe (histoire des beaux arts).

M. J. Guerre, de l'académie de Lyon, offre une notice sur des découvertes archéologiques et un mémoire sur les couleurs et les insignes militaires des Français. On invitera M. Guerre à nous adresser ces deux mémoires.

M. Polydore de Labadie à St-Girons (Ariége) annonce qu'il vient de terminer un long travail sur les Cantabres ou Basques, et qu'il s'empressera de le faire parvenir à la société.

16 volumes ou brochures sont offerts à l'Institut Historique. Des remerciemens sont votés aux donateurs.

Plusieurs candidats ont été présentés aux classes pendant le mois. Conformément aux statuts, le vote définitif est remis à l'assemblée générale prochaine.

L'ordre du jour appelle la question de savoir s'il y aura un congrès en 1837. Après une longue discussion, cette question est résolue affirmativement.

M. le président propose, que ce congrès fasse son ouverture comme l'année précédente, le 15 sptembre. La discussion s'engage de nouveau très ardemment; enfin la motion est mise aux voix et adoptée.

M. le secrétaire perpétuel demande que l'assemblée décide que les classes s'occuperont immédiatement des questions à poser pour le prochain congrès. La demande de M. le secrétaire perpétuel est prise en considération.

L'heure avancée ne permet pas d'entendre les différentes lectures portées à l'ordre du jour, sur le quasi couronnement de Cromwel (communication de M. le comte d'Allonville); sur un voyage en France, manuscrit français de Bolivar, communiqué par M. de Monglave; et sur les patois des Landes par M. Espic, de la Gironde. Elles sont renvoyées aux séances des classes ou à la prochaine assemblée générale.

CHRONIQUE.

— Les prétendans au fauteuil vacant de l'Académie française sont nombreux. Voici, d'après un journal, la liste des candidats connus jusqu'à présent: MM. Pariset, médecin, Barthélemy, traducteur de l'*Énéide*, Constant Berrier, Casimir Bonjour, Dumolard, auteurs dramatiques ; Victor Hugo, poète lyrique; Aimé Martin, prosateur; Mignet, membre de l'Académie des sciences morales; Patin, professeur à la faculté des lettres.

— Un chimiste de Boston vient d'inventer un papier miroir sur lequel les objets se reproduisent en petit, comme dans une glace convexe. Ce papier recevant les traces du crayon, on peut s'en servir pour dessiner commodément et en miniature les contours de portraits, sans le secours de la chambre obscure.

(*Journal de Francfort.*)

— Voici la désignation des dix bibliothèques publiques ouvertes actuellement : ce sont les bibliothèques Royale, Mazarine, Sainte-Geneviève, de l'Arsenal, du Jardin-des-Plantes, de l'Hôtel-de-Ville, du Conservatoire des Arts et Métiers, de la Sorbonne, du conservatoire de Musique et de l'École de Médecine.

— Il résulte d'un tableau synoptique, publié par le *journal des Denrées*, que le prix moyen du froment, depuis 1800 jusques et y compris 1835, c'est-à-dire pendant une période de 36 années, a été en France de 20 fr. 50 c. 9 m. l'hectolitre.

— On écrit du département de la Dordogne.

« Dans la nuit de dimanche à lundi dernier, l'église de Cubas, commune de Cherveix, s'est écroulée de fond en comble. On frémit quand on songe que, quelques heures plus tôt, cet événement eût englouti la population entière de Cubas et des environs, qui s'y trouvait réunie, à l'occasion de la fête patronale de l'endroit.

— En Angleterre, en comprenant les brochures, contrefaçons, feuilles périodiques, *magazines*, etc., la valeur commerciale des produits de la presse se monte, pour 1835, à la somme considérable de 2,420,900 liv. sterl. L'importation annuelle des livres étrangers, en Angleterre, s'élève à quelques milliers de quintaux; ce débit si grand se trouve presque en entier dans les mains des libraires de Londres, dont le nombre est de huit cent trente-deux membres à peu près égal à celui de leurs confrères en Allemagne. Il est à observer comment, dans le point central du commerce de la librairie, la décentralisation se fait remarquer. Il y a à Londres des libraires qui s'attribuent exclusivement la vente des livres religieux, d'autres ceux de l'instruction primaire, etc., etc. A part les pamphlets, contrefaçons et les feuilles périodiques, le nombre des volumes publiés en Angleterre s'élevait, en 1828, à 1105; en 1835, à 1507. De 1828 à 1835, on remarque en général un accroissement annuel de quatre-vingt-douze à quatre-vingt-treize volumes, à cause de la grande activité littéraire qui s'est manifestée en 1828, où l'industrie de la presse a créé les bibliothèques à bon marché. Ces bibliothèques ont fait baisser le prix moyen des ouvrages, qui, en 1828, s'élevait à peu près à 12 sch., mais qui, en 1855, n'était plus que de 10 sch. 7 d.   (*France industrielle.*)

— Le *Journal de Cherbourg*, en parlant d'un établissement formé pour prendre les bains de mer dans cette ville, indique ses curiosités , ses établissemens hydrauliques, les plus beaux de France, et surtout cette digue qu'on met au dessus des pyramides d'Égypte, parce qu'elle a coûté des millions, et qu'on y travaille depuis cinquante-deux ans. L'auteur de l'article continue ainsi : « A cinq lieues de Cherbourg est le phare de Gatteville, magnifique colonne qui s'élève dans les airs à soixante-dix mètres au dessus du rocher qui lui sert de base , et du haut de laquelle la vue plane sur une grande étendue de terre et d'eau. Plus loin est la baie de la Hougue , parage à jamais célèbre par le glorieux combat que l'amiral de Tourville y soutint, en 1692 , contre les flottes combinées d'Angleterre et de Hollande. A l'opposé ; vers l'ouest, sont les hautes falaises de Jobourg, d'où l'on découvre les îles anglo-normandes d'Aurigny, de Guernesey et de Jersey ; puis le cap de la Hague, cette dernière terre française qui vit le grand Napoléon partir sur le *Northumberland* pour la torture de l'île de Sainte-Hélène. »

BULLETIN BIBLIOGRAPHIQUE.

Annuaire historique de 1837, publié par la Société d'histoire de France, 1 vol. in-12.

De la nature de la richesse et de l'origine de la valeur, 1 vol. in-8°. Par M. Aug. Walras.

Historiettes morales traduites de l'italien par M. Luigi Odorici, une brochure in-8o.

Devoirs de l'homme, par Silvio Pellico , traduction de M. Luigi Odorici, une brochure in-8°.

Revue de la Côte-d'Or et de l'ancienne Bourgogne, par M. Jules Pautet, 1 v. in-8o.

Gnaphalium Neglectum ouvrage de botanique. Par M. Soyer Villemet, une brochure in-8°.

Sur la coalisation des ouvriers tonneliers de Cette, une brochure in-8° par M. G. Laissac.

Miscelaneas politicas y literarias, une brochure in-8° par M. de Covert-Spring, à Barcelone.

De l'idée d'une guerre légitime, par M. Lortet, une brochure in-8°.

Rapport sur la société royale des Antiquaires de France. Par M. Allou, une brochure in-8°.

Mémoire sur les nobles rois de l'Épinette, une brochure in-8°, par M. Lucien de Rosny.

Histoire hagiologique du diocèse de Belley, par M. Depery, vicaire général à Belley, 2 vol. in-8°.

Le secrétaire perpétuel, EUGÈNE DE MONGLAVE.

MÉMOIRES.

INTRODUCTION

A UNE SUITE DE RECHERCHES HISTORIQUES SUR LA PSYCHOLOGIE ET LA PHYSIOLOGIE
DES ANCIENS HINDOUS.

Des traces du dogme de la chute qui existent dans les diverses doctrines philosophiques
et religieuses de l'Inde.

Pour discerner ce qui, dans l'antique sagesse de l'Inde, appartient plus particulièrement aux notions antropologiques que nous désignons sous les noms de *psychologie* et de *physiologie*, il importe, il est nécessaire même, d'embrasser les généralités de la science et de la philosophie, dont les principales données commencent à être connues en Europe. Il est impossible de comprendre les doctrines sur l'homme émises par les anciens docteurs de cette vaste contrée, sans avoir auparavant examiné et compris leurs systèmes sur la divinité, sur le monde, sans avoir, en un mot, percé le voile qui couvre leurs notions générales sur la théologie et la cosmologie.

Les doctrines des Hindous sur la nature et la destinée de l'homme sont tellement liées à leurs doctrines sur la divinité et sur le monde, qu'il est impossible de les séparer. Il semble même que les unes soient subordonnées aux autres et que les systèmes philosophiques n'ont eu pour but, chez les sages de l'Hindoustan, que de donner l'évidence de la démonstration scientifique à leurs croyances sur la nature et sur la destinée de l'homme. Tel est l'aspect sous lequel nous sommes forcés d'envisager les monumens de la sagesse hindoue. Peut-être y trouverons-nous un exemple frappant des procédés à l'aide desquels l'esprit humain s'engage dans les premières voies de la philosophie et de la science. Peut-être acquerrons-nous cette conviction que l'homme ne s'élève aux plus hautes conceptions théogoniques et cosmogoniques, que pour rendre raison de ses croyances sur sa destinée et sur son origine. Mais notre but n'est pas de traiter ici cette grave question ; nous devons entrer dans le domaine des faits historiques. Le dogme de la chute (il ne faut pas se hâter de formuler ce dogme avec les expressions génésiaques de Moïse) me semble dominer tous les anciens systèmes religieux et philosophiques des Hindous; ce dogme seul peut rendre raison des données qui se trouvent développées dans ces systèmes, bien qu'il n'y soit pas aussi expressément désigné que dans la tradition biblique.

Ce fait fondamental auquel je crois, qui est pour moi une certitude, pourrait paraître une hypothèse imaginée à plaisir, dans l'intérêt d'une théorie qui m'aurait séduit, et dont la vérification ne serait pas de nature à satisfaire les lecteurs. J'aurai égard à tous les scrupules historiques, je m'abstiendrai de regarder ce fait comme démontré; je le présenterai tel qu'il doit être aux yeux de tous, comme une hypothèse qu'ils pourront admettre ou rejeter; mais auparavant qu'il me soit permis de donner mes raisons et d'offrir les citations et les argumens à l'aide desquels ce qui, pour le moment, n'est qu'une hypothèse, deviendra, je l'espère, une notion acquise, une vérité incontestable.

Cette question me semble très grave, très importante. Elle a pour objet d'éclaircir un des points les plus obscurs de l'histoire religieuse et philosophique. Si ce point peut être éclairci, de grandes lumières en rejailliront, non seulement sur la science des Indes, mais encore sur celle des Perses, des Juifs, des Grecs, des écoles d'Alexandrie et peut-être, plus qu'on ne pense, sur celle des écoles modernes qui ont conservé, au sein du christianisme, les enseignemens d'une sagesse antérieure, que le christianisme n'est pas encore parvenu à transformer complétement.

Mais, avant d'aller si loin, il importe que le fait du dogme de la chute soit bien établi. J'entre maintenant en matière :

Il est un mot qui domine toute la théologie et toute la science des anciens Hindous, qui se trouve dans toutes leurs conceptions philosophiques, et qui semble exprimer, à lui seul, la grande préoccupation des peuples connue sous le nom de dogme de la chute. Ce mot est celui-ci : *délivrance*; *Moukti-Mókcnd*. La délivrance de l'ame est désignée comme le but de toute pratique religieuse et sociale, comme la fin de toute science. Tous les systèmes de l'orthodoxie indienne pivotent sur cette conception fondamentale. Or, le vœu de *délivrance* suppose le fait *esclavage*, comme le vœu de *réhabilitation* suppose le fait *chute*, comme le besoin *d'expiation* suppose le fait *péché*. Or tous ces mots se trouvent dans toutes les pages de la science indienne, dans celles surtout dont l'antiquité et l'orthodoxie sont le plus incontestées.

Je vais démontrer par des citations la vérité de cette assertion. Plus tard je tâcherai de suppléer à ce qui manque de positif dans la conséquence que je tire des devoirs de *délivrance*, de *réhabilitation* et d'*expiation* signalés par les lois religieuses et par les axiomes philosophiques ; ce ne sera qu'après avoir établi combien le sentiment de ces devoirs a pénétré toute la doctrine indienne, que je présenterai les argumens qui me font conclure de ce sentiment universel à l'existence d'un dogme de la chute, sans lequel ce sentiment serait un inexplicable caprice philosophique, un véritable *non-sens*.

Je tiens à donner à mon exposition toute la rigueur que l'histoire est en droit d'exiger. Je dois exposer d'abord les faits. Les faits étant exposés, il sera facile de se prononcer pour ou contre la conséquence que j'en tirerai.

La délivrance est, vous ai-je dit, le pivot

sur lequel roule tout le système religieux et philosophique des Indiens. Par cette délivrance il faut entendre deux choses, la libération des conséquences des péchés antérieurs, et l'exemption de la transmigration ou l'absorption finale dans l'essence suprême.

Le but de toute œuvre et de toute science est de procurer cette délivrance finale. Nous verrons dans la suite de ces recherches que la diversité des systèmes philosophiques consiste principalemeut dans la différence des moyens proposés pour procurer cette émancipation de l'ame. Cette base commune de toutes les préoccupations intellectuelles de la sagesse hindoue nous sera d'autant plus évidente, que nous verrons reposer sur elle tous les systèmes les plus divers. Nous ne pouvons pas, aujourd'hui, classer ces systèmes, cela nous entraînerait trop loin ; nous les confondons provisoirement tous, car nous n'avons pas besoin de les distinguer pour éclairer notre sujet. Nous reviendrons dans un autre essai sur ces divergences, que je tâcherai d'exposer et d'expliquer.

« L'âme, est-il dit dans un passage des Védas, doit être connue, c'est-à-dire distinguée de la nature. De cette manière elle ne revient pas. » « L'homme auquel il est donné de connaître l'esprit suprême, est-il dit dans le Kataka Oupanischad, chap. vi,4, avant la chute du corps, avant que la vie l'abandonne, cet homme est délivré de la renaissance. Celui à qui il a été refusé de l'approfondir entre dans un nouveau corps et circule dans les mondes créés. »

La philosophie nyâya, et les trois systèmes sankias, s'accordent, ainsi que le dit Colebrooke, avec les autres écoles de psychologie, dans la promesse d'une béatitude et de la *délivrance finale* (Môkcha)

pour récompense et comme fin d'une parfaite connaissance des principes que ces écoles enseignent.

« Le désir de l'ame est la jouissance et la délivrance, » dit la *Sankia Kârika,* sl. 40.

« L'exemption absolue de trois sortes de peines est le but le plus élevé de l'ame, » comme l'affirme un aphorisme du Sankia.

« Dans ces mondes, l'ame sensible éprouve le *mal qui naît de la décadence* et de la mort, jusqu'à ce qu'elle se soit finalement délivrée de son union avec la personne subtile. » *Analyse du Sankia par Colebrooke.*

« Par la vertu ou la justice, on suit le sentier qui mène en haut; par l'impiété ou l'injustice se forme le chemin qui mène en bas. L'*émancipation* s'effectue par la science. Celui qui suit le contraire désire son emprisonnement dans les liens corporels. » *Sankia Karika*, 44.

« Comme l'action du lait, substance inintelligente, s'opère en effectuant l'accroissement du veau, ainsi l'action de la nature s'opère en effectuant la délivrance de l'ame. » Ib. 57.

Les Sankias s'étendent longuement sur les divers obstacles qui s'opposent à la délivrance, sur les facultés qui paraissent y conduire et sur celles qui y conduisent réellement. Cette question trouvera sa place dans la suite de ces recherches.

D'après la doctrine de la Kharma Mimansa, ou de la Mimansa des œuvres, l'état actuel d'un être est toujours la suite nécessaire de ses actes antérieurs; et ses œuvres actuelles déterminent avec une nécessité absolue son état futur. Les effets qui résultent de ces actes dans les séries des existences, sont appelés les *fruits des œuvres.* Selon cette école qui est orthodoxe, et qui a pour but d'expliquer et de discuter les devoirs et les rites, les sacrifices de purification et d'expiation sont des actes nécessaires à cause des souillures originelles et acquises.

Le code de Manou spécifie cinquante-deux défauts corporels, comme étant les châtimens mérités par les péchés commis dans une vie antérieure (chap. 11, 48, etc.) La distinction des êtres en dieux, hommes et créatures inférieures; celle des hommes en barbares (étrangers) ou en hommes de race pure (argas) et celle de ces derniers en diverses castes, est fondée sur ce même principe. Etre né sur un degré plus ou moins élevé dans l'échelle des êtres, est la conséquence des actes d'une vie antérieure. La vie elle-même avec ses maux n'est qu'une carrière de pénitence et par conséquent d'expiation. De là , dans le système des œuvres, la nécessité des sacrifices , des sacremens, dès la naissance, et des mortifications, qui quelquefois vont jusqu'au suicide, et sur la puissance desquelles on trouve dans les récits sacrés et dans les légendes hindoues des choses merveilleuses. Qu'on ne croie pas que les mortifications recommandées soient exigées seulement pour expier des crimes commis dans l'existence actuelle; il en est que l'homme entreprend sans y être engagé par un crime particulier, dans un but d'expiation, et qui portent un nom spécial, le *tapas,* ou mortifications surérogatoires. Ces *tapas* dont le nombre varie à l'infini, tendent à placer l'ame , à sa renaissance, dans une condition meilleure. La puissance de faire des choses extraordinaires est donnée, même dans cette vie, aux saints hommes qui ont pratiqué le *tapas.*

La doctrine de la Mimansa théologique admet aussi la délivrance comme but de toute connaissance ; elle diffère de la doctrine précédente en ce qu'elle regarde les œuvres comme ne donnant pas la délivrance finale, et que par conséquent elle tend à les dédaigner.

« Il n'y a aucun moyen d'obtenir la délivrance complète et finale que la connaissance », dit un des plus célèbres docteurs de cette école. (Atma Bodha, par Sankarâ Atcharya; sl. 2).

« L'ame émancipée est cette personne illuminée qui se dépouille de ses premiers accidens et de ses premières qualités, et qui devient identifiée avec l'être véritable qui est Dieu, de la même manière que la chrysalide devient une abeille. » (Même ouvrage, 49).

Cette école, comme nous le verrons , est celle qui a plus particulièrement adopté le besoin d'une complète délivrance, comme le but et la base de toutes ses conceptions cosmogoniques, théologiques et philosophiques. Elle mentionne trois degrés de délivrance. Elle proclame la non-efficacité des œuvres, la nécessité de la grace, et elle tend à limiter prodigieusement le libre arbitre, en exagérant les conditions mauvaises dans lesquelles les péchés d'origine ont placé l'homme. Toutes ces choses seront exposées plus tard.

L'école de Gotama admet au nombre de ses catégories (cat. 12) la *délivrance* de la peine ou la béatitude, laquelle délivrance est la préservation absolue de tout mal. Or cette école compte vingt-et-une variétés de maux. La 21e consiste dans le plaisir , car celui-ic, étant entaché de mal, est une peine, comme le miel mêlé avec du poison est compté parmi les substances délétères. Gotama met son système de logique au service de la doctrine de la délivrance par la science. (Colebrooke.)

Les Bouddhistes et les Djaïnistes ont

poussé cette doctrine dans ses dernières conséquences. Pour eux l'ame humaine est liée, enchaînée. *Mókchá* est la délivrance et l'affranchissement de l'ame des entraves ou du lien des œuvres. Cette délivrance est obtenue par les moyens enseignés ou par la grace, ou bien elle est une ascension continuelle. L'ame a une tendance continuelle à s'élever en haut, mais elle est retenue en bas par les liens corporels. Lorsqu'elle est délivrée, elle s'élève à la région des ames libérées. Comme un oiseau, une fois sorti de sa cage, se plonge dans l'eau pour nettoyer la poussière dont il était souillé, et après avoir séché ses plumes aux rayons du soleil, prend son essor dans les airs, ainsi, l'ame, délivrée d'une longue captivité, prend son essor pour n'y rentrer jamais. Selon les Djaïnas, les œuvres ne sont appréciées qu'en raison des secours ou des obstacles qu'elles apportent à la délivrance. *Adharma*, vice, est ce qui est cause que l'ame continue d'être enchaînée dans les entraves du corps, malgré sa faculté de monter et sa tendance naturelle à prendre son essor.

Il en est de même des Mahaswaras et des Pasoupatas. Le but dans lequel, dit Colebrooke, leurs catégories sont enseignées et expliquées, est l'accomplissement de la délivrance des liens et des chaînes, ou de l'illusion dans laquelle l'ame vivante est enchaînée.

Parmi ces écoles nombreuses, il en est dont il est dit qu'elles ont enseigné des doctrines nouvelles de la délivrance, parce que leurs chefs, n'étant point satisfaits des Védas, et ne trouvant point en eux un moyen prompt et suffisant pour l'émancipation finale, ont dû en chercher un eux-mêmes avec leurs propres forces. Tel est Sandylia, qui est regardé par quelques-uns comme

fondateur de la secte des Pantchuratras. Cette secte a ses pratiques et sa théorie de la délivrance finale, à peu près conformes à celles du Sankia et de la Mimansa théologique.

Les seules doctrines philosophiques de l'Hindoustan qui ne nous parlent pas de la délivrance, sont les doctrines matérialistes, dont je rappellerai quelques formules dans la suite de ces essais. Telles sont les doctrines des Ttcharvakas et des Lokayatikas. Selon ces doctrines, l'ame n'est que l'attribut ou une propriété de l'organisme.

Voilà des systèmes religieux et philosophiques bien divers et bien nombreux, qui s'accordent à admettre la nécessité de la délivrance de l'ame, le fait de l'esclavage dans lequel elle souffre, les maux qui l'accompagnent ici bas. Le but avoué de tous ces systèmes est d'enseigner des modes particuliers de délivrance. Toutes les écoles dissidentes reconnaissent cette nécessité commune, elles ne varient que dans les méthodes théoriques et pratiques propres à connaître et à atteindre ce but. Les données théologiques et métaphysiques, cosmologiques et anthropologiques, ainsi que nous le verrons, varient, dans ces diverses écoles, en raison des différences qu'elles établissent dans leurs doctrines sur la délivrance des ames.

Les ames sont, d'après ces systèmes, destinées à s'élever vers l'essence suprême, comme à leur source première, *par les œuvres*, et en subissant une série de naissances progressives dans une échelle de mondes, selon les uns, ou *par la science intuitive,* et dès ce monde, sans renaissances, selon les autres. S'élever vers Dieu, pour les ames, c'est se réhabiliter.

D'où viennent, demanderons-nous maintenant, ces chaînes qui accablent fatalement es ames, cette destinée qui les enchaîne à la douleur, aux passions, aux erreurs, au mal, qui les emprisonne dans les langes de la matière, mobile et inconstante? D'où viennent ces préoccupations de la sagesse hindoue qui, d'un concert unanime, semble déplorer la perte d'un Éden céleste, par les efforts de plusieurs siècles consacrés à l'enseignement de la délivrance finale. Ne pas reconnaître là un des sillons profonds qu'a creusé, lors de son passage dans la croyance des peuples, le dogme de la déchéance, c'est, ce me semble, se montrer bien difficile.

En effet, ces ames, portant traditionnellement d'âge en âge les effets fatals de leurs actes, à travers des milliers d'existences et de renaissances, doivent, si nous remontons à la création, avoir contracté *par elles-mêmes* et librement une souillure que Dieu n'a pu leur donner. Lisez la Genèse racontée dans le premier livre du Manarva Dherma Sastra; vous y trouverez que Dieu créa tous les êtres et qu'il assigna à chacun ses qualités, sa situation et sa destinée en raison de ses actes antérieurs, en raison de ses mérites acquis dans une vie antérieure. « Ce fut ainsi que, d'après mon ordre, ces magnanimes sages créèrent, par le pouvoir de leurs austérités, tous ces assemblages d'êtres mobiles et immobiles *en se réglant sur les actions,* c'est-à-dire, comme l'explique le commentateur Koullkouca Batta, en faisant naître tel et tel parmi les dieux, les hommes et les animaux, *en raison de ses actes,* (liv. Ier; sls. 41). Le dogme de la chute n'est-il pas implicitement exprimé dans cette explication des diversités des destinées d'ici-bas? ne se trouve-t-il pas tout entier dans cette formule si incomplète pourtant? ne semble-t-il pas qu'il manque quelque chose à ce récit, et que, aux jours de la création des choses du monde, la divinité avait des coupables à punir et à relever, et que le rédacteur sacré a commis une grave omission? De ces assertions sont sorties néanmoins toutes ces doctrines sur la délivrance; de là les systèmes de salut par les sacrifices ou par la foi; de là les sacremens qui purifient le fétus, qui purifient l'ame humaine au moment de la conception et qui l'accompagnent jusque au-delà du tombeau, par les sacrifices qui sont commandés pour les ames des aïeux.

Quoique le dogme de la chute ne se trouve pas positivement exprimé dans les documens philosophiques et religieux les plus dignes d'être consultés, il ne faut pas croire qu'il n'ait pas été formulé par les Hindous dès les temps les plus anciens. Le récit génésiaque qui affirme ce dogme et qui l'affirme d'une manière différente de Moïse, se trouve quelque part dans un des fragmens épars qui ont conservé les plus anciens souvenirs du polythéisme hindou. Ce récit est tel que si j'eusse osé le concevoir comme une hypothèse, expliquant parfaitement toutes les données philosophiques que je viens d'exposer rapidement, je ne l'aurais pas conçu autrement. Quoiqu'il n'en soit pas fait mention dans les œuvres des philosophes, nous devons attribuer à ce une grande importance. Je reproduirai dans un prochain numéro ce récit génésiaque remarquable, et les lecteurs partageront peut-être ma conviction, lorsqu'à la suite de cette brillante genèse, je reviendrai aux systèmes religieux et philosophiques dont elle rend raison, et à l'intelligence desquels elle est admirablement appropriée. Jusque là, suspendons notre jugement. La question sera plus nettement posée et presque résolue, lorsque j'aurai adopté pour base de mes appréciations le degré de concordance de ces divers systèmes avec la doctrine de la délivrance très explicitement exprimée par le récit de la déchéance des devas. C'est ce que je tâcherai de faire dans l'essai qui suivra celui-ci.

Le docteur Cerise,
Membre de la 3e classe de l'Institut hist.

L'ANGLETERRE ET LE JAPON.

A l'extrémité de l'Europe et de l'Asie existent deux empires insulaires qui sont l'un et l'autre populeux et puissans, l'Angleterre et le Japon. Ces deux états dont la position géographique présente beaucoup d'analogie, sont habités par des hommes pleins d'énergie, d'une volonté ferme, constans dans leurs résolutions. Les Anglais et les Japonais se distinguent également par leur orgueil national, par leur amour pour leur pays.

Si le caractère des deux peuples offre des rapports frappans de ressemblance, quelle différence entre la destinée des deux empires ! L'Angleterre a été successivement conquise par les Romains, les Anglo-Saxons, les Danois, et enfin par un duc de Normandie. Jamais le Japon n'a subi le joug de l'étranger. Deux tentatives faites par les Tatars pour s'emparer de cet empire, la première fois en 799 de notre ère, et la seconde en 1281 après la conquête de la Chine par les Mongols, ont complètement échoué ; les Tatars ont perdu vaisseaux et soldats.

Mais l'Angleterre, après avoir été envahie, subjugée à différentes époques et par divers peuples, a étendu ensuite sa domination, ses colonies et son commerce d'une manière prodigieuse. Sa marine, qu'elle s'est appliquée à perfectionner et qui est devenue la première marine du monde, l'a rendue maîtresse de nombreuses et vastes contrées ; elle possède des ports, des forteresses, des villes, des provinces dans tous les continens : l'Indoustan presque tout entier lui est soumis. Enfin la puissance et les immenses ressources de l'Empire britannique sont connues de toutes les nations du globe.

Le Japon, au contraire, par suite de ses principes religieux et de la politique soupçonneuse qui dirige les actes de son gouvernement, s'est toujours renfermé dans les limites de son territoire. Il est défendu aux Japonais de s'écarter jamais des rivages de leur patrie, et, depuis plus de deux siècles, il est interdit aux étrangers d'y aborder ; ils sont condamnés à perdre la vie, à moins qu'il ne soit prouvé qu'ils ont été jetés par la tempête sur ces côtes inhospitalières. On sait à quel prix les Hollandais ont obtenu pour deux ou trois navires de commerce, et les Chinois, pour un petit nombre de jonques, une exception à cette loi, et à quelle impérieuse surveillance leurs agens et leurs équipages sont soumis. (1)

Pour empêcher ses sujets d'entretenir des relations avec les peuples étrangers,

---

(1) La même faveur fut accordée aux Portugais sous le règne de dom Jean VI.

l'empereur du Japon a ordonné de construire tous les navires de telle sorte, qu'ils ne pussent tenir la haute mer et qu'on fût obligé de chercher l'abri d'un port au premier coup de vent un peu violent. (1)

Les Anglais, qui communiquent avec tous les peuples, ont porté les sciences et les arts au plus haut degré, tandis que les Japonnais, qui sont également doués d'une intelligence remarquable, n'ont fait guère plus de progrès, soit dans les sciences, soit dans les arts libéraux, que les Chinois, leurs voisins; seulement ils sont parvenus à perfectionner quelques produits de leurs fabriques à un point qu'il serait difficile de surpasser.

Ainsi les habitans des îles britanniques, avides d'instruction, veulent tout explorer, tout connaître sur la surface du globe : les Japonnais, au contraire, ne veulent rien voir hors de leurs pays, qui est pour eux tout l'univers.

Quand le Daïri, ce pontife suprême, ce chef révéré de la religion japonnaise, réunissait tous les pouvoirs; quand il était l'autocrate de cet empire, l'Angleterre reconnaissait, avec le pouvoir temporel de son roi, l'autorité spirituelle du pape comme chef de la religion chrétienne; et lorsqu'au Japon les deux glaives ont été placés dans des mains différentes, lorsqu'un laïque s'est emparé du gouvernement politique et civil, les Anglais ont répudié le pape, et leur monarque a cimulé tous les pouvoirs.

Cette concentration des autorités spirituelle et temporelle en Angleterre, devait naturellement favoriser le despotisme et rendre son joug plus pesant; et cependant c'est sous l'autocratisme de leurs monar-

ques que les Anglais ont consolidé leurs institutions libérales et développé leur industrie, tandis que les Japonnais n'ont pu alléger le poids de leurs chaînes, ni adoucir l'extrême rigueur de leurs lois, depuis qu'ils ont vu les deux glaives passer dans des mains différentes.

Une femme (la reine Marie) étant montée sur le trône de l'Angleterre, voulut replacer ses états sous l'obéissance du pape; elle répandit beaucoup de sang pour accomplir son dessein sans y parvenir.

Le Japon était alors accessible aux étrangers, et l'évangile y avait été prêché par des prêtres venus d'Europe; mais le christianisme fut bientôt proscrit, et pour l'extirper, on fit périr dans les supplices plus de quarante mille Japonnais, qui refusèrent d'abjurer le nouveau culte qu'ils avaient embrassé.

On sait qu'en Angleterre les femmes ne sont pas exclues du trône, et nous venons d'en rappeler un exemple : trois reines ont successivement gouverné l'Angleterre depuis Henri VIII, c'est-à-dire depuis la concentration des deux puissances.

Au Japon plusieurs femmes ont été revêtues de la dignité et de l'autorité suprême de mikoddo ou daïri, lorsque le pontificat était aussi investi du pouvoir temporel. Un dernier exemple a eu lieu en 1630 depuis que la séparation des deux pouvoirs a été consommée.

Après la chute de l'empire romain, l'Angleterre, en proie aux barbares Germains et Scandinaves, a été divisée en sept royaumes indépendans les uns des autres, qu'on a nommés collectivement l'heptarchie; ces royaumes ont subsisté près de quatre siècles jusqu'à l'époque où Egbert, prince Saxon, les a tous réunis sous son sceptre.

Le Japon a aussi été partagé, par un de ses anciens daïris qui régnait l'an 590 de

______
(1) Ces bâtimens ont à la poupe une ouverture par aquelle les vagues peuvent s'introduire dans l'intérieur dès qu'elles s'élèvent à une certaine hauteur.

notre ère, en sept grandes contrées, lesquelles ont ensuite été divisées en 68 provinces, subdivisées elles-mêmes en 604 districts.

En Angleterre, ainsi qu'au Japon, il existe une aristocratie imposante : on sait que les barons anglais ont contraint le roi Jean à signer la grande charte, base première du gouvernement représentatif actuel ; et la lutte entre le monarque et les seigneurs s'est prolongée jusqu'au temps où, une puissance plus formidable s'étant élevée , celle du peuple ou des communes, ils se sont rapprochés pour tâcher de la contrebalancer.

Au Japon les princes ou grands vassaux de la couronne qui gouvernent encore les provinces de l'empire, ont été pendant longtemps maîtres absolus et presque indépendans dans leurs gouvernemens qui étaient devenus héréditaires ; on ne leur demandait que d'envoyer au dairi une portion déterminée des revenus de la province et de se présenter de temps en temps à sa cour pour rendre hommage au pontife et monarque suprême.

Mais, depuis qu'un empereur laïque s'est emparé de l'administration de l'état, tous ces princes ont été abaissés, et maintenant ils se trouvent dans la dépendance d'un monarque soupçonneux et jaloux. Lorsqu'ils se rendent dans leur gouvernement, ils doivent laisser leurs familles, à Jeddo dans la ville impériale, pour garantie de leur fidélité et venir chaque année à la cour rendre compte de leur conduite, et de tout ce qui s'est passé dans la province qui leur est confiée, mais dont un simple ordre de l'empereur peut les dépouiller.

Ainsi au Japon, c'est l'autorité impériale qui est devenue tout-à-fait prépondérante et qui a, pour ainsi dire, écrasé l'aristocratie sous son sceptre de fer ; et il paraît que les

classes inférieures, ainsi que dans les autres contrées de l'Orient, ont peu influé sur changemens qui ont été introduits dans le gouvernement.

Au contraire, chez les Anglais, c'est le peuple, c'est la nation dont l'influence semble prédominante maintenant, bien que les deux autres pouvoirs de l'état continuent de former une partie essentielle de sa constitution.

En Angleterre les querelles sérieuses se terminent ordinairement par des duels ; et les combats singuliers y sont assez fréquens, malgré les sages conseils de la religion et de la morale.

Au Japon on atteint son adversaire sans l'approcher, sans le voir, en se frappant soi-même ; on s'ouvre le ventre, on se déchire les entrailles, et l'adversaire est obligé de suivre ce terrible exemple sous peine du déshonneur. Non seulement les Japonnais qui sont condamnés à la peine capitale emploient ce moyen toutes les fois qu'ils le peuvent, pour éviter l'infamie du supplice, mais les fonctionnaires publics et les personnes attachées au service des grands s'arrachent souvent la vie de leurs propres mains pour de simples fautes, ou même pour des accidens qu'ils n'ont pu empêcher. La disposition au suicide est également remarquable dans les deux pays.

Après avoir indiqué les rapports de similitude et les contrastes qui existent, dans ces deux empires, entre les dispositions intellectuelles et le caractère moral des habitans et entre les principales institutions qui les régissent, si nous examinons les deux pays sous le rapport physique, si nous comparons la nature du sol et de ses diverses productions, les fléaux auxquels on est le plus exposé, le régime diététique, l'industrie manufacturière et commerciale, nous y remarquerons encore des ressemblances frappantes et de singulières oppositions.

Les îles du Japon sont constamment menacées par des volcans qui tourmentent le sol de fréquentes secousses. Pour que les effets de ces tremblemens de terre soient moins funestes, les édifices publics et les maisons particulières sont construits en bois et généralement fort peu élevés. Mais les Japonnais n'ont pu conjurer un péril, sans s'exposer à un autre presque aussi redoutable : les incendies sont encore plus communs, et plus désastrueux au Japon qu'en Turquie ; chaque année le feu dévore plusieurs centaines de maisons et quelquefois plusieurs milliers à Jeddo, à Meaco, dans les autres grandes villes de l'empire, et il n'est pas rare de voir des bourgs et des villages entièrement consumés par les flammes. En 1703 un violent tremblement de terre et un incendie encore plus affreux, ont presque totolément détruit la grande ville de Jeddo presque aussi étendue et aussi peuplée que Pékin : plus de deux cent mille habitans ont été ensevelis sous ses ruines.

Tournez les yeux vers les îles Britanniques, les volcans éteints ont laissé aux îles Hébrides, dans les Orcades et dans la chaussée des Géans, des traces imposantes de leur fureur, mais les habitans de l'Angleterre ont perdu la tradition des catastrophes dont elle a jadis été le théâtre, et maintenant le sol est tranquille. Aussi la pierre, le marbre, la brique peuvent-ils être employés sans inconvénient dans la construction des édifices. En 1666 pourtant la ville de Londres a été, de même que Jeddo, la proie d'un incendie qui en a consumé la majeure partie ; mais alors la plupart des maisons étaient encore construites en bois(1).

(1) 13,200 maisons et 89 églises ont été brûlées.

L'agriculture est également en honneur en Angleterre et au Japon ; mais les travaux des champs y sont dirigés d'une manière différente, attendu que le régime alimentaire n'est pas le même dans les deux pays. Les viandes formant la base de la nourriture des Anglais, ils élèvent beaucoup de bestiaux, et bien que leur pays offre de nombreux et excellens pâturages, on y ajoute encore des prairies artificielles, sans négliger cependant la culture des céréales et des plantes légumineuses.

Au Japon, on s'abstient de manger de la chair, par principe de religion ; le riz, les autres grains, les fèves, les légumes, le poisson, les crustacés, les coquillages et quelques fruits, voilà ce qui compose la nourriture des Japonnais, et, pour multiplier ceux de ces produits qui ne proviennent pas de la mer, la houe est employée jusqu'au sommet des montagnes et partout où la charrue ne saurait atteindre, tandis que les plaines sont couvertes de rizières verdoyantes qu'on voit sortir du sein des eaux, entretenues par de fréquentes irrigations.

Si dans les deux pays la nourriture est différente, la boisson est à peu près la même. L'usage du thé y est également général, et diverses sortes de bière faites avec des grains remplacent le vin qui y est très rare. Au Japon, la boisson la plus ordinaire est une bière de riz fermenté nommée sdchi ; souvent on la fait chauffer avant de la boire. Les pâtisseries et les confitures figurent parmi les objets de consommation et de régal. Il est d'usage au Japon d'en offrir lors des visites et des réceptions de cérémonie. On sait qu'il en est à peu près de même en Angleterre.

L'industrie a fait de tels progrès dans la Grande-Bretagne que les produits de ses fabriques sont recherchés dans toutes les contrées du globe. On distingue particulièrement la perfection des instrumens d'acier, celle du verre ou *flint glass*, des machines en général et de plusieurs étoffes. L'étain fourni par ses mines a conservé son antique réputation.

D'un autre côté, les vernis, les porcelaines du Japon, quelques unes de ses étoffes de soie, sont supérieurs à ceux de la Chine ; son cuivre l'emporte en qualité sur celui de tous les autres pays, et la trempe de ses lames de sabre parait égaler celle des armes fabriquées en Syrie et qui ont une si grande réputation. Ses papiers de tenture réunissent à la consistance et à la blancheur les plus grandes dimensions ; c'est un objet de première nécessité et d'immense consommation dans cet empire où, chez les particuliers, comme chez les princes, les chambres et les salons ne sont séparés des uns des autres que par de hauts paravens qui glissent dans des rainures pratiquées aux planchers, et qu'on enlève à volonté.

L'ordre, la propreté règnent également dans les appartemens en Angleterre et au Japon ; la Hollande et la Belgique seules pourraient les surpasser à cet égard ; mais les Japonnais qui s'asseyent sur des tapis ou des nattes comme la plupart des Orientaux, ont beaucoup moins de meubles que les Européens. Leurs boiseries sont revêtues d'un vernis transparent qui en fait ressortir les veines et les couleurs. Enfin les fleurs et les dessins rechaussés d'or et d'argent brillent sur leurs tentures et sur les papiers de leurs paravens.

On s'est beaucoup occupé dans les deux pays de rendre les voyages faciles et commodes. Les grands chemins et les ponts y sont entretenus avec le plus grand soin. Seulement, comme le Japon est un pays plus montueux que l'Angleterre, on est quelque-fois obligé de quitter ses chevaux pour se faire porter à bras d'hommes dans des Uori-mons ou Cangos ; espèces de palanquins où l'on se tient assis. Là on ne connaît ni diligences ni voitures roulantes ; mais de bonnes hôtelleries et des postes où l'on change de chevaux sont établies partout à distance convenable. Toutefois, les ordonnances impériales et les messages du gouvernement sont confiés à des piétons qui se relaient à chaque poste. Il y a loin de là sans doute aux estafettes, aux chemins de fer, aux voitures à vapeur de l'Angleterre.

En Angleterre les ministres des diverses communions protestantes ne sont point astreints au célibat, et comme ils n'ont en général qu'un traitement très modique, il leur est difficile d'amasser des dots pour leurs filles. Aussi accuse-t-on beaucoup d'entr'elles d'oublier trop vite les bons exemples de la maison paternelle pour se livrer à une vie aventureuse et trop souvent débauchée. Au Japon de pauvres moines appelés *Jaunnabos*, ou prêtres de montagnes, sont obligés par les statuts de leur ordre de parcourir les monts les plus élevés, les rochers les plus abruptes, ceux mêmes où il n'existe ni temple ni idole ; au milieu de cette vie errante et pénible le mariage ne leur est pas interdit ; leurs filles, après s'être fait raser la tête, entrent dans une communauté de nones mendiantes connues sous le nom de *Békuni* : ces nones parcourent les routes, accostant les voyageurs et les sollicitant à la débauche.

Ce parallèle rapide de l'Angleterre et du Japon, qui n'a peut-être au fond aucune consistance et que beaucoup regarderont sans doute comme le rêve d'un cerveau malade, fait ressortir cependant, sous le double rapport moral et physique, quelques analogies, quelques contrastes qui ne sont pas à dédaigner. Les analogies résultent surtout de la position géographique des deux archipels et de la condition insulaire de leurs habitans. Les oppositions proviennent des différences qui existent dans la nature du climat et du sol, et bien plus encore dans l'excentricité de ces mœurs et de ces lois d'Asie qui résistent à toute communication, à tout changement et qui contrastent avec les mœurs de notre Europe, si mobiles, si expansives, si favorables au développement de l'industrie et du génie. Partis pour ainsi dire du même point, pourvus des mêmes facultés morales, les deux peuples sont parvenus aux antipodes à bien des égards ; nous trouvons chez eux un exemple frappant des modifications que les diverses institutions religieuses, politiques et civiles peuvent apporter au caractère primitif des hommes, et des voies différentes, opposées même, dans lesquelles les nations sont souvent entraînées par des causes étrangères à leurs dispositions naturelles.

A. L. F. ALIX,
Membre de la 2e classe de
l'Institut historique.

L'ACADÉMIE DES JEUX FLORAUX.

Mémoire lu à la 2e classe de l'Institut historique. (Histoire des langues et des littératures.)

Messieurs,

L'Académie des Jeux floraux est la plus ancienne société littéraire de France, et, à ce titre, elle mériterait déjà votre attention comme objet d'étude littéraire; mais l'époque de sa fondation, les circonstances qui l'ont amenée, son développement, puis les modifications successives apportées par cinq cents ans d'existence, la faisant rentrer dans le cadre de vos travaux, je vais me borner à vous la présenter sous le point de vue historique.

Quand les croisades contre les Albigeois et le traité de Meaux eurent brisé l'unité provençale, le roi de France partagea le pays conquis avec le pape. Comme le plus fort, il prit pour lui la souveraineté absolue et rétablit, parmi le peuple, devenu son domaine, l'autorité à peu près nulle de l'église. A partir de ce moment, il y eut accord parfait entre la cour de Rome et celle de Paris, pour étouffer la brillante intelligence des peuplades méridionales.

Elles ne pouvaient mieux confier la tâche qu'aux mains de l'inquisition : armé du feu et de l'épée, ce sanglant tribunal plia toutes les têtes sous la puissance franco-romaine; aussi, de règne en règne, la protection royale eut-elle soin de l'entourer. Saint-Louis le défendit, Philippe-le-Hardi le confirma lors de la réunion du comté de Toulouse à la couronne; en 1303, Philippe-le-Bel l'autorisa par lettres patentes; en 1331, il fut déclaré cour royale par arrêt du parlement de Paris, et, depuis, l'inquisiteur de Toulouse prit le titre «d'inquisiteur en tout le royaume de France, spécialement député par le saint-siége apostolique et par l'autorité royale. »

A l'ombre de la terreur qu'il inspirait, on vit s'éteindre peu à peu l'ardente vivacité, les saillies piquantes et l'humeur rail-

leuse du caractère national. Comment voulez-vous, en effet, que là gaieté occitanienne pût tenir contre le prêcheur qui lui apportait ces argumens? « Tu ne crois pas, héré
» tique, que Dieu ait créé le ciel et la terre,
» tu en as menti, puisque saint Jean qui
» a vu toute la gloire, dit dans son évan
» gile : *Omnia per ipso facta svnt.* Cet
» auteur mérite plus d'en être cru que
» Pierre Capella et toi qui ne sais pas la
» confession. Si tu refuses de le croire,
» voilà le feu qui brûle tes compagnons
» tout prêt à te dévorer. Je veux qu'en un
» ou deux mots tu me répondes, ou tu seras
» jeté dans les flammes, toi qui mens
» comme un larron, ou tu te rangeras de
» notre côté; de nous, qui avons la foi pure
» avec ses sept échelons (1). » Le peuple obéissait donc sans rien dire, et les nobles dans leurs terres écornées par les confiscations, dans leurs donjons à demi détruits, n'osaient qu'en secret fredonner les vers de *Rainols* : « Une vile populace en surplis,
« qui jamais ne fit un pas en avant sur un
» champ de bataille, enlève aux barons
» leurs tours et leurs palais; elle se rend
» si formidable, qu'elle a établi contre
» leur pouvoir une justice nouvelle. »

Il n'y avait pas jusqu'à l'inoffensif capitoul qui ne s'inclinât avec tremblement devant l'inquisition, car d'un seul mot elle pouvait lui enlever sa baguette blanche et sa noblesse.

Dans cet état de choses, la création des jeux floraux fut une pensée nationale. Les troubadours étaient dans la tombe, et pas de bras assez forts pour relever la harpe, pas de lèvres assez hardies pour recommencer le *Sirvente*, plus de mains assez libres pour l'applaudir: la lan

(1) « C'avem la fè novella ab los sept escalos...»
Poème d'Izar l'inquisiteur, fait par lui-même.

gue elle-même tombait en décadence; envahie tous les jours par sa rivale du nord.

Sept bourgeois de Toulouse résolurent de la sauver : long-temps réunis avec mystère dans le verger des Augustines, ils se dirent, au pied du laurier qui avait toujours prêté son ombrage à la poésie occitanienne (1),
« Nous, descendans et continuateurs des
» troubadours, nous devons rendre le siè
» cle plus gai, ressusciter les joyeux *dicts*
» et les doux chants, et remettre en hon
» neur le savoir et l'art de bien trouver. »
Aussitôt, après la Toussaint de l'an 1333, cette circulaire en vers provençaux fut envoyée à tous les poètes de la langue d'oc.

Aux honorables et aux preux, (2)
Seigneurs, amis et compagnons,
Auxquels est donné le savoir,
D'où croit pour les bons joie et plaisir,
Sens, et valeur, et courtoisie,
La très gaie compagnie
Des vii Troubadours de Toulouse
Salut et surtout vie joyeuse !

. . . .

Nous vous invitons le premier jour du mois
de mai,

(1) Per que nos sept sequen lo cors
D'els Trobadors que son passaiz....
Quel segle ne sia pus gays...
De plazens sos e d'els bels dicts
Tant que foglar ne valhan mays...

(2) Als honorables è als pros
Senhors amics è companhos
Asquals es donat lo saber
D'on creish als bos gauch è plazer
Sens è valors è cortesia,
La sobregaïa companhia
Dels VII Trobadors de Tholosa
Salut e mais vida foïosa.

. . . .

Lo prumie jorn del mes de mai
Cascus eu far obra plazens
Dizen que per dret futjamen
A cel que la fara pus netta
Donaren una violeta de fin aur en senhal d'onor.

A venir faire et réciter œuvre plaisante,
Et nous disons que, par droit jugement,
A celui qui la composera meilleure ,
Nous donnerons une violette de fin or pour
    signe d'honneur.

Ici, messieurs, vous voyez l'intention bien évidente de recréer les cours d'amour; les fêtes pompeuses du château de Signe pouvaient encore, jusqu'à un certain point, se réfléchir avec une physionomie nationale dans cette imitation populaire; mais les sept poètes bourgeois subirent la loi de l'inquisiteur, c'est-à-dire qu'ils se trouvèrent enfermés à leur début dans un cercle donné, d'où leurs successeurs ne sont pas même aujourd'hui entièrement sortis.

Toutes les *pièces* durent être en l'honneur de *Dieu*, de la *Vierge* ou des *Saints* ; et en y prenant garde, on voit que cette obligation imposée sans nul doute à dessein, forçait les concurrens à renoncer à la plupart des formes si légères et si gracieusement poétiques des troubadours.

Vingt ans après, la société des sept, qui s'était augmentée des vainqueurs qu'elle s'adjoignait en leur donnant des lettres de maîtrise, publia le *Livre vert* ou le Recueil des règles de la poésie provençale (1).

Mais si l'institution littéraire avait été gâtée dans son germe par les inquisiteurs, elle se perdit complétement avec les hommes du Capitole (2). Ces magistrats citoyens , ignorans comme étaient alors les chefs de corporation, en vinrent à l'abolir et à remplacer une idée de liberté par une idée de

(1) Ce mot est toujours pris dans le sens étendu de Ducange et de Raynouard, et ne s'applique pas à la Provence seulement.

(2) Viri capitolini.

servitude. La langue du Midi, comme un patois trop vil, fut abandonnée pour la langue pâle et froide d'outre-Loire , par ceux qui l'avaient jamais parlée dès le berceau et qui n'avaient eu d'autre idiome sur les lèvres. Vous jugez, messieurs, comment elle fut bégayée et quels essais malheureux préludèrent à sa naturalisation : un siècle s'écoula pendant ce chaos.

A cette époque, les traditions confuses de la cité rapportent l'existence de *na Clamença*. C'était, au dire de quelques-uns, une riche et noble dame de Toulouse, qui, éprise de la *gaya sciencia*, avait laissé ses biens aux capitouls, pour les aider à distribuer de nouveaux prix; et ce qui semblait donner une apparence de vérité à ce récit, c'est que trois fleurs avaient été ajoutées à la violette primitive : une amaranthe et une églantine d'or, un souci et un lis d'argent tentaient désormais l'ambition des poètes.

Malheureusement pour domna Clamença, elle n'a eu guère pour elle, en fait d'hommes de quelque valeur, que Bodin et Papire Masson (1). Mais Bodin aimait tant les fables et Papire Masson donna si peu de preuves, que le savant Catel a été cru sur parole par quelques-uns en niant ce personnage poétique. Depuis l'historien du Languedoc, et malgré l'espèce de probabilité (2) contenue

(1) Et ils étaient si bien instruits qu'ils la présentaient comme la fondatrice des jeux.

(2) Je dis *probabilité* , tandis que le seul fait de la dédicace de cette chanson à Clémence , prouve le sentiment de Catel; car elle a été écrite en 1365, et il est impossible que dans l'espace de 32 ans l'institution des sept ait dégénéré au point de nécessiter une restauration; force serait donc d'adopter le système de *Bodin* et de *Papire Masson*, si *Raynal* n'en avait démontré la fausseté.

dans la chanson de la Vérité (1), on n'a pu rien émettre de positif en sa faveur; car ce n'est pas sérieusement, nous en sommes sûr, que Charles Nodier a cité quelques mauvais vers, de fabrique moderne, comme étant de Clémence Isaure (2).

Pour moi, messieurs, sans entrer le moins du monde dans cette question merveilleuse, je me contenterai de vous signaler un rapprochement qui, mal conservé dans les souvenirs demi-romains de la cité du Capitole, contribua peut-être à l'origine de la fable.

Vous vous rappelez que les Jeux floraux de Rome, institués d'abord en l'honneur de la déesse des fleurs et célébrés avant les calendes de mai, changèrent de destination et de cérémonies, lorsque la courtisane Flora fit héritier le peuple romain. Ne serait-ce point en rêvant trop complaisamment un autre point de ressemblance avec Rome que les anciens capitouls auraient cru voir la restauratrice de leurs jeux ?... (3).

Je devrais vous entretenir maintenant des travaux suivis presque sans interruption par cette académie jusqu'aux sombres jours de 95. Mais en vérité, messieurs, le courage me manque en mettant le pied dans ces abîmes tumulaires : que vous dire d'ailleurs ! Chaque recueil contient au moins

trois odes, deux poèmes, une hymne à la Vierge, quatre ou cinq idylles, des élégies et un discours en prose; figurez-vous donc, par appréciation générale, quelle masse énorme de vers et de discours !

Toute cette prose et cette poésie reflétent du reste bien fidèlement l'esprit de leur époque. Ainsi, à très peu d'exceptions près, les poèmes sont des sujets historiques ou religieux, comme *Charles IX au lit de la mort* et le *Passage de la Mer Rouge*; les odes, par une contradiction bizarre qui les fait flotter sans cesse entre deux extrêmes, célèbrent le *soleil* ou la *misantropie*, l'*imagination* ou les *préjugés*; pour les idylles, et trouve invariablement les formes fades ou doucereuses de la bergerie de d'Urfé, comme *Zyrphé* et *Doris*, l'*Amant malheureux*, *Églé*, les *Tourterelles*.

Quant au style de ces diverses compositions, un seul morceau peut vous en donner une idée complète. Je choisis le poète le plus académique du dix-huitième siècle, Marmontel. Dans une ode intitulée : *la Chasse*, il décrit ainsi les approches de *l'halali* :

L'instinct trace aux chiens mille voyes.
Le sanglier, à leur abord,
Terrible au milieu de son fort,
Grince les dents, dresse ses soyes :
Bientôt de son antre échappé
Et d'ennemis enveloppé
Le péril aiguise sa rage.
Tout fuit : le monstre bondissant
Affronte, à travers le carnage,
Les traits du chasseur pâlissant.

Bois, cacherez-vous sous votre ombre
Le monstre de sang assouvi,
Ou, de tous côtés poursuivi,
Va-t-il succomber sous le nombre ?
Sous sa dent le chêne gémit;
Mais, tandis qu'au loin tout frémit,
Quel bras s'oppose à son passage ?

(1) Ce manuscrit fut tiré du cabinet de M. de *Jossé*, conseiller au parlement de Toulouse.

(2) (Voyage pittoresque en Languedoc.) L'auteur de ce morceau, tissu avec des lambeaux de phrases empruntées à la romaine-française et provençale, indifféremment, a pris soin de se trahir lui même par une réminiscence malheureuse, survenue au sujet de la circulaire de la Toussaint.

(3) Cette idée préoccupait assurément, l'homme d'esprit qui a fait son éloge en 1830; car il n'a pu s'empêcher de la comparer a Aspasie, la courtisane d'Athènes.

D'un seul coup il est terrassé,
Et son cerveau, bouillant de rage,
Jaillit sur son front hérissé.

La biche vole ensuite au secours du cerf palpitant :

Il vivra, sa chaste compagne;
Cherchant dans cet affreux danger
Le moment de le dégager,
Le suit de l'œil dans la campagne.
Mais, dans le paternel séjour,
L'unique fruit de leur amour
Des chasseurs deviendrait la proye ! (1)

Je vous épargne les lamentations de cette épouse vertueuse, mais ne direz-vous pas avec Fréron : « Je croirais messieurs de » l'Académie de Toulouse trop indulgens » pour les ouvrages en vers (4). »

Après la révolution, les concours des Jeux floraux, sans cesser d'être mythologiques par le fond, se colorièrent de teintes plus jeunes. Mais ce fut, en un sens inverse, le manteau des empereurs romains jeté sur les épaules du lieutenant d'artillerie : voyez, messieurs, si rien pourrait mieux peindre l'étrange chaos grec, latin, français, qui fermentait dans les cerveaux des versifica-teurs de l'empire, que ces deux strophes :

Des béarnais le prince aimable
Sourit au chantre toulousain,
Horace abandonne la table,
Ses amis et son luth divin.
Tibulle accourt avec Délie,
Catulle amène sa Lesbie;
Du troubadour ingénieux
L'humble idiome a su leur plaire,
Une langue n'est plus vulgaire
Dès qu'on la rend digne des dieux.

(1) Recueil de 1749.
(2) Année littéraire 1763.

Aussi long-temps que sur nos têtes
Roulera le char d'Apollon;
Que le grand peuple dans ses fêtes
Célébrera Napoléon ;
Les Nymphes de ces belles rives,
Godolin, seront attentives,
A tes accords doux et flatteurs.
Ta gloire et celle de Clémence,
De l'envie et de l'ignorance
Braveront les vaines clameurs. (1)

La progression vers des couleurs plus modernes et des idées plus poétiques qui se faisait déjà sentir en 1809, se dessine largement dans les vingt dernières années; et vient un jour où l'amaranthe d'or est dé-cernée à ces magnifiques vers de Lamar-tine :

Ils passaient devant toi comme les flots sublimes
Dont l'œil voit sur les mers étinceler les cimes,
Ton oreille écoutait leur bruit harmonieux,
Et d'un reflet de gloire éclairant ton visage,
Chaque flot t'apportait une brillante image
Que tu suivais long-temps des yeux !

Si tous les prix avaient été disputés par des athlètes de cette force, les troubadours eux-mêmes auraient applaudi de leur tom-be à l'abandon de la langue d'oc; et le but des jeux floraux, quoique interverti, aurait servi du moins la splendeur de celle de Ra-cine. Mais le vent politique qui souffle si chaud et si fort dans nos contrées méridio-dales entrouvrit souvent les portes du Ca-pitole, et fit voler ces légères fleurs d'or dans des mains amies. Je dois signaler toutefois une éloge de Riquet, une élégie sur la mort du curé de la Daurade, un poème sur Florette, une ballade sur Notre-Dame de l'Espérance, et un excellent travail phi-lologique, signé Granier de Cassagnac, qui

(1) Recueil de 1809.

ont mérité sous tous les rapports les couronnes du 3 mai

Chamfort en rappelant que l'Académie française avait proposé pour sujet de prix : *Laquelle des vertus de Louis XVI est la plus digne d'admiration*, disait au sein de l'assemblée nationale que toutes les sociétés privilégiées sont des écoles de flatterie et de servilité (1). Sans étendre l'anathème à l'Académie des Jeux floraux, on est forcé de reconnaître que l'influence gouvernementale, aimant si dangereux pour la liberté des lettres, l'a quelquefois trop évidemment attirée à elle ; car, de son propre mouvement, elle se serait bien gardée sans doute de mettre au concours l'éloge de la mère de ce roi que les Provençaux abhorrèrent de son vivant, et dont ils ne voulurent jamais chômer la fête quand l'église l'eut élevé au rang des saints. Elle n'aurait point fait louer les vertus de cette amie du cardinal Bonaventure (2) qui couvrit le Midi de sang et de ruines ; et s'il n'y avait pas dans le cœur des concurrens assez de fierté provençale pour repousser un tel sujet avec le mépris qu'il mérite, ils auraient craint du moins le sort de *Perdigon* du *Gévaudan*, qui ayant fait un Sirvente sur la bataille de Muret, en l'honneur des ennemis de sa patrie, fut déshonoré et maudit de tous (3).

Voici, messieurs, le moment de se demander : quelle a été l'utilité de cet établissement et à quoi il peut être bon à l'avenir ?

Si l'idée première de sa fondation eût été suivie avec persévérance, cette langue romaine provençale, parlée depuis dix-huit siècles, n'aurait perdu ni la douceur ni l'harmonie élégante, ni la magnifique richesse qui

parent encore ses trois filles : l'*Italienne*, l'*Espagnole* et la *Portugaise*.

Remplacée par la sotte innovation des Capitouls, elle n'a abouti qu'à planter ces douces fleurs de poésie sur une immense quantité de tombes où elles n'ombrageaient que des cendres et où elles sont mortes.

Maintenant, messieurs, jetez un coup d'œil sur la grandeur des moyens gaspillés pour arriver à ces tristes résultats.

L'Académie des Jeux floraux existe depuis cinq cents ans. Elle distribue cinq fleurs d'or ou d'argent estimées quinze cents livres, elle fait les frais d'un recueil, elle se réunit plusieurs fois dans l'année et, en séance solennelle, le premier et le trois mai. Supposez que ces diverses dépenses ne se soient élevées du mois de novembre 1333 à ce jour qu'à la somme peu exagérée de deux mille francs, et vous trouverez le total d'un million !..

Un million dépensé en odes comme celle de Marmontel !

Il est temps, ce me semble, d'abandonner cette voie stérile ; notre siècle aux pensées graves, aux idées positives, proscrit (1) d'ailleurs avec tant de raison tout ce qui n'a pas un but d'utilité que l'Institut historique doit dire à l'Académie des jeux floraux :

Pourquoi vos mainteneurs, qui ont forc et talent, placent-ils vos prix poétiques à côté du collège royal ?

Pourquoi ne vous retournez-vous pas vers les tombeaux de vos pères ?

Il y a là sous vos pieds le plus riche passé, la plus brillante moisson de gloire et de poésie qu'ait dorée le soleil d'un siècle.

Évoquez donc les troubadours ; ils dor-

---

(1) Séance du 4 janvier 1790.
(2) Mathæi Paris.
(3) Historien provençal des Troubadours.

(1) Rapports du secrétaire perpétuel, le doyen des littérateurs du Midi, et l'un des plus distingués par la finesse de ses aperçus et la douce urbanité de sa critique.

jnent encore entiers, encore vermeils dans leurs surcots pourpres et dans leurs dalmatiques vertes ; évoquez-les, ils vous répondront, car la terre de Toulouse conserve les cadavres !

Si l'Académie des inscriptions n'eût point changé de but, elle serait morte sous la mauvaise tâche de madame de Montespan ; changez le vôtre maintenant et vous vivrez !

Il ne s'agit plus de la langue de nos ancêtres, aujourd'hui *Lo Gals a corona* (1).

Acceptez sa langue puisque vous avez laissé dépérir la vôtre, mais employez-la à retremper le peuple qui vous entoure dans les souvenirs nationaux , et désormais quand

(1) Le livre de Sydrac.

La biuletto de mars nous meno la primo, (1)
La violette de mars nous rend le printemps,
Quan si cargo l'ram de vert fueill , (2)
Quand se pare la branche de verte feuillée.

Que pour annoncer le retour de vos antiques fêtes, les fleurs d'or ne soient données qu'à ceux qui vous ramèneront à l'histoire nationale,

Car la moitié de notre histoire est dans la tombe des troubadours avec leur poésie.

Et *Vico* l'a justement dit : le vrai poétique est quelquefois plus vrai que le vrai historique.

MARY-LAFON ,
Membre de la 2e classe de l'Institut-Historique.

(1) Goudouli.
(2) Bertrand de Born.

REVUE D'OUVRAGES FRANÇAIS ET ÉTRANGERS.

CHRONIQUE DE NESTOR SUR LA RUSSIE,

TRADUCTION DE M. L. PARIS, BIBLIOTHÉCAIRE DE LA VILLE DE REIMS ,

Rapport lu à la première classe (Histoire générale et Histoire de France).

La Russie occupe, au nord de l'Europe et de l'Asie , une étendue de 12,500 verstes (3,150 lieues) du port de Liban à l'extrémité du Kamtchatka ; et celle de 5,432 (854 lieues) des confins de la Perse au pays des Samoyèdes. Sa population , qui double en moins d'un demi siècle, s'élève déjà au dessus de 60,000,000 d'ames, dont plus de 15,000,000 sont le fruit de ses conquêtes de 1721 à 1814. Ses frontières se trouvent maintenant à 80 lieues de Berlin, 84 de Vienne, 70 de Constantinople, 140 du Rhin. Outre les riches produits de la Livonie en lin de première qualité; de l'Ukraine, en mâts de la meilleure espèce ; de la Sibérie, en fer, cuivre, argent et or , en bestiaux, source d'un immense commerce de cuir, en belles pelleteries, en soude , chanvre, suif, goudron, en chèvres de la nature de celles importées en France par M. Ternaux ; de la Grufinie, vulgairement nommée Géorgie, en soies propres à alimenter ses naissantes manufactures ; outre les produits naturels et industriels de son plateau central, la Russie offre, dans son versant méridional, d'Oufa à la Polesie, 57,000,000 d'hectares d'un terreau noir, prodigieusement fertile en céréales; et, dans son versant septentrional, 52,000,000 d'hectares de bois de construction; magnifique couronne de sa somptueuse capitale ; ce qui, dans ces deux seules portions de territoire productif, donne une masse double de celle de toute la France actuelle.

Voilà l'aspect que présente aujourd'hui le vaste empire que, dans un ouvrage imprimé dès 1682, le célèbre Puffendorf considérait déjà comme un colosse destiné a écraser l'Europe, si ses belliqueux voisins ne se réunissaient pas pour l'étouffer dans son berceau. Ce vaste empire, que, dans sa prévoyante sagesse, Louis XIV se refusa à lier, par des relations politiques habituelles, aux intérêts des peuples civilisés ; que Charles XII fit imprudemment sortir de sa torpeur ; dont le maréchal de Saxe, qui connaissait les Russes, et fut sur le point de régner sur eux par son mariage projeté avec la grande duchesse Anna-Ivanovna, disait, vers la fin de la guerre de succession d'Autriche : « On nous amène donc ces barbares pour leur apprendre à subjuguer l'Europe; » ce vaste empire qui effraie l'Angleterre sur le sort de ses possessions assiatiques ; à qui Napoléon a révélé, par sa désastreuse invasion, la force défensive qu'il doit à son bouclier de glace et à ses flèches de frimas, ainsi que l'influence politique possible que, sans s'en douter, il possédait, deviendrait des plus menaçants pour les destinées des

contrées occidentales si à ses richesses natives il joignait une administration moins vicieuse, et surtout l'élan d'un peuple affranchi des chaînes du servage, double objet aujourd'hui de la sollicitude de son souverain.

Avant qu'un observateur consciencieux nous fasse connaître les élémens vivificateurs de ces immenses contrées, encore si mal appréciées, remontons vers le passé de l'empire russe, et rendons grace à M. Louis Paris de nous en avoir fait contempler le berceau, dans sa traduction de la chronique de Nestor (1) ou plutôt des chroniques publiées sous le nom de *ce religieux du monastère de Petcherski* ; car celles de ses trois ou quatre continuateurs ne forment qu'un tout avec la sienne. Rendons-lui grâce d'avoir joint à cette traduction qui manquait encore à notre langue, quand elle avait déjà été faite en toutes celles de l'Europe, les documens historiques inédits qu'il a rassemblés sur les relations de la Russie avec le Nord et l'Occident, et d'avoir enrichi son travail de notes critiques propres à projeter des traits de lumière sur les obscures annales, tant de la Russie que des peuples qui l'environnent.

Selon M. Paris, dans sa notice sur Nestor, ce père de l'histoire russe, que tous les historiens de sa nation ont servilement copié, naquit vers l'an 1056. L'époque de sa mort est aussi inconnue que le lieu de sa naissance, mais son récit qui commence en 858 et se termine en 1111, renferme les 253 premières années de l'histoire russe. Karamsin lui donne pour continuateur immédiat un certain Basile. Ce qu'il y a de certain, c'est que le moine Sylvestre donna suite à sa chronique en

(1) Deux vol. in-8°, Paris, chez Heideloff et Campé, rue Vivienne 14. — 1834.

1116, eut pour successeur dans ce travail un religieux totalement inconnu, et que le quatrième chroniqueur, selon M. Paris, mais le cinquième, si l'on en croit Karamsin, continua l'ouvrage jusqu'à l'an 1205.

Nous ne parlerons pas ici des chroniques de Novogorod, colligées par le laborieux Tatischef, ni des travaux dus aux veilles du célèbre patriarche Nikon, qui des divers écrits de ce genre forma un corps d'histoire qui va jusqu'en 1630; mais nous pouvons affirmer que les lecteurs français puiseront une instruction précieuse dans les notes qui accompagnent la traduction des chroniques, et dont l'écrivain a la noble modestie d'attribuer principalement l'honneur aux commentateurs ses devanciers, tels que Schérer, Schlotzer, Tatischef, Lomonosof et Karamsin; il aurait pu joindre à ces noms celui de l'impératrice Catherine II, dont il cite souvent le rare et curieux ouvrage intitulé l'*Antidote*.

Le premier chapitre de Nestor n'est qu'une introduction, dans laquelle il remonte, selon l'usage des anciens chroniqueurs, jusqu'à Japhet, fils de Noé, puis il décrit le territoire occupé par les Slaves, dont le nom dérive de *Slava* (gloire) et celui habité par les peuples leurs rivaux. Quant à l'histoire russe, elle commence au second chapitre par le règne de Rourik, en 858; ce qui donne au traducteur l'occasion d'une observation curieuse, propre à éclairer sur l'origine de ce prince varègue, c'est que, selon Saxon le grammairien, les noms des trois frères Rourik, Sinaf et Trouvor se rencontrent fréquemment dans les noms islandais. Passons les deux règnes d'Oleg et d'Igor, remarquables seulement par les relations des Russes avec les Grecs; notons seulement que le traducteur, en parlant à leur occasion du feu grégeois, ne cite (t. 1,

p. 68) que comme un *on dit*, le trait de Louis XV, qui après avoir payé le prix de cette découverte à un physicien de son temps, lui défendit, sous peine de mort, d'en révéler le secret, en lui disant que ce n'était pas par des moyens aussi criminels qu'un roi de France attaquait ses ennemis. Cette note m'a rappelé le même récit fait devant moi par le marquis de Montesquiou, témoin de l'expérience qui eut lieu sur le canal de Versailles, où des bateaux furent incendiés par des boulets qui les atteignirent au-dessous de la ligne de flottaison.

En arrivant à la régence d'Olga, admirons la crédulité vaniteuse des Russes qui n'ont pas craint de publier qu'à l'âge de plus de 60 ans elle avait inspiré le plus violent amour à un empereur de Constantinople, qui sollicita l'honneur d'épouser la vieille princesse barbare; et repoussons, ainsi que cette ridicule anecdote, les éloges pompeusement prodigués à des princes tels que Sviatoslaf, Iaropolk, et même au cruel et débauché saint Vladimir; passons le successeur de ce nouveau Clovis, et arrêtons-nous au règne d'Ieroslaf, prince recommandable par sa puissance, son éclat, ses liaisons avec tous les états européens, mais surtout par les lois sages qu'il donna à son peuple. Son code promulgué en 1020, sous le titre de *Rouskaïa Pravda* (vérités russes) et qui commence ainsi : « respectez ce réglement.. telle est ma volonté, » prouverait qu'à cette époque l'autorité du prince était absolue. Cependant l'on assemblait alors des congrès où étaient admis les princes, évêques et grands de l'état; le servage d'ailleurs n'existait point encore en Russie, et le système communal y était en vigueur. Ieroslaf dont la sœur avait épousé Casimir, petit-fils de Boleslas, roi de Pologne, maria l'aîné de ses fils à la fille d'Hérold, roi d'Angleterre, et ses trois filles à Henri Ier, roi de France, à André Ier, roi de Hongrie, et à Hérold, prince de Norvège.

Isiaslaf-Ieroslavitch, fut, comme législateur, l'heureux émule de son père. Le règne de ce prince a été l'époque la plus brillante de l'histoire ancienne de la Russie ; car ce pays, grâce à la fréquentation de l'empire grec sous les trois derniers règnes, s'était élevé à un degré de civilisation supérieur à celle des états occidentaux de cet âge. Nestor ne donne pas à cette mémorable phase sociale tout le développement qu'elle mériterait ; mais le style du chroniqueur acquiert plus d'élévation quand il n'a plus un si grand nombre d'horreurs à reproduire ; et on lui pardonnera des récits de fables, de prodiges, de présages, maladie morale et trait caractéristique de ces temps, en faveur de la touchante peinture des malheurs de Vassilko, crime que Karamsin n'aurait pas dû chercher à atténuer. Enfin, c'est dans le cours du règne de Sviatopolk II que Nestor termine son ouvrage, prolongé par ses continuateurs jusqu'en 1203.

Ces continuateurs, très inférieurs en talent et en naïveté à l'annaliste Nestor, n'eurent à peindre que des guerres sanglantes, des démêlés entre les princes apanagés, des désastres et des crimes ; nous ne les suivrons pas dans cette épouvantable carrière ; nous ne parlerons point de ces funestes démêlés qui préparèrent la Russie au joug long et pesant des Tâtars, sous la domination desquels disparut une civilisation déjà brillante sous les règnes d'Ieroslaf et d'Isiaslaf ; mais en parcourant les documens inédits et palpitans d'intérêt historique qui terminent le premier volume du traducteur, nous aurons peut-être à lui reprocher de n'avoir point résolu deux questions importantes : celles relatives à la légitimité du

Tzar, qualifié *le Faux Dmitri*, et à l'introduction en Russie des chaînes du servage. Remplissons cette double lacune.

Le servage, régime généralement établi dans l'Occident durant plusieurs siècles, était inconnu en Russie lors de l'usurpation du trône par Boris Goudonof. Ce tzar, pour faire des partisans à cette usurpation, très favorable sous nombre de rapports au bien être de l'état, chercha à favoriser le clergé et les grands, qui lui demandèrent d'attacher à la glèbe les paysans de leurs domaines ; il y acquiesça sous prétexte que les terres, plus sûrement et mieux cultivées, affranchiraient le pays des famines qui souvent l'avaient affligé. C'est donc des dernières années du 16e siècle seulement que date l'esclavage actuel des Russes (1), c'est-à-dire de l'époque où il était déjà détruit dans presque tout le reste de l'Europe.

Le prince qualifié le *Faux Dmitri* était réellement le légitime héritier du trône ; et le moine Otrepief avec qui on le confond fut celui qui parvint à le soustraire aux satellites de Boris Goudonof ; cet Otrepief suivit le tzar en Russie, et ne mourut qu'après qu'il eut été assassiné. Plusieurs écrits de ces temps, entre autres les mémoires de Margeret, en fournissent la preuve, que Karamsin découvrit subsidiairement dans les archives de l'état ou des couvents qui lui furent ouvertes ; mais le jeune prince prétendu assassiné à Ouglich avait été déclaré saint, et l'église russe révérait sa mémoire ; aussi l'historiographe officiel demanda-t-il à cet égard les ordres de l'empereur Alexandre, qui furent de se conformer à l'opinion reçue plutôt que de la choquer en disant la vérité. C'est un fait dont j'ai eu l'occasion d'être parfaitement instruit.

(1) Boris Goudonof monta sur le trône en 1598, et mourut en 1605.

Nous aurions pu avoir à résoudre ici une autre question historique , non encore éclaircie, celle de l'introduction en Russie de ce christianisme qui , selon l'heureuse expression de l'un de nos plus recommandables collègues (1), y est *un culte* et *non pas un dogme*; mais ce serait l'objet d'une longue dissertation qui ne semblerait probablement pas être à l'ordre du jour.

Il ne me reste plus qu'à louer M. Louis Paris d'avoir terminé son second volume par une *Table des origines et singularités de la Russie*, dictionnaire géographique, historique et statistique , propre à éclairer sur ce qui a trait à cet empire et à ses anciens annalistes. Cet utile travail complète donc son ouvrage, écrit d'un style clair et simple , comme il sert à comparer l'état ancien à l'état actuel de cette vaste et puissante monarchie.

Le Comte ARMAND D'ALLONVILLE ,
Membre de la première classe de l'Institut-Historique.

———

Notre collègue M. Stalh, qui assistait à la séance de la première classe, où M. le comte d'Allonville a lu ce rapport, a pris la parole pour nous donner les curieux renseignemens qui suivent sur l'origine et les divers manuscrits de la chronique de Nestor. La classe a voté l'impression de son travail comme complément naturel de celui de M. le comte d'Allonville.

Vers le même temps à peu près où les Slaves, habitant la partie orientale de l'Allemagne, étaient facilement soumis par les armes des Francs, qui ne pouvaient manquer d'être victorieuses contre des tribus ne reconnaissant aucun chef suprême capable de diriger leurs efforts vers un même but; alors que les Slaves, habitant les plaines arrosées par la Vistule (les Polonais, de *polé*, plaine), avertis par cet exemple, se

(1) M. Buchez, dans son journal l'*Européen*.

constituaient en monarchie , les peuplades slaves et finnoises, occupant les environs des lacs de Ilmen et de Peipus, pour vider leurs petits différends, appelaient un chef varègue, des côtes de la Suède. Rurik parvint à établir son autorité à Nowgorod ; deux chefs de sa suite, Oskold et Dir, s'emparèrent de Kiew, tributaire jusqu'alors des tribus Khazares. Oleg, successeur de Rurich, porta ses armes jusque devant Constantinople. Igor fit un traité avec les Grecs, et Sviatoslaf fut malheureux contre Zimisker. Vladimir enfin se fit chrétien et ordonna à ses sujets de suivre son exemple. Depuis ce temps l'influence de Constantinople sur la Russie naissante se fait remarquer. Nous n'avons ici à nous occuper que de celle qui eut lieu sous le rapport littéraire.

On remarque d'abord que les missionnaires grecs en Moravie , en Hongrie , aussi bien qu'en Russie, se servirent des idiômes de ces pays pour communiquer leurs doctrines, ou par voie orale, ou par des traductions des saintes écritures, d'homélies et d'autres ouvrages , qu'ils jugèrent propres à la propagation de la religion chrétienne. Avant que le système papal fût complètement établi, nous savons que des moyens analogues furent employés, du moins chez les nations germaniques ; les Anglo-Saxons et les Islandais passèrent de là à l'habitude de rédiger leurs annales dans le langage familier ; différentes causes néanmoins restreignirent à l'Islande seule cet usage, qui nous a procuré le plus brillant ouvrage d'historiographie du moyen-âge (Snorri Sturluson). Il n'en fut pas de même pour les Slaves de la Russie, dont les chroniqueurs, en tout temps, se sont servis de l'idiôme slavon, c'est-à-dire de ce dialecte slavon parlé dans la Moravie et la Hongrie supérieure, lequel , par les soins de deux Grecs, Cyrille et Méthodius, possédait une version du Nouveau-Testament et de quelques parties de l'Ancien. Un moine qui habitait Kiew, alors la ville principale des états russes, et dont l'établissement ecclésiastique nécessitait de fréquentes relations avec Constantinople, Nestor, rédigea, d'après l'exemple des chronographes byzantins ses contemporains Cedrenus, Scylytzès et autres, une chronique russe, continuée d'abord par trois individus qui conservèrent autant que possible sa manière de rédiger; plus tard, lorsque par les fréquens partages d'états et surtout par les conquêtes des Mongols et des Lithuaniens, les diverses parties de la Russie se trouvèrent éloignées les unes des autres, on rédigea en beaucoup d'endroits des chroniques spéciales, en ayant soin toutefois de placer en tête Nestor et ses premiers continuateurs.

On conçoit sans peine que des chroniques écrites dans un langage familier aux copistes durent être fréquemment altérées par des omissions, et surtout par des interpolations qui, au rapport de Schlœzer, qui en a collationné un certain nombre, surpassent toute croyance. D'après ce savant, on reconnaît bien souvent que ces altérations proviennent de tentatives du clergé pour s'assurer un pouvoir que certainement, dans les anciens temps, il n'avait pas; ailleurs on insérait des pièces omises par Nestor : c'est à un manuscrit de Novgorod que l'on est redevable de la précieuse Pravda de Yaroslav (publiée en 1766 par Schlœzer, et en 1792 sur d'autres manuscrits, par le major-général Nikititch Boltin: traduite en allemand par Ewers, Ancien droit russe, p. 264), ainsi que d'une interpolation dans laquelle Snorri nous fournit des détails authentiques et curieux sur la

découverte et la colonisation du Groenland par les navigateurs islandais vers l'an 1100 de notre ère.

Il est connu que l'imprimerie ne vint à s'établir en Russie que plus d'un siècle après sa découverte. Le premier livre est de 1564, et en 1670 encore toutes les imprimeries de l'empire ne s'élevaient qu'au nombre de deux (à Moscou et à Kiew. Kilburger, dans le Magasin de Büsching, III, 352); encore était-on obligé de faire imprimer à ses frais; car ce ne fut qu'un siècle plus tard que s'établit la première librairie réellement digne de ce nom (Bacmeister, Bibl. russe, II, 470—471). Il est vrai que l'Académie de Pétersbourg fut fondée en 1726 ; mais jusqu'à l'avènement de Catherine II elle ne fit à peu près rien de ce qu'on devait en attendre, grâce à son système vicieux d'organisation (Weber, la Russie renouvelée, III, 52, 60. Manstein, Mémoires, 547. Schlœzer, Annonces politiques, III, 345. Storch, la Russie sous Alexandre, I, 141.) C'était cette Académie qui possédait la seule imprimerie qu'il y eût alors à Pétersbourg (Antidote, I, 291); mais le système du gouvernement rendait la crainte d'une publicité quelconque excessive (Strahlenberg, 102, 196. Stockholm, 750), et le savant Gérard Müller fut en butte à mainte persécution (Anecdotes russes, 106. Londres, 761) pour avoir soutenu que les varègues étaient suédois; Schlœzer, dans son Autobiographie, nous retrace les tracasseries auxquelles il fut en butte et qui auraient pu fort bien finir par un exil en Sibérie.

Ce fut dans ces temps que parut la première édition de Nestor, d'après un manuscrit qui avait appartenu jadis au prince de Radziwill, et qui, durant l'occupation de Kœnigsberg par les Russes, avait été mis

— 216 —

en réquisition et envoyé à Pétersbourg ;
c'est un des plus maltraités par des interpolations de tout genre : il a été tellement
défiguré par des copistes ignorans que les
premiers chapitres surtout sont à peu près
illisibles. Cette éditon fut traduite en allemand par Scherer, en 1774. La version
est qualifiée par Schlœzer de : « misérable
» traduction allemande de la misérable
» édition russe du misérable manuscrit de
» Kœnigsberg. »

Mais déjà antérieurement des travaux
guidés par une saine critique avaient été
entrepris. Le premier qui s'élança dans la
carrière fut le gouverneur d'Astracan Tatischef, qui réunit avec un zèle que rien ne
pouvait rebuter, de riches matériaux pour
une histoire générale de la Russie jusqu'en
1462. Parmi ces matériaux, se trouvait un
très ancien manuscrit de Nestor, qui lui
avait été communiqué par M. Razkolnik
(attaché à l'ancienne croyance, antérieure
au patriarche Nicon, vers 1650), et qui a
disparu depuis. Cet ouvrage n'a vu le jour
que trente ans après la mort de l'auteur, qui
était mal vu de la cour à cause de ses opinions libérales en religion et même en politique (Lerch, Voyage en Perse dans Büsching, Mag. X, 574—575. Bacmei ster,
Bibl. russe III, 188. Schlœzer, Biographie,
57—58, et dans son Nestor, *passim*). Le
major-général Boltin, dans divers ouvrages,
fit voir qu'il appréciait les difficultés provenant de l'état des manuscrits, surtout
pour la première période de l'histoire russe.
Ces difficultés disparurent en partie à l'apparition du Nestor de Schlœzer; le texte en
est basé sur la collation des manuscrits, et
la traduction allemande est accompagnée
d'un vaste commentaire qui, pour la variété
et la profondeur des recherches, laisse peu
à désirer ; il a valu à l'éditeur l'ordre de S.
Vladimir, et à son ouvrage, une traduction
en russe, par Yazykov (Moscou, 809—919,
en 5 vol.). La mort empêcha Schlœzer de
continuer son beau travail au-delà du bap-
tême de Vladimir en 980, de sorte que Karamsin, pour son œuvre, se vit obligé de se
servir d'un Nestor manuscrit, comme il l'a-
voue lui-même, lequel lui fut communiqué
par le comte Mussin Puchkin ; mais il oublie
de dire si ce manuscrit est celui de Dmitri
Konstantinovitch, mort en 1383, beau-
père du grand-duc Dmitri Ivanovitch Dons-
koi, dont il parle au tome V, 119 de son
histoire.

Enfin M. le professeur Timkovski a publié à Moscou en 1824 le plus ancien manuscrit connu, celui du moine Laurent,
qui s'arrête brusquement (preryvaioucht-
chayasa) en 1019. Nous pensons que cette
édition doit servir de base à toute traduction future ; à notre avis, on pourrait sans
difficulté passer les quatre-vingts ou quatre-
vingt dix années suivantes, dont l'histoire a
encore été écrite par Nestor. La valeur de ce
fragment sera toujours grande pour les origines russes, mais certainement elle est
moindre pour des temps plus rapprochés
depuis la publication de l'histoire de Karamsin.

A. Stahr,

Membre de la 1re classe de
l'Institut historique.

LES FOURCHES DE MONTFAUCON ,

Rapport lu à la première classe (Histoire générale et Histoire de France).

Messieurs,

Vous avez bien voulu me confier le soin de vous rendre compte d'une brochure publiée par M. de Lavillegille sur les *anciennes fourches patibulaires de Montfaucon :* c'est ce travail que j'ai l'honneur de vous présenter.

Ma tâche était facile à remplir ; elle devait, après mûr examen, se borner à une simple analyse, tant l'auteur a mis de soin et de zèle à fouiller dans nos trésors historiques, tant il a su bien diriger ses investigations au sein de nos différens dépôts d'archives si riches en documens précieux. C'est donc M. de Lavillegille que vous allez entendre beaucoup plus que votre rapporteur.

Les fourches patibulaires, élevées au milieu des champs, ordinairement près des chemins fréquentés, et sur un monticule, étaient un signe de haute justice. Elles consistaient en des piliers de pierre réunis au sommet, par des traverses de bois, auxquels on attachait les criminels, soit qu'on les y exécutât, soit que, l'exécution ayant été faite ailleurs, on les y exposât ensuite à la vue des passans. Les corps y restaient appendus *jusqu'à perte entière du squelette,* à moins toutefois de besoin pressant de place nouvelle. Le nombre des piliers variait suivant la qualité des seigneurs : les simples gentilshommes hauts-justiciers en avaient deux, les châtelains trois, les barons quatre, les comtes six, les ducs huit, le roi seul pouvait en avoir autant qu'il le jugeait convenable.

Le nombre des justices particulières, à Paris, était considérable, aussi de ce droit naissaient des abus graves. François Ier voulut, en 1539, réunir toutes ces justices à la justice royale ; les lettres-patentes qu'il expédia à cet effet, le 16 février, restèrent sans exécution. Il fallait là volonté impérieuse et puissante de Louis XIV pour arriver au bienfait de cette fusion. Par un édit du mois de février 1674, ce prince supprima définitivement toutes les justices seigneuriales de la ville et des faubourgs ; on en comptait alors dix-neuf. Mais bientôt fléchissant devant l'exigence de l'église, il dérogea aux dispositions de son édit en faveur des justices de *l'archevêché,* du *chapitre de l'Église de Paris,* de *l'Abbaye Saint-Germain-des-Prés,* du *Temple* et de *Saint-Jean-de-Latran.*

Jusqu'à la fin du XIVe siècle, on refusa le secours de la religion aux condamnés à mort. Charles VI, par son ordonnance du 11 février 1596 (1597), enjoignit aux officiers de justice d'appeler auprès d'eux un confesseur, sans attendre même qu'ils eussent réclamé les consolations de la religion. Pierre de Craon, sans doute pour se racheter du meurtre de Clisson, Louise de Lorraine, veuve de Henri III, et une dame Simié, de la cour de Henri III et de Henri IV, fondèrent des bourses aux Cordeliers, à l'Hôtel-Dieu et à la Sorbonne, pour que des religieux fussent chargés de visiter les prisonniers et de les assister à leurs derniers momens.

On ne sait point l'époque exacte de l'érection des fourches de Montfaucon, que l'on désignait souvent sous le nom de gibet, de justice, de grande justice de Paris ; mais certainement elles existaient au XIII° siècle. C'est donc par erreur qu'on en a attribué la construction à Enguerrand de Marigny, qui y fut pendu en 1315.

La butte sur laquelle était bâti le gibet de Montfaucon se trouvait près de l'extrémité du faubourg Saint Martin, entre les rues des Morts et de la Butte Chaumont, et à l'ouest de la route qui conduisait à Pantin : cette route est devenue la rue de l'Hôpital-Saint-Louis.

Sur le sommet de cette butte, on voyait une lourde masse de quinze à dix-huit pieds de haut, composée de dix ou douze assises de gros quartiers de pierres brutes, bien liées, bien cimentées et refendues dans leurs joints, formant un carré long de quarante pieds sur vingt-cinq ou trente de large. La partie supérieure offrait une plate-forme, à laquelle on montait par une rampe de pierre assez large, et dont l'entrée était fermée par une porte solide. De cette plate-forme et le long de trois côtés seulement, s'élevaient seize piliers carrés, hauts de 32 à 33 pieds, formés de pierres d'un pied d'épaisseur, semblables à celles de la base, et également bien liées entre elles. Tous ces piliers existaient encore à la fin du XVI° siècle. Les piliers étaient unis entr'eux par de doubles poutres de bois, qui s'enclavaient dans leurs chaperons, et supportaient des chaînes de fer de trois pieds et demi de long, destinées à suspendre les condamnés. Au dessous, à moitié de leur hauteur, ces piliers étaient également liés par d'autres traverses servant au même usage que les poutres supérieures. Pour monter les patiens au gibet, on faisait usage de longues échelles, qui restaient perpétuellement dressées. Au centre de la masse qui supportait les piliers, était une cave destinée à servir de charnier pour les cadavres des suppliciés, soit que l'action destructive du temps les eût séparés de leurs chaînes, soit qu'il eût fallu faire de la place à de nouveaux arrivans, soit enfin que vinssent à l'exiger les réparations que nécessitait souvent l'état de dégradation du gibet. C'est dans cette cave que les magiciens allaient nuitamment dérober des cadavres pour leurs opérations, quand ils ne les enlevaient pas du gibet même.

La face principale du gibet était exposée au sud-ouest. Auprès, au couchant, plus bas, était une croix de pierre attribuée à Pierre de Craon, et probablement renouvelée depuis. On n'exécutait pas, on n'exposait pas seulement à Montfaucon ; on avait ménagé au-devant du gibet un lieu où l'on enfouissait vivantes les personnes condamnées à ce supplice, ainsi qu'on le vit en 1440 et en 1457. Les exécutions par contumace y avaient aussi lieu. Soit par contumace, soit réellement, toutes ces exécutions se faisaient sans distinction de jours ordinaires ou fériés, et quelquefois la nuit, aux flambeaux. Les cadavres étaient toujours recouverts de leurs vêtemens, on ne les en dépouillait dans aucun cas. Les condamnés étaient conduits au supplice, les uns à pied, les autres à cheval, ceux-là dans un tombereau, ceux-ci sur la claie. Les décapités, et peut-être aussi les bouillis, étaient renfermés dans un sac de treillis ou de cuir, avant d'être portés au gibet. Le criminel que l'on devait y exécuter sortait du Châtelet accompagné de son confesseur, du lieutenant-criminel, du procureur du roi, de sergens et d'archers. On ne le liait pas toujours. Au couvent des Filles-Dieu, de la rue Saint-Denis, il recevait des religieuses un verre de vin et trois morceaux de pain, offrande connue sous la dénomination de « dernier morceau des patiens. » A la croix, près du gibet, le confesseur l'exhortait une dernière fois, puis l'exécuteur s'en emparait. Au retour, confesseur et officiers judiciaires trouvaient un repas dont la ville faisait la dépense. Les confesseurs étaient, en outre, indemnisés pécuniairement.

Il paraît que l'usage de ce gibet cessa vers 1627; qu'on cessa également alors d'employer à Paris ce genre d'exposition, mais qu'il y avait encore quelques restes des piliers en 1661, puisqu'il en est fait mention dans un bail daté de cette année. Ce qu'il y avait encore de l'ancienne construction et la voirie qui s'y était établie furent transférés, en 1761, derrière la Villette.

« Le gibet, dit M. de Lavillegille, éprouva les changemens que l'on faisait subir à la voirie, quoiqu'il n'offrît plus les mêmes inconvéniens, depuis qu'on avait cessé d'y suspendre les cadavres; mais il semblait que son sort fût attaché à celui de l'emplacement où l'on jetait les immondices. On arrêta donc que le gibet serait placé près du nouveau lieu destiné à recevoir les débris de la ville; d'ailleurs son état de dégradation obligeait nécessairement à le reconstruire ; car s'il n'avait plus d'utilité matérielle, il restait toujours le signe de la haute justice royale. Cette dernière et unique destination, rendant superflu un vaste développement, on se contenta d'élever quatre piliers en pierre de grès, réunis à leurs sommets par des pièces de bois... Ils étaient disposés en carré dans l'intérieur d'un emplacement vague contenant environ un demi arpent, et faisant l'angle nord de l'embranchement de la route qui se dirige de la barrière du Combat vers Pantin, avec celle qui conduit à la voirie actuelle. Cet espace, entouré d'un simple fossé, avait été autrefois clos de murs; il s'ouvrait alors par une porte charretière sur le chemin de la voirie. Les piliers étaient presque vis-à-vis la porte, mais un peu à droite de l'entrée, à environ vingt-cinq pas de la route de Pantin. La partie de l'enclos comprise entre ces piliers et la butte Saint-Chaumont était affectée à la sépulture des suppliciés, auxquels on continua à interdire les cimetières ordinaires, même quand on eut renoncé à exposer leurs corps.

« Voici la manière dont on procédait à leur inhumation. Lorsqu'un patient avait reçu la mort sur l'une des places de Paris, et qu'il était resté une heure au gibet, on le transportait dans la salle basse du pilori : vers les onze heures du soir, l'exécuteur, accompagné de ses aides, amenait une charrette sur laquelle le cadavre était déposé et conduit silencieusement et sans nul appareil jusqu'à la barrière; là, chacun allumait la torche dont il était muni, puis le funèbre cortège continuait sa route vers l'enclos des fourches patibulaires, où une fosse avait été creusée le matin. Le corps y était descendu, et recouvert de terre; les torches étaient éteintes; et le lendemain aucune marque extérieure n'indiquait cette tombe maudite, sur laquelle personne ne venait répandre des larmes.

« Tel était l'état des choses lorsque la révolution commença et vint modifier la barbarie du code criminel. L'assemblée nationale, par un décret du 21 janvier 1790, ayant admis les condamnés à la sépulture ordinaire, l'enclos des fourches patibulaires devint inutile. On ne tarda pas à démolir les piliers et à vendre leurs pierres : c'étaient des blocs de grès de deux à trois pieds carrés, qui furent achetés par le sieur Fessard, plâtrier, et employés, quelque temps après, à la construction du bassin supérieur de la décharge des matières fécales : ils forment encore aujourd'hui le parapet le long duquel s'arrêtent les voitures des vidangeurs.

« Les murailles qui entouraient originairement l'enclos du gibet moderne étaient tombées en ruine par défaut d'entretien ; chacun s'étant cru autorisé à en emporter les matériaux dont il pouvait avoir besoin, il n'en resta bientôt plus de vestiges. Tout le fer qui garnissait la porte d'entrée se trouva ainsi arraché et enlevé. Enfin cette portion de terrain fut réunie aux autres, qui lui étaient contiguës, et l'on y établit le dépôt de poudrette. Mais quand on effectua ce changement de destination, on ne s'occupa nullement des condamnés qui avaient été autrefois ensevelis au même lieu : ils y sont restés oubliés jusqu'à présent sous les énormes tas de matières desséchées provenant des bassins de décharge. »

Telle est, Messieurs, la simple analyse que j'ai cru devoir vous faire de l'ouvrage de M. de Lavillegille, analyse qui vous présenterait l'ensemble de son travail si j'avais pu y puiser l'indication de tous les personnages qui ont figuré au gibet de Montfaucon et sur chacun desquels il a donné des aperçus historiques pleins d'intérêt.

Si ce peu de lignes vous donnent la pensée des recherches laborieuses auxquelles il lui a fallu se livrer, lui qui cite toutes ses autorités, toutes ses sources, pour former un tout complet de matériaux imparfaits et disséminés dans les bibliothèques, dans les archives, dans des dépôts particuliers ; si elles vous donnent la mesure de ce que vous pourriez attendre d'un esprit aussi exercé, aussi patient que celui de M. de Lavillegille, si cet écrivain se décidait à entreprendre un travail de plus d'étendue et de portee ; si elles vous font naître le désir de lire la brochure dont je vous entretiens en ce moment, j'aurai rendu justice à un jeune collègue qui mérite votre attention, et je serai parvenu au but que je me proposais d'atteindre en parlant de son œuvre.

B. Saint-Edme,

membre de la première classe de l'Institut historique.

DE L'ENSEIGNEMENT DU DESSIN SOUS LE POINT DE VUE INDUSTRIEL,

PAR ALEXANDRE DUPUIS,

Rapport lu à la quatrième classe. (Histoire des Beaux-Arts.)

Messieurs,

L'art du dessin est un puissant auxiliaire des études historiques. La plume seule ne transmet pas les grands noms et les grandes actions à la postérité. La peinture et la statuaire lui viennent en aide dans cette noble tâche. L'Institut historique doit donc encourager de toute sa sympathie les efforts dont le but est d'aplanir la route qui conduit à ces deux arts. Nous n'avons pas l'honneur de connaître M. Alexandre Dupuis, mais la méthode dont il est l'inventeur et qui a déjà obtenu les encouragemens du pouvoir et les suffrages du public, est appelée selon nous à amener une révolution complète dans l'enseignement de l'art du dessin : les avantages qu'elle offre sous divers rapports l'ont déjà fait adopter dans plusieurs colléges. C'est un devoir pour nous de la recommander à tous ceux pour qui l'étude du dessin est une nécessité de profession. L'économie du temps est même déjà un grand profit pour les amateurs que des occupations forcées obligent à ne consacrer à cet art que quelques instans par jour, instans souvent dérobés au sommeil. C'est principalement sous ce point de vue qu'il faut considérer et apprécier la méthode Dupuis. Mettre l'enseignement du dessin à la portée de toutes les fortunes et de toutes les intelligences , c'est résoudre un grand problème.

Il y a certainement une idée généreuse dans ces efforts tentés pour retirer de l'ornière de la routine ces nombreux artisans qui semblaient destinés à ne faire que de médiocres ouvriers, et que la connaissance approfondie du dessin rendra de véritables artistes dans leur profession, en les y attachant par le charme d'une science libérale. Aussi M. Dupuis n'a-t-il cru avoir complété son idée qu'en fondant un cours gratuit pour la classe industrielle, cours auquel il consacre deux heures, trois jours de la semaine.

C'est par un procédé ingénieux qu'il amène ses élèves à copier avec exactitude et en peu de temps les modèles qui présentent les plus grandes difficultés ; il procède avec ordre , sa méthode est claire , attrayante : l'élève s'avance avec fermeté, car rien n'est hasardé dans l'enseignement qui lui est offert.

Généralement, le maître procède du simple au composé ; l'enfant commence par copier séparément les différentes parties d'une tête : mais plus tard, que de difficultés n'éprouvera-t-il pas à réunir ces parties, tandis. qu'en lui faisant aborder tout de suite le principe de l'ensemble, puis les détails , on aurait évité une perte de temps considérable : tel est le procédé de M. Dupuis.

Pour rendre la propagation de sa méthode moins dispendieuse et par conséquent plus accessible à la classe ouvrière, M. Dupuis propose un matériel de modèles , moins sujets au gaspillage et plus économiques. Son économie consiste surtout à grouper autour de ces modèles un assez grand nombre d'élèves, pour qu'un très petit nombre de modèles suffisent à tout un atelier : c'est la ronde-bosse qu'il emploie dans toutes les séries de son enseignement.

M. Dupuis trace un aperçu de sa méthode, qu'il divise en quatre séries de rondes-bosses, et comme il procède toujours de l'ensemble aux détails, la première n'offre que l'ovale de la face sans détails , mais dans diverses positions ; ainsi les quatre bosses qui composent cette série et les suivantes expriment les quatre mouvemens principaux auxquels se rapportent tous les autres : la tête d'abord droite, puis penchée en avant, puis de côté, et ensuite en arrière. Dans la seconde série, l'œil est indiqué, la bouche se montre, l'oreille offre des contours, et si, en effet, les difficultés ont doublé, l'intelligence de l'élève , développée par le précédent exercice, lui a donné aussi la force d'oser davantage.

Ce que nous venons de dire de la seconde série s'applique à la troisième et à la quatrième, toujours avec la même gradation dans les difficultés ; et ce que nous disons de l'esquisse se rapporte également au maniement de l'estompe; car M. Dupuis rejette le système du pointillé et des hachures comme n'ayant d'autre autorité que celle de l'usage. En effet, relativement aux ombres et dans le choix de deux procédés, il faut se déterminer pour celui qui facilite l'usage de l'autre; et l'emploi de l'estompe contribue à faciliter le maniement du crayon. En définitive, sous le point de vue industriel, les hachures et le pointillé ne servent à rien ; sous le point de vue artis-tique, l'estompe est encore le rudiment du pinceau. Arrivé à la dernière borne de ses quatre séries, M. Dupuis pense que l'élève peut aborder sans difficulté l'étude de l'antique et même de la nature ; mais n'ayant pas vu par nous-mêmes les résultats de ce mode d'enseignement, nous nous abstenons de prononcer sur un succès aussi inespéré que celui-là.

EUGÈNE BION ET JEHAN DUSEIGNEUR, statuaires, membres de la quatrième classe de l'Institut historique.

DOCUMENS HISTORIQUES CURIEUX OU INÉDITS.

LETTRES DE LOUIS XIV ET DU DAUPHIN, SON FILS,

AU MARÉCHAL DE VAUBAN (1).

A Fontainebleau, le 3 novembre 1688.

Uous sauez, il y a long-temps, ce que je pense de uous, et la confiance que j'ay en uostre sauoir et en uotre affection. Croiez que je n'oublie pas les seruices que uous me rendez, et que ce que uous auez fait a Philisbourg m'est fort agréable. Si uous estes aussi content de mon fils qu'il l'est de uous, je uous croy foit bien ensemble, car il me paroist qu'il uous connoist et qu'il uous estime autant que moi.

Je ne saurais finir sans uous commander absolument de uous conserver pour le bien de mon seruice.

LOUIS.

LOUIS DAUPHIN.

Ordonnons au sieur marquis de la Frezeliere, lieutenant général des armees du roy nostre très honoré seigneur et père, et commandant l'artillerie de cette armée de réserve, d'envoyer incessament au sieur de Vauban, aussi lieutenant général des armées du roy nostre dit très honoré seigneur et père, et surintendant général des fortifications de France, quatre pièces de canon à son choix 'du calibre, a prendre dans les arsenaux de Manheim, de Heidelberg ou de Philisbourg, les quelles pièces de canon nous luy accordons pour luy mar-

(1) L'Institut historique est redevable de cette précieuse correspondance à l'un de ses membres les plus zélés, M. le comte Le Pelelier d'Aunay, qui a épousé une descendante directe de l'illustre maréchal.

quer l'estime particulière que nous faisons de son mérite singulier, et la satisfaction que nous auons des signalez seruices qu'il a rendu au roy nostre dit très honoré seigneur et père pendant cette campagne, dans l'armée qui estoist sous nos ordres en Allemagne (1).

Fait double au camp deuant Franckendal.

LOUIS.

A Fontainebleau, ce 19 novembre 1693.

J'ay receu la lettre que uous mauez escriste du 14e de ce mois; elle m'a fait un très grand plaisir, uous voyant aussy content que vous me le paroissez sur ce que uous deuez faire pour prendre Charleroy. Je serais bien ayse, quand uous en aurez le temps, que uous me mandiez ce qui se sera passé, et si uous le pouuez, ce que uous voudrez faire par la suite et ce que uous jugerez que la place deura se deffendre ; uous pouvez me parler d'autant plus hardiment que je ne montreray uostre lettre à personne, et que cela demeurera entre uous et moy.

Les dispositions pour le siége me paroissent bonnes, et le duc de Luxembourg ne croit pas qu'il soit aysé aux ennemis de secourir cette place, estant bien content des postes qu'il a trouvez.

Ce que uous m'escriuez sur les auantages que l'on pourra prendre sur Charleroy, et ce que le duc de Luxembourg m'a mandé qu'il espère trouver à se poster de manière que les ennemis ne pourront l'attaquer, sans désauantage, me font espérer que nous sor-

tirons de cette entreprise aussy heureusement que je le puis désirer.

« Songez a ne uous pas exposer mal à
» propos et ne faittes que ce qui sera néces-
» saire. »

LOUIS.

A Versailles, ce 1er mars 1694.

J'ay eu des auis de plusieurs endroits différents, et qui se rapportent tous, qui m'assurent que le dessein du prince d'Orange est d'essayer auec les flottes d'Angleterre et d'Hollande jointes, de brusler les vaisseaux qui resteront à Brest, et de tenter auec un corps de six à sept mil hommes de se rendre maistre de la dite place, ce que je ne uois pas bien praticable auec un aussi petit nombre de troupes que celuy la. L'importance de Brest fait néantmoins que je ne ueux pas me reprocher de n'auoir point contribué de tout ce qui peut dependre de moy, pour essayer d'empescher les ennemis de réussir dans cette entreprise. Quoy quil y ait quinze cens hommes de la marine dans cette place, je ne laisse pas d'y faire marcher six bataillons de ceux que j'ai destiné pour la garde des costes, un régiment de cavallerie et un de dragons. Je uous ay choisy pour commander ces troupes et dans la place ; c'est pourquoi je desire qu'après que uous aurez acheué la visite des costes que uous avez entreprise, au lieu de uous rendre auprès de moy, uous alliez au dit Brest, pour que uous ayez le temps de bien examiner la place et les lieux où les ennemis pourraient mettre pied à terre, et d'où ils pourraient la bombarder, afin que uous preniez les précautions que uous croirez nécessaires pour les empescher de réussir dans les desseins qu'ils pourraient auoir. J'ay choisi le sieur de Servon mareschal de camp pour commander la caual-

<hr>

(1) Les quatre pièces de canon ont été enlevées dans la révolution en 1793. L'empereur, à l'époque où il a fait transporter aux Invalides le cœur du maréchal de Vauban, a ordonné qu'on fit placer une pièce de marbre au château d'Epiry, propriété et habitation du maréchal de Vauban.

lerie tant qu'elle ne sera pas jointe, et les sieurs de la Vaisse et de Montcault que je feray brigadier auec l'infanterie pour exécuter uos ordres. Je me remets à uous de placer les troupes où uous le jugerez à propos, soit pour empescher la descente, soit au cas que les ennemis fissent le siege de la place. L'employ que je uous donne est un des plus considérables par raport au bien de mon seruice et de mon royaume ; c'est pourquoi je ne doute point que uous ne uoyez auec plaisir que je vous y destine et ne m'y donniez des marques de vostre zelle et de vostre capacité comme uous avez fait en toute rencontre. J'ay choisy le mareschal de Choiseuil pour commander les troupes de Bretagne et de Normandie ; si elles se joignent, je l'enuerray d'abord en Normandie et uous serez seul chargé de ce qui regarde les costes des environs de Brest.

« Ne parlez point des aduis que j'ay des
» dessins des ennemis ; profittez en seul,
» et donnez les ordres en conformité de ce
» que je uous mande. »

Louis.

Le 12 juin 1697.

M. de Vauban, je uiens de receuoir par le courrier que je je uous auois depesché la lettre que uous m'auez escrite d'Ath le 10 de ce mois, en response de la mienne du 6 pour uous demander vostre auis sur la possibilité d'establir une communication au dessous d'Oudenarde pour mes armées d'obseruation qui seroient partagées des deux costés de l'Escault pour prosteger celle qui feroit le siége de cette place. J'ay leu auec toute l'attention que mérite une affaire de cette conséquence toutes les difficultés qui uous m'oposez, et en mesme temps ce qui peut faciliter cette enteprise si j'ay résolu de la faire.

Je recommenceray par uous respondre que je la crois absolument nécessaire pour le bien de mon seruice, l'auancement de la paix et uoulant profiter de la supériorité que j'ay cette campagne sur les ennemis. Je suis persuadé mesme que hors le temps dont l'on peut auoir absolument besoin pour acomoder les busches qui sont aux deux bastions de la ville d'Ath, et la pointe de la demy lune qui couvre ces deux bastions, l'on ne sçaurait trop tost commencer le siège d'Oudenarde, et si uous pensez pour diminuer les eaues de l'Escault de près d'un tiers, comme uous me le marquez, qu'il faille destourner le Seuset dans la Scarpe, et la Scarpe dans la Deulle, en fermant lescluse du fort de la Scarpe et en ouvrant toutes celles de la Dulle, et du canal de Douay à Lille, je crois qu'il est bon de le faire tout au plustôt.

J'ay peine à croire que les ennemis ne uous donnent pas le temps de trois ou quatre jours, qui uous êtes d'auis qu'ils suffisent, pour pouvoir faire les digues nécessaires, establir la communication entre les deux armées d'observation, et qu'ils se deffassent assez promptement de leur inondation, pour mettre dans les premiers jours que mes armées arriueront deuant cette place, assez deau dans les prairies d'audessous pour uous empescher d'y trauailler. En ce cas la possibilité du siege d'Oudenarde roulant sur celle d'establir la communication entre les deux armées d'observation, il ne seroit pas prudent de l'entreprendre.

Quoy que je doive songer à mesnager les intérêts de mes sujets autant qu'il me sera possible, cependant je dois préférer l'interest de la cause commune à ceux de quelques particuliers qui pourront souffrir des inondations qui noyeront leurs prairies quand lescluse du fort de la Scarpe ferméc pour rejetter ladite riuière de la Scarpe dans la Deulle, et en se diligentant, de commencer le siége d'Oudenarde, il est à présumer qu'il sera finy assez promptement pour que les paysans et les chariots du pays puissent estre retournez chez eux auant la récolte.

Après auoir respondu aux objections que uous me faites, il me reste à vous expliquer ce que je pense sur la manière dont le siége d'Oudenarde doit s'exécuter et les desmarches que je crois deuoir faire faire à toutes mes armées.

Je ne crois pas comme uous qu'il faille entièrement abandonner Dinan à ses propres forces, la scituation de cette place estant si bizarre que, quand une fois les ennemis auront eu le temps de se poster deuant cette place, il n'est plus possible de la secourir. Pour obuier à cet inconvénient je destine l'armée que commande le mareschal de Boufflers, que je feray joindre par quelques troupes de celles du mareschal de Villeroy pour la rendre esgalle à peu de chose près à celle du prince d'Orange, quand il aura esté joint par les troupes qui viennent d'Allemagne, à veiller auec la dernière attention aux mouuemens du prince d'Orange pour s'y opposer, soit qu'il marchât pour joindre lélecteur de Bauière et tenter le secours d'Oudenarde, soit qu'il voulut entreprendre quelque siége du costé de l'entrée Sembre-et-Meuse ; et compte que l'armée que commande le mareschal de Villeroy, et celle qui est sous les ordres du mareschal de Catinat inuestiront la place des deux costés de Lescault, rendant celle qui sera chargée de linuestiture entre la Lys et Lescault, égale en nombre à celle de l'électeur de Bauière, qui est campée près de Denise, et qui est la seulle qui, dans le commencement de l'in-

uestiture, peut tenter de s'oposer au siége d'Oudenarde auant que uous eussiez le loisir destablir la communication entre les deux armées, à quoy je suis persuadé que uous ne perdrez pas de temps.

Après auoir estably ladite communication au dessous d'Oudenarde, comme j'espère que uous le pourrez faire par des ponts sur la riuière, et de bonnes digues joignantes aux ponts, il faut songer à bien retrancher les camps où uous et les mareschaux de Villeroy et de Catinat croirez que les armées d'obseruation deuront se placer, afin d'ajouter à la bonté et au nombre considérable de mes troupes, les auantages que l'on se peut donner par de bons retranchemens. Je ne uous parle point des lieux par lesquels doiuent passer les lignes de circulation, me remettant à uous, de concert avec le mareschal de Catinat, qui sera chargé du siége, d'en décider, aussi bien que de la nécessité qu'il pourra y auoir de faire quelques lignes de contreualation contre la garnison, et du lieu ou uous placerez la communication au dessus d'Oudenarde pour mes deux armées dont vous fortifierez les abords comme uous le jugerez à propos.

Je ne doute pas que uous n'ayez reçeu présentement mes ordres pour ne point renuoyer les ingénieurs chez eux, ou du moins je suis persuadé que uous n'aurez permis qu'à ceux qui peuvent promptement estre de retour quand ils seront mandez, de s'en aller. Je veux bien vous permettre de parler au sieur de Mesgrigny du dessin que j'ay de faire le siége d'Oudenarde, comptant qu'il gardera ce secret auec la mesme exactitude qu'il a fait de ceux que je luy ay confiés jusqu'à présent.

Suiuant ce que je vous mande que mon intention est que lon commence le siége le plustôt qu'il sera possible, concertez auec les mareschaux de Villeroy et de Catinat le temps qu'il faudra enuoyer les mandemens pour l'assemblée des chariots et des paysans nécessaires. Ayant au mareschal de Catinat toute la confiance qu'il mérite, uous ne devez point hésiter à luy parler des résolutions que je uous mande que j'ay pris pour le courant de cette campagne.

Je finis cette lettre en uous recommandant de disposer promptement tout ce qui peut dépendre de uous pour le commencement de ce siége qui ne peut estre trop tost. Je mande au mareschal de Catinat et au mareschal de Villeroy d'en user de mesme pour ce qui les regarde.

Pour qu'il ne uous reste aucun doute sur ce qui est marqué dans la lettre des deux armées d'obseruation je suis bien ayse de uous spécifier que ces deux armées doiuent estre celle du mareschal de Villeroy et celle du mareschal de Boufllers, au cas que le prince d'Orange marche pour secourir Oudenarde, et que, dans les lignes de circonualation, jusqu'à ce que l'on voye faire à ce prince cette desmarche, les troupes du mareschal de Villeroy doiuent y entrer en deça de Lescault, afin que le mareschal de Catinat puisse estre esgal en nombre à l'armée de l'électeur de Bauière, et rester entre la Lys et Lescault. Et la présente nestant pour autre fin, je prie Dieu qu'il uous ayt, monsieur de Vauban, en sa sainte et digne garde.

Escrit à Versailles, le 12 juin 1697.

LOUIS.

A Marly, le 22 aoust 1697.

Je suis fort persuadé de uotre joie sur la prise de Barcelonne et sur ce qui est arriué à Carthagenne. Uous estes trop bon français pour n'en pas auoir et pour ne pas souhaiter ce qui est dans la lettre que uous m'auez escritte. Je pense tout comme uous, et je feray ce que je croiray conuenable pour mon aduantage, celui de mon royaume et de mes sujets. On s'en peut rapporter à moy qui sait et connoist le uéritable estat où nous sommes. Si la paix se fait elle sera honorable pour la nation. Si la guerre continue, nous sommes en estat de la bien soustenir de tous costés. Quoy qui arriue j'auray la mesme considération pour uous ; et uous uerez dans la suite que mon estime et mon amitié sont toujours telles que uous les connaissez depuis si long-temps. LOUIS.

Je certifie que les 6 lettres qui précèdent sont conformes aux originaux déposés dans les archives de ma famille.

LE COMTE LE PELETIER D'AUNAY.
Membre de la 2e classe de l'Institut historique.

CORRESPONDANCE.

LETTRE

DE M. DUFÉY (DE L'YONNE), MEMBRE DE LA PREMIÈRE CLASSE DE L'INSTITUT HISTORIQUE.

Paris, le 7 décembre 1836.

La question agitée dans les deux lettres ci-incluses touche de trop près aux intérêts de l'histoire pour que vous leur refusiez une place dans le plus prochain numéro de notre journal.

J'attends de vous ce service et je vous prie d'agréer, etc.

A monsieur Dupin, procureur général à la cour de Cassation.

Monsieur le Procureur général,

Le nom de Michel Lhospital domine tous les noms célèbres ou fameux du seizième siècle. Son éloge a été proposé par toutes les académies. Toutes ont couronné des discours plus ou moins éloquens, mais vides de faits et d'observations vraiment utiles. A ces éloges qui se ressemblent, vous avez voulu substituer une harangue parlementaire et montrer à la première cour de France le Michel Lhospital de l'histoire. Vous avez puisé vos documens dans mon *Essai sur la vie et les ouvrages* de ce grand homme. Je vous remercie d'une aussi honorable préférence.

Votre discours a eu un grand retentissement. Il a été inséré dans tous les journaux, il sera recueilli par les feuilles étrangères; et avec le texte on lira une note, dans laquelle vous me reprochez une grande omission. J'aurais, suivant vous, retranché les derniers chapitres du traité de la *Réformation de la justice*. Vous accusez mes libraires de m'avoir inspiré cette omission, ou d'avoir refusé la publication de ces chapitres, et, par conséquent, de n'avoir donné au public qu'une édition incomplète. Ce n'est heureusement qu'une erreur, que je ne puis attribuer qu'à vos grandes préoccupations. Cette omission n'existe pas. Ces chapitres que vous semblez regretter, ne sont pas de Michel Lhospital, mais de De Refuge, conseiller au parlement, et portent son nom dans un manuscrit de la Bibliothèque Royale. Ils s'appliquent à des ordonnances, à des institutions postérieures d'un siècle au décès de M. Lhospital. Je l'ai dit p. II, VI, VII, du premier volume, et 529 du second des œuvres inédites, et, pour qu'il n'existât à cet égard aucun doute, j'ai publié le premier de ces chapitres à la suite du traité de la *Réformation de la justice*. (1)

Cependant votre note reste et porte un préjudice évident aux intérêts de mes libraires et à ma propriété. Je suis convaincu que telle n'a pas été votre intention. Mais cette erreur peut être réparée et ne peut l'être que par vous. Je ne doute point qu'il m'aura suffi de faire un appel à votre loyauté.

D'après cette même note tout mon travail n'aurait eu pour but et pour résultat qu'une spéculation facile et intéressée. Je me serais borné à faire imprimer les œuvres de Lhospital; mais ces œuvres n'étaient point connues. On n'avait de lui qu'un recueil d'une partie de ses poésies latines, publiées par son petit-fils, et quelques fragmens de harangues, signalées par quelques historiens; mais ses ouvrages les plus importans, ses actes les plus honorables et qui appartiennent à notre histoire politique et littéraire, étaient tout-à-fait ignorés.

J'ai passé plusieurs années à explorer les manuscrits du seizième siècle; et le résultat de mes laborieuses investigations a surpassé mes espérances. J'ai pu faire counaître à mon pays, à l'Europe savante, le plus grand homme d'état, le premier lé-

---

NOTE DE M. DUPIN.

(1) Je regrette que M. Dufey (de l'Yonne), en faisant *imprimer* ce traité parmi les œuvres du chancelier Lhospital (5 V., in-8o), ne l'ait pas publié en entier, et qu'il ait omis les *seize* chapitres dont il se contente de donner le sommaire, t. 2, pages 529 et 330. Le libraire aurait-il craint qu'un si beau livre manquât d'acheteurs? (Extrait du discours de M. Dupin, procureur-général à la Cour de cassation, prononcé le 7 novembre 1856, p. 20).

(Extrait de l'avant-propos du traité de la *Réformation de la Justice*, t. 1er des OEuvres de Michel Lhospital, pages VI et VI).

Je n'ai pas cru devoir publier une autre copie manuscrite intitulée : *Mémoires d'Estat de M. le chancelier Lhospital*, mis en ordre par De Refuge. Les principes sont bien les mêmes; ce sont encore les mêmes doctrines, le même but. Mais j'ai tout lieu de croire que cet ouvrage n'est point de Lhospital; je me suis borné à en publier le premier chapitre et les sommaires des autres. On y remarque des faits et des établissemens dont l'origine est postérieure au décès de Lhospital (*). De Refuge n'a voulu que s'appuyer de l'autorité d'un grand nom.

(*) Le premier chapitre de cet autre manuscrit que j'ai publié s'applique aux conseils-d'état qui n'ont é établis que sous le règne de Louis XIII.

gislateur de la France. Mon travail de dix années m'a valu d'honorables suffrages, surtout de la part des Universités allemandes.

Mon *Essai sur la vie et les ouvrages de M. Lhospital* est aussi l'Histoire politique et religieuse du seizième siècle. Cet ouvrage occupe 400 pages du premier volume. Le second volume du *Traité de la réformation de la justice* est terminé par un tableau de la législation de la même époque. Il peut m'être permis d'être jaloux et fier de mon titre d'historien de Michel Lhospital. L'étude a été l'occupation de ma vie entière. Je ne vis qu'au milieu de mes livres et des derniers débris de ma famille. Le repos est le premier besoin des vieillards, et j'ai soixante-six ans. Il n'a fallu rien moins que l'éclat obtenu par votre harangue du 7 de ce mois pour me distraire de mes travaux et de mes affections habituels. J'avais à vous demander la réparation d'une erreur bien grave ; et cette réparation je ne la demande qu'à vous-même, je l'obtiendrai : C'est justice.

J'ai l'honneur d'être, etc.

P. J. S. Dufey (de l'Yonne).

Paris novembre 1836.

RÉPONSE DE M. DUPIN.

Paris, 29 novembre 1836.

Monsieur,

Vous vous êtes mépris sur le sens et sur l'effet de mes paroles. Personne n'a plus apprécié que moi le service que vous avez rendu en publiant les œuvres de M. Lhospital. Aussi en ai-je donné l'analyse avec éloge dans la *Revue encyclopédique* au moment de leur publication, et si plus tard j'ai exprimé le regret que quelques chapitres de plus, où j'espérais retrouver encore, sinon les expressions, au moins quelques pensées de ce grand homme, n'eussent pas été publiés, ce regret ne peut porter préjudice à une édition qui est, jusqu'à présent, la plus complète et, pour ainsi dire, la seule de cet immortel chancelier. Consolez-vous donc sur le prétendu préjudice qui peut en résulter pour votre libraire. Ce que j'en ai dit ne peut que ramener l'intérêt du public sur l'homme et sur ses œuvres et sur leur savant éditeur.

Recevez, monsieur, l'assurance de ma considération très distinguée.

DUPIN.

Pour copie conforme,

DUFEY (de l'Yonne).

EXTRAIT DES PROCÈS-VERBAUX

DES ASSEMBLÉES GÉNÉRALES ET DES SÉANCES DE CLASSE DE L'INSTITUT HISTORIQUE.

⁎⁎ Le mercredi, 7 décembre 1856, la première classe (Histoire générale et Histoire de France) s'est réunie sous la présidence de M. Dufey (de l'Yonne), vice-président. Trente-cinq membres assistent à la séance.

M. Massiou, juge d'instruction à La Rochelle, envoie les deux premiers volumes de son *Histoire de la Saintonge et de l'Aunis*. — Il lui sera demandé un second exemplaire de l'ouvrage afin d'en rendre compte.

M. Harlet des Hautes-Iles, receveur principal des douanes à Hazebrouck, envoie des documens manuscrits sur l'ancienne administration de Givet où son père fut subdélégué. — M. Deville est chargé d'un rapport sur ces pièces.

M. Sauccrotte, de l'Académie de médecine, adresse un travail manuscrit sur l'*Unité du genre humain*. — Il ne peut être fait un rapport, l'auteur n'appartenant pas à l'Institut historique.

M. l'abbé Simil écrit au sujet d'une inscription gothique découverte dans la cathédrale d'Agen. — Renvoi à M. Gaussuron-Despréaux pour un rapport.

M. Briquet envoie l'*Histoire de Niort*, de son père. — M. Saint-Edme se charge d'en rendre compte.

M. Deville relève une erreur qui se serait glissée dans le rapport sur les ruines du Vivier, inséré dans le journal de l'Institut historique (partie de numismatique). — La lettre de M. Deville sera communiquée à M. Ferdinand-Thomas, auteur de cette partie du rapport.

Livres offerts indépendamment de ceux que nous venons de citer : le dernier numéro des *Mémoires de la Société archéologique du midi de la France*, siégeant à Toulouse; *Recherches sur les manuscrits de la bibliothèque de Limoges*, par M. C. N. Allou; *du Régiment des pupiles de la Garde*, par M. le général Bardin; *Histoire et statistique des Sourds-Muets*, par M. Berthier; *Aspasie*, par M. Boullée, de Lyon; dernier numéro de l'*Européen*, par M. Buchez; dernier *Bulletin de la Société de géographie*; dernière livraison de la *Revue anglo-française*, publiée à Poitiers, par M. de la Fontenelle de Vaudoré; premiers volumes des *Chroniques de Froissard*, faisant partie du Panthéon littéraire : (rapport ajourné jusqu'à remise d'un second exemplaire, suivant le réglement.)

La classe admet quatre nouvelles candidatures, parmi lesquelles on remarque celle de M. Sandrier, professeur à York (Angleterre), présenté par M. Jules Michelet, et celle de M. de Larouverade, juge d'instruction à Sarlat.

Elle procède à la nomination d'un comité de trois membres chargé de préparer ses questions pour le congrès de 1837. Messieurs Firmin de Baillehache, Gaussuron-Des préaux et Eugène Labat obtiennent la majorité ; ils se réuniront au bureau de la classe composé de MM. Népom.-Louis Lemercier, Dufey (de l'Yonne), Roux , Saint-Edme et Germain Sarrut.

Rapport verbal de M. V. Boreau sur des observations de M. le major Lee, relativement aux différences qui existeraient entre les éditions des Mémoires de M. le général Montholon, imprimées à Paris et à Londres.

Le même membre signale, parmi les lettres inédites du maréchal de Vauban soumises à l'Institut historique par M. le comte Le Peletier-d'Aunay , trois lettres qui lui paraissent dignes de la publicité. — Renvoi au comité du journal.

Renvoi au même comité d'un rapport de M. St-Edme sur un ouvrage de M. Arthur de la Villegille : *les Fourches patibulaires de Montfaucon*; et d'un rapport de M. le comte d'Allonville sur la traduction de *la Chronique de Nestor*, par M. L. Paris, bibliothécaire de la ville de Reims.

Ce dernier rapport ayant amené d'importantes communications de M. Stahl sur les différentes éditions de l'ouvrage original , l'honorable membre s'engage à en faire le sujet d'un travail qui sera soumis au comité du journal.

** Le mercredi 14 décembre, séance de la deuxième classe (Histoire des langues et des littératures), présidence de M. Le Gonidec , vice-président. Vingt-sept membres sont présens.

M. Henri Germain, de Vernon, adresse un mémoire sur l'origine du langage et la formation des langues. — M. Stahl est nommé rapporteur.

M. Ménier, de Céret , envoie la préface une grammaire générale qu'il se propose de publier. — Dépôt aux archives.

M. Polydore de Labadie adresse un mémoire sur la langue et la littérature des Basques. — Renvoi à M. de Monglave pour un rapport.

M. Espic, de Sainte-Foy (Gironde) , présente un travail sur les patois des Landes.— La classe en entendra la lecture à la prochaine séance.

Lettre de M. Dufey (de !'Yonne) à M. Dupin aîné sur les œuvres du chancelier de Lhospital ; réponse de M. Dupin. M. Dufey donne, sur ces deux lettres, des explications que la classe accueille avec une attention soutenue. — Renvoi au comité du journal.

Hommages des *Statuts d'une Société philodramatique*, récemment fondée à Barcelonne par notre collègue M. Andrew de Covert-Spring ; d'un volume d'*Historiettes morales*, traduites de l'italien, par M. Luigi Odorici ; du dernier numéro de la *Revue des Enfans*, par M. Henriot ; des premières livraisons de la *Statistique des Hommes de lettres* ; et du dernier *Bulletin de l'Académie ébroïcienne*.

Il est procédé à la nomination d'un secrétaire adjoint en remplacement de M. de la Villemarqué. Au second tour de scrutin , M. Venedey, ayant obtenu la majorité des suffrages, est proclamé en son absence.

La classe procède à la nomination d'un comité de trois membres chargé de préparer ses questions pour le Congrès de 1857. MM. Venedey, Martin de Paris et Ciriac-Moreau obtiennent la majorité ; ils se réuniront au bureau de la classe composé de MM. Mary-Lafon, le comte Le Peletier-d'Aunay, Le Gonidec et Hte Dufey.

** La troisième classe (histoire des sciences physiques, mathématiques, sociales et philosophiques) s'est réunie le mercredi,

24 décembre, sous la présidence de M. l'abbé Badiche, vice-président adjoint : trente-neuf membres sont présens à la séance.

Lettre de M. Berthier, professeur sourd-muet à l'Institut royal sur la fête célébrée par ses compagnons d'infortune en l'honneur de l'abbé de l'Épée. — Renvoi au comité du journal.

Hommages de la *Revue médicale belge* (dernière livraison) ; du *Dictionnaire historique des Instrumens de chirurgie*, par M. Colombat (de l'Isère), et d'une brochure de M. Layssac sur *la Coalition des ouvriers tonneliers de Cette.*

Deux candidatures sont admises.

La classe procède à la nomination d'un comité de trois membres chargé de préparer ses questions pour le Congrès de 1857. MM. de Longpérier, Colombat (de l'Isère), et le baron Eug. de Bray obtiennent la majorité ; ils se réuniront au bureau de la classe, composé de MM. le duc de Doudeauville, le comte de Lasteyrie, l'abbé Badiche, Alph. Fresse-Montval et le docteur Cerise.

Rapport de M. le docteur Mége sur un travail de phrénologie de M. le docteur Bessières. — La discussion est ouverte : MM. les docteurs Cerise et Mège, MM. l'abbé Badiche, Dufey (de l'Yonne), Isambert et de Monglave y prennent part. — La partie historique du rapport est renvoyée au comité du journal.

Lecture de M. le docteur Cerise sur *les Systèmes psychologiques et physiologiques* des Hindous. — Renvoi au comité du journal.

.*. Le mercredi 28 décembre, séance de la quatrième classe (histoire des beaux-arts), présidence de M. Alex. Lenoir. — Vingt-huit membres sont présens.

M. Cyp. Desmarais envoie son *Archéologie du Violon* récemment publiée, précédée d'une dédicace à ses collègues de l'Institut historique. — M. Ch. Chaulieu, rédacteur en chef du journal *le Pianiste*, est chargé du rapport.

M. Fr. Chatelain fait hommage à la classe de la dernière livraison de son *Panorama de Londres.*

Une brochure est déposée sur le bureau, ayant pour titre : *Résumé des Observations de plusieurs artistes sur les travaux et embellissemens adoptés pour la place de la Concorde.*

La classe procède à la nomination d'un comité chargé de préparer ses questions pour le Congrès de 1857. Vu les nombreu ses divisions de la classe, elle élit quatre membres au lieu de trois comme les autres classes. Les membres élus sont MM. Duseigneur, statuaire ; Alb. Lenoir, architecte ; Barbereau, musicien-compositeur ; Monvoisin, peintre d'histoire ; lesquels se réuniront au bureau de la classe, composé de MM. Alex. Lenoir, J. B. Debret, Ferdinand-Thomas et Eug. Bion.

Deuxième lecture : *Conférences archéologiques* de M. Alex. Lenoir *sur les Antiquités de Paris.* — Renvoi au comité du journal.

Rapport de M. Eug. Bion sur une brochure de E. l'abbé Depary, vicaire-général de Belley, relative à l'église cathédrale de ce diocèse. — Renvoi au comité du journal.

Rapport de M. Victor Darroux sur une *Notice historique inédite du peintre Jean Jouvenet*, par M. Juste Huoel, président du tribunal civil de Louviers, sujet mis au concours par l'Académie royale de Rouen. — Renvoi au comité du journal. M. Houel sera, en outre, prié d'én déposer une copie dans les archives de l'Institut historique.

.*. Le vendredi 30 décembre, séance générale de l'Institut historique, sous la présidence de M. le comte de Lasteyrie, vice-président de la troisième classe (histoire des sciences physiques, mathématiques, sociales et philosophiques). —Malgré la rigueur de la saison, 59 membres sont présens à cette réunion.

M. le marquis de Sainte-Croix écrit de Besançon qu'il parcourt les manuscrits du cardinal de Granvelle, que notre collègue M. Duvernois s'occupe à mettre en ordre. Il cite deux pièces intéressantes : l'une de 1565, relative au mariage des prêtres ; l'autre de 1549 ; c'est une protestation de Jeanne d'Albret.

M. L. Sandier, d'York, envoie un mémoire historique sur cette ville, avec des dessins d'antiquités exécutés par lui.

M. Eug. Paringault, un fragment de son histoire de Laon.

M. Édouard Calmels, de Mâcon, annonce le précieuses découvertes dans l'ancienne abbaye de Cluni ; il cite, entre autres, des lettres de Louis XI et des Guises.

M. Fellens, professeur d'histoire, fait hommage d'un volume intitulé : *Manuel de Généalogie historique.*

Quinze volumes sont offerts à la société. Des remercîmens sont votés aux donateurs.

Neuf candidats présentés par les classes sont admis.

M. le secrétaire-perpétuel annonce à l'assemblée que, conformément à sa décision de la dernière séance générale, les quatre classes de l'Institut historique ont nommé leurs commissions chargées de préparer des questions pour le Congrès de 1837 ; que les commissions des trois premières classes ont achevé leur travail ; que celle de la quatrième se réunira le 7 janvier; qu'il a été arrêté en principe, dans chacune d'elles, que chaque commission lirait simplement dans sa classe les questions adoptées et recevrait celles qui auraient pu être formulées depuis par les membres de la classe, à ce invités individuellement dans les prochaines lettres de convocation; qu'enfin l'ensemble des questions adoptées par les classes serait renvoyé au conseil qui, après les avoir coordonnées et modifiées au besoin, les apporterait à la séance générale.

L'ordre du jour appelle un rapport de M. de Longpérier sur le premier volume de l'*Histoire des Doctrines morales et politiques*, par M. Matter.

Une phrase du rapporteur sur les doctrines de Châtel, Auzou et Pillot, amène une discussion à laquelle prennent part MM. Dufey (de l'Yonne), l'abbé Badiche, de Longpérier, Danjou, Deville, de Monglave et Venedey.

M. de Longpérier consentant à la suppression de cette phrase, le renvoi du rapport au comité du journal est adopté au scrutin secret, à une grande majorité.

M. Eug. de Monglave lit des fragmens d'un manuscrit français de Bolivar, contenant la relation de ses voyages dans nos départemens les plus riches. — Renvoi au comité du journal.

CHRONIQUE.

— Notre collègue, M. C. N. Allou, nous communique les détails suivans sur les manuscrits conservés au séminaire de Limoges, relatifs à l'histoire du Limousin : « Dans le cours de l'année 1819, M. le conte Siméon, ministre de l'intérieur, ayant demandé à tous les préfets un travail sur les antiquités de leurs départemens, M. de Castéja, qui administrait alors la Haute-Vienne, me pria de lui donner une notice sur les monumens des diverses époques que j'avais été à portée d'observer dans ce département, où les devoirs de mon service m'ont retenu pendant huit ans. Je m'occupai avec zèle de ce travail, qui a été depuis publié; et, dans l'intention de le compléter autant qu'il était en mon pouvoir, je cherchai de tous côtés des matériaux.

« On me parla alors de manuscrits composés ou recueillis en assez grand nombre par un abbé Nadaud, curé de la petite paroisse de Treijac, mort avant 1789, et qui avait consacré près de quarante ans à mettre en ordre des notes sur l'histoire et les monumens du Limousin. Ces manuscrits avaient passé dans les mains de l'abbé Legros, autre ecclésiastique aussi zélé, aussi savant que le premier, quoique doué d'une érudition moins judicieuse, et qui avait beaucoup ajouté, par ses propres recherches, à celles de son laborieux prédécesseur. On ignorait, au surplus, ce que ces manuscrits étaient devenus depuis la mort de l'abbé Legros, décédé en 1803 ou 1804,

mais on pensait généralement qu'ils avaient dû être déposés au séminaire de Limoges.

« Je les y découvris, en effet, non dans la bibliothèque de cet établissement, mais dans le fond d'une vieille malle couverte de poussière; quelques-uns même se trouvaient notablement endommagés par suite de cet abandon. Je m'empressai de dresser un catalogue de ceux qui pouvaient avoir quelque importance relativement à l'histoire et à l'archéologie du département ; plusieurs se rapportent à l'ancienne province tout entière du Limousin, et offriraient ainsi de précieux documens pour ce qui intéresse le département de la Corrèze, sur lequel je ne pense pas qu'aucun ouvrage archéologique ait encore été publié, et qui pourtant est aussi fort riche en monumens des différens âges.

« Voici les titres des principaux manuscrits qui existaient en 1821, et qui probablement existent encore, au séminaire de Limoges; la liste totale que je dressai alors en indique cinquante-huit, de divers formats, reliés ou brochés :

Mémoires pour l'histoire du diocèse de Limoges, par Nadaud (*pouillé* ou état de bénéfices de la province), 2 vol. in-folio, reliés.

« *Nobiliaire*, 2 vol. in-folio, reliés.

« *Histoire du Limousin*, par Nadaud, in fol., parch.

« *Mélanges manuscrits*, ou *Recueil de*

pièces justificatives pour servir à l'histoire de Limoges et de la province du Limousin, 3 vol. in-folio, parch. On y remarque les pièces ci-après : une lettre particulière, contenant la relation du mariage de Louis XIV, en 1660; le testament de Jean de Sandelas, de 1404; un inventaire de Gilbert de Malemort, évêque de Limoges, mort en 1294; l'excommunication prononcée par l'évêque Philippe de Montmorency contre ceux qui lui retenaient le droit de joyeux avénement (1518); statuts des maîtres selliers de Limoges, de 1405; inventaire de l'abbaye de Grandmont (sécularisée en 1771); testament de Bertrand de Lur, chevalier, de 1485; une relation détaillée de la mort de Richard-Cœur-de-Lion devant Chalus (à dix lieues de Limoges), qui contient des particularités curieuses; mémoires sur les guerres des religionnaires; recherches sur la maison de Pompadour; dissertation sur l'historien Adhémar de Chabannais; observations sur un *bénédictionnaire* de la bibliothèque du séminaire des ordinans de Limoges, qui paraît remonter au moins à l'an 1100, etc., etc.

« *Histoire de Grandmont* (abbaye de), par l'abbé Nadaud, grand in-4°, parch.

« *Table chronologique ecclésiastique du diocèse de Limoges*, in-folio, parch.

« *Pouillé du diocèse de Limoges;* cures. 2 vol. in-folio, parch.

« *Histoire des abbayes du diocèse*, in-folio, parch.

« *Table chronologique civile du Limousin*, in-folio, parch.

« *Abrégé des annales du Limousin jusqu'à l'an* 1682, grand in-4°, relié, 1776. C'est un bon résumé, fait par Legros, de l'informe compilation du P. Bonaventure-de-Saint-Amable.

« *Continuation de l'Abrégé des Annales* jusqu'en 1791, in-4°, relié, 1778, par le même. C'est la suite du précédent. Ces deux volumes forment une histoire complète de la province, depuis les premiers temps jusqu'en 1791, et mériteraient d'être publiés.

« *Essai historique sur Limoges*, in-4°, relié.

« *Recueil d'épitaphes, inscriptions et autres antiquités*, in-4o, relié.

« *Dissertation sur la mission de saint Martial*, petit in-4°, parch.

« *Mémoires pour servir à l'histoire des évêques de Limoges*, petit in-4o, parch.

« *Terriers de plusieurs notaires*, de 1552 à 1620, in-4°, parch.

« *Fondation de Limoges et limitation de la Gaule celtique*, cahier qui, d'après le style et l'écriture, doit être au moins du commencement du XVIIe siècle.

« *Mémoires pour servir à l'histoire du cardinal Dubois*, in-folio, relié.

« *Epîtres de saint Martial aux Bordelais*, in-fol., br.

« *Partie des Annales du royaume de France*, deux petits cahiers.

« *Abrégé de l'histoire de Chartres*, cahier in-folio.

« *Mémoires sur les guerres des protestans dans le Limousin*, cahier in-folio.

« *Extrait des Mémoires de Nadaud*, pour l'histoire de Brives, cahier in-folio.

« *Le Limousin ecclésiastique*, cahier in-folio.

« *Essai sur la politique du clergé de France*, cahier in-12.

« *Mémoires sur M. de La Fayette* (évêque de Limoges, mort en 1676), cahier in-folio.

« On voit que cette collection, dont je n'ai cité que les principaux manuscrits, offre un assez grand intérêt. C'est là que j'ai puisé la plus grande partie des faits et des indications que j'ai donnés dans ma *Description des monumens de la Haute-Vienne*; et je ne doute pas qu'on n'y trouvât encore la matière de plus d'un ouvrage curieux sur des objets dont je n'avais pas à m'occuper , tels que l'histoire ecclésiastique et celle des familles nobles du pays, les fiefs, les divisions territoriales, et même le commerce et l'industrie, pour les époques antérieures à 1789. On a pu remarquer encore, dans cette liste, les documens qui se rapportent à l'histoire du cardinal Dubois (né, comme on sait , à Brives, en Bas-Limousin); à celle de la ville de Chartres ; à la politique du clergé de France, etc.

« Il ne faut pas oublier d'ajouter que parmi ces manuscrits se trouvait encore une feuille volante contenant, en écriture très fine, une relation en latin du passage et du séjour de Charles VII à Limoges, en 1458, rédigée par un moine de Saint-Martial qui avait assisté à toutes ces cérémonies. Cette pièce, qui contient des détails extrêmement curieux non seulement pour le pays même, mais encore pour notre histoire générale, a été insérée dans le xɪᵉ volume des Mémoires de la Société des Antiquaires de France. »

— Nous trouvons dans le dernier numéro de la *Revue africaine* les détails suivans sur l'histoire de la ville de Constantine :

« Constantine, autrefois Cirthe, de fondation carthaginoise, a dû au long règne de Massinissa et sa grande population et ses embellissemens. Le premier, il rendit les Massœsyliens numides ou nomades (Strabon, 17. — Pline), sédentaires et cultivateurs de la féconde plaine de l'Hâmsah. Scipion Émilien augmenta le royaume de Massinissa et de Micipsa, son petit-fils, de la vallée du Bagrada (le Mégerdah actuel); et il prit le nom de royaume de Numidie.

» Il fut dévasté par les rivalités de Marius et de Sylla , les exactions des proconsuls romains , et enfin la guerre civile. Hiempsal, vaincu par César à Thapsa, avec Caton et Labiénus, perdit une partie de ses états. Cirthe lui resta ; et le commerce qu'elle faisait avec l'Afrique intérieure, rétablit sa fortune. Enfin, en 45 de l'ère chrétienne, la Numidie devient province romaine. Elle est administrée par des proconsuls, et, depuis Dioclétien, par des présidens, sous les ordres du vicaire, à Carthage, du préfet du prétoire d'Italie, et dans la division militaire d'un comte qui réside à Hippo-Régius (Bone), et a sous ses ordres, pour la défense de la Numidie et de la Bizacène (la province tunisienne de Sousah) , 4,800 hommes d'infanterie et 800 chevaux , cantonnés dans seize forteresses ou châteaux.

» La Numidie devient chrétienne; mais elle est affligée par les persécutions, et bien plus encore par les dissensions, les hérésies et les schismes ; par les Donatistes circoncellions et les Ariens. Les circoncellions brûlent les bancs, les meubles, les maisons des catholiques ; ils incendient Cirthe. De 340 à 350, elle est rebâtie par l'empereur Constant, fils de Constantin, bon *Homoousien*, en haine de son frère, l'empereur Constance, arien zélé : il lui donna le nom de Constantine.

» Constantine a éprouvé toutes les dévastations de la domination des Vandales; elle conserva cependant ses franchises municipales, romaines ou carthaginoises. Elle ne les perd pas à la conquête des Arabes (659); mais elle n'est musulmane, assez tièdement, avec la Numidie et le reste de l'Afrique, qu'en 710. Elle fait partie d'abord du royaume d'Afriqy'ah, à Qayrouan, et sous la dynastie des Fathémites , jusqu'en 900. Elle passe alors sous les lois des Zéyrites qui règnent à Tahurt et à Aschlyr, sur toute la partie orientale de ce qui été a depuis la régence d'Alger. Après six cents ans de fortunes diverses, sous les Almoravides et les Almohades, Constantine et la Numidie tombent enfin sous le sceptre de plomb des Osmanlis (1550).

» La culture d'un sol le plus fertile de l'Afrique, une industrie assez avancée, une grande population, le commerce de Constantine avec l'Afrique centrale, enfin la position avantageuse de cette ville entre le désert, la meilleure partie du Bélléd-el-Gérid (le pays des dattes), la province la plus féconde du royaume de Tunis, celle de Sousah, et les pays de la domination du divan d'Alger, ont donné à Constantine, même sous le régime déprédateur et absurde des Turcs et de leurs beys, une très grande importance. Ses relations de commerce les plus naturelles étaient avec Tunis, par El-Oéf et Quayrouan, à l'est, et par les embranchemens des chaînes des Aouress et des Méhéghalahs; ou au nord par le Mégerdah, et Byzerte (Hippo-Zaritos, Carthaginois). Ces relations inquiétaient le divan d'Alger, et il déclara la guerre au dey de Tunis, en 1782 et 1783. Des hostilités sans faits d'armes remarquables furent suivies de la peste de 1784; l'une et l'autre enlevèrent beaucoup de monde à cette partie de l'Afrique.

» Avant 1780 la population de Constantine était de 40 à 45,000 habitans; on ne croit pas qu'elle atteigne aujourd'hui la moitié de ce nombre. Avant ses désastres, elle expédiait chaque mois à Tunis une caravane d'une valeur de 1 million, 100,000 piastres d'Espagne par an : 6 millions 600,000 fr. Elle avait en même temps un commerce de 4 à 5 millions de francs avec Bone et les petits ports des golfes de Qol et de Stora, et avec la compagnie royale d'Afrique de Marseille. Les relations de commerce de Constantine avec le royaume de Tunis ont repris plus d'activité depuis quelques années; et il n'est pas douteux que, si Achmet-Bey avait été moins sanguinaire et moins déprédateur, ce commerce aurait été bien plus brillant pour Constantine, au lieu de passer à Touzer et à Tughurt. »

— C'est encore de l'histoire que la mort d'un prince qui fut roi de France. Enregistrons simplement les faits. A d'autres le soin de le juger. Charles X (Charles-Philippe de France, comte d'Artois), né à Versailles le 9 octobre 1757, est mort à Gœritz le 6 novembre 1836. Il était le troisième fils du dauphin de France, fils de Louis XV et de Marie Leczinska. Il épousa, en 1773, Marie-Thérèse de Savoie, sœur de l'épouse du comte de Provence (Louis XVIII), qui mourut en Angleterre le 2 juin 1805. Il eut d'elle le duc d'Angoulême, le duc de Berry et la princesse Sophie morte en bas âge. En 1782, il servit comme volontaire au camp de Saint-Roch, près de Gibraltar. Lors de la révolution, il fut élu, dans l'assemblée des notables, président du Comité des Francs, dont Lafayette faisait partie. Il quitta la France deux jours après l'affaire du 14 juillet. Le comte d'Artois demeura jusqu'en 1813 avec Louis XVIII, dans la retraite d'Hartwell, qu'il ne quitta que pour un voyage en Suisse. A la chute de Napoléon, il revint en France, et fit son entrée à Paris, le 12 avril 1814. Le surlendemain, le sénat lui remit l'autorité en attendant l'arrivée du roi.

« Lorsque le 20 mars éclata, le comte d'Artois, à la tête de la maison militaire du roi, partit le dernier. Après le désastre de Waterloo, le prince revint à Paris; on aime à répéter les paroles qu'il proféra comme président du collège électoral de la Seine, en refusant pour son fils, le duc d'Angoulême, *les* remerciemens de la Chambre des pairs pour sa conduite dans le Midi : « Français, prince français, dit-il, le duc d'Angoulême peut-il oublier que c'est contre des Français qu'il a été forcé de combattre ? » Le 28 septembre 1824, il fit son entrée solennelle à Paris comme roi. Les événemens les plus mémorables de son règne sont la bataille de Navarin, la conquête d'Alger, et surtout les fameuses ordonnances de juillet 1830, qui entraînèrent sa chute et son exil. Embarqué à Cherbourg avec sa famille, par suite des conventions arrêtées avec les commissaires de la ville de Paris, il se rendit d'abord en Angleterre pour habiter le château de Kenilworth, près d'Édimbourg. Il passa ensuite plusieurs années dans l'immense château de Prague, et il venait de prendre possession de Gœritz, à vingt lieues de Trieste, lorsqu'il y est mort du choléra.

— S. A. R. le prince royal de Prusse vient d'honorer de sa souscription particulière la *Bibliothèque militaire,* publiée par nos collègues MM. Sauvan et Liskenne. Cet exemple a déjà été suivi par un assez grand nombre de généraux et d'officiers de l'armée prusienne. Ces témoignages de satisfaction doivent d'autant plus plaire aux auteurs, qu'il n'a été accordé qu'après examen de la première partie de l'ouvrage qui a déjà paru et qui comprend la période grecque complète. La *Gazette hebdomadaire Militaire* de Berlin a consacré au compte-rendu de ce premier volume un article très étendu. Nous y trouvons une nouvelle preuve de la faveur avec laquelle les ouvrages vraiment utiles publiés en France sont accueillis à l'étranger.

— Bientôt nous connaîtrons parfaitement l'Asie-Mineure sous le rapport géologique et archéologique. M. Texier, qui depuis trois ans parcourt l'intérieur de la Lycie et de la Pamphilie, a trouvé un digne émule dans M. W.-T. Hamilton, dont la Société Géographique de Londres vient de faire connaître l'itinéraire. Il a visité et examiné Angora, Antioche, Colosse, Laodicée, Ephèse et Smyrne, et a observé la constitution géologique de toutes ces contrées. Le lac Égerder lui a rappelé les plus beaux sites de l'Italie.

— Notre collègue, M. de Reiffenberg, a lu à l'Académie de Bruxelles une Notice sur une croisade ou expédition projetée par l'un des fils du comte d'Egmont, au mois de septembre 1604, et qui devait s'exécuter l'année suivante.

Un manuscrit, grand in-f⁰, de 64 feuillets dorés sur tranche et reliés en cuir, contient toutes les pièces originales concernant cette expédition ou cette espèce de croisade. Il contient d'abord les considérans et l'énoncé du projet en ces termes :

« LAMORAL, COMTE D'EGMONT, PRINCE DE GAVRE ET DE STENHUISEN, ETC.

« Certifions à tous qu'il appartiendra, qu'ayant esté long-temps inutil par l'abondance des affaires qui nous sont survenues, sans nous pouvoir employer en chose digne de nostre qualité, nous nous sommes enfin résoluz d'entreprendre quelque desseing, par le labeur duquel nous puissions réparer la perte du temps perdu. Et considérant qu'il n'y a rien semblable soubs le ciel que de faire résonner la louange de Dieu jusques aux boutz de la terre et, n'ayant honte de l'évangille, enseigner partout un Jésus-Christ crucifié, sçachans bien de quel loyer Dieu récompense ceux qui tâchent de le servir et agréer ; nous nous sommes enfin résoluz d'entreprendre un voyage au mois de *(en blanc)* prochain, venant vers certaines parties non encore habitées des crestiens et, à l'exaltation dudict nom, y mener une colonie pour y habiter et peupler, et amener ces pouvres ames esgarées à la cognoissance de Dieu. Et pour mettre aussy une infinité de pouvres affligez de l'Europe en repos, lesquelz, pour la cherté des terres et des vivres, ne peuvent quasy substenter leur pouvre vye, car là mesme où le trafficq abonde, c'est là où est la plus grande charté et nécessités de toutes choses. Et aussy pour assoufir ceste fin *(faim)* d'en avoir, qui faict tant de choses audacieusement entreprendre, et donner contentement d'esprit à d'autres de plus grande faculté et estoffe, qui peut estre par changement de terre pourront aussy changer d'humeur, mais principalement pour jouyr en ces déserts de la simplicité de la vye ancienne et imiter la pureté de la primitive église, avecq liberté de conscience à tous ceux qui tiendront foy orthodoxe et qui se pourra défendre par l'écriture sainte, prians Dieu ne jamais favoriser nos entreprises, si ainsy n'est; et non plus voler et ravir à personne les biens qui leurs *(sic)* appartiennent, encores qu'il n'y a personne qui le peut faire plus légitimement que nous qui avons receu des pertes et des dommages de tous costez; et d'autant que nous scavons qu'il y a trois causes principales qui guident les actions humaines, savoir l'honneur, le plaisir et le prouffit, nous avons trouvé à propos, pour contenter les ames bien nées, satisfaire à ces trois points; premièrement asseurer un chascun qu'ils recevront récompense d'honneur selon leur qualité et mérite, secondement que nous avons choisy une des partyes la plus fleurissante et abondante en toutes choses appartenantes à la vye humaine, et la plus saine et serrene d'air qui se puisse désirer, tiercement qu'en ce qui

regarde le profit que nous leurs ferons telle répartition de terre qu'ilz diront eux-mesmes d'en avoir suffisamment selon leur mérite et qualité, sans compter une infinité de marchandises et denrées dont se pourra faire un grand commerce. Or, d'autant que nous ne pouvons vacquer à toutes choses et traicter avec un chascun, nous sommes résoluz de commettre et députer quelques-uns intentionez de faire mesme voyage, pour enrouller *(enrôler)*, et ce en la ville de A. jusques au nombre de mil ou douze cents hommes, c'est-à-dire des pouvres qui ne se pourront passer à leurs despens n'y faire aulcuns frais, à la nécessité desquels et aux choses nécessaires pour le voyage il sera par nous pourveu. Lesquelz nous entendons estre la plus part gens de mestier et de fabricque et de l'ordre des moindres habitans de la ville principale que nous faisons estat de bastir, en laquelle ilz auront maisons au premier rang des carrefours de ladicte ville, seulement subjects à capitaines d'entr'eux en ce qui concerne l'ordre militaire pour la garde et tuition de la ceinture de la ville, et au reste subjects à magistrats comme les autres qui auront vingt mesures de terres; lesquelz capitaines seront par nous choisis d'entr'eux, et monstrans leur naturelle inclination et affection par leur comportement seront gratifiez ou demis tout ainsi que bon nous semblera. Outre ce que nous avons délibéré de récompenser tous ceulx qui viendront la première année en la terre, des conditions cy après plus amplement déclarées. A savoir que quiconque d'entr'eux fera les frais de cent cinquante florins pour se passer et son mesnage par delà, et des choses nécessaires, dont lesdicts commissaires leur donneront advis, sera récompensé de soixante mesures de terre, avec titre de bourgeoisye et la place

pour bastir une maison en la ville au second rang des carrefours. Quiconque d'entr'eux fera les frais de trois cens florins
pour passage et des choses nécessaires selon
l'advis que dessus , sera récompensé de
cent mesures de terre, avec tiltre de citoyen, et place pour bastir une maison en
la ville au troisiesme rang des carrefours ;
et quiconque pourra faire les frais de la
somme de six cens florins , en amenant à
ses despens avec son mesnage six autres
pouvres mesnages pour habiter les champs,
furnis des choses nécessaires selon l'advis
que dessus , aura deux cens mesures de
terre dont il pourra faire part ausdictz mesnages, chascun dix mesures de terre pour
le plus. Et un tel homme sera faict noble et
se pourra intituler écuyer et aura oultre sa
maison aux champs place pour bastir une
maison en la ville aux coings du second
rang des carrefours. Quiconque pourra faire
les frais de douze cens florins y amenant à
ses despens avec son mesnage douze aultres
pouvres mesnages pour habiter les champs,
fornis des choses nécessaires selon l'advis
que dessus , aura quatre cens mesures de
terre dont il pourra aussy faire part ausdictz
mesnages, chascun dix mesures de terre
pour le plus, et un tel sera faict chevalier ,
ayant place pour bastir une maison, oultre
celle des champs, en la ville aux coings
du troisième rang des carrefours.

« Pour les autres qui excèderont ledict
nombre de mesnages et laditte qualité et
moyens, nous avons à nous mesmes réservé
le traicté avec eux, car s'il y en avoit qui en
pourroient amener cinquante ou cent mesnages aux despenses de leur compaignie ,
nous leur permetrons bastir villes ou bourgades à part, là où ils se pourront gouverner
par leur magistrat , en nous donnant an-

nuelle recognoissance comme au seigneur
propriétaire.

« Et pour ceux qui viendront les aultres
années après , nous y pourvoyerons tellement que chascun aura contentement, non
toutes fois en telz priviléges comme ceulx
du premier voyage.

« Quant à ce qui regarde les lois et police, nous en avons desjà conceu de telles
que nous asseurons que chascun les aura
pour agréables. Toutesfois avant qu'elles
soient arrêtées , elles seront examinées par
les plus habiles et entendus d'entr'eux ,
pour librement dire leur advis , prians un
chascun qui veut estre de la compaignie ,
pour les entrailles de la miséricorde de
Dieu, de ne se point adonner ny affection-
ner à ces faux biens, mais en user modes-
tement, et y vouloir plus tost venir pour
s'exempter de n'en avoir jamais besoing ;
car le pays estant abondant nourrira bien
noz enfans et les enfans de noz enfans ,
sans nous mettre en telle sollicitude, et
soing pour les eslever comme faisons icy.
Supplyans tous princes, potentatz et répu-
blicques aux oreilles de qui nostre ditte intention pourra parvenir, d'avoir en favorable recommandation et nous prester toute faveur et assistance, comme chose qui indubitablement leurs apportera la descharge
de plusieurs pouvres subjetz (et) la bénédiction de ce grand dieu duquel nous implo-
rons de bon cœur le secours. Donné à ...
ce sixième jour de septembre mille six cens
quatre.

« LAMORAL D'EGMONT. »

« Suit en latin l'évangile selon saint
Jean.

« Tel était le plan de ce *Champ d'Asile*.
Le prince de Gavre , avant d'avoir trouvé

sa *Barataria* et construit sa petite *Salente*, se mettait, comme on l'a vu, à exercer l'autorité suprême, et, se souvenant sans doute que ses ancêtres étaient souverains, il rendit d'abord *proprio motu* soixante-trois ordonnances, comme l'aurait pu faire le roi des Espagnes, ordonnances par lesquelles il formait sa maison et conférait des dignités et des commandemens dans ses troupes futures. Ces patentes, toutes contenues dans le manuscrit, sont suivies d'acceptations en blanc comme elles, pour la plupart. Cependant quelques unes sont remplies et revêtues des signatures des intéressés. Parmi ces dernières, on trouve avec surprise les noms de quelques gentilshommes respectables qui donnaient tête baissée dans les rêveries du comte d'Egmont. Mais ces rêveries ne furent jamais réalisées que dans le pays d'Utopie, terre immense, infinie, et où il est permis au premier venu d'élever des trônes et de fonder des empires. »

BULLETIN BIBLIOGRAPHIQUE.

Manuel de généalogie historique, etc., 1 vol. in-12, par M. J. B. Fellens.

Voyage dans le pays basque et aux bains de Biarritz, 1 vol. in-12, par M. Prosper de Lagarde.

A M. Jules Taschereau, directeur de la Revue rétrospective, sur le musée de Versailles, une brochure in-8°., par M. Eckard.

Teresita (drame espagnol en quatre journées), une brochure in-12, par M. de Covert Spring, de Barcelonne.

Sur les travaux et embellissemens de la Place de la Concorde, une brochure in-8°.

Archéologie du Violon, une brochure in-8°., par M. Cyprien Desmarais.

Précis sur les pyramidions en bronze doré, une brochure in-8°, par M. Hittorf.

Cathédrale de Belley, de sa reconstruction, une brochure in-8°., par M. Depery, vicaire général de Belley.

Histoire politique civile et religieuse de la Saintonge et de l'Aunis, 2 premiers volumes in-8°., par M. Massiou.

Commentaires sur le code pénal, 2 vol. in-4°, par feu Carnot, conseiller à la cour de Cassation.

Élémens d'histoire naturelle, 1 vol. in-4°, par M. C. Saucerotte.

L'actionnaire, revue industrielle, une brochure in-8°.

Lettre du fondateur de la Société de la Paix de Genève, M. le comte de Sellon, sur les derniers événemens de la Suisse, une brochure in-8°.

Le secrétaire perpétuel, EUGÈNE DE MONGLAVE.

MÉMOIRES.

RAPPORT

SUR UN VOYAGE FAIT EN ORIENT PENDANT L'ANNÉE 1836, PAR ORDRE
DU GOUVERNEMENT FRANÇAIS.

Messieurs,

Parti au printemps de l'année dernière dans le but de joindre mes travaux à ceux de mon ami Charles Texier, pour explorer l'Asie mineure et particulièrement la côte de Caramanie, province riche en monumens inconnus, j'arrivai à Toulon peu de jours avant le départ du bâtiment à vapeur le Sphinx, chargé d'une mission spéciale pour Athènes. Le voyage fut rapide ; bientôt la Corse et la Sardaigne, l'Archipel de Lipari et le cap Pelore, Messine et l'Etna se succédèrent à nos regards ; le matin du sixième jour, la Grèce parut à l'orient avec l'aube.

Les pics élevés de Navarin, l'antique Pylos, sont les premiers points que signalent les navigateurs ; Modon, Coron et le golfe de Messénie, la chaîne du Taygète, encore couverte de neige au mois d'avril, se dessinèrent ensuite avec l'aridité qui caractérise toutes les côtes méridionales du Péloponèse.

Le cap Matapan, point le plus saillant de la Morée, porte quelques villages grecs entourés d'oliviers ; il ferme à l'occident le golfe de Laconie ; la côte prolongée d'Épidaure-Limera, le golfe d'Argos, l'île d'Hydra que surmonte un beau monastère, passèrent devant nous jusqu'au golfe d'Athènes, au centre duquel s'élève Égine, couronnée d'un temple de Jupiter.

Déjà depuis cette île célèbre le mont Hymette se dessine à l'horizon oriental ; le Pentélique, plus éloigné, vient y joindre ses formes vagues pour clore l'Attique au septentrion ; un rocher blanchâtre brille sur l'azur de ces deux montagnes, c'est l'acropole d'Athènes.

Entre Égine et le Pirée, les navires de guerre prennent un pilote ; nous reçumes à bord du Sphinx un pauvre pêcheur dans son costume pittoresque et nouveau pour moi ; il devait nous guider sur cette côte sinueuse ; on entre dans un canal étroit formé par la Péninsule Piréique, et à gauche par une île basse et allongée qui est Salamine. Alors se développe une belle rade abritée de tous les vents ; le mont Égallée la protège au nord ; une colline rapide et desséchée conserve les traces des travaux qu'y fit faire Xercès pour placer le trône d'où il devait assister à l'agonie de la Grèce ; il vit à ses pieds la défaite de sa flotte et le triomphe de Thémistocle.

Le vaisseau français le Triton était au mouillage de Salamine ; il portait le pavillon du chef de notre station militaire en

Orient. J'y appris de l'amiral Massieu de Clairval que je chercherais vainement le voyageur Texier sur les côtes de l'Asie ; qu'obligé de partir plus tôt qu'il n'avait pensé pour profiter d'un navire, il devait être déjà vers Tarsous, et que bientôt sans doute il traverserait le Taurus. Je vis donc là s'évanouir une partie de mes projets de découvertes ; mais j'étais à Athènes que j'avais tant de fois rêvée dans le cours de mes études d'artiste ; je devais oublier le contretemps qui m'y retenait à loisir.

Après vingt-quatre heures passées à bord du Triton, je pris congé de l'amiral et de son état-major, puis je fis voile vers le Pirée ; quelques maisons à peine terminées, un petit marché, des auberges et des baraques en planches, le tout groupé autour d'un port en désordre, tel est l'état présent de ce lieu célèbre. A en juger par les ruines encore visibles, une ville riche et de quelque étendue y forma l'entrepôt du commerce et des forces maritimes d'Athènes.

Le port primitif était plus au sud, dans une anse en forme de cercle, nommé Phalère ; Thémistocle devenu archonte, le fit remplacer par le Pirée et ses havres nombreux. Dans l'enceinte de constructions cyclopéennes qui s'étend vers le nord, à auche avant d'entrer dans le port moderne, on voit une anse profonde qui formait le port Cantharus ; il était séparé de l'Aphrodisium, ou grand port, par une pointe de terre où fut construit par l'architecte Philon un arsenal dont on reconnaît tout le contour et plus d'un fragment digne d'intérêt.

L'entrée de l'Aphrodisium, nommé aujourd'hui port Lion, se présente ensuite ; des constructions sous-marines indiquent qu'il était clos par des piliers portant une chaîne ; un lion colossal en marbre, trans-porté à Venise en 1687, décorait un piédestal qui se voit encore auprès des ruines de ces jetées.

L'Aphrodisium avait pris son nom d'un temple de Vénus construit par Thémistocle, après la victoire de Salamine ; des fouilles exécutées depuis peu d'années pour la construction d'un magasin, ont fourni quelques tambours de colonnes et des inscriptions curieuses indiquant les noms de plusieurs amiraux grecs et les détails d'armement de leurs flottes ; ces ruines déterminent l'emplacement du temple de Vénus. Conon consacra un second temple à la déesse après la victoire navale qu'il remporta près des côtes de Carie sur les Lacédémoniens.

Au nord de l'Aphrodisium, après avoir suivi dans toute leur étendue les ruines de l'arsenal, on entre dans un marais qui formait le troisième port ; on le nommait Zéa, parce qu'il était réservé au déchargement des blés. Aristophane dit que des portiques y étaient destinés au mesurage des grains. Au fond de ce port était la nécropole du Pirée, de nombreux tombeaux creusés dans le roc, des débris de marbre sculpté, des inscriptions funèbres se retrouvent sur toute son étendue.

Un colline qui sépare l'Aphrodisium de Phalère domine aussi un cinquième port nommé Munychie ; les galères sortant du Pirée ne pouvaient y arriver qu'en passant entre Salamine et les murailles dont on suit toute l'étendue autour de la Péninsule piréique, à l'extrémité de laquelle se trouve le tombeau de Thémistocle. La forme de Munychie est ovale ; autour sont des restes de magasins ; à peu de distance on reconnaît les ruines d'un théâtre voisin de celui du Pirée, et celles d'un temple de Diane converti en chapelle chrétienne que les

Turcs ont détruite dans la dernière guerre.

Après avoir levé un plan de toute cette côte, je me dirigeai vers Athènes par une route neuve que les Bavarois terminent en ce moment. A droite, à peu de distance des dernières maisons du Pirée, on voit les restes des longues murailles que Thémistocle fit construire pour joindre la capitale aux fortifications du port; élevées de 40 coudées, leur épaisseur était considérable; de nombreuses tours en défendaient l'approche. Leur direction n'était pas parallèle dans toute l'étendue qu'elles parcouraient; un angle s'ouvrait près du Pirée pour envelopper les cinq ports désignés plus haut; puis en se rapprochant d'Athènes elles s'éloignaient de nouveau l'une de l'autre pour se relier à son enceinte.

C'est sur le terrain que traversèrent autrefois ces murailles que se livra la malheureuse bataille qui coûta la vie au brave Karaiscaki, l'un des héros de la Grèce moderne; son tombeau s'élève dans la plaine à un demi mille du Pirée.

La clôture antique d'Athènes se reconnaît encore dans une partie de son périmètre; une enceinte moderne, beaucoup plus resserrée, disparaît en ce moment pour laisser la capitale du roi Othon s'étendre, s'il lui est possible, autant que la ville de Périclès.

Je ne peindrai point l'état antique d'Athènes, non plus que sa physionomie moderne; la tâche serait au dessus de mes forces; et si Pausanias nous a décrit dans tous leurs détails les édifices qui décoraient cette ville, lorsqu'elle brillait encore de tout son éclat, plus d'un habile écrivain a fait connaître de nos jours quelle est maintenant sa misère et sa décadence; je dirai cependant que, vers la partie basse de la ville, le dernier siége qui en 1827 réduisit en cendres toutes les habitations et presque toutes les églises d'Athènes, endommagea peu les édifices antiques. Le temple de Thésée, ouvrage de l'architecte Micon, est intact, sauf quelques traces de boulets qui sillonnèrent légèrement deux ou trois de ses colonnes; converti de nos jours en musée, ce bel édifice, construit entièrement en marbre pentélique, reçoit dans son enceinte tous les fragmens de sculpture que les excavations font sortir fréquemment du sol de la ville moderne. Sous ces portiques et en dehors des colonnes, des siéges en marbre, des tombeaux enrichis de bas reliefs attendent une classification qui bientôt leur assignera une place digne de l'intérêt qu'ils présentent.

La tour des vents, la lanterne de Démosthènes, le portique d'Auguste, édifices non moins précieux pour l'art que le temple de Thésée et presque aussi complets, ont survécu au dernier désastre d'Athènes; je dirai plus, ils lui doivent en quelque sorte une nouvelle vie, puisqu'ils sont dégagés aujourd'hui des constructions étrangères qui les faisaient disparaître en partie sous leur voisinage informe. Le temple de Jupiter Panellénien et la belle enceinte sacrée qu'Adrien fit construire autour, n'ont souffert aucune atteinte des boulets et de l'incendie des barbares. L'arc d'Adrien et le temple de Jupiter Olympien me rappelèrent dans tout leur entier la belle publication qu'en ont faite Stuard et Revet.

Mais il n'en est pas ainsi de la citadelle; c'est là que se porta toute la fureur des assiégeans; la population athénienne renfermée dans cette étroite enceinte y fut long-temps exposée au bombardement et à une canonnade opiniâtre; et plus de 30,000 projectiles dont on retrouve les débris de toutes parts y mutilèrent les hommes et les temples.

Le Parthénon, chef-d'œuvre de l'art grec, réunion de ce que l'architecture et la statuaire ont jamais produit de plus parfait, brisé par les Vénitiens, dépouillé par lord Elgin, devait souffrir encore plus d'un affront de la main des hommes; ses colonnes dorées par le soleil d'Orient sont brisées par les projectiles; la face méridionale de la cella est en partie renversée; on pense à la relever. Les propylées ont souffert aussi; mais l'Érecthéum compte à peine encore une colonne en place; la chapelle de Pandrose est complète, sauf le rapt fait par l'Écossais. Le monument de Trasyllus et le temple de l'Ilyssus n'existent plus.

Après un examen sérieux de ces édifices, je pensai à recueillir ce que l'antiquité a acquis de nos jours par les découvertes récentes. Sur l'acropole ou rocher qui forma, depuis l'origine, la citadelle de la ville, à l'angle occidental des propylées, les déblais ont mis à découvert le temple de la victoire sans ailes, situé, selon Pausanias, au lieu d'où se précipita Égée lorsqu'il aperçut le vaisseau de Thésée avec une voilure noire. On découvre de là tout le golfe Saronique.

Depuis le voyage de Spon et Weler, l'édifice a été détruit jusqu'à la hauteur des bases des colonnes; une batterie turque, maçonnée sur le plan, l'avait fait entièrement disparaître; et une grande incertitude régnait encore sur le lieu précis qu'il avait occupé; les colonnes et les pilastres, les bas-reliefs de la frise, tous les détails sculptés et les assises de la cella furent jetés en désordre dans les constructions militaires; ce temple renaît aujourd'hui de ses ruines; la destruction de la batterie a fait reconnaître successivement dans les blocages presque tous les membres de ce beau monument; le gouvernement grec met tous ses soins à le faire rétablir dans son état primitif. Mes dessins vous feront connaître plus tard la forme et les proportions de ce temple.

En franchissant les propylées, dont on s'est fort peu occupé, puisqu'elles servent encore de base à une immense tour vénitienne, on arrive au Parthénon, où s'exécutent des fouilles intéressantes. Un bas-relief qui formait le commencement de la procession des panathénées, est sorti presque intact de terre, à l'angle droit de la façade orientale du temple. De ce même côté le nivellement des terres a mis au jour un piédestal de statue situé à dix mètres dans l'alignement de la face latérale du nord.

Un fragment d'architrave courbe, trouvé dans l'axe du Parthénon, indique la place qu'occupait le petit temple circulaire consacré à Rome et à Auguste; une longue inscription en fait connaître la dédicace. Plus loin, toujours à l'Orient, les remblais couvraient un grand nombre de tambours, de colonnes en marbre pentélique, préparés pour la construction du Parthénon, et tels qu'ils furent montés à la citadelle par les machines, c'est-à-dire à l'état brut, et seulement épannelés. Ces marbres sont semblables en tous points à ceux qui sont rangés symétriquement dans le mur septentrional de la citadelle; et la nouvelle découverte me semble devoir faire renoncer à l'idée consacrée jusqu'ici que ces tambours de colonnes firent partie du temple brûlé par les Perses. On aurait dû remarquer qu'ils ont encore les tenons qui les fixaient aux câbles des machines, ce qui démontre qu'ils ne firent jamais partie d'un édifice achevé.

A l'angle gauche de la façade orientale du Parthénon, une excavation profonde a produit des couches successives de charbon et de marbre calciné; là doivent se reconnaître les débris du temple primitif. Des fragmens de terre cuite, tels qu'antefixes, tuiles de recouvrement et fragmens de corniches, démontrent que le premier temple de Minerve, remplacé par celui qui existe aujourd'hui, était d'une construction toute différente, et que la coloration extérieure en formait tout le décor.

Sur le sol de la ville, à peu de distance du temple de Thésée, la destruction d'une maison moderne a fait voir, dans l'épaisseur des murailles, deux colosses en marbre, dont un, encore sur son piédestal, représente Érichtonius, avec des jambes en forme de serpent; le second colosse est plus mutilé. On aperçoit derrière chacune de ces statues des restes de pilastres indiquant qu'elles firent partie d'un édifice décoré sur ses faces de représentations héroïques. Peut-être doit-on reconnaître ici une partie du Pœcile ou du gymnase de Ptolémée, qui étaient situés dans ce quartier d'Athènes. Vers la partie de la ville moderne où se construit le palais du roi Othon, de nombreux tombeaux grecs et romains sont sortis des tranchées nécessitées par les fondations. Décorés de bas-reliefs allégoriques et d'animaux, ces sarcophages furent transportés au temple de Thésée, où, comme je l'ai dit plus haut, se forme aujourd'hui un musée d'antiquités.

J'avais ainsi étudié Athènes païenne; je songeai à me livrer à mes études spéciales du moyen-âge et à recueillir les matériaux nécessaires à l'histoire de l'architecture chrétienne, mais cette ville ne pouvait me suffire; je dus penser à aller chercher à Constantinople même l'architecture byzantine; l'amiral m'en fournit l'occasion : il me fit savoir qu'il expédiait un navire pour

l'Asie : le lendemain j'étais à bord du brick l'Alacrity. Je vis le cap Sunium et son temple, les îles de Négrepont et d'Andros, Scyros et Psara, et le beau golfe de Smyrne.

La ville turque se développe en amphithéâtre au pied du mont Sypile; elle renferme quelques antiquités, un stade, les restes d'un portique et d'un théâtre, des débris à la fontaine de Diane, une tête colossale à la citadelle; après Athènes, ces ruines avaient peu d'intérêt.

Smyrne offre plusieurs églises grecques modernes, dans lesquelles j'ai pu reconnaître plus d'un usage de la primitive église. Je signalerai, par exemple, la suspension du Saint-Sacrement, l'emploi des rideaux sacrés, enrichis des peintures du Nouveau-Testament, analogues en cela aux descriptions des premiers auteurs chrétiens. A Scio, à Tine, à Syra, et dans les autres îles de l'Archipel, j'ai reconnu, à la forme des églises modernes, la transmission non interrompue du style consacré autrefois à Byzance, et la conservation des ornemens peints et sculptés des époques voisines des croisades.

Enfin, de Smyrne je me dirigeai vers Constantinople, par les côtes de la Troade et les Dardanelles; dans la ville du sultan, où je pus visiter les mosquées et les palais, je reconnus que de nombreuses églises grecques avaient survécu à la conquête des Turcs et qu'elles avaient dû leur conservation à ce qu'ils les transformèrent en mosquées.

On voit dans ces églises l'influence qu'exerça sur leur forme le type établi par Isidore de Milet dans le temple de Sainte-Sophie, consacré sous Justinien. On y peut suivre les modifications qui s'opérèrent par la succession des siècles, jusqu'au temps où elles donnèrent aux Vénitiens les formes qu'ils adoptèrent pour l'église Saint-Marc, dans leur capitale.

De retour à Athènes, j'y continuai ces études chronologiques. Cette ville est riche, non-seulement en églises grecques, mais encore en basiliques construites sous l'influence de l'église d'Occident. Là, plus qu'ailleurs, on distingue la différence des deux écoles d'architecture chrétienne qui se partagèrent les constructions religieuses aux dixième et onzième siècles.

Dans mon second voyage en Grèce, je m'appliquai à poursuivre ces recherches intéressantes sur tous les points les plus importans des Cyclades et de la Morée, cherchant l'introduction du style byzantin, en Occident, par les îles Ioniennes, la mer Adriatique, Venise et ses conquêtes. Cet examen s'est terminé par l'état lombard et la Suisse italienne.

ALBERT LENOIR,

Membre de la 4e classe de l'*Institut historique*.

————◦◦◦◦◦◦————

DÉCOUVERTES ARCHÉOLOGIQUES

FAITES DANS L'OUEST DE LA FRANCE, DEPUIS 1830 JUSQU'A LA FIN DE 1836.

Aucun auteur n'avait encore signalé de constructions romaines dans le département d'Ille-et-Vilaine ; mes recherches m'y ont fait découvrir deux chapelles avec murailles en *minuto-lapide*, avec cordons de briques interposés, et le haut des portes et fenêtres en voûtes plein-cintre, à claveaux étroits, coupés concentriquement à leurs deux extrémités.

La première de ces chapelles (*sacellum*) est celle de Saint-André, à Domagné, bourg à trois lieues de Vitré, près de la route de Rennes. Tout le sol y est rempli de ces tombeaux en calcaire tertiaire coquiller, creusés en auge, avec un couvercle monolithe de même nature ; on les trouve sur les lieux qui urent les cimetières des premiers chrétiens dans la Gaule occidentale.

La seconde chapelle est celle de Sainte-Agathe, située au bourg de Langon, à l'est de Renac, sur le bord de la Vilaine, entre Rennes et Redon. Ce *sacellum*, consacré à Vénus dans son origine, ce que nous révèle un ancien titre par l'expression de Sanctæ-Veneris, dut être la primitive église du pays, ainsi que la précédente, mais il diffère de celle-ci par la présence d'un petit rond-point voûté en four, au milieu duquel est un autel païen sans doute, de forme cubique : l'arcade qui dessine l'entrée de ce petit sanctuaire nous offre les restes d'un zodiaque peint à fresque. Cette chapelle, abandonnée comme celle de Saint-André, est un des monumens les plus curieux de la France occidentale. Près d'elle est un if auquel on peut assigner dix siècles environ d'existence : il est encore très vigoureux.

J'ai reconnu le premier que Visseiche (*vicus sipiæ*) était le *Sipia* de la carte des Peuttinger : c'était la route directe de *Condate-Redonum*, ou Rennes, à *Juliomagus*, Angers.

Au mois d'octobre dernier, étant allé explorer derechef l'antique Durétie , aujourd'hui le bourg de Rieux, au-delà de Redon, j'ai découvert l'étape ignorée des cohortes romaines au bourg de Loheac, situé à moitié distance de Rieux à Rennes ; le sol de cette mansio est jonché de briques romaines, sur une étendue de trois journaux dans le voisinage de l'église.

L'assiette du château de Rieux a pu être primitivement un camp romain, car on voit en avant, une esplanade qu'on pourrait considérer comme un *lorica*, entouré d'un rempart et d'un fossé du côté de la Vénétie. Ce camp retranché servait là de tête de pont pour le passage de la Vilaine.

Le promontoire opposé, autre position stratégique d'une haute importance, conserve encore des bas de murailles romaines, formant des espèces de petites cellules dont j'ai peu conçu l'usage. C'était là que les cohortes durent prendre position, et tout préparer pour le passage de la Vilaine et l'attaque de Durétie, placée comme avant-poste des Vénètes.

Après avoir visité *Fanum-martis*, la capitale des Curiosolites, actuellement le bourg de Corseul, j'ai rencontré auprès de Dinan, au bord de la Rance, une muraille romaine longeant la rivière, accompagnée de beaucoup de décombres d'édifices ; cet établissement était sur la route directe des *Abrincantui*, par Dol, à *Fanum-martis*; il est dominé par la hauteur qui porte actuellement le bourg de *Taden*, mot breton qui se forme de *tad*, père, patriarche.

J'ignore si l'on a signalé le dernier reste des murailles de la cité des Aléthiens, *Alethum*, construite sur ce promontoire, qui porte aujourd'hui le fort de la cité, en face de Saint-Malo. En arrivant sur cette hauteur, on trouve encore le sol jonché de fragmens de briques romaines.

Une tour du château de Brest a conservé le nom de Tour de César, parce qu'elle remplace sans doute la tour romaine, érigée en mémoire de la prise de la dernière ville du peuple armoricain, par les vainqueurs de la Gaule. J'examinai avec l'attention la plus scrupuleuse toute la forteresse. Je finis par reconnaître au bas des courtines qui rejoignent les deux tours de la porte d'entrée du côté de la ville , une muraille romaine rasée à fleur de terre, descendant jusqu'au rocher, et dont le parement encore intact, sur trois ou quatre pieds de hauteur, conserve ses cordons de briques entre les assises du *minuto-lapide*, ou pierres de petit appareil. Cette importante découverte, que je fis en 1815, fixa irrévocablement à Brest le *Brivates-portus* ou *Gœso-cribate* des anciens géographe

Une tour du château de Vitré porte aussi le nom de Tour de César. Si elle n'est pas romaine, elle est du moins construite *more romano;* et, ce qui est bien remarquable, c'est d'y voir les cordons de briques remplacés par la phylade ardoisine de la localité.

J'ai observé, à la fin de l'été dernier, une autre tour romaine, mais isolée comme un blokaus, située au dessous de Sablé (département de la Sarthe) ; elle se trouve à quelque distance de la rivière, dans une localité où rien ne peut expliquer le motif de sa construction.

On ignorait qu'il existât des restes d'édices romains à Grenoux, petit bourg situé presque à l'extrémité du faubourg de Laval, sur la route de Fougères ; je les y ai découverts il y a deux ans, et c'est sur mes indications que cette localité s'est trouvée mentionnée plus tard par notre collègue M. Verger, de Nantes. Les habitans m'ont assuré que leur chétive bourgade avait été décorée du nom de cité. Tout près de l'église est le bassin d'une fontaine, jadis sacrée, sans doute, qui formait un ruisseau assez considérable, aujourd'hui sans écoulement. En consultant sur l'étymologie du mot *grenoux* M. Eloy Johanneau, il a reconnu qu'il pouvait dériver du mot grec *créné*, fontaine.

Je crois me rappeler avoir encore reconnu le caractère des constructions romaines dans quelques parties de l'antique église de Notre-Dame de Prise ou des Périls, considérée comme la première église du pays Lavallois. J'ai publié une notice sur celle-ci dans l'annuaire du département.

Le port d'Erqui, *Reginea*, de la carte des Peuttinger, était une position trop importante pour que je n'allasse pas l'examiner à mon tour. J'y ai trouvé les restes d'un édifice romain assez considérable, mais nulle trace de ce temple dont on a le plan et une description succincte dans les Antiquités de Caylus; je l'ai vainement cherché de toutes parts, et personne n'en a eu connaissance dans le pays. La tradition rapporte au sujet d'Erqui, que cette ville s'appelait jadis Nazado.

En étudiant les monumens druidiques de la Lande de Cozjou (vieux Jupiter), entre Saint-Just et la route de Rennes à Redon, j'appris que la primitive église paroissiale du pays était au pied des hauts rochers qui la bordent du côté du Nord : l'édifice n'est plus qu'un amas de ruines qu'il me fut aisé de reconnaître pour avoir appartenu à une construction romaine. Le temple était en effet dirigé, ainsi que ceux de Jupiter, du nord au midi. Cette localité est le Carnac du département d'Ille-et-Vilaine.

Outre l'église de Saint-André de Domagné, j'en ai trouvé une seconde sous le même vocable, à l'Ile de Noirmoutier, tout le sol adjacent rempli de briques à crochet et de fragmens de poteries diverses, parmi lesquelles j'ai même rencontré un morceau de vase étrusque, avec figures, etc. Tant de preuves ne nous laissent aucun doute que cette chapelle ne fût elle-même de construction romaine. André, *Andréas*, c'était l'homme par excellence.

Dans la Vendée j'ai rencontré pareillement une assez grande quantité de briques romaines à Secondini, près de Parthenay. On a cru que ce pourrait être le *Segora-Mansio*, ou bien à Sigournai, plus à l'occident? Près de Secondini se trouve un Alonnes dont l'église renferme, m'a-t-on dit, le tombeau d'un chevalier romain.

A Saint-Nazaire, port situé à l'embouchure de la Loire, j'ai déterminé la position du Château de Brutus, destiné à perpétuer la mémoire du jeune vainqueur de la flotte des Venètes; il se trouvait près du prieuré, dans les champs dits *du Parc*, à peu de distance du beau dolmen, ou plutôt porticelle, puisque celui-ci se réduit à une table étroite, soutenue par deux montans. On venait d'extraire du sol qui formait l'assiette du château romain deux tronçons des colonnes qui le décoraient; tout ce sol est rempli de morceaux de briques, de poteries; on y a trouvé aussi des urnes cinéraires, etc. M. Johanneau pense que le nom de Saint-Nazaire dérive des mots latins *sanctus nectarius*, surnom de Bacchus, divinité dont les vierges samnites célébraient le culte dans une ile située à l'entrée de la Loire. On indiquait faussement le château de Brutus à l'endroit où se trouve l'église de Saint-Nazaire.

Les environs de la petite ville de Cuerrande nous offrent, dans un espace de peu d'étendue, quatre positions romaines : 1° celle de *Crémaguen*, au sud de la ville, sur la route de Saillé; 2° celle de la route de Conbor au bourg de Batz : elle occupait le *champ de Goligon*, près de la descente rapide qu'on appelle le chemin de Casse-Col : quelques menhirs sont dans le voisinage ; 3° celle de *Careil.* L'éminence qui porte l'église est pleine de briques à crochet et autres. Enfin, la quatrième est à l'occident de Guerrande ; elle occupait la hauteur sur laquelle on a bâti depuis la petite église de Trescalan ; celle-ci est peu distante du petit port de la Turbal ou Trubal, comme l'écrivent d'autres géographes. On trouve chez quelques-uns : Guerrande, autrefois port de mer. On le dirait aussi judicieusement de Montmartre, ou de Belleville, près de Paris.

Une autre position romaine se trouve à la jonction de la péninsule du côté du Croisic, à la terre du bourg de Batz. Près de celui-ci j'ai trouvé encore une brique romaine dans les environs de la pointe de Ladillanne.

Au bourg de Besné, jadis l'île Vidunette, qu'ont dû fréquenter les Romains, j'ai recueilli pareillement une brique à crochet parmi des décombres extraits des environs de l'église.

En remontant la Loire j'en ai encore trouvé une pareille à Saint-Florent le-Vieil, parmi des débris d'anciennes constructions. Les géographies de l'an 1500 citent cette localité sous le nom de MONS GLONNÆ INSULA, et déjà depuis bien des siècles elle a cessé d'être une île.

J'avais omis la position romaine de St-Malo-de-Phily, bourg situé à l'est de Lohéac, sur la haute colline qui forme la rive droite de la Vilaine. Au-delà de la partie occupée par les pierres druidiques, l'excavation du chemin qui longe un bois a mis à découvert, sur la coupe du terrain, de nombreuses briques à crochet disséminées.

A l'île-Dieu, qu'on pourrait appeler l'île des Monumens druidiques, l'île Sacrée, l'île de la Divinité, enfin l'île de Dieu, comme on l'appelle encore, vis-à-vis, dans la Vendée, j'ai rencontré les derniers restes de l'ancien l'édifice lequel se trouvait à l'entrée du Port-Romain lequel ne forme plus aujourd'hui que le marais de la Guierche. Il en est ainsi à Noirmoutier du fond de l'anse du Vieil, le port des Romains dans cette autre île ; les prairies basses qui l'occupent se trouvent encore submergées chaque hiver, et sont barrées, comme à l'île-Dieu, par une dune fort spacieuse. J'ai reconnu le même état de choses à Erqui, comme si l'Océan, par ses attérissemens, se fût joint aux Gaulois, pour leur faire secouer le joug de la domination romaine.

Diverses positions de lieux et de villes restant encore plus ou moins incertaines, j'ai voulu joindre mes efforts à ceux de mes prédécesseurs sur la géographie archéologique, pour en fixer la place avec plus d'exactitude ; ce sont *Corbilo, Ratiatum, Secor-Portus, Vindana-Portus,* le *promontorium Pictonum,* enfin, les îles Nésiades.

Ayant vu presque vis-à-vis de Nantes, au bourg de Rezé, les traces d'une grande cité qui s'étendait, à l'embouchure de la Sèvre dans la Loire, sur une demi-lieue de longueur, j'en ai conclu que ce ne pouvait être là que l'importante ville de CORBILO, et non pas le *Ratiastum* ou *Ratiatum,* capitale du petit *Pagus ratiatensis.* Si Danville eût visité Couëron, ainsi que je l'ai fait au printemps dernier, il n'eût pas songé à supposer là Corbilo, cette rivale de Marseille et de Narbonne ; jamais une grande ville ne périt sans laisser beaucoup de débris ; et à Couëron il n'en existe d'aucune espèce.

Séduit par l'analogie du mot Rezé avec *Ratiatum,* M. Athenas, de l'Académie nantaise , établissait trop excentriquement à Rezé la cité des Ratiates ; mais *Ratiatum* était un port de mer; et jadis Saint-Père-en-Retz l'était; et grace à son golfe aujourd'hui comblé par les vases, et fermé en outre par une chaîne de dunes, comme les ports romains d'Erqui, de Noirmoutier et de l'île Dieu, le *Ratiatum--portus* s'ouvrait directement dans l'Océan à l'embouchure de la Loire. Des titres, des médailles, des restes de constructions romaines, la position centrale, tout ne m'a laissé aucun doute que ce bourg de Saint-Père-en-Retz, dans lequel s'est fondu celui de Sainte-Opportune son voisin, plus antique, n'ait été le chef-lieu de ce territoire, qui a reçu plus tard le nom de Duché de Retz ou Rais.

Si Danville eût pris en considération l'indication si positive de *sub ostio Ligeris*, relativement à la place du *Secor*, ou *Sicor-Portus*, il n'eût pas mis celui-ci aux Sables-d'Olonnes; il l'eût fixé de préférence à Pornic. J'ignore pour quel motif le savant géographe n'a pas cru devoir tenir compte de cette spécification de localité d'après *Dominicus Marius Niger* : rien de bien antique aux Sables-d'Olonnes n'avait pu déterminer cette préférence.

C'est également d'après *Dom. Marius Niger* que je fixe à Audierne le *Vindana-Portus* si contesté, trouvant un îlot, ou plateau de rochers appelé la Gamelle, au devant de son entrée.

Quel port de l'époque romaine établira-t-on au fond de la baie de Douarnenez, nommée antérieurement Baie de Poldavid, c'est-à-dire à l'époque où Douarnenez n'existant pas encore, Poldavid, au fond de son petit bras de mer, composait le seul endroit de la côte qui eût quelque importance ? Cependant, on trouve vis-à-vis de Douarnenez le reste d'une muraille ou mole de construc-

tion romaine, selon Cambry, voyage dans le Finistère. La carte de Jean Chartier, publiée en 1583, écrit Boldavit, et ne mentionne nullement Douarnenez.

Diverses cartes de cette époque appellent Raz de Fontenau, ou Fontenaw, le raz d'Audierne, passage compris entre la pointe de la Cornouaille armoricaine et l'île de Sein. Ce Fontenau, donné sur toutes les cartes comme un endroit jadis important, n'existe plus; vers sa position on rencontre le bourg de Plogof, vis-à-vis duquel, sur la côte du Sud, on voit la petite anse de Fontenau, seule localité qui conserve le nom de la peuplade anéantie.

La carte de Jean Chartier que nous avons déjà citée, se trouve dans le *speculum nautium maris occidentalis* : elle devient fort curieuse pour l'époque présente par l'indication de divers endroits qui ont changé de nom , de forme, ou disparu complètement. Parmi ces changemens de nom, je citerai dans le raz-d'Audierne, près de l'extrémité du cap, le rocher *keyserin*, appelé Rocher de l'Impératrice sur une autre carte : c'est aujourd'hui le petit Stevenec. L'autre rocher plus considérable, nommé *keyser*, César, ou l'empereur, est le grand Stevenec : il est plus au large et en avant de l'entrée du passage compris entre l'île de Sein et le continent, du côté du nord. L'île de Sein, de Sain ou des Saints, porte ici le nom de Séems.

Enfin, selon Dominicus-Marius Niger, le port du Conquet n'était encore connu que sous le nom de *Samas* au 13e et 14e siècles; il se trouve au-delà de Brest, à l'extrémité du département du Finistère.

Une carte publiée en 1570 par Joannes Jolivet et quelques autres du 16e siècle nous offrent, sur la côte de l'Océan comprise entre l'embouchure de la Loire et celle de le Vilaine, comme ports de mer ou lieux maritimes, *Virane*, *Anvenas*, *Arabon* ; d'autres géographes joignent à cette dernière cité le nom d'*oppidum* : la côte actuelle ne nous en offre plus aucune trace; peut-être que ces endroits occupaient les parties basses envahies par l'Océan; car une tradition, générale dans le pays, assure que jadis l'île Dumet tenait au continent. Elle en est distante aujourd'hui d'une lieue et demie. J'ai cru reconnaître sur la hauteur de Brandu, près de la Turbal, la position de Virane ; cette dernière peuplade n'est pas mentionnée sur la carte géographique *Ptolemœi-Alexandrini*, publiée en 1540 : mais elle mentionne les deux précédentes.

Anvenas serait, par sa situation intermédiaire, à l'entrée du golfe de Mesker, qui était jadis le bras septentrional par lequel les eaux de la Loire se jetaient dans l'Océan? C'était là que Ptolemée plaçait son *brivates-portus*, reporté plus à tort encore par M. Athenas entre Montoir et St-Nazaire, au petit port de Méan, dont le sol n'a dû commencer à s'élever au dessus des eaux que vers les 4° ou 5° siècles de l'ère actuelle.

L'embouchure de la Loire formait jadis un delta, large de 6 lieues, parsemé d'îles nombreuses, dont celle de Guerrande était la plus haute et la plus étendue : elle s'est rattachée au continent par l'isthme situé entre Pont-d'Armes et le Lyphard. Les Romains, m'a-t-on dit, avaient établi une chaussée sur cet isthme.

Cette grande terre était précédée par celle du Bourg de Batz et du Croisic, bien moins considérable, peut-être elle-même partagée en deux îles primitivement.

Alors toutes les oasis éparses dans le bassin de la bruyère-mottière étaient aussi des îles particulières, comme elles le sont encore pendant presque tous les hivers. Les plus considérables sont devenues l'assiette des bourgs et du territoire de Donges, de Montoire, de St-Joachim, de Crossac, de Besné, etc. ; d'autres, moindres, ne nous offrent que des villages ou de simples métairies, ou bien même restent encore inhabitées : les champs y portent le nom d'îles, comme dans le delta du Nil. C'est le granit qui forme partout ici la base du sol.

Ce vaste bas-fonds qui a 50 lieues de circonférence selon Ogée, occupait toute la partie nord du delta de la Loire, dont la rive gauche ou côté sud n'avait d'autres îles que le sol de Paimbeuf, et celui de St-Brevin, à l'entrée du fleuve, aujourd'hui soudés entre eux par une longue chaîne de prairies. Celles-ci vont se rattacher à la base des hauteurs de St-Viau, puis à celles de la Plaine, où leur extrémité disparaît sous l'Océan, à la pointe de St-Gildas.

Il faut encore joindre à cette série d'îles les plateaux sous-marins plus avancés dans l'Océan qui forment la Banche, le Four, et sur lesquels on voit parmi les rochers des restes d'anciennes constructions, au rapport des pilotes de St-Nazaire.

Tous ces faits, et la reconnaissance si manifeste et si facile de l'état ancien des localités, ne nous permettent pas de douter que toutes ces îles ne soient les *Nesiades* ou *Nestados insulæ*, mentionnées à l'embouchure de la Loire par les anciens géographes, et que tout le bas-fond compris entre la chaîne granitique de hauteurs, au côté nord, qu'on appelle *Sillon* de Bretagne, et du côté du midi, Côte de St-Viaud et de la Plaine, n'ait constitué primitivement la vaste embouchure du fleuve.

L'île de Noirmoutier n'est qu'un démembrement de l'extension de terres qui bordent la Loire du côté méridional. La carte de Claude Ptolemée Alexandrin, publié en 1540, celle de Jolivet et celle de Gérard Mercator nous représentent cette île comme entièrement continue avec le sol vendéen. Dargentré, en 1588 (histoire de Bretagne), nous offre, sur la carte qu'il joint à son livre, la rupture commençant à s'établir comme un étroit ruisseau descendant du nord au sud, et isolant ainsi cette portion de terre sous la forme d'un triangle obtus, ayant à sa pointe l'île Picler : celle-ci est nommée Piquelier par Jolivet, et s'appelle aujourd'hui le Pilier : son ancienne abbaye est remplacée par une petite citadelle. Nos yeux se fixent là sur un des beaux phares de la côte de France.

C'est de la connexion primitive du sol de l'île, par le pays d'Anjoubert (aujourd'hui submergé), avec le sol de la Vendée, puis de sa dislocation, qu'est résultée la confusion du nom de Heys appliqué tantôt à l'Ile-Dieu et tantôt à Noirmoutier ; puis reporté seulement à l'extrémité sud de cette dernière île. Gérard Mercator, dans une carte publiée en 1610, appelle l'Ile-Dieu Nermoistier, *Alys Heys*. Claude Ptolémée Alexandrin, appelle le Pilier, Labaye ; et l'Ile-Dieu, Hoye ; Jolivet conserve ce nom à l'Ile-Dieu, mais il appelle Haye, celle du Pilier. Telles sont les principales variantes de cette antique nomenclature. Rogier, dans sa carte du Poitou, publiée en 1579, ne présente l'île d'Hoye que sous le nom d'île de Dieu.

Dans la charte de fondation de l'abbaye de La-Blanche à Noirmoutier, en 1605, l'Ile-Dieu, *insula Dei* ainsi qu'on l'y désigne, se trouve ensuite citée sous le nom d'Oys, qui serait à notre avis une altération du mot Hoye sous lequel elle est portée sur les cartes antérieures à la fondation du monastère. Celui-ci établi d'abord sur l'île Picler (maintenant du Pilier), fut transféré sur l'île de Noirmoutier, *propter difficultatem loci*, mots que nous devons entendre par la difficulté des communications d'une île à l'autre, soit par bateaux, dès cette époque, ou seulement à cause de l'état de submersion à marée haute, ou simplement de marécage où se serait trouvé le bas-fonds compris entre Noirmoutier et l'île du Pilier. Une tradition locale nous présente comme assez récente la rupture de ces deux terres.

Dans l'acte de fondation de La-Blanche, Noirmoutier est appellé *Hero insula*, c'est-à-dire *Herus* si le mot n'est pas indéclinable : Valésius dit qu'on appelait indifféremment cette île *Herus* ou *Herius*. Ce serait de ces mots qu'on aurait fait *Nermoustier*, ensuite Nermoutier comme le disent encore les paysans de l'île ou de la Vendée, et d'où serait dérivé le nom actuel de Noirmoutier. Les bénédictins, premiers moines de cette île, étaient en effet vêtus de noir.

L'île de Noirmoutier s'avançait beaucoup plus autrefois dans l'Océan ; elle s'étendait sans doute jusqu'à ce haut-fonds hérissé de rochers qu'on appelle les Bœufs. En voyant les anciennes cartes nommer Armentier un village de cette côte occidentale aujourd'hui submergée et à plus d'une lieue de la côte actuelle, nous en conclurons que cet endroit *Armentarium*, était un terrain de paccages inférieurs couverts de gros bétail, dont ces rochers sous-marins appelés les Bœufs nous reproduisent le nom sous une autre forme.

Cette pointe occidentale de l'île, avant sa rupture d'avec le continent, pouvait bien être le *promontorium Pictonum*, par son grand prolongement dans l'Océan. Mais comme elle ne composait qu'un terrain bas auquel nous ne pouvons plus appliquer rigoureusement le nom de promontoire, je crois que ce lieu devait être aux Sables-d'O-lones ; il eût été formé par la pointe de la Chaume avec l'église Saint-Nicolas, s'avan-çant jadis beaucoup plus avant dans l'O-céan : c'était en outre une position centrale par rapport au pays des Poitevins.

En explorant en 1824, le célèbre monu-ment de Carnac, j'ai été fort surpris que tous les archéologues qui m'avaient précédé, n'eussent pas reconnu immédiatement qu'il se composait de quatre groupes principaux, et d'autant plus distincts qu'ils se ratta-chaient chacun à un système particulier, comme point capital ou de départ. L'un est un cromlech, l'autre deux paires de men-hirs, le troisième un long dolmen, le der-nier, en continuant de l'ouest vers l'orient, une enceinte à peu près carrée. Il ne faut pas omettre ici le Tumulus de Kercado, correspondant à la butte Saint-Michel, si-tuée à l'autre extrémité du système. Je pré-sume que chacun de ces groupes était un Mallus où les druides célébraient les fêtes des quatre saisons de l'année, et que les grands tumulus étaient consacrés l'un au soleil et l'autre à la lune.

A Locmariaker, j'ai découvert une ving-taine de monumens. On n'y en signalait que cinq ou six : un antiquaire a cru reconnaî-tre un phallus dans la figure d'un *ascia* gra-vée sous la couverture ou table du beau dolmen appelé Dolmarchand ! ! !

Je ne ferai plus qu'indiquer ici divers camps gaulois et romains, les voies gau-loises à gros pavés, les unes à la Devinière, près de Ste-Suzanne (dép. de la Mayenne), les autres à Chevré ou la ville de Cannes, en la Boessière (dép. d'Ille-et-Vilaine); des céphalodes druidiques aux environs de Van-nes, à l'Ile-Dieu, dans le Finistère; la dé-couverte de murailles vitrifiées à Ste-Su-

zanne comme aux châteaux d'Ecosse ; la distinction des dolmens croisés, comme nos églises à transepts ; enfin la détermination des lieux où les Visigots furent défaits par Clovis, et les Sarrazins par Charles Martel, points qui restaient incertains dans l'his-toire. Ce fut à Champagné-St-Hilaire que les Visigots furent anéantis, et les Sarrazins sous les murs de Poitiers, *in suburbio Pic-tavensi*, d'où cette journée fut appelée la bataille de Poitiers.

En visitant la partie méridionale du dé-partement d'Ille-et-Vilaine, j'ai été assez heureux pour découvrir, comme je l'ai déjà dit, un autre Carnac, pour le nombre et la variété des monumens : ils se trouvent sur-tout dans la lande de Cozjou et la Grée de Poubré (*poul* concavité et *bré* douleur), située dans la commune de Saint-Just, à 4 lieues nord de Redon, à l'ouest de la route de Rennes. La lande de Langon, les envi-rons de Sixt, de la Gacilly, de Maletroit, ceux de Rochefort du Morbihan, contrée véritablement helvétique; ainsi que Fou-gères, m'ont fourni une ample moisson d'antiquités druidiques, nouvelles pour le domaine de l'archéologie.

Les recherches archéologiques que je viens de faire aux environs de cette dernière ville, ont eu surtout un résultat qui a surpas-sé mes espérances. Je conçois peu comment tous ces objets ont été négligés par M. Ral-lier, mon compatriote, ou lui ont échappé; il ne sont pourtant qu'à quatre et cinq lieues de la ville. Je me bornerai pour le moment à en présenter la nomenclature.

Je partis de Fougères le 20 mai pour le bourg de *Louvigné*, chef-lieu de canton, vi-sité jadis par saint Guillaume. C'est une contrée à rochers *granitiques*, dont les mas-ses imposantes ont été l'objet du culte drui-dique : un dolmen, détruit maintenant, existait sur le monticule qu'on a nommé la *Butte des Ribauds*.

J'ai rencontré, encore debout, un petit menhir au bord du chemin qui arrive à Louvigné, en passant au pied de la hauteur sylvatique, qui est appelée *Butte de Nit;* ensuite de petites fossettes artificielles, creusées l'une sur une pierre qu'on a voulu stigmatiser dans l'opinion publique par l'idée du prétendu massacre d'un prêtre, et dont on avait essayé de purger la superstition par l'application de la croix entre les fossettes druidiques ; enfin, une autre pierre fort remarquable, qui nous offre encore une petite fossette près de son extrémité antérieure, du côté du Midi. Comme ce bloc énorme, long de vingt pieds environ, est arrondi par dessous, et repose sur un plateau convexe, il est assez facilement mis en mouvement par un seul homme, et c'est de là qu'il a reçu le nom de *Pierre-Branlante;* il est situé sur la pente S.-O. de la grosse butte de Mont-Louvier, dont l'extension au N. N.-O., nous présente, sur une élévation moyenne, un groupe de grands rochers granitiques, qu'on nomme les *pierres Saint-Guillaume.* Ces énormes masses sont entassées d'une manière assez remarquable, mais qui prête peu aux crayons du dessinateur; on les doit visiter néanmoins pour mieux juger les traditions qui s'y rattachent. L'imagination y voit le berceau du saint, son siége, son bassin, son écuelle, son lit, l'impression de sa main, qui serait mieux celle de la pate d'un lion; enfin, le chemin du Paradis, ceux du Purgatoire et de l'Enfer, passages qui donnent un accès plus ou moins facile au bienheureux. En avant de cette agglomération, j'ai remarqué une petite plate-forme avancée, en s'exhaussant, sur la prairie qui occupe le fond du vallon ; si elle se trouvait dans une position plus avantageuse, je l'au-

rais prise pour un poste militaire ; mais ici cette supposition ne me paraît nullement admissible. Cette localité est au nord de Louvigné, à un tiers de lieue environ de distance : on la reconnaît bientôt par la butte de Mont-Louvier, dont le sommet chauve, convexe, est hérissé de blocs granitiques.

Au lieu de ne rencontrer qu'un simple tumulus à la métairie de Villavran située à une lieue environ, au midi de Louvigné, j'ai été assez heureux pour y reconnaître un camp à double rempart, du côté de la campagne, établi sur l'extrémité d'une colline resserrée en pointe entre deux ravins très creux, qui descendent au fond de la vallée. Sa forme est un peu ovale, et son diamètre de cent six pas ; il se dirige d'occident en orient, ayant de ce dernier côté, à son extrémité qui domine le bas-fonds, une magnifique butte conique, dont le plateau supérieur, large de quarante-cinq pieds, peut être considérée comme le *Prætorium.* La présence de cette butte artificielle me fait considérer ce camp comme romain. Entre l'enceinte que je viens de décrire et le rempart extérieur formant une espèce de *lorica* est un fossé qu'on pouvait inonder à l'aide de canaux souterrains. Quoique déjà fort remarquable, le rempart intérieur est loin d'égaler l'extérieur , dont la base est de soixante-quinze pieds, et l'élévation de trente au dessus des fossés. L'aire comprise entre ce rempart et celui de la dernière enceinte comprend une longueur de cent six pas du sud au nord, et de quarante-cinq depuis la base de son rempart jusqu'à celle du suivant, de l'est à l'ouest. J'évalue la hauteur de la butte prétorienne, au dessus du fond du vallon, à soixante pieds environ ; sa forme est conique, ses pentes fort escarpées et hérissées de rochers dans leur partie inférieure.

Au N. N.-O. de cette position, j'ai rencontré un autre camp, plus vaste, il est vrai, mais sans butte prétorienne : il est à une lieue et demie environ de celui-ci, et porte le nom de *Camp des Châteaux*; il se trouve, en montant, à un tiers de lieue du bourg. S'il a jamais été pourvu de buttes artificielles, comme son nom semblerait l'indiquer, celles-ci ont été totalement rasées ; il ne reste plus que le gros rempart, séparé par un fossé profond des champs voisins, au dessus desquels il s'élevait à une quinzaine de pieds. Ce camp était adossé à un étang, et se trouvait partagé en deux grandes aires par le chemin qui donnait accès dans son intérieur. J'évalue le diamètre de ces aires à 200 pas au plus, sur une largeur d'un tiers moindre environ; elles sont d'une forme à peu près ovale; celle de la partie nord est plus élevée que celle du bout opposé.

En allant du camp de Villavran à ce dernier, on suit une direction à peu près du sud au nord, par laquelle on arrive vers le milieu de la route, à un *tumulus* égal à celui de cette autre localité : il semblerait avoir été érigé là pour fermer le passage aux troupes qui auraient marché de Villavran contre la position des Châteaux. Cette nouvelle butte, en cône également tronqué, ne se rattache à aucune enceinte de camp; mais il est bien à remarquer qu'on l'a construite vis-à-vis d'une portion de chemin, pavé avec un soin que rien ne justifie, et dont on n'a pas d'autre exemple peut-être dans toute la Bretagne. Cette position de route m'a été indiquée sous le nom de *Chemin de la duchesse Anne*, elle se trouve près de la métairie de la Sentelaie. Vu la forme arrondie des pierres qui pavent ce chemin, ainsi que leur dureté, on dit dans le pays qu'il est pavé en *têtes de moines*. Ces pierres sont

une diabase à couches souvent concentriques de forme plus ou moins sphéroïdale, très dure, répandue dans la couche argileuse, où elles forment en plusieurs endroits une longue bande étroite sur nos hauteurs granitiques.

Il me reste à mentionner un autre point, défendu pareillement par un *Tumulus :* c'est celui de Pont-au-Bray ; il est vis-à-vis du passage de l'Épine, à côté de la route qui, après avoir traversé la Bignette, remonte à la bourgade qu'on a décorée du nom de *ville du Pont-au-Bray*, en raison de ce qu'elle devient comme un annexe de cette antique fortification. On rencontre contre celle-ci une chapelle également très ancienne, à côté de laquelle deux croix, en granit, s'élèvent d'une base commune : on dit à leur sujet : *Entre le mont Saint-Michel et le Mans, il y a une barrique d'argent, sous deux croix par accouplement.* Je ne sache pas qu'on y ait encore fouillé. Quant à la butte tumulaire, elle passe pour offrir intérieurement des appartemens, ce qui me semble fort douteux, vu son peu d'élévation ; néanmoins elle est très curieuse par sa superficie, dont la forme excavée en soucoupe la fait paraître naturellement comme bordée d'un rempart. Par sa position, cette butte défend l'entrée du Maine, étant située sur le haut de la colline qui borde la rivière ; celle-ci, en formant le partage de cette province, de la Bretagne, limite en même temps les départemens d'Ille-et-Vilaine et de la Mayenne.

Après avoir visité ces localités, distantes d'une lieu et demie de Louvigné, j'ai poussé mes explorations jusqu'à Pont-Main, lieu qui réclame aussi la qualification de *ville*, à cause de son ancien château. Celui-ci était d'une force considérable, ceint d'une muraille épaisse de cinq pieds, défendue par devant au moyen d'un double rempart en terre. Entre le second rempart et la muraille régnait un vaste fossé qu'on pouvait remplir d'eau à volonté. Un étang spacieux entourait la forteresse dans toute sa partie septentrionale. Il paraît que ce château fut pris et détruit en 1574, par les généraux anglais Arondel et Grandson. Les fouilles qu'on y a faites n'ont procuré rien d'intéressant. La petite église de Pont-Main doit remonter à l'an 11 ou 1200, d'après les caractères des anciennes portions de ses murailles.

A mon retour de Pont-Main, M. Millochin, receveur de l'enregistrement à Louvigné, eut la bonté de me confier une urne cinéraire, haute de 17 centimètres et demi, et large de 58 dans son plus grand diamètre, trouvée en 1855 près du bourg de Louvigné, à 5 pieds de profondeur, au bord de la route de Normandie. Deux autres urnes pareilles étaient placées près de celle-ci, et à trois pieds environ de distance les unes des autres; toutes étaient remplies d'os brisés environnés de cendre très endurcie par une longue suite d'années. Vu l'état grossier de la terre et la forme de ces vases, j'ai présumé que ce pouvaient être des *urnes gauloises*. On découvrit aussi, il y a quelques années, dans la paroisse de Meslé, près de Louvigné, un tombeau en briques, qui ne contenait aussi que de la cendre, et une espèce d'amphore close dans une muraille, au village de Barataie, en Moulbault : ce vase ne renfermait que les os d'une main.

M. Gaultier-Lachaise, maire de Louvigné, m'a aussi communiqué une de ces pierres tranchantes, nommées *celta*, en serpentine, différente des celtæ ordinaires par sa forme un peu oblique. Elle fut trouvée, avec cinq ou six pierres pareilles, sous un gros bloc de granit qu'on brisa à l'aide de la mine.

Avant de quitter cette contrée, j'ai voulu revoir la ville de Mortain et ses environs helvétiques : il y avait vingt ans que je n'y étais allé. Plus capable d'apprécier son église paroissiale, qui recélait la dépouille mortelle de saint Guillaume, j'ai vu dans cette construction un édifice digne de fixer l'attention de l'archéologue, par la réunion du plein-cintre à l'ogive. Déjà j'en avais eu des exemples à Noirmoutier et à l'Ile-Dieu. Cette église mérite encore notre attention par une autre singularité : elle n'offre aucune figure d'hommes, d'anges, de diables ou d'animaux monstrueux, ou autres; ses murailles n'ont que de simples moulures, dont le caractère me ferait du reste rapporter l'édifice au dixième siècle. Voilà trois faits qui donnent le plus haut intérêt à ce temple, dont l'intérieur présente des proportions bien entendues. Sa porte d'entrée est fort curieuse.

J'eus le plaisir de rencontrer à Mortain M. L'Echaudé d'Anisy, qui avait la mission d'explorer les vieilles chartes de l'abbaye de Savigny et celles du Mont-Saint-Michel, transportées ici, toutes, dans les greniers de la mairie, où elles restaient éparpillées parmi des amas de décombres, foulées aux pieds, et à la merci de toute espèce d'accidens. Il a eu le bonheur de retrouver les titres et chartes concernant le Mont-St-Michel, l'abbaye de Savigny et quarante autres, relatifs à la ville de Fougères; quantité d'autres titres relatifs aux monastères anglais; diverses transactions avec les souverains de cette contrée; des lettres autographes de saint Bernard, et quantité de documens historiques de la plus haute importance, tant pour l'histoire spéciale de la Normandie et de la Bretagne, que pour l'histoire de France en général.

J'ai consacré une journée à parcourir les

mages à ses deux jolies cascades, aux rochers culminans de la Montjoie (*mons Jovis*), et de l'ermitage de Saint-Guillaume, situé à l'autre extrémité de la crète de cette haute chaîne de collines. De là je découvrais jusqu'au Mont-Saint-Michel, c'est-à-dire une étendue de dix lieues de rayon au S.-O. ; un bassin presque aussi vaste se déployait devant moi, en passant par le sud jusqu'à Lorient... C'est une des plus belles vues dont on puisse jouir en France. On est là à 11 ou 1200 pieds au dessus du niveau de l'Océan. La pierre qui forme ces rochers est le *grès culminal*, le même que celui d'Etampes, dont on fait les pavés de Paris; on ne le trouve ici, de même qu'en Bretagne, que sur les plus grandes élévations.

Avant de quitter Mortain, je fis une visite à la belle filature qui porte la vie et l'aisance dans ce désert hérissé de broussailles et de rochers ; tel il était encore, en 1820, époque où l'on fonda ce bel établissement, qui possède dix mille fuseaux et un nombre proportionnel de cardes. Vu la disette des eaux, on ne pouvait faire agir la moitié environ de ses machines.

J'ai repris la route de Fougères le 27 mai; mais je n'y suis arrivé que le 28, m'étant arrêté à Saint-Hilaire-du-Harrouet, pour examiner sa fontaine en granit, avec son magnifique bassin circulaire; le bâtiment remarquable qui va constituer l'Hôtel-de-Ville, et dont le rez-de-chaussée servira de halle à la viande ; le collége, dont on commençait la toiture; le vieux château, dont la reconstruction avait été abandonnée avant qu'on fût même parvenu à la moitié de l'édifice ; enfin l'église paroissiale, qui, dans sa simplicité rustique, nous offre sur ses anciens murs quelques caractères du dixième siècle. En examinant les deux beaux ponts qui sont aux extrémités de la ville, on voit avec regret que les culées n'ont pas eu assez de force pour empêcher l'écartement qni a fait fléchir la ligne horizontale des parapets sur le milieu desvoûtes. Ce sera un exemple pour s'abstenir des ponts en anse de panier, et peut-être serait-il à propos d'essayer, par une charge considérable, si les choses pourront se maintenir dans l'état actuel : dans le cas contraire, les voitures lourdement chargées se trouvent exposées à un danger imminent, principalement pour le pont situé au sud de la ville.

DE LA PYLAIE (de Fougères), membre de la première classe de *l'Institut Historique.*

P. S. Je joins à ce travail trois tableaux synoptiques, dans lesquels je me suis efforcé de soumettre nos monumens celtiques à une classification aussi simple et aussi complète qu'il m'a été possible.

TABLEAUX SYNOPTIQUES

PRÉSENTANT UN ESSAI

SUR LA CLASSIFICATION DES MONUMENS CELTIQUES.

(Premier Tableau.)

CLASSES.	CARACTÈRES.	GENRES.
Ire CLASSE. Pierres s'élevant au dessus du sol et n'étant pas superposées. — *Solitaires ou en groupes irréguliers.* — **Pierres verticales.**	Pierres de grandes dimensions, 3 à 4 fois plus hautes que larges, le plus souvent resserrées en pointe à leur sommet	Menhirs.
	Pierres moins volumineuses, 1 à 2 fois seulement plus hautes que larges.	Peulvans.
	Pierres en cône inverse, plantées sur le sommet.	Obversives.
	Masse se rapprochant de la forme globuleuse ou irrégulière, comme gissant sur le sol. .	Bélions.
	Masse médiocre, haute de 2 pieds 1/2 au p'us, avec une base élargie, resserrée dans la partie supérieure qui se termine en s'arrondissant	Pétasites.
	Bloc plus volumineux, haut de 3 à 5 pieds .	Campanide.
	Masse plus haute et plus ou moins manifestement élargie en forme de tête dans sa partie supérieure	Céphalôde.
	Réunion de pierres médiocres en général et disposées sans symétrie notable	Inordinales.
Pierres couchées.	Masse posée en équilibre sur un plateau naturel ou artificiel, de manière à pouvoir être mise en mouvement sans beaucoup de force	Équilibrée.
	Blocs ordinairement très volumineux, isolés de tout autre système, accompagnés latéralement de quelques pierres médiocres de formes alongées, étendus d'orient en occident.	Macrolithes.
	Blocs alongés, non flanqués de pierres médiocres, mais étendus à la base de grandes pierres verticales comme un ennemi aux pieds de son vainqueur	Sternates.
	Pierres à surface plane, n'étant souvent qu'une portion de rocher plus ou moins hors de terre et sur lesquelles on voit de petites fossettes artificielles plus ou moins nombreuses, rondes, quelquefois entremêlées de quelques autres alongées, plus ou moins linéaires, toutes disposées sans symétrie	Pierres botrionées.
Pierres par séries. — **Séries rectilignes et libres.**	Deux rangées parallèles, un peu distantes et composées de pierres verticales en blocs ordinairement volumineux.	Avenue druydique.
	Séries simples ou isolées, formées de bélions placés dans la direction de la chaîne qu'ils composent	Sériales ordinaires.
	Séries isolées, mais ayant leurs pierres posées en travers et flanquées çà et là de pierres oppositives	Sériales transverses.
	Plusieurs séries parallèles rectilignes, rapprochées comme un petit corps d'armée. . .	Phalangées.
Séries rectilignes jointes ensemble.	Réunion de menhirs et de peulvans formée sans symétrie.	Synstélie.
	Deux séries rectilignes réunies à leurs extrémités par deux autres transversales pour former un carré long; pierres souvent inégales, en général médiocres	Quadrine.
Séries curvilignes.	Pierres disposées en cercle, plantées verticalement.	Cromlech.
	Pierres dessinant un ovale.	Ellipselle.
	Ovale avec un appendice en forme de queue.	Cyclure.
	Pierres ne composant qu'un demi-cercle. .	Hémicycle.
	Ne formant simplement qu'un arc . . .	Arcine.

DEUXIÈME TABLEAU.

CLASSES.	CARACTÈRES.	GENRES.
IIe CLASSE. Pierres superposées, s'élevant au dessus du sol en blocs volumineux. — Point de cavité sous les pierres transversales. — Traversé ou table horizontale élevée au dessus du sol.	Pierres érigées en forme de piliers, portant une traverse en forme d'entablement qui repose sur leurs deux sommets.	Porticelle.
	Piliers un peu distans avec entablemens également simples, contigus; composant une galerie circulaire formée de colonnades concentriques	Cyclopase.
	Masse solitaire servant de pied à une pierre plate en forme de table	Monopode.
Traverses horizontales gisantes sur le sol.	Système analogue aux dolmens, formé de longues traverses gisantes sur le sol parallélement, avec ou sans supports distincts. .	Dolminode.
Une cavité sous les pierres transversales. — Les supports perpendiculaires. — Tables horizontales.	Pierres en tables horizontales, placées sous une masse de terre composant un tumulus, laquelle se trouve encore contenue latéralement par les supports perpendiculaires de ces tables, de manière à former sous celles-ci une grotte ou une allée couverte, analogue à un long dolmen	Crypte tumulaire.
	Une ou deux tables portées horizontalement sur plusieurs supports verticaux, direction d'orient en occident	Dolmen ordinaire.
	Table précédée d'une ou de plusieurs traverses parallèles à sa direction (prétables) moins elevees, composant une espèce de péristyle au devant de l'entrée du dolmen	Dolmen à péristyle.
	Plusieurs tables parallèles, formant un corridor plus ou moins élevé au dessus du sol par les supports, direction du nord-ouest au sud-est	Roche aux Fées.
	Dolmen avec des tables latérales posées transversalement contre les ordinaires et vis à-vis les uns des autres comme les bras d'une croix.	Dolmen croisé.
Une table inclinée.	Deux supports latéraux, tenant élevée une extrémité d'une pierre plus ou moins en forme de table, tandis que l'autre extrémité reste appuyée sur le sol	Demi-Dolmen.
Supports horizontaux.	Dolmen à supports étendus horizontalement, soit en forme de solives, soit en pierres plates	Dolmen-Anomal.

TROISIÈME TABLEAU.

CLASSES.	CARACTÈRES.	GENRES.
IIe CLASSE Pierres enfoncées jusqu'à fleur de terre. — Elles sont ordinairement médiocres ou petites, et placées parmi les systèmes précédens.	Pierres médiocres, peu épaisses, longues, disposées en un quadrilatère, ordinairement resserré par une extrémité	Tombelle.
	Pierres longues, contre lesquelles il s'en trouve de placées à angle droit	Transversites.
	Petites masses disposées ou sérialement, ou d'une manière irrégulière, imitant souvent un pavé lâche, inégal, établies près de certaines parties d'un monument	Lithogées.
Ordinairement volumineuses, contiguës et formant le pavé d'une route.	Point de stratifications comme dans les voies romaines	Chemin gaulois.
IVe CLASSE. Monumens composés d'une agglomération de pierrailles, avec plus ou moins de terre. — Amas circulaires convexes, hémisphériques ou coniques.	Amas considérable en forme de monticule ayant la figure d'un cône, ou n'étant qu'hémisphérique	Tumulus.
	S'il porte un ou plusieurs menhirs dans sa partie supérieure, c'est un	Tumulus à menhirs.
	Amas ne constituant plus qu'une petite butte circulaire, haute de 3 à 4 pieds, sur une largeur de 10 à 15 au plus	Tumuline.
	Nous en distinguons de trois espèces différentes :	
	Tumulines simplement en terre avec ou sans pierrailles saillantes à leur superficie. . .	Tumulines nues.
	Tumulines parsemées de blocs irréguliers plus ou moins volumineux, épars ou posés circulairement	Tumulines à blions.
	Tumulines présentant une ou plusieurs fosses d'inhumation ou tombelles dans leur partie supérieure.	Tumulines à tombelles
	Amas en forme de monticule, composé de pierres sèches.	Galgal.
Amas alongés. — Sans fossé à leur base.	Amas plus long que large, dirigé d'orient en occident, ayant la forme d'une colline . .	Tumulo-colline.
	Cordons ou turcis dessinant des enceintes de formes très variables, trop basses pour servir de remparts et sans fossé à leur base. .	Témènes.
Avec un fossé.	Cordons ou remparts élevés, avec fossé à leur base, formés au devant d'un endroit d'un accès difficile.	Oppidum.
	Remparts plus ou moins élevés, de forme circulaire, ovale ou anguleuse, circonscrivant une enceinte plus ou moins spacieuse, ayant deux entrées au plus	Camp gaulois.
	Ces derniers ouvrages sont souvent accompagnés de buttes d'une apparence tumulaire, mais qui ne sont que de simples éminences d'observation, comme le prouve l'absence d'un tombeau dans leur extérieur, un fossé à leur base et leur sommet plane. . . .	Butte-cavalier.

REVUE D'OUVRAGES FRANÇAIS ET ÉTRANGERS.

HISTOIRE DES DOCTRINES MORALES ET POLITIQUES

DES TROIS DERNIERS SIÈCLES,

Par M. J. MATTER. 3 vol. in-8, dont le premier seul a paru.

Les doctrines dont M. Matter a entrepris l'histoire, sont celles qu'on enseignait dans les écoles de philosophie, ou dont les maximes sont consignées dans les écrits publiés depuis la renaissance. Son ouvrage ne contient pas l'histoire complète de ces doctrines, dont il n'aurait pu présenter même en trois volumes in-8°qu'une nomenclature fort sèche, sans en tirer aucun profit pour l'instruction de ses lecteurs, et aucune conséquence à l'appui de son système. Tel n'a pas été le but de l'auteur.

Frappé des découvertes immenses faites dans tous les genres, pendant les trois derniers siècles, mais encore plus frappé de voir que ces trois siècles de progrès n'aboutissent qu'à une ère de bouleversement et de controverse, qu'il appelle une ère de décadence, il cherche le mot de cette énigme extraordinaire, et il s'efforce d'y trouver un remède.

Ce mot est, selon lui, dans *ce qui a amené cette situation*, *dans le progrès même des trois derniers siècles et dans la] manière dont il s'est accompli.*

C'est ce tableau qu'il présente aux yeux des lecteurs. Il le commence à l'époque de la renaissance, c'est-à-dire à la prise de Constantinople par les Turcs et à la dispersion des savans et des philosophes de la Grèce qui en fut la suite. Cette dispersion répandit en Italie d'abord, où la plupart se réfugièrent, et successivement dans le reste de l'Europe, la connaissance des anciens auteurs, l'amour des lettres et de la philosophie, et généralisa l'instruction, réservée précédemment au petit nombre.

C'est, en effet, de cette époque, qui fut bientôt suivie de la découverte de l'imprimerie, que l'on peut dater ce qu'on appelle la propagation des lumières. Renfermée d'abord dans les écoles, elle y fit bientôt éclore un nombre considérables d'auteurs dont les écrits, répandus peu à peu au dehors, imprimèrent un nouvel essor à l'esprit humain, et donnèrent naissance à des événemens dont le retentissement s'est prolongé jusqu'à nos jours.

Pour tirer de ces faits le parti qu'il se propose, M. Matter établit : *que nul progrès politique n'est désirable, et même possible, s'il n'est amené naturellement et fatale-*

ment par un progres moral; autrement, que les bonnes mœurs peuvent seules inspirer les bonnes lois, et que les perturbations qui ont lieu depuis trois siècles, ont été causées, soit par la résistance que les princes ont mise à suivre le progrès des mœurs, soit par l'effervescence avec laquelle les peuples ont voulu arracher les institutions qu'ils se croyaient en droit de réclamer ; d'où il conclut que la paix régnera sur la terre, et que nous habiterons le meilleur des mondes, lorsque les uns et les autres, reconnaissant la loi du progrès moral, en accepteront de concert toutes les conséquences, sans jamais avoir recours, de part ni d'autre, à la violence.

Personne ne contestera à M. Matter la vérité de son axiome. Il n'a pas échappé aux sages du paganisme ; Horace a dit il y a deux mille ans :

> . . . Quid leges sine moribus
> Vanæ perficient?

Et ce lieu commun, répété d'âge en âge, est devenu depuis long-temps la maxime obligée de tous les publicistes ; mais c'est dans l'application que se sont toujours présentées les difficultés.

Pour les lever, M. Matter établit une distinction entre la morale, la religion et la politique, et veut que les lois de l'une et de l'autre se conforment aux règles de la première.

M. Matter appartient à la communion protestante, et c'est dans son sein qu'il a puisé l'opinion qu'il était possible de donner à la morale cette haute importance séparée de la religion.

Sans doute, les principes moraux ont été inculqués au cœur de l'homme au moment de la création : c'est ce que l'on appelle la religion naturelle ; mais Dieu ne les a pas séparés des principes religieux dont il a donné en même temps à l'homme la connaissance et les règles.

La morale n'est que l'application et l'exercice des vertus prescrites à l'homme depuis le commencement du monde, et c'est ce qui démontre l'erreur des philosophes, qui prétendent faire faire des progrès à la morale, et l'enrichir de leurs découvertes. Ses principes sont immuables, et connus depuis l'origine des siècles. On peut les suivre avec plus ou moins de perfection dans la pratique ; mais ils ne changent pas. Ils peuvent avoir plus ou moins de liaison avec les difrens cultes ; mais le meilleur des cultes sera toujours celui qui s'en écartera le moins ; le seul vrai, le seul raisonnable, sera celui qui les consacrera tous, et c'est, pour le dire en passant, ce qui établit, selon nous, la supériorité de la religion catholique sur toutes les autres.

La religion naturelle toute seule n'a pu fonder un culte ; or, il n'y a pas de religion sans culte, comme il n'y a pas de culte sans sacrifice, ainsi que l'a si puissamment démontré l'auteur du *Génie du Christianisme;* aussi, cette expression de religion naturelle, séparée de la religion du culte, est-elle un terme impropre, dont le moindre inconvénient est de nous mener à l'isolement de toute espèce d'affection, à l'égoïsme pur, et, par suite à la dissolution de tous les liens sociaux, qui entraînerait en peu de temps l'anéantissement de l'espèce humaine. Ce n'est pas là sans doute le résultat que M. Matter attend de la morale.

Mais revenons à son ouvrage, où il veut établir la même liaison entre la morale et la politique qu'entre la religion et la morale. Cette union serait sans doute à désirer ; mais c'est là évidemment la pierre philosophale que tous les législateurs ont cherchée, et que nul jusqu'à présent n'est parvenu à découvrir.

En effet, tous les philosophes qui se sont,

comme M. Matter, occupés de cette question, ont été obligés de faire abstraction, dans leurs rêves, des passions humaines, et c'est ainsi qu'ils ont créé des utopies, fort belles en théorie, mais dont la réalisation a toujours été impossible.

Celle de M. Matter sera-t-elle plus heureuse ? C'est ce dont il est permis de douter. Pour lui faire des partisans, il expose d'abord les doctrines morales des philosophes de la renaissance, et, pour ne pas se perdre dans leur multitude, il choisit comme type l'un d'entre eux, Pomponace, professeur à Padoue à la fin du quinzième siècle, et qui, par suite des obstacles que ses doctrines lui suscitèrent, transféra son école à Ferrare et à Bologne, où il finit ses jours en 1524 ou 26.

Ce choix n'est pas heureux. Le nom de Pomponace a pu avoir quelque retentissement dans son temps et dans les écoles d'Italie; mais il n'a pas traversé les siècles. Ses dogmes obscurs sur la nature de l'ame ont pu servir de thème à quelques apôtres de la réforme; et c'est là sans doute le motif qui l'a désigné à M. Matter. Cependant, lui-même n'approuve pas toutes les doctrines de Pomponace; il convient qu'elles furent combattues dès l'origine par les philosophes qui suivaient celles de Platon, et surtout par Erasme, auteur bien plus célèbre, et dont l'influence a été bien plus profonde sur son siècle ; Érasme, dont les doctrines plus pures excitèrent un bien autre enthousiasme, et dont le nom a conservé jusqu'à nos jours une réputation consacrée dans le temps par les honneurs qui lui furent offerts pendant sa vie, et qui furent rendus à sa mémoire dans l'Allemagne, qui le vit mourir, et dans la Hollande, qui l'avait vu naître.

Érasme est donc pour la morale ensei-gnée dans les écoles l'expression la plus exacte de son siècle. M. Matter prétend à la vérité que ses traités renferment tous les principes vrais et sages de Pomponace, à qui doit revenir la gloire de les avoir le premier mis au jour.

Personne ne sera tenté d'aller éclaircir ce fait. Nous savons que le grand poète romain a découvert des perles dans le fumier d'Ennius, et que l'on n'a jamais cherché à faire rejaillir sur celui-ci la gloire et la célébrité de l'autre. Phèdre est à peine expliqué dans les classes de nos colléges, et La Fontaine, qui lui a emprunté la plupart de ses apologues, est dévoré par tous les âges, dans tous les pays. Mais Erasme a combattu la réforme, et de là peut-être le rang inférieur où l'a relégué M. Matter. Il a été plus heureux dans le type qu'il a pris pour personnifier ses doctrines politiques. Il est vrai qu'il pouvait difficilement en choisir un meilleur, et que la grande figure de Machiavel se présentait à lui si naturellement, que toute autre eût été déplacée pour rendre l'expression de l'époque.

M. Matter démontre d'une manière brillante comment cette époque lui avait inspiré ces doctrines, et comment, en effet, au siècle de Louis XI, de Ferdinand V, de Richard III, des républiques de Venise et de Florence, d'Alexandre VI et de César Borgia, l'écrivain politique ne pouvait en exprimer d'autres.

Ces doctrines, dit-il, *présentées avec l'art du diplomate, étaient d'ailleurs plus voilées que celles du philosophe : elles devaient moins effaroucher les esprits; elles s'y insinuèrent sans peine,* et servirent long-temps de guide à la politique de ce siècle; à Charles-Quint et à Philippe II, en Espagne; à Henri VIII et à ses filles, en Angleterre; aux Médicis, en France, et, toujours suivant M. Matter, jusque dans le siècle suivant, au cardinal de Richelieu.

L'auteur développe l'influence de ces doctrines, et les applique aux événemens qu'il en fait sortir; la réforme, en 1517, et la révolution des Pays-Bas en 1565, la ligue, les deux révolutions d'Angleterre, celle d'Amérique, et enfin celles de France en 1789 et en 1830.

Le premier volume de M. Matter, le seul qui ait paru, ne déroule que la moitié de ce tableau; il s'arrête à l'époque de la première révolution d'Angleterre, et à la mort du cardinal de Richelieu.

Les événemens sont présentés par l'auteur avec fidélité; mais on peut combattre les conséquences qu'il en tire.

En représentant les doctrines de Luther comme l'expression des idées générales de l'époque, M. Matter s'étonne de la résistance qu'elles éprouvèrent de la part de l'autorité et des monarques les plus puissans; il convient cependant que la révolte des paysans de Souabe, en 1522, et celle des niveleurs de Westphalie, en 1535, qui suivirent de si près la réforme, ne furent que l'application et la conséquence rigoureuse de ses doctrines. Et comment s'étonner alors qu'elles fussent combattues par les princes, qui y voyaient la ruine de leur puissance et celle de leurs états?

En effet, le principe du libre examen qui fait tout le fond de la doctrine des réformés, autorise le premier visionnaire à renverser toutes les bases des institutions les plus anciennes et les plus rationnelles, et constitue chaque empire en un état de trouble et de bouleversement qu'aucun prince ne pouvait tolérer, ni dans son intérêt, ni dans celui de ses peuples, dont la grande majorité était loin d'ailleurs de partager alors, comme le prétend M. Matter, les idées réformatrices.

Dans la révolte des Pays-Bas, en 1565, M. Matter attribue à la résistance de Philippe II la perte qu'il fit quinze ans plus tard d'une partie de ces provinces; mais il n'a pas considéré que cette résistance lui en conserva du moins la plus belle et la plus riche portion, dont ses faibles successeurs jouirent paisiblement encore un siècle après lui; et si la jalousie de l'Europe l'enleva une première fois à la race de Louis XIV, et une seconde fois à la France, qui en avait refait la conquête, pour la donner aux descendans de l'auteur du premier démembrement, cette unité de foi que Philippe sut y maintenir, a séparé de nouveau la Belgique des Provinces-Unies, pour lesquelles elle a aujourd'hui si peu de sympathie, et finira par la rattacher à la France, à laquelle sa situation, ses intérêts, et surtout sa croyance identique, doivent un jour l'unir indissolublement.

C'est aussi, je crois, une erreur de M. Matter de représenter le cardinal de Richelieu comme un élève de Machiavel. La doctrine de cet écrivain ne convient qu'à des princes d'un état faible et borné, qui ne peuvent se maintenir qu'en entretenant la division chez des voisins plus puissans qu'eux, dont ils craignent de se voir écrasés. Elle était parfaitement appropriée aux états d'Italie, partagée alors entre un grand nombre de petits souverains élevés récemment à la puissance, et qui se disputaient sans cesse leur éphémère autorité. Elle rencontra peu de sympathie chez les souverains d'états plus étendus, et dont le pouvoir était incontesté. Charles VIII, Louis XII, François Ier suivaient d'autres principes. Charles-Quint, contemporain de l'auteur, en fit peu d'usage. Philippe II s'en rapprocha davantage; mais, tout en professant l'absolutisme, les deux princes la désavouèrent dans les instructions remarquables qu'ils laissèrent l'un et l'autre à leur successeur, et que M. Matter rapporte comme des morceaux curieux de l'histoire du temps. Les Médicis, élevés dans la doctrine de Machiavel, l'introduisirent quelque temps en France; mais elle était trop mesquine et de trop peu de portée pour Richelieu. S'il entretint quelquefois les troubles et la division parmi les princes qui avaient cherché à l'inquiéter lui-même, il n'eut jamais d'autre but que de rester le maître chez lui, où il suivait le système des prédécesseurs du prince qui lui avait confié sa puissance, en continuant d'abaisser les grands qui s'interposaient entre le roi et le peuple: système auquel il mit la dernière main, qui établissait l'unité dans l'état comme dans la religion, mais qui, poussé à ses dernières conséquences par le puissant successeur de Louis XIII, et maintenu par l'habitude et par la force d'inertie de Louis XV, finit par élever dans l'état, à la place de l'ancienne aristocratie, une puissance nouvelle dont la première effervescence emporta bientôt le monarque lui-même et la monarchie.

Mais n'anticipons point sur les événemens qui ne sont pas encore décrits par M. Matter. Son ouvrage, comme nous l'avons dit, a pour but de concilier les peuples et les rois. Ses intentions sont louables, mais il a dû reconnaître la difficulté du sujet, lorsque la force des choses lui fait dire, en parlant des États de Blois de 1576 :

« Les assemblées nationales n'apportent » point de force aux pouvoirs faibles; elles » les tuent quelquefois, elles ne les fortl- » fient jamais; elles ne sont utiles aux gou- » vernemens, qu'autant qu'elles sont puis- » samment dirigées par eux, et qu'ils se » trouvent dans la position de s'en passer. »

Ces paroles sont à elles seules la réfutation du système de M. Matter, et nous avons été si souvent témoins de leur application, que personne n'osera sans doute en contester la vérité.

Du reste, le style de M. Matter est clair et convenable au sujet. On peut lui reprocher quelques tours de phrases, quelques mots importés de l'allemand; mais ils sont rares, et se montrent plus au commencement que dans la suite de l'ouvrage.

D'ailleurs, souvent ils ont je ne sais quoi d'inattendu et d'étrange qui n'est pas sans attrait.

Je me trompe peut-être, mais l'impression qui m'est restée de la lecture de ce livre, est que le progrès vient de la réforme dont il tend à justifier les résultats et à relever les principes. Mais la réforme a produit un si grand nombre de sectes, qu'on ne saurait aujourd'hui à laquelle attacher quelque influence sur les destinées des peuples; et ce grand cataclysme me paraît ne pouvoir être mieux comparé qu'à un fleuve immense qui, torrent impétueux à sa source et débordé dans son cours, finit par se perdre obscurément dans les sables ou dans les marais.

DE LONGPÉRIER,
Membre de la 5e classe de
l'Institut historique.

ESQUISSES BIOGRAPHIQUES

SUR LA MAISON DE GOETHALS (EN FLANDRE),

Rédigées par M. le chevalier l'Évèque] de la Basse-Moûturie.

Les esquisses biographiques sur la maison de Goethals, insérées dans le deuxième volume de l'annuaire de la noblesse de M. de St-Allais, ne pouvaient manquer de produire une certaine sensation parmi les archéologues de la Belgique. Ce travail, qui réunit la concision et la pure'é du style à l'intérêt du récit, à la variété des citations, a résolu d'une manière satisfaisante un problème jugé souvent insoluble : répandre tout l'attrait d'une histoire instructive dans un ouvrage de généalogie.

Mais quand on écrit l'histoire, il ne suffit pas de savoir prêter à des particularités curieuses et inédites le charme d'une diction correcte et élégante, il faut, avant tout, se montrer consciencieux en ne laissant aucun doute dans l'esprit de ses lecteurs sur l'exactitude des détails qu'on met sous leurs yeux, et c'est, nous devons le dire, une condition que M. de la Basse-Moûturie a parfaitement comprise et observée en étayant tous les faits et gestes de ses héros d'une multitude de témoignages historiques dont l'assemblage a dû lui coûter de grandes recherches. Il a par là mérité le suffrage des généalogistes.

Le plus bel hommage qui ait été rendu aux *esquisses biographiques* provient d'un des juges les plus compétens en cette matière, d'un des hommes les plus recommandables de la Belgique sous le double rapport du caractère et de l'érudition. M. le baron de Reiffemberg, dans l'édition de *l'histoire des ducs de Bourgogne* qu'il a récemment publiée à Bruxelles avec des commentaires curieux et des notes intéressantes, reproduit textuellement (pages 145, 429 et suivantes) quarante deux articles, c'est-à-dire à peu près la moitié du texte des *esquisses biographiques sur la maison de Goethals* ; il en aurait sans doute cité davantage si la nature de son travail le lui eût permis.

Ce fait seul répond victorieusement aux contestations auxquelles un généalogiste rigoureux pourrait trouver matière, car jamais plus bel éloge n'est émané d'une autorité plus respectable. A tort prétendrait-on que M. de Reiffenberg a puisé ses quarante-deux articles à la même source que M. de la Basse-Moûturie; les divers articles biographiques qui composent *les esquisses* ont été extraits des *tablettes généalogiques de l'antique maison de Goethals* rédigées par ce dernier, et ceux qui ont été donnés au baron par M. le comte Goethals-Pecsteen, n'étaient que des copies obtenues au moment où l'on mettait sous presse l'opuscule du chevalier.

Ce serait encore en vain que l'on accuserait même vaguement l'auteur des *esquisses* d'avoir embouché la trompette héroïque : certes, quoique le récit de tant de belles actions eût pu rendre parfois l'enthousiasme naturel et légitime, on trouve moins de traces de cette exaltation dans le texte que dans les notes. Or les notes ne sont pas l'ouvrage de M. de La Basse-Moûturie et, pour atteindre le vrai coupable, il faudrait, depuis Tritemius jusqu'à M. Jules de Saint-Genois, prendre à partie tous les historiens qui semblent s'être donné le mot pour payer le juste tribut de leur admiration aux hommes illustres de la maison de Goethals.

Voici du reste en quels termes M. Jules de Saint-Genois s'est rendu l'écho de ses devanciers dans ses *miscellanées historiques* :

« Il existe dans tous les pays de ces » grandes et importantes familles où les » vertus et le génie semblent héréditaires, » où l'illustration se transmet de génération » en génération comme un dépôt que le » père aurait reçu pour le transmettre re-» ligieusement à son fils ; en Italie, les » Médicis ; en France, les la Rochefou-» cault ; en Angleterre, les Grey ; en Belgi-» les Launoy et les Lalaing, tous noms qui » réveillent d'anciens souvenirs qui sem-» blent, malgré nous, commander le res-» pect.

» Parmi ces familles il en est une surtout » dont la ville de Gand peut à juste titre » s'honorer : c'est la famille Goethals, qui, » depuis le fameux *docteur solennel* jus-» qu'à notre vénérable grand-vicaire, digne » descendant d'une souche d'hommes célè-» bres et vertueux, n'a pas démenti son » illustration. »

On voit que l'auteur n'hésite point à placer la famille qui nous occupe, au rang des maisons illustres de l'Europe qui ont su le mieux mériter la vénération des peuples dans la succession des âges.

M. le Ch. de la Basse-Moûturie n'a rien écrit qui approchât de cette effusion de louanges ; il s'est borné à exposer des faits et à les appuyer sur des documens irrécu-sables, comme il convient à un écrivain impartial et consciencieux. En définitive, après avoir scrupuleusement examiné l'ou-vrage, nous ne pouvons que joindre nos félicitations aux suffrages que l'auteur a déjà recueillis dans sa patrie, et l'engager à poursuivre sa tâche en continuant à nous faire connaître l'origine et la filiation des grandes familles de la Belgique.

Octave Bertin,
membre de la première classe de
l'*Institut historique*.

NOTICE HISTORIQUE ET CRITIQUE SUR JEAN JOUVENET,

PRÉSENTÉE A L'ACADÉMIE DE ROUEN PAR M. JUSTE HOUEL,

Rapport lu à la quatrième classe de l'Institut historique. (Histoire des beaux-arts).

Notre honorable collègue M. Juste Houel, président du tribunal civil de Louviers, a désiré avoir l'opinion de l'Institut historique sur un travail manuscrit qu'il a présenté au concours ouvert par l'académie de Rouen et qui concerne son illustre compatriote, le peintre Jean Jouvenet.

Flattée de cette marque de confiance, la 4e classe qui se livre exclusivement à l'étude de l'histoire des beaux-arts, m'a chargé de prendre connaissance du mémoire et de lui en faire un rapport. C'est cette tâche, messieurs, que je viens remplir aujourd'hui.

M. Juste Houel me paraît avoir parfaitement saisi l'esprit et la portée du programme de ses collègues de l'académie de Rouen. Il s'est livré à de longues recherches, il n'a épargné ni peines ni soins pour arriver à la découverte des actes authentiques de la famille du grand artiste. On voulait une notice historique et critique bien détaillée. Le travail de M. Houel remplit largement les conditions du programme.

On doit d'autant plus d'éloges à l'auteur qu'il a fait preuve de dévouement et d'amour de l'art en se livrant lui, avocat et magistrat distingué, à des dissertations sur des études qui sembleraient au premier abord avoir dû rarement occuper sa vie; mais si dans sa notice l'homme du monde se révèle plus souvent que l'artiste, en revanche on re-

trouve à chaque ligne la trace de cette appréciation consciencieuse et modeste que vous eussiez vainement attendue peut-être d'un artiste en renom.

Rien n'était plus aride à notre avis que le sujet proposé. La vie de Jouvenet peut se résumer en un seul mot : *Travail*. Il est peu d'artistes dont l'existence ait été aussi simple, aussi laborieuse. Et comme le dit fort bien M. Houel : « On ne trouve point dans » la vie de Jouvenet de scènes romanes- » ques, de passions scandaleuses, de ga- » lans épisodes; il mettait en pratique ce » que le bon Ducis enseignait à son neveu » le peintre : *Puisque Dieu*, lui écrivait-il, » *t'a donné du talent pour la peinture et du* » *goût pour la vertu, sois peintre et honnête* » *homme.* »

Il fallait donc se borner à faire connaître, d'un côté, les dates importantes de la vie de Jouvenet, de l'autre le mérite de ses princi-paux ouvrages. Nous n'adresserons à cet égard qu'une seule observation à notre honorable collègue : il n'a peut-être pas fait dans son travail une part assez large à la critique; il n'a pas insisté assez sur les qualités et les défauts des œuvres du peintre rouennais. Il aurait dû les comparer, ce me semble, à celles de son maître et de ses rivaux ; voir où il y avait progrès ou décadence ; et tirer des unes et des autres de bons préceptes et de bons exemples pour l'avenir. Or il y a là peut-être une lacune dans le mémoire, d'ailleurs si remarquable, de M. Juste Houel. A quoi l'attribuer ? non pas certes au tact de l'auteur, partout si exquis, mais à sa modestie, qui ne lui aura pas permis de compter assez sur ses lumières. Il est fâcheux pour ses lecteurs que M. Houel n'ait pas eu plus de confiance en ses forces.

Pour nous, après avoir examiné attentivement les tableaux de Jouvenet et de Lebrun, nous sommes sortis de notre contemplation avec cette idée bien arrêtée sur chacun d'eux : Lebrun était doué d'un vaste et fougueux génie ; ses tableaux sont composés sous l'influence d'un premier jet sublime ; mais ils manquent souvent de mûre réflexion ; ses magnifiques batailles d'Alexandre offrent des traces d'une composition plutôt improvisée que réfléchie. Son coloris est assez vrai, quoiqu'on regrette souvent sur ses toiles la présence de ces hommes à peau rouge destinés seulement à faire ressortir des groupes voisins. La peinture permet sans doute certaines invraisemblances qui concourent à l'effet général d'un tableau ; mais quelques peintres et surtout Lebrun ont abusé de cette ressource. Son dessin n'est pas toujours correct ; on remarque trop souvent dans ses sujets des contours mous et vagues.

Dans les tableaux de Jouvenet il y a moins de feu sacré ; mais les compositions sont mieux senties et plus étudiées que celles de son maître ; il suffit pour s'en convaincre d'examiner un instant *la résurrection du Lazare*. Partout sur cette toile on lit l'étonnement et la terreur qu'inspire le miracle qu'opère Jésus. Un groupe à gauche au milieu duquel le Lazare revient à la vie, est d'un effet magique ; la lueur projetée par les torches sur toutes les figures qui entourent le lit du ressuscité ajoute encore à l'effet de cette scène.

On a prétendu que Jouvenet ne savait pas faire une tête. Ceux qui avancent ce fait, n'ont donc jamais vu le tableau que je viens de citer. Où trouver, en effet, quelque chose de mieux compris et de mieux dessiné que la tête du Lazare ? Il est temps de faire justice de tous ces vieux contes jetés en avant pour ternir des réputations méritées. Nous ne voulons pas dire que les tableaux de Jouvenet soient sans reproche ; nous demandons simplement qu'on soit juste envers lui. Jouvenet dessinait bien, il avait une parfaite connaissance du clair obscur, et sa couleur, quoique parfois un peu jaune, est souvent d'une grande vérité. Nous trouvons dans la notice de M. Houel le nom d'Antoine Coypel figurant à côté de celui de Jouvenet. Nous ne pouvons nous empêcher de hasarder à ce sujet une remarque sur l'antagoniste du peintre rouennais. Antoine Coypel ne manquait pas de talent, mais ses protections auprès du trône furent plutôt la source de sa supériorité passagère sur Jouvenet, que son mérite d'artiste. Ses compositions se ressentent de ses liaisons avec les hommes de cour ; les poses de ses figures sont maniérées, et les têtes offrent une expression grimacière qui déplaît ; son coloris d'ailleurs est agréable, mais faux. Il est malheureux que cette pernicieuse école ait trouvé de nombreux sectaires : de là cette décadence de la peinture qui s'ensuivit. Certes, si l'on eût marché dans la route tracée par Jouvenet, les Vanloo, les Boucher et les Fragonard n'eussent pas si longtemps tenu le sceptre de la peinture.

Nous ne terminerons pas ce rapport sans féliciter M. Houel des précieuses découvertes dont nous lui sommes redevables.

Grace à lui, nous savons enfin où est né le fameux peintre ; nous connaissons la généalogie de sa famille, et nous pouvons apprécier ses nombreux tableaux trop long-temps inconnus. Je propose que la classe vote des remerciemens à M. Juste Houel, l'invitant à livrer son mémoire à l'impres-sion, et le priant, dans le cas où ce travail resterait manuscrit, d'en faire déposer une copie dans les archives de l'Institut histo-rique.

Y. Darroux,

membre de la quatrième classe de l'Institut historique.

ARCHÉOLOGIE DU VIOLON.

PAR M. CYPRIEN DESMARAIS.

Rapport lu à la quatrième classe de l'Institut historique. (Histoire des beaux-arts).

Au moment d'écrire le rapport que vous m'avez fait l'honneur de me demander, je me suis posé cette question : est-ce bien à moi, pianiste, ami passionné d'un instru-ment moderne, d'un instrument qui ne connaît guère de rivaux, il est vrai, mais dont la généalogie ne date pas de cent ans, est-ce bien à moi qu'il appartient de por-ter un jugement sur le violon, dont l'ori-gine, au dire de M. Cyprien Desmarais, se perd dans la nuit des temps, au berceau du monde, et qui compte, par conséquent, seize quartiers de noblesse, au moins ?

Qu'importe! je montrerai dans cet examen l'impartialité qu'un véritable artiste doit à tous ; et quoiqu'il me soit impossible de partager complètement l'engouement de M. Cyprien Desmarais pour le violon, dont il veut à toute force faire remonter la gé-néalogie jusqu'au *Chélys* ou à la *Chélys* des Égyptiens, dessiné sur l'obélisque de Sésostris, à Rome, j'avouerai d'abord que la lecture de son opuscule a excité chez moi un intérêt soutenu ; que les citations nom-breuses sur lesquelles il appuie son érudi-tion, m'ont semblé généralement puisées à de bonnes sources ; et qu'enfin, dût-on ne pas accepter toutes les conséquences de l'au-teur, on retirera toujours quelque fruit de la lecture attentive de cet ouvrage, court, mais substantiel.

L'archéologie du violon se divise en trois parties ou chapitres fort distincts : 1° une dissertation sur la musique en général, con-sidérée sous ses rapports métaphysique, théologique et philosophique. Cette partie, très intéressante d'ailleurs, n'est guère sus-ceptible d'analyse ; l'auteur y émet une opinion très favorable à l'art musical, opi-nion que nous partageons entièrement, quoique les termes nous en paraissent quel-quefois trop symboliques.

Le second chapitre traite de l'histoire matérielle du violon. Vous pensez bien messieurs, que le violon tel qu'il éxiste aujourd'hui, a dû subir de grandes modifications depuis le jour où il fut inventé. Qu'importe qu'il vienne du ou de la *Chélys* des Égyptiens, ou du *Kinnor* des Hébreux, ou de la *Testudo* des Latins, ou peut-être de tous les trois! Toujours est-il *que ce fut en France*, vers le 13ᵉ siècle, d'autres disent au 12ᵉ, que le violon reçut la forme et la structure qu'il a encore aujourd'hui.

Malheureusement notre patrie n'a pas su conserver cet avantage; Amati, Steiner, Guarnerius, et surtout Stradivarius furent les plus célèbres luthiers, et pas un d'eux n'avait vu le jour en France. Cependant les français Mast, Nicolas, Chapuis s'établirent à *Mirecourt* et rendirent cette ville aussi célèbre pour la lutherie, que Genève l'est encore pour l'horlogerie.

Mais, messieurs, il existe un point historique fort intéressant à constater sur ce sujet; je veux parler de l'invention de l'archet. Vous comprendrez comme moi que le *viné* des Indiens, le *chélys*, le *kinnor*, la *lyre*, la *guitare*, ne pourront jamais offrir une similitude parfaite avec le *violon* et la *basse*, la différence étant énorme entre le son que l'on tire d'un instrument par le pincé et celui que l'on en obtient par le frottement d'un archet. Eh! bien, messieurs, je vois avec étonnement ce point faiblement éclairé dans l'ouvrage de M. Cyprien Desmarais. A peine y trouve-t-on cette phrase : *C'est dans les Gaules que l'archet fut inventé*. J'ose dire que l'archet est plus de la moitié du violon, et que, sans l'archet, le violon serait inférieur même à la guitare! La France a l'honneur de posséder les meilleurs fabricans d'archets de l'Europe, et le nom de *Tourte*, entr'autres, peut aller de pair avec celui de Stradivarius.

Le troisième chapitre de M. Cyprien Desmarais traite du violon historique et monumental, c'est-à-dire d'un violon sur lequel on a peint un monument du moyen-âge, une façade de basilique, dont les ornemens présentent des figures tenant à la main les différens instrumens depuis le *chélys* jusqu'au violon.

L'exécution de cette peinture est aussi belle que curieuse; les dessins, dont l'invention est due à notre habile violoniste M. Cartier, ont été tracés par MM. Debret, et peints en émail par M. Dariancourt, artiste aussi habile que modeste.

Il me reste à vous parler de l'instrument lui-même, qui, par la beauté de ses formes, rappelle les plus beaux violons d'Italie. Il a été fait en 1829 par une dame, la seule qui, ainsi que le prouvent les recherches les plus minutieuses, se soit occupée d'aussi belle lutherie. Cette dame, c'est madame Chanot, épouse d'un luthier, que d'importantes innovations dans cet instrument recommandent à l'intérêt des artistes.

En résumé, messieurs, le violon, la peinture et le livre sont dignes de toute l'attention des musiciens. Je demande le dépôt de l'ouvrage de M. Cyprien Desmarais à la bibliothèque de l'Institut historique, et j'émets le vœu que la classe lui vote des remerciemens pour ses recherches aussi spirituelles qu'érudites.

Ch. Chaulieu,
Membre de la quatrième classe
de l'*Institut historique*.

EXTRAIT DES PROCÈS-VERBAUX

DES ASSEMBLÉES GÉNÉRALES ET DES SÉANCES DE CLASSE DE L'INSTITUT HISTORIQUE.

***

**** Le mardi, 10 janvier, la première classe (Histoire générale et Histoire de France) s'est réunie sous la présidence de M. Dufey (de l'Yonne), vice-président. Vingt - quatre membres assistaient à la séance.

M. le président de la *Société pour la propagation de la méthode polonaise* invite l'Institut historique à une séance publique à l'Hôtel-de-Ville. Les billets qui accompagnaient la lettre sont distribués aux membres présens.

Hommages d'une *Notice sur les îles Crozet*, situées dans l'hémisphère austral, une brochure in-12, par M. de La Pylaie (rapporteur M. Antonin Roche); des 13ᵉ et 14ᵉ volumes de l'*Art de vérifier les dates*, contenant l'*Histoire du Brésil*, par M. Warden (rapporteur M. Dréolle) ; d'une lettre à M. Jules Taschereau, directeur de la Revue rétrospective, au sujet des *dépenses de Louis XIV à Versailles*, par l'auteur des Recherches sur cette ville, M. Eckart, une brochure in-8 (rapporteur M. Dufey de l'Yonne); des *Chroniques de [Passy et de ses environs*, par M. P.-N. Quillet, 2 vol. in-8 (rapporteur M. F. de Baillehache); des livraisons de novembre et décembre du *Bulletin de la Société de Géographie;* des *Esquisses historiques de l'ancien pays de Liège*, in-18, par M. L. Polain, conservateur des archives de la province de Liège; de la *Revue de la Côte-d'Or et de l'an-*

cienne Bourgogne, par M. J.-F Jules Pautet, in-8, livraison de novembre; et du *Manuel de Généalogie historique*, par M. J.-B. Fellens, professeur d'histoire, un vol. in-18.

Il ne sera rendu compte des trois derniers ouvrages que lorsque les auteurs auront effectué le dépôt d'un second exemplaire pour le membre chargé du rapport, conformément au règlement.

Quatre nouveaux candidats sont présentés. Ce sont MM. P.-N. Quillet, auteur des *Chroniques de Passy*, Raymond de Véricour, traducteur de plusieurs ouvrages historiques, et MM. N. Gallois et C. Dupouy, rédacteurs du Dictionnaire de la Conversation.

Il sera voté sur leur candidature à la prochaine séance de la classe.

Il est donné lecture, par M. le secrétaire perpétuel, des questions anciennes et nouvelles envoyées par la commission qu'elle a nommée pour les questions du Congrès.

Deux nouvelles questions sont présentées par M. Aug. Vallet.

Elles seront toutes renvoyées à la commission, qui les transmettra au conseil, d'où, après dernière rédaction, elles seront apportées en séance générale.

M. Dufey (de l'Yonne) regrette qu'il n'y ait aucune question de chronologie ni de géographie. Il propose d'en formuler une au conseil sur la domination romaine en Afrique.

On entend sur cette offre qui est acceptée. MM. Gaussuron Despréaux , Dufey (de l'Yonne), Gambey, Friess et Monglave.

Rapport verbal de M. Gaussuron-Despréaux sur une lettre de M. l'abbé Simil, vicaire général d'Agen. L'ancienne collégiale de St-Caprais, aujourd'hui cathédrale de cette ville , menaçait ruine. Le chapitre se transporta à N. D. et l'on commença à faire dans St-Caprais des dispositions préparatoires pour procéder à la restauration. En déplaçant un tableau on découvrit sur une pierre carrée, encaissée dans le mur, une inscription dont M. l'abbé Simil soumet le calque à l'Institut historique et qu'il interprète ainsi :

Pridiè nonas decembris dedicatio ecclesiæ et ejusdem consecratio, anno Christi passionis millesimo.

Un autre érudit d'Agen l'interprète au contraire de la manière suivante :

II. *Nonas decembris dedicatio ecclesiæ jus dem.*

De là un débat archéologique que M. l'abbé Simil défère à la première classe de l'Institut historique.

La discussion est ouverte : MM. de la Pylaie, F. de Baillehache, Gaussuron-Despréaux, Aug. Vallet, Eug. de Monglave et Dufey (de l'Yonne) y prennent part. Les avis sont partagés sur la question ; aucune décision n'est prise.

M. de la Pylaie (de Fougères) lit un sommaire des découvertes archéologiques qu'il a faites dans l'Ouest de la France, du 1830 à 1856, et une nouvelle classification des monumens druidiques qu'il propose aux archéologues.

Ces deux mémoires sont renvoyés au comité du journal.

.*. Le mercredi 11 janvier, séance de la deuxième classe (histoire des langues et des littératures), présidence de M. le comte Le Peletier d'Aunay, vice-président. Vingt-sept membres sont présens.

Hommages de deux livraisons de *la revue des enfans*; de *la statistique des gens de lettres et des savans français*; de trois numéros du *bulletin de la société ébroïcienne*; de la dernière livraison du *panorama de Londres*, par M. F. Chatelain; de *l'habitant de la maison rouge* , par M. Adolphe Dubois; d'un *voyage dans le pays basque et aux bains de Biaritz* , un vol. in-18 (rapporteur M. Ch. Dupouy) ; et de *la révolte des Circassiens*, par Jean Czynski, une brochure in-8° (rapporteur M. le baron de Lagarde).

La candidature de M. Sandier (d'York) est admise à l'unanimité par la classe, sur la présentation de M. Jules Michelet.

Il est donné lecture par M. le secrétaire perpétuel des questions anciennes et nouvelles, envoyées à la classe par la commission qu'elle a nommée pour les questions du congrès.

Elles seront toutes renvoyées à la commission qui les transmettra au conseil, d'où, après dernière rédaction , elles seront apportées en séance générale.

M. Eug. de Monglave, chargé de rendre compte d'un mémoire de M. Polydore de Labadie à St-Girons (Ariège), sur *l'histoire, la langue et la littérature des Basques (Escualdunacs)*, pense que ce travail consciencieux est digne de l'attention de la classe , et il propose d'en donner lecture. Cette proposition ayant été favorablement accueillie, le renvoi du mémoire au comité du journal est prononcé à l'unanimité.

Un travail de M. Espic, de Ste-Foy (Gironde), *sur les patois des Landes*, est lu par M. H. Dufey à la classe qui en ordonne le dépôt aux archives de l'Institut historique.

*** Le mercredi 18 janvier, la 3ᵉ classe (histoire des sciences physiques, mathématiques, sociales et philosophiques) s'est réunie sous la présidence de M. de Longperier, 46 membres sont présens. ⅃

M. L. de Rosny annonce un travail sur l'antique abbaye de Loos.

M. Granier de Ste-Cécile envoie un mémoire imprimé sur l'idée philantropique qui a présidé à la fondation des sociétés de tempérance. — La classe rend hommage au but que se propose M. Granier et ·fait des vœux ardens pour la réussite de son projet, tout en regrettant de n'y pouvoir prendre une part plus directe, l'objet étant complétement étranger à la spécialité des travaux de l'Institut historique.

Hommages d'une *chronologie historique des papes*, par M. de Maslatrie (renvoi à la 1ʳᵉ classe comme rentrant dans ses attributions); du deuxième volume de l'*histoire hagiologique de l'église de Belley* , par M. l'abbé Depéry, vicaire général; de la dernière livraison des *annales de la société scientifique de l'Auvergne*; de la *revue du XIXᵉ siècle* ; de la *France départementale* ; du *mémorial encyclopédique des connaissances utiles*; de la *mère institutrice*, journal de M. Lévi; du prospectus d'une *société hagiologique*, fondée par [M. Panet Trémolière; d'un tableau destiné à apprendre la *sténographie sans maître*, par M. Martin de Paris.

Candidature de M. Bayard de la Vingtrie, ingénieur, présenté par MM. les docteurs Broussais et Pilore.

Il est donné lecture par M. le secrétaire perpétuel des questions anciennes et nouvelles, envoyées à la classe par la commission qu'elle a nommée pour les questions du congrès.

M. Dufey (de l'Yonne) propose une question nouvelle, relative à l'état des sciences dans la Mauritanie depuis la domination romaine.

Toutes ces questions seront renvoyées à la commission qui les transmettra au conseil, d'où, après dernière rédaction, elles seront apportées en séance générale.

M. de Longperier propose la formation d'une commission prise dans les 4 classes de l'Institut historique, ayant pour but de recueillir les fragmens épars de la législation des peuples anciens et modernes sur la *propriété littéraire*.

Après une discussion à laquelle prennent part MM. le docteur de Teallier, Dufey (de l'Yonne), Alph. Fresse-Montval, de Longperier, Eug. de Monglave et Eug. Labat, cette proposition est renvoyée à la première assemblée générale.

Rapport de M. Fresse-Montval, sur une notice de M. l'abbé Badiche relative à l'*histoire du diocèse de Rennes*. — Renvoi au comité du journal.

Lecture de M. de la Pylaie *sur les anciens peuples de l'Ouest de la France et en particulier sur les Diablinthes*. — Même renvoi.

*** La 4ᵉ classe (histoire des beaux arts) s'est réunie le mercredi 25 janvier sous la présidence de M. Foyatier. 21 membres sont présens.

M. Gauthier-Stirum, maire de la ville de Seurre (Côte d'Or), adresse à la classe ses dessins de quelques objets d'antiquité par lui recueillis sur la rive gauche de la Saône, en faisant creuser des fondations.

Les dessins sont déposés sur le bureau; M. Alexandre Lenoir est nommé rapporteur.

M. C. Chauline lit son rapport sur *l'archéologie du violon* par M. Cyprien Desmarais.

M. Antoni Béraud, un à-propos scénique intitulé *Versailles et son musée*.

M. de Keyser, peintre d'histoire à Anvers, une notice sur la *bataille de Courtrai ou des éperons d'or*, par M. Voisin, avec un plan de la bataille et le dessin au trait du tableau de M. de Keyser.

Il est donné lecture par M. le secrétaire perpétuel des questions anciennes et nouvelles, envoyées à la classe par la commission qu'elle a nommée pour les questions du congrès.

M. Dufey (de l'Yonne) propose d'y ajouter la suivante :

Déterminer, par l'histoire et par les monumens existans, quel a été l'état des arts dans la Mauritanie sous la domination romaine et quelle a été la cause de leur décadence.

Toutes ces questions seront renvoyées à la commission, qui les transmettra au conseil, d'où, après dernière rédaction, elles seront apportées en séance générale.

Lecture par M. Victor Darroux du rapport de M. Ch. Chaulieu sur *l'archéologie du violon*, de M. Cyprien Desmarais. — Renvoi au comité du journal.

Lecture de la troisième partie d'un cours sur les *antiquités de Paris*, par M. Alex. Lenoir.

La discussion est ouverte : MM. Dufey (de l'Yonne), Eug. de Monglave, Venedey, Ferdinand-Thomas et Eug. Bion y prennent part. — Le mémoire de M. Alex. Lenoir est renvoyé au comité du journal.

.*. Le vendredi 27 janvier, séance générale de l'Institut historique, sous la présidence de M. J. B. Debret, vice-président

de la 4e classe. — 40 membres sont présens.

M. le comte de Ricci annonce son retour en Italie où l'appelait une maladie de sa mère. Il s'occupe de recherches archéologiques et espère bientôt faire part de quelques découvertes de l'Institut historique.

M. J. Malgras, de Mirecourt (Vosges), annonce la fondation dans cette ville de l'*Echo des Vosges*, journal littéraire et artistique dans lequel l'archéologie occupera une large place.

M. le docteur Priou, de Nantes, adresse une observation médicale d'un grand intérêt. — Renvoi à la 5e classe (histoire des sciences physiques, mathématiques, sociales et philosophiques).

M. Francis Lavallée, vice-consul de France à la Trinidad de Cuba, remercie l'Institut de l'avoir admis comme membre correspondant.

MM. le comte de Cancrine et Bludoff, ministres de l'empereur de Russie, à St-Pétersbourg, adressent à l'Institut les mêmes remerciemens.

M. le docteur Georges Rausol, de Luçon, envoie un mémoire sur *les antiquités gauloises de la Vendée*.

M. Vandermaelen, fondateur de l'établissement géographique de Bruxelles, son *dictionnaire des hommes de lettres, des savans et des artistes belges*.

M. Peyrot, son *Manuel de la langue anglaise*.

M. Barrau, géomètre en chef du cadastre dans les Basses-Pyrénées, son projet de réorganisation du cadastre avec application à la météréologie, à la géologie, à l'archéologie et à la numismatique.

Dix-neuf volumes sont offerts à la société ; des remerciemens sont votés aux donateurs.

Divers candidats présentés par les classes sont admis.

M. le secrétaire perpétuel annonce que les commissions formées dans chaque classe pour préparer les questions du congrès de 1837 ont terminé leurs travaux, et qu'il va en conséquence en soumettre l'ensemble au conseil, afin que le vote définitif puisse avoir lieu à la séance générale de février.

L'ordre du jour appelle le développement d'une proposition de M. de Longperier, ayant pour but (au moment où le gouvernement prépare une loi sur la *propriété littéraire*) de former, dans le sein de l'Institut historique , une commission , de deux membres par classe, laquelle recueillerait les élémens des législations anciennes et modernes sur cette matière.

La discussion est ouverte : M. F. Chatelain , Sautayra, de Longperier, Debret, Dufey (de l'Yonne) et Eug. de Monglave y prennent part.

La proposition est adoptée : chaque classe, à sa première séance, nommera deux membres pour cette commission.

M. Albert Lenoir lit un rapport sur le voyage qu'il vient de faire en Orient par ordre du gouvernement français. — Renvoi au comité du journal.

M. de la Pylaie (de Fougères) fait part à l'assemblée de ses recherches sur l'ancienne Corbino, (près de la Loire), que plusieurs historiens et géographes anciens ont pris pour la ville de Nantes. — Renvoi au comité du journal.

CHRONIQUE.

Nous empruntons à un journal anglais la chronologie suivante des apparitions de la maladie appelée *la grippe*. Elle se trouve dans une lettre adressée à l'éditeur de ce journal par le docteur Gully :

« Gerards-Street , janvier 1837.

« Avant le quatorzième siècle, on ne trouve aucun symptôme de catarrhes épidémiques, et jusqu'à la moitié du 13e siècle , on ne rencontre que bien peu de descriptions des symptômes de cette épidémie dans les écrivains contemporains. Il suffira pour la chronologie d'indiquer les dates de la première période.

» Voici les dates des invasions les plus développées de l'épidémie :

» *Quatorzième siècle.* — L'épidémie parut en Italie en 1323, 1327 et 1358 , et en France en 1387. Elle se montrait surtout alors funeste aux vieillards.

» *Quinzième siècle.* — En France, elle régna en 1403, 1410 , 1411 , 1427, 1482, et en Italie en 1428. L'épidémie de 1411, fut attribuée par les gens superstitieux à la colère du ciel pour une chanson très obscène de l'époque. Ceux qui guérissaient avaient coutume de dire à leurs amis : « Oh ! par ma foi ! tu as chanté la chanson. » Jusque là il n'est encore question de cette épidémie qu'en France et en Italie, les seuls pays en Europe où les médecins consignaient leurs observations par écrit.

» *Seizième siècle.* — En 1505 et 1510 la grippe parcourut l'Italie, la France et l'Espagne ; elle causa la mort d'Anne , femme de Philippe Ier, et compromit les jours du pape Grégoire XIII. L'épidémie fit le tour de l'Europe dans les années 1557, 1559, 1574, 1580. Si l'on en croit Seunert, elle s'étendit même à une grande partie de l'Asie. Elle ne fut pas généralement funeste, si ce n'est en Italie, où l'on fit trop fréquemment usage de la saignée; à Rome seulement, 9,000 personnes succombèrent. Vilalta prétend que la grippe dépeupla presque entièrement Madrid. Elle se répandit à Barcelonne avec une telle rapidité que, en l'espace de douze jours, 20,000 personnes furent atteintes. En 1590—1591 on la voit en France, en Allemagne, en Italie, s'attaquant surtout aux hommes. Depuis le mois d'août de l'année suivante, plus de 60,000 personnes en furent victimes à Rome.

» *Dix-septième siècle.* — En 1658, la maladie se montra à Londres. Willis en a fait une savante description; elle fut surtout fatale aux veillards. En 1665, elle sévit dans les états de Venise où, dans l'espace d'une semaine, on vit plus de 60,000 personnes atteintes. En 1669 et 1675, la grippe se répandit en Allemagne et en France; en 1676, en Allemagne et en Angleterre. Sydenham, qui en fait la description, parle de familles entières attaquées subitement. En 1679, irruption de l'épidémie en Angleterre; en 1694, elle est en Hongrie, dans la Carniole, la Styrie, la Carinthie, le Tyrol, la Suisse et les bords du Rhin. En 1695, elle fit des ravages à Paris et à Rome; dans cette dernière ville, elle enleva beaucoup d'enfans.

» *Dix-huitième siècle.* — En 1709, la grippe parcourt la Russie, la France et l'Italie; en 1729, elle est en Russie, en Pologne, en Hongrie, en Allemagne, en Suède, en Danemarck, en France, en Angleterre,

en Italie, en Espagne. Jamais encore la maladie n'avait été aussi générale que cette année. La grippe commença en janvier, lorsque le dégel avait remplacé la glace; elle fut bénigne en Suisse; mais à Londres, à Paris, en Espagne, en Italie, ses ravages furent grands. En huit jours, pendant le mois de novembre, neuf cent soixante-huit personnes furent enlevées à Londres.

» L'épidémie de 1733-1734 ne fut pas moins répandue; voici sa marche : vers la mi-novembre 1732 elle s'était montrée en Saxe et en Pologne, de là elle passa en Allemagne, en Suisse, en Hollande. En décembre déjà elle était en Angleterre. Au commencement de janvier 1733 elle avait envahi la Flandre; à la mi-janvier elle était dans Paris. Dans les derniers jours du mois elle avait atteint l'Irlande; en février elle était en Italie; le 15 elle avait visité Livourne, et à la fin du mois elle avait paru à Naples et à Madrid. De là, elle se répandit dans le Nouveau-Monde et d'abord dans la Nouvelle-Angleterre. Suivant sa carrière au Midi, elle passe aux Barbades et à la Jamaïque, puis tournant au Sud-Est, elle visite le Pérou et le Mexique. Les symptômes dans ces régions lointaines étaient les mêmes que ceux qui l'accompagnaient en Europe. Les chiens et les chevaux subissaient la même influence. Le froid avait été très rigoureux. Elle ne s'était déclarée que par un temps humide et doux.

» En 1737 on la voit en Angleterre; Huxham en a donné la description. En 1742, elle commence en Allemagne et elle passe successivement en Hollande, en Angleterre, en France, en Italie; 2,000 personnes succombèrent à Rome. C'est peut-être, comme le fait observer Seunert, parce que les médecins italiens se montrent trop empressés à tirer du sang aux malades, *Italici medici nimis prompti ad mittendum sanguinem.* En 1743 la grippe parcourt l'Italie, la France et l'Angleterre ; Huxham dit qu'en une semaine elle enleva 1000 personnes à Londres. Les chevaux et les daims, mais surtout ces derniers, sont violemment atteints. Pour la première fois, à cette époque, on lui donne en France le nom de *grippe.*

» En 1745, elle règne en Allemagne ; en 1758, en Ecosse. En 1762, elle recommence ses excursions dans toute l'Europe, partant de l'Allemagne.

» Baker fait observer que les ravages de l'épidémie sont beaucoup plus forts dans la ville de Londres que dans les faubourgs. A Breslau la mortalité fut de 100 personnes par jour ; elle avait commencé en février, elle finit en juillet. En octobre, elle passa en Amérique. En 1767 toute l'Espagne se trouve envahie ; en 1775 nouvelle irruption de l'épidémie en Europe. Elle s'attaque également et aux hommes et aux animaux. Pour la première fois, à cette époque, elle prend le nom générique d'*influenza.* Ce mot italien caractérise l'influence prétendue maligne des élémens. L'épidémie avait commencé en Italie. En 1780 la France et l'Angleterre sont attaquées. En France on lui décerne les divers noms de *la follette, la coquette, la grenade,* etc.

» En 1782 la Russie, la Suède et l'Allemagne sont sous l'influence. Un fait curieux c'est que dans la soirée du 2 janvier le thermomètre s'était élévé, à saint-Pétersbourg, de 35 degrés (Farenheit) au dessous de zéro à 5 degrés au dessus. Le même jour 40,000 personnes souffrent de l'affection catarrhale. Les Allemands l'ont nommée l'*éclair catharral* pour caractériser sa rapidité. Des marins à bord des escadres anglaises et hollandaises en furent atteints. Vers la même époque, la même maladie parut à Sinigaglia, dans les états romains, après un orage.

»De là, elle se répand dans la Romagne, l'Ombrie, la Toscane et les Légations : elle passe à Venise ; puis rentrant sur le continent, elle visite Pavie, Vérone, Brescia et le Milanais. En 1799, on la voit en Russie, à Casan, à Moscou, à Saint-Pétersbourg, à Cronstadt. En 1800, elle est dans le midi de la France ; en 1802, en Italie et en France ; en 1813, en France ; en 1847, en Angleterre et en France ; en 1833, dans toute la Grande-Bretagne. Il est probable que cette année elle fera encore le tour de l'Europe.

»En parcourant ce tableau chronologique on acquiert la certitude que l'épidémie est l'inévitable conséquence d'un froid rigoureux remplacé par un temps humide. Elle a presque toujours commencé en novembre, décembre et janvier ; et si quelquefois elle s'est montrée en été, son apparition a toujours été annoncée et accompagnée par un froid insolite et une grande humidité. »

— Quatre pertes cruelles ont affligé l'Institut historique. Dans le commencement du mois de novembre, notre collègue M. le général Fardella, ministre de la guerre du royaume de Naples, est mort du choléra dans cette ville. Il était d'une loyauté, d'une intégrité, d'une humanité rares ; il employait ses richesses à propager les sciences et les arts ; Catane, sa ville natale, lui doit sa bibliothèque, son académie et son collége. — Emmanuel Gaillard, notre collègue, secrétaire-perpétuel de l'académie de Rouen, est mort dans cette ville le 6 novembre. C'était un archéologue de conscience et de dévouement ; il laisse un grand vide dans la Normandie. — Notre collègue le major américain Henri Lee est décédé le 50 janvier à Paris. Acteur distingué des guerres de l'indépendance de sa patrie, infatigable chercheur de trésors historiques, il s'est éteint au milieu de ses travaux , entouré de sa veuve et de ses amis, dans sa maison des Champs-Elysées. — M. Cassan , sous-préfet de Mantes, notre collègue, a suivi de près M. Lee au tombeau. Son arrondissement lui doit d'importantes investigations archéologiques; il pouvait aspirer à un bel avenir.

— L'*Encyclopédie des connaissances utiles*, quelque temps suspendue, reparaît en volumes in-18 avec cartes et plans, sous la direction de nos collègues MM. Auguste Husson et Victor Martin. Parmi les collaborateurs nous retrouvons encore nos collègues MM. P. Royer Collard, Duchatelet, Ballanche, Billiard, F. Boissard, E. de Monglave, Dufey (de l'Yonne), Bravard, Poncelet, D. de Rienzi, Alp. Sanson, Victor Darroux, Bory de St-Vincent, G. Sarrut, Durozoir, St-Edme, Villenave, Alex. Lenoir, C. Broussais, le baron d'Eckstein, etc., etc.

— Un autre de nos collègues, M. Paquis, vient de faire paraître la première livraison mensuelle d'une *revue française et étrangère* qui compte parmi ses principaux rédacteurs nos collègues MM. le baron d'Eckstein, le baron Taylor, R. Thomassy, Ch. Farcy, etc.

— La ville de Laon a fait don au Musée d'artillerie, sur la demande de M. le général d'Anthouard, président du comité de l'artillerie, d'une vieille pièce en fer forgé, connue sous le nom de *bombarde*. Cet objet très curieux, tant par son ancienneté que par son genre de fabrication, est déposé en ce moment dans la cour de l'ancienne maison d'arrêt de Laon.

— *Musée géographique.* — La société de géographie de Paris a décidé qu'il serait formé par les soins de sa commission centrale un musée géographique où l'on déposerait les objets d'histoire naturelle, d'art et d'antiquités, qui auraient été offerts par les membres de la Société de géographie, par ses correspondans, par les savans et les voyageurs qui sont en relation avec elle. Les envois seraient classés en différentes séries, selon leur nature. Deux membres de la Société sont chargés du classement et de la description de ces objets. Le musée sera ouvert, comme la Bibliothèque, aux membres de la Société.

— Dans la séance du 2 novembre dernier, la Société des Antiquaires de La Morinie, résidant à Saint-Omer, a proposé pour le concours de 1857 les questions suivantes :

1° « Quelles ont été et quelles sont encore pour les peuples des anciens comtés de Flandre et d'Artois les conséquences morales de la domination espagnole? »

2° « Tracer l'historique de l'établissement du chistianisme dans la Morinie; faire connaître l'époque où l'idôlatrie en a été définitivement expulsée; appuyer son opinion sur la conversion en oratoires chrétiens des édifices du paganisme construit par les Romains. »

Les prix sont : une médaille d'or de la valeur de 500 fr. pour la première question et de 200 fr. pour la seconde. — Les Mémoires devront être adressés avant le 50 octobre prochain. — Les jugemens seront publiés dans la séance publique du 18 décembre.

La même Société propose pour 1858 ces deux autres questions :

1° « Rechercher et décrire l'influence que Suger, né à Saint-Omer, ministre des rois Louis VI et Louis VII, a exercée sur son siècle comme homme d'état. »

2° « Rechercher et décrire les établissemens militaires désignés dans le temps sous le nom de *mansiones* et *castra stativa*, fondés par les Romains près des voies qu'ils avaient construites dans la Morinie, en prenant Terrouane comme point central de départ; faire ressortir le système de domination qui les a guidés dans ces travaux de communication et de défense. »

Valeur du premier prix : 300 fr. ; valeur du deuxième : 200 fr. — Limite du concours : 1er octobre 1838.

BULLETIN BIBLIOGRAPHIQUE.

Les chroniques de Passy, 2 vol. in-8°, par M. J. B. Quillet.

Manuel de la langue anglaise, 1 vol. in-18 oblong, par M. Peyrot.

Des études, de leur importance, de leur utilité, etc , une brochure in-8°, par M. J. M. Malgras.

Versailles et son musée, à propos en vers, brochure in-8°, par M. Antony Béraud.

Traité de sténographie, une brochure in-8°, par M. Picart.

Tableau à l'aide duquel on apprend la sténographie sans maître, par M. Martin, de Paris.

Dictionnaire des hommes de lettres, des savans et des artistes de la Belgique, 1 vol. in-8°; publié par M. Vandermaelen.

Des remplaçans, une brochure in-8°, par M. Eug. des Aubiez, officier au 1er régiment de carabiniers, couronnée aux concours du camp de Compiègne.

Pétitions et mémoires pour la conservation du Cadastre, une brochure in-8°, par M. J. F. Barrau, géomètre en chef du département des Basses Pyrenées.

La chronique de Champagne, nouvelle revue in-8°, publiée à Reims.

L'écho des Vosges, revue nouvelle, in-8°, publiée à Mirecourt.

Chronique historique des papes, etc., 1 vol. in-8°., par M. Louis de Maslatrie.

Notice sur la bataille de Courtrai ou des éperons d'or, une brochure in-8°, par M. Voisin, avec plan et dessin au trait du beau tableau de M. N. de Keyser.

Programme de la société hagiologique française, brochure in-8° par M. Panet Tremolière.

Essai historique sur la souveraineté du Lyonnais au Xe siècle, une brochure in-8°., par M. le baron Gingins de Lassaraz.

Notice sur le diocèse de Rennes, une brochure in-8°., par M. l'abbé Badiche.

Mémoire sur l'établissement des remorqueurs sur le Rhône, une brochure in-8°, par M. le marquis de Sainte-Croix.

Le secrétaire perpétuel, EUGÈNE DE MONGLAVE.

TABLE DES MATIÈRES

CONTENUES

DANS LE CINQUIÈME VOLUME.

NUMÉROS 25 A 30.

AOUT 1836 A JANVIER 1837.

Mémoires.

Revue d'ouvrages français et étrangers.

Documens historiques curieux ou inédits.

Correspondance.

Extrait des procès-verbaux des assemblées générales et des séances de classes de l'Institut historique.

Chronique.

Bulletin bibliographique.

FIN DE LA TABLE DU CINQUIÈME VOLUME.

JOURNAL

DE

L'INSTITUT HISTORIQUE.

IMPRIMERIE D'A. RENÉ,
A SÈVRES.

www.ingramcontent.com/pod-product-compliance
Lightning Source LLC
LaVergne TN
LVHW082234170726
843503LV00011B/4412